广东华侨史文库

甘蔗收割者
圭亚那契约华工史

特里夫·苏阿冠 著

戴 宁 译 潘一宁 校

南方出版传媒 广东人民出版社

·广州·

图书在版编目（CIP）数据

甘蔗收割者：圭亚那契约华工史 / 特里夫·苏阿冠著，戴宁译，潘一宁校. —广州：广东人民出版社，2018.12

（广东华侨史文库）

ISBN 978-7-218-12718-7

Ⅰ.①甘… Ⅱ.①特… ②戴… ③潘… Ⅲ.①华工—史料—圭亚那—近代 Ⅳ.①D634.377.1

中国版本图书馆CIP数据核字（2018）第067029号

GANZHE SHOUGE ZHE——GUIYANA QIYUE HUAGONG SHI

甘蔗收割者——圭亚那契约华工史

特里夫·苏阿冠 著 戴宁 译 潘一宁 校

版权所有 翻印必究

出 版 人：肖风华

策划编辑：王俊辉
责任编辑：杨冰然
责任技编：周 杰 吴彦斌

出版发行：广东人民出版社
地　　址：广州市大沙头四马路10号（邮政编码：510102）
电　　话：（020）83798714（总编室）
传　　真：（020）83780199
网　　址：http://www.gdpph.com
印　　刷：广州市浩诚印刷有限公司
开　　本：787毫米×1092毫米　1/16
印　　张：26.25　字数：525千
版　　次：2018年12月第1版　2018年12月第1次印刷
定　　价：86.00元

如发现印装质量问题，影响阅读，请与出版社（020-83795749）联系调换。
售书热线：（020）83780517

《广东华侨史文库》是《广东华侨史》编修工程的组成部分

由《广东华侨史》编修工作领导小组办公室资助出版

《广东华侨史文库》
编委会

主　编：张应龙

副主编：袁　丁　张国雄

编　委：（以姓氏笔画为序）

　　　　刘　进　吴行赐　肖文评　张应龙

　　　　张国雄　袁　丁　黄晓坚

《广东华侨史文库》总序

广东是我国第一大侨乡，广东人移民海外历史久远、人数众多、分布广泛，目前海外粤籍华侨华人有3000多万、约占全国的2/3，遍及五大洲160多个国家和地区。

长期以来，粤籍华侨华人紧密追随世界发展潮流，积极融入住在国的建设发展。他们吃苦耐劳、勇于开拓，无论是东南亚地区的产业发展，还是横跨北美大陆的铁路修建，抑或古巴民族独立解放战争以及世界反法西斯战争，都凝聚着粤籍侨胞的辛勤努力、智慧汗水甚至流血牺牲。时至今日，越来越多的粤籍华侨华人政治上有地位、社会上有影响、经济上有实力、学术上有成就，成为住在国发展进步的重要力量。

长期以来，粤籍华侨华人无论身处何方，都始终情系祖国兴衰、民族复兴、家乡建设。他们献计献策、出资出力，无论是辛亥革命之时，还是革命战争年代，特别是改革开放时期，都不遗余力地支持、投身于中国革命和家乡的建设与发展。全省实际利用外资中近七成是侨、港、澳资金，外资企业中六成是侨资企业，华侨华人在广东兴办慈善公益项目超过3.3万宗、侨捐资金总额超过470亿元，为家乡的建设发挥了独特而巨大的作用。

长期以来，粤籍华侨华人充分发挥桥梁纽带作用，致力于促进中外友好交流。他们在自身的奋斗发展中，既将优秀的中华文化、岭南文化传播到五大洲，又将海外的先进经验、文化艺术带回家乡，促进广东成为中外交流最频繁、多元文化融合发展的先行地，推动中外友好交流不断深入、互利合作不断拓展，成为世界和平与发展的友好使者。

可以说，粤籍华侨华人的移民和发展史，是中国历史的重要组成部分，更是世界历史不可缺少的亮丽篇章。

站在中华民族更深入地融入世界、加快实现伟大复兴中国梦的历史关口，面对广东全面深化改革开放、奋力实现"三个定位、两个率先"总目标的使命要求，中共广东省委、广东省人民政府决定编修《广东华侨史》，向全世界广东侨胞和光荣伟大的华侨历史致敬，向世界真实展示中国和平崛起的历史元素，也希望通过修史，全面、系统地总结梳理广东人走向世界、融入世界、贡献世界的历史过程和规律，更好地以史为鉴、古为今用，为广东在新形势下深化改革开放、加快转型升级、进一步当好排头兵提供宝贵的历史经验，形成强大的现实助力和合力。

编修一部高质量的《广东华侨史》，使之成为"资料翔实、观点全面、定性准确、结论权威"的世界侨史学界权威的、标志性的成果，是一项艰巨的使命，任重而道远。这既需要有世界视野的客观立场，有正确把握历史规律的态度和方法，有把握全方位全过程的顶层设计，更需要抓紧抢救、深入发掘整理各种资料，对涉及广东华侨史的各方面重大课题进行研究，并加强与海内外侨史学界的交流，虚心吸收国内外的研究成果。作为《广东华侨史》编修工程的重要组成部分，编辑出版《广东华侨史文库》无疑十分必要。我希望并相信，《广东华侨史文库》的出版，能够为广东华侨华人研究队伍的培育壮大，为广东华侨华人研究的可持续发展，为《广东华侨史》撰著提供坚实的学术理论和基础资料支撑，为推进中国和世界的华侨华人研究做出独特贡献，并成为中国华侨华人研究的重要品牌。

是为序。

广东省省长 朱小丹

2014年8月

序

天将降大任于斯人也，必先苦其心志。

贫不足羞，可羞是贫而无志。① ——中国谚语

以上两句谚语选自玛格丽·科尔帕特里克［Margery Kirkpatrick，娘家姓丁阿基（Ting-A-Kee）］早年出版的关于英属圭亚那华人移民生活一书（1993）结尾的格言，将它们用于苏阿冠博士的新作再恰当不过了。他讲述了圭亚那华人契约移民的生活故事和那些岁月，从最早的移民于1853年1月初乘坐"格林坦纳号"（Glentanner）和"额尔金勋爵号"（Lord Elgin）轮船到达圭亚那起，一直叙述到移民潮结束（1879年），再到我们经历过的20世纪后期。

该书反映了华人移民在长达一个半世纪里所遭受的各种苦难，包括在将近半年之久的海上航行中人员大量死亡，在德梅拉拉（Demerara）②的种植园和异国他乡的陌生环境里经历各种苦难的史实。与此相比，华人社会在随后的几十年流逝岁月里逐渐获得的"上帝赐福"，是多么微不足道。早在1875年，他们已建造圣救世主教堂（英国国教），通过用自己的语言祈祷，在精

---

① 源自清代文人金兰生的《格言联璧》。（译者注）
② 也译"地麦拉拉"。（译者注）

神层面上感悟到了这种"赐福"。在物质层面上，华人也展现了善于经商的天赋，成功地做起捎客，经营店铺，成为上流商人，并拥有了房屋地产。

与此同时，第一代契约华工凭着"志气"，勤劳苦干，摆脱了"贫穷"带来的耻辱形象。1865年，他们在德梅拉拉河上游25英里的地方，建起希望镇（Hopetown）定居点，这就是一个例证。此后一代代华裔都让自己的孩子接受了基础以上教育。他们在希望镇辛勤工作，使这里的木炭生意日益兴隆。虽然这一行业最终没落下去，但这体现了当时的产业兴衰。日后，华人在乔治敦又兴起了其他产业，经营各种商铺，开洗衣房，做大买卖，红红火火。华人家庭重视孩子的教育，这使他们得以跻身律师和医生行列，担任公职，更多的人成为了中学教师。

在早期英语文献记载中，有一充满傲慢的词语，将这大英帝国殖民地的华人统称为"中国佬"（Chinaman John）。这个大英帝国殖民地最终于1966年赢得了独立。这一年，人们选举了华裔地方官钟亚瑟（Arthur Chung）为独立的圭亚那第一任总统，也许没什么能比这一政治选择更能说明华人地位的提高。不仅如此，这一政治抉择也很快得到当地非洲人和印度人这两个冲突社群的衷心拥护，并得到英联邦首脑英国女王的支持。这个英联邦在南美的唯一成员国，有了一位在法律原意上是"中国佬"后裔的人作为其第一任国家元首。

苏阿冠博士将此书精心定名为《甘蔗收割者》也许出于两个原因。一是他想强调当年在现称为圭亚那的那些华人最初处境之卑微。另外一点是他希望吸引更多读者。人们往往认为，华人只不过是生活在一个较不重要的第三世界国家（其名称就颇为复杂，令人困惑）的微不足道的族群，有关他们的社会历史记载乍一看可能并不引人入胜。的确，在当年真正移民时代的26年时间里（1853—1879），到达此地的华人总数是13541人。而到了今天，这个数字急剧缩小。1990年官方人口普查的数据显示，圭亚那全国总人口为701704人，其中华人总数只有1251人（721名男性和530名女性）。那么，这一特别的少数族裔在获得越来越多的尊重，取得越来越大成就的同时，其人口却逐渐式微，这一事实本身不禁让人产生兴趣——是什么原因使华裔人口几近消失？苏阿冠博士给出的一个原因是，当地华人女性普遍匮乏。另外，人数减少也引发了人们对当今圭亚那和西方世界状况更广泛的探究。圭亚那华人当然不会回到生活困难重重的中国，苏阿冠博士就是一个例子。他生活在加拿大温哥华，并在那里著书立说。

就我个人而言，我向广大读者推荐苏阿冠博士的著作主要基于四点兴趣。这些兴趣正是由他极具学术价值的阐述所引发的。

第一个兴趣点是，该书是作者以一个华裔身份写作的族群文化传记。苏阿冠拥有其曾祖父苏亚长（Soo A-cheong）的契约文件，上面按照中英历法注明了日期（1873年12月11日）。正是受到这份材料的启发，他开始探索华人移民的原因，并详细揭示了一种人群或一个族群的社会历史、人文传统及其对圭亚那发展做出的贡献。基于自身的移民身份讲述自己族群的历史具有很大相关性。这种身份的价值就在于，它使此书更具真实性，更生动有力，更令人信服。所有生活在西方国家的华裔都会觉得，苏阿冠博士的叙述不仅有趣，而且有意义，能让我们从中看到其个人价值。比起阿历克斯·哈利（Alex Haley）那部充满情感历程的《根》，这本书只是一本小书，但这本书的潜在意义是，它有可能——只是有可能——使我们生活在西方的庞大非洲裔移民群体意识到，忽视或蔑视族群文化传记使我们蒙受了多么巨大的损失，让我们看到，其他族群如何在清楚地勾勒自己历史时，赢得了世人的尊重，就像苏阿冠博士所做的那样，他出色地将所有福祸得失都进行了详尽描述。

第二个兴趣点是，非同寻常的事件所带给我的启迪：自视极高的中华民族惨遭欧洲"蛮夷"可怕的羞辱。他们焚毁了面积达80平方英里的旧夏宫——圆明园，并迫使这个"中央王国"接受了丧权辱国的条约；还有太平天国这段完全癫狂的社会历史，无不令人震撼。

第三，作为一名研究语言的学者，我对中国人姓名的拉丁字母化感到好奇。虽然作者对拼音问题有所提及，但我们不能指望他对此有深入研究。尽管如此，我们还是可以清楚地看到，在拉丁字母化之后，中国人的姓名经历了数次变化。作者在第10章里有所罗列，并对其多层面的复杂性管窥一斑。太平天国运动之后，一些华人看来是有意改名换姓，以保护家乡亲人不受报复和威胁。华人姓名的形态在圭亚那、特立尼达、苏里南或在更加遥远的故乡，略有不同，但实质是相同的。这似乎属于语言学和族谱研究范畴，目前研究无法企及。

第四个很明确的兴趣点（也许不是我最后一个兴趣点）在于，苏阿冠博士的研究成果让我们明白了为什么会出现英国人彬彬有礼地将香港岛归还中国那一幕。1842年英国军舰占领香港时，那里完全没有商业价值，只有名义上的地理意义。然而，对中国人的自尊而言，1997年香港回归却是无比"幸福"的时刻。

《甘蔗收割者》是一本篇幅不大的著作，适合当今世界忙碌的人群阅读。简便易读正是其巨大价值所在，人们可以从这个具史实性、学术性和历史叙事性的读本中看到一个民族和平、勤劳的特质。这种特质是华人曾经大批离开的那个国家所独有的，如今华人的后代已成为这里的公民，此书一定会让他们开卷有益。

理查德·奥尔索普（Richard Allsopp），博士，获教育学文凭
圭亚那乔治敦女王学院前代理院长
西印度群岛大学巴巴多斯凯夫山校区英语语言学系副教授
加勒比地区词典编纂项目主任

引 言

一

涉及西印度群岛华人历史的作品分为两类。一种是主要关注华人大社群发展的话题，并试图将华人的经历融入各种复杂多样的大背景之中。另一种则属于传统潮流类型，这潮流在过去十年里有所增强，即由说英语的加勒比地区华人社区成员讲述华人自己的历史。前一种写作类型的代表人物有K.O.劳伦斯（K.O. Laurence）、布莱恩·摩尔（Brian Moore），以及唐纳德·伍德（Donald Wood）。而苏阿冠的《甘蔗收割者》是第二种类型的代表作。这种类型的写作由马琳·郭·克劳福德（Marlene Kwok Crawford）开启，随后涌现出玛格丽·科尔帕特里克、劳拉·霍尔（Laura J. Hall）和沃尔顿·卢克·赖（Walton Look Lai）等一批作者。这些华人社区的成员对自己的根显示出极大兴趣，并出版了一批有意思的新材料。这些作者并非都是历史学科班出身，但他们对自己社区的亲身体会，对历史和家族的缜密研究，使他们具有真知灼见。他们的一系列研究为人们进一步了解西半球上（乃至全球）这一小小地区中的一个小小社会做出了贡献。

每位作者在其研究领域都各有所长。苏阿冠进行的研究最显著的优势在于，他全面翻阅了至今为止一直为人们所忽略的一手资料，这个资料就是来自英属圭亚那报纸《皇家公报》在那一相关时段的记载。之前很多已经被人们遗忘的移民名字在文章中变得鲜活起来，他们在契约制度下面临的诸多困难和经历也栩栩如生地展现在人们眼前。对每艘移民船到达的场景的详细评述，使这份报刊也成为我们挖掘信息的宝藏。同样重要的一点是，作者熟知中国的历史和文化，这不仅丰富了我们对中国19世纪移民潮的大背景的认识，也使我们对微观过程有所了解，如西印度群岛华人姓名的演变。第十章"尊姓大名"对我来说是整个著作中最妙趣横生，令人眼界大开的一部分。

《甘蔗收割者》为加勒比地区华人新研究增加了宝贵财富，它将在所有对此话题感兴趣的图书馆里占据一席之地。

沃尔顿·卢克·赖
西印度群岛大学圣奥古斯丁、特立尼达和多巴哥校区历史系

二

《甘蔗收割者》是苏阿冠多年潜心研究的心血之作。作者在前三章中讲述了导致华人离开华南故土，远赴圭亚那的复杂历史原因。一直以来，在众多华人移民潮中，这一波移民最不为人所关注，他们常常被纳入规模更大，更声名狼藉的古巴移民潮。不过，华人移民英属西印度群岛的问题当时还是引起过一些人的关注，主要来自英国和中国的外交官和政界最高层人士。本书大部分内容集中展示了华人在圭亚那新家园里发家致富的经历，从第一代契约华工，叙述到后来被同化，跻身克里奥化中产阶级的新一代华裔。作者大量使用当年报纸上有关华人的记载，这些记载第一次在这里重见天日。最后一章是关于圭亚那华裔姓氏的研究，揭示姓氏的变化反映了身份认同的变化。

《甘蔗收割者》将吸引研究海外华人、加勒比地区以及移民问题的学者。而研究圭亚那社会历史的学生也会从中发现一个至今鲜有问津的历史角落。最后，那些圭亚那华人后裔将看到自己的祖先是如何来到圭亚那、如何在此生活的，也将从中领略到曾经的艰辛、恐惧与愉悦。

劳拉·霍尔博士
加州大学伯克利分校美洲研究助教

目录

前言 /001

第一章 劳工纷争 /005
 废除奴隶制 /007
 新移民 /009
 先生，活干完了 /011
 保证盈利 /013
 来自东方的东方人 /015
 来自西方的东方人 /016

第二章 中国与蛮夷 /019
 从1834年说起 /021
 鸦片贸易 /021
 律劳卑事件 /024
 禁烟 /027
 钦差大臣林则徐走马上任 /027

一触即发 /029
远征白河 /030
《穿鼻草约》 /031
《南京条约》 /033
第一次鸦片战争以后 /034
开放广州 /036
《中英天津条约》 /036
大沽口之战 /037
《中英北京条约》 /039
太平天国运动 /042

第三章　华工出洋 /045
来来往往 /047
苦力出洋 /048
招工方法 /050
即将出海 /052
大海茫茫 /054
死亡与灾难 /056
古巴和秘鲁 /057
规范苦力贸易 /060
出洋条约 /063
澳门的苦力贸易 /067

第四章　驶向德梅拉拉 /071
烈日下的愿景 /073
第一批华工 /074
怀特第三次出马 /076
第二波华工潮 /078
寻找中国女性 /081
第一批女士 /084
纷纷出洋 /088
1861—1862年间招工季 /094
欣克斯担任总督 /096

1864—1866年间再次招工	/098
条约章程	/101
"科罗娜号"终于抵达	/105
自由移民工	/108
最后一船华工	/112

第五章　在种植园耕耘　　　　　　　　　　　　/115
　　留下好口碑　　　　　　　　　　　　　　　　/117
　　适应环境　　　　　　　　　　　　　　　　　/119
　　招工与分配　　　　　　　　　　　　　　　　/122
　　毁约出走　　　　　　　　　　　　　　　　　/123
　　迁怒于工头　　　　　　　　　　　　　　　　/127
　　劳动习惯　　　　　　　　　　　　　　　　　/130
　　慢船回国　　　　　　　　　　　　　　　　　/132

第六章　暗夜行走　　　　　　　　　　　　　　/139
　　谨慎阅读　　　　　　　　　　　　　　　　　/141
　　夜盗芭蕉　　　　　　　　　　　　　　　　　/141
　　偷盗其他食物　　　　　　　　　　　　　　　/145
　　杀人害命　　　　　　　　　　　　　　　　　/147
　　群体性冲突　　　　　　　　　　　　　　　　/151
　　细数犯罪动机　　　　　　　　　　　　　　　/152
　　寻死自杀　　　　　　　　　　　　　　　　　/154
　　入屋抢劫　　　　　　　　　　　　　　　　　/156
　　精明人犯法　　　　　　　　　　　　　　　　/159
　　鸦片案件　　　　　　　　　　　　　　　　　/162
　　树大招风　　　　　　　　　　　　　　　　　/163
　　蒙冤受屈　　　　　　　　　　　　　　　　　/165
　　诉诸法律　　　　　　　　　　　　　　　　　/170
　　成为令人尊敬的公民　　　　　　　　　　　　/172

第七章　落地生根　　　　　　　　　　　　　　/173
　　面对新环境　　　　　　　　　　　　　　　　/175

关于饮食 /177
健康状况 /181
成家困难 /184
死亡原因 /187
娱乐活动 /189
毒与赌 /193
在旁观者眼中 /195
社交往来 /201
基督教影响 /205
修建教堂 /208

第八章　上帝的牧羊人与希望镇 /213
　　胡大金来到圭亚那 /215
　　提议建设华人定居点 /216
　　希望之镇 /220
　　牧羊人亡命天涯 /225
　　希望镇苟延残喘 /227
　　希望镇的衰落 /232

第九章　远走他乡 /235
　　重获自由身 /237
　　制糖技师 /240
　　前往特立尼达 /243
　　溜到苏里南 /246
　　驶往圣卢西亚 /250
　　定居者 /254
　　开始经商 /255
　　在乔治敦起家 /259
　　在伯比斯兴旺 /264
　　乡村店铺 /266
　　购房置地 /268
　　第二代华人 /271
　　接受高等教育 /272

第十章　尊姓大名 /277
　　中国文字 /279
　　翻译的两难 /281
　　连字符惹的祸 /282
　　千奇百怪的名字 /286
　　英语化姓氏 /288
　　一脉相承 /289
　　追根溯源 /290
　　走向全世界 /312
译名对照表 /315

附录一　插图 /336
附录二　表格 /372
　　（一）华工船统计数据 /372
　　（二）种植园和村庄 /374
　　（三）华工分配情况 /384

附录三　招工契约合同 /385
附录四　苏亚长的契约合同复印本 /393
参考书目 /394
作者简介 /396
译后记 /397

前　言

对于我们这些在圭亚那出生或祖辈曾经到过圭亚那的人来说,先辈的故事总是以童话的形式开始,"从前……",最后的结尾也会是"……从此以后,他们便在那里过上了幸福的生活"。可以说,这种童话式的叙述有一定真实性,因为我们的祖辈从前确实移民离开中国,到一个遥远国度的田里劳作。后来,他们的子孙大都发家致富,凭着自己的技能和天分,为世界上很多国家做出了宝贵的贡献。然而,就像所有故事一样,中间过程却艰难曲折,跌宕起伏,而我在此讲述的正是他们福祸相依,苦乐相济的生命历程。

在故事中,我大量使用了出版的文章和报纸新闻,因为展示那个时代人们所使用的语言和写作风格,更能完整有效地传达那种时代感以及主流社会的观念和情感。说到语言,史料中所使用的词语在今天看起来可能有些低俗或陈腐,比如"英属圭亚那"这种带有殖民色彩的名称,还有北京的老式拼写(Peking)①。我并不打算更新这些词语,或改变这些词语的用法,来符合当今政治意义上的正确性。而且读者也可以轻而易举地在这些陈年故事里,找到现代电影脚本中的所有元素——犯罪、性、种族主义、阶级矛盾、偏执盲从、宗教歧视,同时还伴有暴力、污言秽语、赤身裸体等热辣刺激的色彩。但我的目的并不是为读者呈现一个耸人听闻的故事,而是要以真实的目

---

① Peking是威妥玛式拼音,是1906年西方人在上海举行的"帝国邮政联席议会"时确定的。1979年联合国通过决议,以汉语拼音Beijing为北京的正式英文名。(译者注)

光观察所发生过的一切,以此更好地理解这些华人经过世世代代不懈的努力所取得的成就。

那么,所有的文献资料是从哪里来的呢?最初,我发现了一份日期为1873年的契约合同,是我曾祖父的,这引发了我对自己家族史的好奇。当初我寻找文献资料是为了梳理头绪,讲述一个简单的故事。但我很快发现,这个故事远比我最初想象的复杂。契约合同本身就引起我一连串疑问,比如我曾祖父为什么离开中国?移民出国的筛选过程到底是怎么回事?海上航行的过程是怎样的?他们初到异国他乡所面临的境遇又如何?随着我的探寻逐渐深入,真相也一步步浮出水面。我意识到,还有许多和我一样的华人后裔,对这些故事同样全不知晓,或许同样也想知道其中原委。

追根溯源的过程,包括了考证书籍、期刊杂志、报纸和书信。其中有些史料是旧文献翻制成微缩胶片,质量较差。有些刊号缺失,有些纸页被撕掉,或残损,或折叠,以致文献内容未被完整拍摄,或者拍摄失焦,模糊不清。所有引用这些文章的段落均加以编辑说明,放在[ ]内。许多引用来自《皇家公报》(*Royal Gazette*)这份报刊,基本上反映了英属圭亚那统治机构的观点。《皇家公报》的编者按和评论文章自然也就包含了以种植园主和殖民官员为代表的上层社会的观点。他们更多地支持法律与秩序、举止行为规范、基督教伦理道德、规矩和礼仪。报纸上报道的也多是逍遥音乐会、化装舞会、新出版的书籍、板球比赛等,而非华人移民社会地位的变化。即便如此,文章和报刊对日常生活的报道仍然可以反映出各式各样的观点,让我们得以抽丝剥茧,梳理出当年英属圭亚那华人生活方式的大致轮廓。有的时候,《皇家公报》也对当地其他报纸进行尖锐批评,比如它批评为保守传统的庄园主代言的《拓殖者报》(*the Colonist*),以及为劳动者阶层和前奴隶的利益发出呐喊的《克里奥尔人①报》(*the Creole*)。

除此之外,还有一些人撰文,探讨英属圭亚那华人移民的话题。第一位是西塞尔·克莱门蒂(Cecil Clementi),他当时是一名英殖民官。他撰写的《中国人在英属圭亚那》于1915年出版。该书详尽介绍了当时为得到华工

---

① 指当地出生的欧洲后裔。(译者注)

而进行的种种政治运作和政府所作所为。他的书已经绝版，但我非常幸运，居然在北京图书馆借到了沉睡多年，几乎无人问津的原著。第一次世界大战后，第二代华人的弗雷德里克·刘（Frederick O. Low），曾任地方官员和市议员，出版过一个小册子，讲述了华人基督教徒在德梅拉拉的希望镇建立起定居点的故事。近些年，玛琳·克劳福德（Marlene Crawford）（娘家姓郭）编写了一系列文章，收入她在1989年出版的《圭亚那华人历史场景》（*Scenes from the History of the Chinese in Guyana*）。这本书概述了华人移民历史，也介绍了华人后裔出于同祈祷、同娱乐和同居住等互助需求而形成的诸多社团协会，其中特别介绍了几位人士。玛格丽·柯克帕特立克（娘家姓为丁阿基）于1993年出版了《从中央王国到新世界》（*From the Middle Kingdom to the New World*）一书，讲述了几个华人家族的经历，及其祖先对他们融入西方社会的影响。也是在1993年，沃尔顿·卢克·赖出版了一本研究英属西印度群岛华人与印度人移民的著作《契约劳工与加勒比蔗糖》（*Indentured Labor, Caribbean Sugar*）。该书重点考察了来自中国和印度的移民，以及他们与蔗糖经济的关系。1995年，劳拉·霍尔在其博士论文中探讨了宗教在华人社区里的作用，以及这些华人移民们如何相对顺利地转换身份，成为克里奥尔社会中受欢迎的一部分的过程。1998年，沃尔顿·卢克·赖出版了第二部著作，书名为《西印度群岛的华人》（*The Chinese in the West Indies*），其中包括大量官方文件和关于华人移民加勒比地区的正式论述。各国华裔学者也纷纷从文化和社会学角度讨论了圭亚那华人与其他国家华侨的异同点。所有这些研究成果都有助于人们从有意义的视角来研究圭亚那华人。

除了刚刚提到的资料来源，我还得到了安德里亚·李（Andrea Lee，娘家姓氏为林（Lam）的大力协助。她帮我整理出家族族谱，还从伦敦公共档案馆和圭亚那乔治敦档案馆搜集了档案记载。佛罗里达的朱迪·洪（Judy Fung）也为我提供了有用信息。她为自己大家族建立了族谱的大数据库。加利福尼亚州的劳拉·霍尔为撰写博士论文研究挖掘出不少有关中国移民以及她自己家族的有用史料。我还就家族关系问题与许多其他人进行过交谈和邮件往来。他们本身已从别人那里收集了一些资料，所以这些信息资料汇总在一起，不断丰富了我的认识。我对他们的贡献深表感激。虽然我没有列出他们每个人的具体名字，但我希望他们能够通过这本书的字字句句看到他们自己的身影，听到他们祖先的诉说，并因为他们的故事被人传诵而感到慰藉。

最后一点，收割甘蔗的工作准确地说应该是"砍蔗"，而这本书的题目《甘蔗收割者》严格地讲属于用词不当。不过，尽管这些华工是专门招聘来干甘蔗活的，但他们的劳作远远不止砍蔗那么简单。我们的祖辈为这个移民社会扎下了根，让这个移民社会在新土壤里茁壮成长。他们胼手胝足，经历千辛万苦，如今他们的后代收获了果实。

第一章　劳工纷争

废除奴隶制

1853年初，三艘轮船载着647名中国乘客到达英属圭亚那，标志着移民计划的启动。这一计划不是由中国人自己发起的，而是时局变迁影响了欧洲列强的利益所导致的。当时的欧洲人，尤其是英国人，拥有最先进的武器和超强的海军，而积贫积弱的中国根本无法抵御列强的入侵。欧洲列强在中国站稳脚跟后，不断扩大地盘，而中国人则身不由己，在不知不觉中卷入了外国列强的争夺中。

当时欧洲国家所面临的主要局势是，废除奴隶制对他们产生了副作用。截至19世纪初，奴隶制作为欧洲殖民国家经济中不可或缺的组成部分，已经存在了三个多世纪。英国在掠夺、贩运和使用奴隶方面扮演着重要角色，那些从西非掠来的奴隶被送到了美洲殖民地和西印度群岛。同任何一桩有利可图的买卖一样，奴隶贩子为了获取最大经济回报，绞尽脑汁，可谓无所不用其极。奴隶运输船都经过改装，每一平方英尺的甲板都挤满了奴隶。他们戴着镣铐，挨肩并足，被囚禁在船舱里。这种非人的待遇，难免导致极高的死亡率，这成为奴隶贸易中最突出的问题，也成为18世纪后期兴起的抗议运动的焦点，这些由欧洲宗教组织和人道主义者发起的抗议浪潮声势不断壮大。但是从事奴隶贸易的商业利益集团，并不欢迎任何抑制行动来影响他们有利可图的生意，因此抗议者们的抗争十分艰难。不仅如此，这一时期也正是商业阶层和企业家开始在他们国家的政治决策中施加越来越大影响力的时代。

在经历了一代人锲而不舍的努力之后，废奴主义者终于赢得了胜利。1807年，他们说服英国政府通过了一项法案，终结了奴隶贩运活动。接下来，他们发现应该要考虑一下如何获得替代劳动力来满足其殖民地的甘蔗种植园劳动需求。英国下院特此"成立了一个委员会，专门研究从东方寻找劳动力，为我们的西印度群岛殖民地提供自由劳工的可行性和计策"。1811年6月12日，该委员会报告说：

1. 中国移民的共同特点是，行为得体，做事有序，对于促进他们移居国的发展特别有用；

2. 不过，他们移民出国的行为是违反中国法律的；然而移民现象的存在也在很大程度上说明那些法律并未被严格执行。

该委员会的调查结果未被采纳，因为当时英国殖民地的囚工数量仍很充足。另外，随着主张自由贸易的经济气氛日渐浓厚，人们并不太同情垄断西印度群岛糖业的大亨们，以至于他们对劳动力短缺问题的担心未引起多少关注。事实上，有人还主张从其他地方，包括印度，获取蔗糖，从而打破西印度群岛对蔗糖的垄断。

自从1834年奴隶制在英属西印度群岛被彻底废除以来，那里的劳动力状况便旧貌换新颜。当然，废除奴隶制并没有采取绝对的自由宣言形式。应甘蔗种植园主的要求，英国议会向殖民地的奴隶主发放了数百万英镑的补偿金，并允许有长达六年的过渡期，在此期间，奴隶将转成见习工，拥有自由人的责任，但同时必须继续从事已经干了几百年的苦工。事实上，这些刚刚获得自由的奴隶虽然不再是种植园主的私有财产，但他们仍然受到法律的约束，必须继续为种植园主服务。这种不成熟的见习工制度（Apprenticeship）最后不了了之。一方面是由于前奴隶的反对，另一方面是消息传到宗主国英国，人们听说见习工仍一如既往地遭受虐待，一时间舆论纷纷。

> 对奴隶们来说，1834年8月1日是个可喜可贺的日子。他们到处载歌载舞，感恩祈祷，以表达自己的快乐心情。
>
> 不过，虽然他们不再是奴隶之身，但他们仍属于见习制劳工，仍然被迫进行日常劳作。这一点是他们不能理解，也无法理解的。你随处可以听到人们大声抱怨，他们不愿意当见习工，不愿意去做指派给他们的工作。
>
> 在埃塞奎博省（Essequebo），人们对见习工制度的怨气演变成公开造反……
>
> 目前抗议浪潮势不可挡，由于麦科特克（McTurk）医生为此事业，以及为殖民地政府做出的重要贡献，理所当然地被册封为爵士，人们便委托麦科特克医生去提出建议，建议1838年终止非农田耕种类见习工制

度的规定同样也可以终止农田耕种类见习工制度，这样奴隶制才能在英属圭亚那殖民地彻底消亡。

[《圭亚那人航海日志》（*A Guianese Log Book*），摘录自1878年9月28日的《皇家公报》]

新移民

1838年，劳工成群结队离开甘蔗种植园，欢欣鼓舞地庆祝自己得到彻底解放。他们在种植园边尚未开垦的土地上安家落户，很快一个个村庄雨后春笋般冒了出来。这些村庄有的坐落在海岸线无用的或闲置的土地上，有的散布在内陆地区，还有的村庄建在人们合伙集资购买的废弃庄园里。由此造成的劳动力短缺迫使种植园主开始认真寻找别的劳动力来源。起初，他们尝试从其他殖民地引进剩余劳动力，比如从巴哈马群岛。但这些剩余劳动力人数太少，无法满足实际需求。1838年，一家私人公司从印度运来一批劳工。这些人被称为"苦力"。他们是第一批踏足圭亚那的亚洲人。但是到了1839年，这一劳动力来源突然被掐断了，因为英属印度殖民地官员禁止继续招募他们的臣民去做苦力，起因是他们接到了劳工受到虐待的指控报告。圭亚那还尝试过从非洲招募合同工，却无法吸引到足够数量的工人。1843年，第一艘租赁船只运来了区区32名劳工。到1845年，总共有2128名非洲劳工被诱骗而自愿移民圭亚那，结果，这造成了英属圭亚那国库的资金大量流失。与此同时，对大量种植园劳工的需求却变得越来越急迫。

由于发生了这种情况的变化，英属圭亚那的种植园主寄希望于宗主国政府能重视他们对农田劳力需求的呼声。但英国政府却谨小慎微，不愿仓促开展任何有类似奴隶贸易之嫌的新计划。伦敦的爵士大人们与圭亚那相隔遥远，着实不明白为什么种植园主无法让现有的自由人替他们工作。实际情况是，大多数奴隶得到自由后再也不愿意回到种植园干活，加之那里土地肥沃，果蔬鱼虾丰富，完全可以满足基本生存需求。其实，他们不愿意出来做劳工，也反映出他们对种植园主过去世世代代拥有的权威和支配权的蔑视。这样一来，种植园主别无他路，只能另寻劳动力资源。19世纪40年代早期，饥荒横扫了葡萄牙的马德拉群岛（Madeira），那里很多居民同意到英属圭亚那做种植园的契约劳工。在随后的几年里，数千名来自马德拉群岛的葡萄牙人接踵而来。他们在人数上，以及经济影响方面，成为这块殖民地的重要组成部分。但此时，这里招募劳工的目光主要还是集中在亚洲，尤其是印度，中国次之。亚洲劳动力人数达到数十万之多。

在很长一段时间里，英属圭亚那对劳动力的需求一直很旺盛，一方面是由于蔗糖市场不断扩大，另一方面是由于新来劳动力减员率很高。1864年初，《皇家公报》对巴巴多斯报纸《西印度人报》的一篇指责文章不甘示弱地进行了驳斥。那篇指责文章称，巴巴多斯的气候条件使得那里的移民处境比英属圭亚那好得多。有数据显示，自1835年以来，有110921名移民到达英属圭亚那，但1861年的人口普查数据却显示全国总人口仅为148026。《皇家公报》编者按的回答让我们能够洞察到有关移民的历史和问题。

> 在所谓移民行动初期，一群悲惨的人被带到圭亚那。这些可怜的苦力衣衫褴褛，除了个别人，基本上都拒绝工作，靠施舍活命，或者靠捡拾街上的垃圾和壕沟里的腐肉填饱肚子。这些人自然难逃一死。就算是在巴巴多斯，他们也一样会早早丧命。在印度，移民并未经过严格筛选。说老实话，只要申请者是个活人，就可以装上船，作为农田工移民被运往圭亚那。当时船上的条件远比不上今天的状况，所以，这些人就是名副其实的劳工，登岛上岸后，生活条件也远不如现在。早期的葡萄牙人，不管是到哪里，无论从其体格条件还是生活习性来看，都不适宜从事农业劳动。而且他们有自己的理财方式，大多数人都是节衣缩食。他们对栖身之所和新鲜空气毫不在意，往往身染疾病，最终大量死亡。他们不管去到哪个国家，只要是与他们自己国家不同，都会落得同样下场。这不是气候原因所致，而是由于他们的体格缺陷，由于他们不屑于提高生活舒适度，甚至不在乎死活。

> 还有一点必须记住，说到移民行动，一般都存在性别比例严重失

衡的问题，尤其是华人。而且，不论是华人还是印度人，除极个别情况外，他们从来不与殖民地其他种族通婚。其必然结果就是多余的男性一辈子都没有子嗣。于是也就不可能出现移民人数的实际增长，这还没有考虑大批婴幼儿死亡的情况。在到达圭亚那的移民名单中有许多是男女幼童。他们有的只有几天，有的只有几岁。所以在统计移民人数时，这些幼童是不大可能被计算在内的。

另外一点，尽管人们已经想方设法去招募优秀劳工，但在所有招来的人当中，即便是在今天，仍有许多人根本不干活，他们经常以小伤小病为借口，逃避各种劳动。这些人最终也就自我消亡了。除此之外，移民中也曾爆发过某种疾病，尤其是在印度苦力中。在这些情况下，死亡的移民绝非死于不良气候，而是死于其他弊端，《西印度人报》忽略了这些问题。

（《皇家公报》，1864年1月26日）

先生，活干完了

虽然圭亚那对劳动力的需求很大，但当地那些获得自由的奴隶却不肯在种植园干活。在废奴二十多年后，这些自由人仍不愿意干点常规的农活。安东尼·特罗洛普（Anthony Trollope）在他的《西印度群岛及西班牙的美洲大陆》（The West Indies and the Spanish Main）一书中描述了这种情况。1859年他来到英属圭亚那访问。他发现，只要保证有足够的劳动力打理甘蔗田，这块殖民地的蔗糖产业就具有巨大潜力。他将批评的矛头指向英国的废奴社团，因为他们反对从亚洲招募契约劳工这一新兴事业，称这种做法将导致另一种形式的奴隶制。不仅如此，废奴社团还声称应采取措施，保护获得自由的奴隶不受竞争影响。特罗洛普写道：

就目前情况看，竞争局面已经出现，但程度很低。那些无忧无虑的黑人男子平均每周工作不超过三天；一天工作不超过六小时。我在甘蔗田里见到一群黑人女孩儿，她们无所事事，优哉游哉地躺在地上，迟迟不开始一周的劳作。现在都已经是周二早上了，周一当然她们连影子都没见到。在我到访的这天早上，她们就躺在那里，锄头扔在一边，还没打定主意要不要去下地干活。种植园主陪着我来到地边。一见到他，她们立刻对他吵嚷起来。其中一个姑娘说，"不行，先生；我们不干活。钱不够。"另一位姑娘说，"只给四块！根本没给钱！先生，给五块，我们明早来！"那位先生当然不会去跟她们讨价还价。他告诉我，"她们明天会来划地干活的。她们都是周二才来，周五就不干了。"我问他，"难道她们不会到别的地方，去找别的活干吗？"他回答，"她们当然会去找。她们会溜达一天，东找西找，但别人不会付得比我多。最后她们也只能按我开的价干活。"可怜的姑娘们！如果让她们面对可怕的竞争，那真是太残忍了。

1861年6月，在中国传教的罗存德（William Lobschied）访问了英属圭亚那，目的是搜集有关当地条件和华人待遇的一手资料。有关他负责招募华人移民海外的更多细节，将在后面章节详述。他给总督写了一份长篇报告，汇报他的所见所闻：

> 虽然这个国家的基督徒已尽力教化非洲人，以使他们达到与欧洲人相当的水平，并取得了一些成效，但未能激发出他们主动效仿的精神，而这种积极效仿的精神在中国佬身上却表现突出……目前，克里奥尔劳工并未对开发这块殖民地富饶的资源做出丁点贡献，而且进口物资的高额关税都落在这些人身上，而他们却根本无法承受……克里奥尔劳工只在高兴干活的时候才去干活。他们只需在家门口摘几根香蕉，摸几条鱼就能过活，完全不受所处环境的影响，完全可以按照自己的意愿工作。他们可以干几天活，挣够一笔钱，然后去买一件花哨衣服就心满意足了。

保证盈利

无法在当地找到充足劳动力这种情况已经持续数十年之久。一些甘蔗园已经背上债务,而其他种植园主则都在绞尽脑汁,竭力寻找廉价移民,以保证其盈利。1860年,第一批中国妇女被运到圭亚那,让种植园主看到了一线希望。他们希望华人从此有了安居乐业的稳定基础。然而,这种努力并未受到当地某些人的真诚欢迎。1860年3月30日,有人写信给《皇家公报》主编,建议圭亚那到美国去寻找更好的劳动力。

征寻优秀移民

我们的殖民地需要移民,这一点毫无疑问。但是,着眼未来,至关重要的问题是:什么类型的移民最能推动圭亚那的发展进步?难道那数千名即将到来的华人会比同样数量甚至更少的非洲人贡献更大吗?我们认为不会。我们的观点基于以下原因:

首先,他们的天性决定了他们不会与非洲人或其他国家的人有交往。而且,即便他们能够遵守来时的要求,在我们殖民地逗留一段时间,但在大多数情况下,合同到期后,他们就得立即返回家乡。其次,他们居住在这里时,根本不会对殖民地的商业发展有所贡献,他们的贡献仅限于为种植园主劳作……所以,我们认为,目前所需要的移民类型就是美国成千上万的非洲黑人。他们现在四处流浪,饥寒交迫,无处栖身。我们所有读者一定都听说过最近发生的"哈珀斯渡口造反事件"(Harpers' Ferry Difficulties),也就是人们常说的"约翰·布朗起义"[①]。读者们都清楚,这次起义造成的后果是20万黑人被赶出了南方各州……

---

① 1859年10月,美国南北战争前夕,废奴主义者约翰·布朗在西弗吉尼亚州哈珀斯渡口领导反奴起义,但最后遭到镇压。(译者注)

所以我们建议，政府应引进一部分这些黑人，并确定一下他们是否比目前到达的移民更能给我们殖民地带来好处。我们相信他们是可以的。他们已经习惯在严苛的南方州农场工头的皮鞭下从事繁重的体力劳动。那里的气候与这里一样酷热，所以他们自然会觉得在这里种植园的劳动与他们习以为常的劳动相差无几，也就能很好地完成任务。再有一点，他们的天性决定了他们会把更多的劳动报酬花在购买物品上，因此也就能促进城里的商业活动。他们与我们使用的是同一种语言，无需再花精力向他们脑子里灌输我们国家的风俗习惯，而对中国佬，我们则要费尽力气去教化他们……

除了建议引进美国前奴隶之外，读者来信还建议从加勒比国家引进劳动力。

巴巴多斯群岛（Barbados）离我们只有两三天的航程，那里人口富余，干旱旷日持久，甘蔗作物已经无望，人们无事可做，手里没钱，而物价高昂……从巴巴多斯运送劳工的费用不超过8元，而运送中国佬的费用是120元。照此计算，我们从天朝之国招一个人来就等于我们从巴巴多斯招来15个人。除了这一巨大差距，中国人还需要适应这里的气候，需要被调教，学会做该做的事情，有时候还会带来麻烦。相比之下，巴巴多斯人与我们一样适应这里的气候，是天生的种甘蔗能手，而且他们所习惯的法律制度与我们殖民地实行的法律制度大同小异。

（《皇家公报》，1860年8月7日）

在种植园主的要求下，几千名巴巴多斯劳工移民来到英属圭亚那。然而，从美国获得大批有经验、能吃苦、又说英语、又适应文化的劳动力的美梦却成了竹篮打水。美国重获自由的奴隶已经觉醒，他们表达了自己的情感：

真要感谢那些反对蓄奴的自由州，为此目的推出的一个个计划都被证明是行不通的。黑人们说,"不,林肯先生,这里是我的国家;我出生在这里,我付出辛劳,为国家创造了财富;过去国家有难时,我已有所分担,我盼望将来我和子孙能够分享这个国家的繁荣。我拒绝移民出国。"

(《皇家公报》,1863年12月26日,摘自纽约《每日新闻》)

来自东方的东方人

随着吸引非洲裔劳工的希望变得日益渺茫,种植园主也越发依赖从印度招募劳工。印度是英国殖民地,人口众多,因此从那里寻找大量劳动力没有遇到多少阻碍,印度也就成为种植园主随时可以依赖的劳工来源地。从1838年到19世纪末,总共有238979名印度人移民到英属圭亚那。当时担心的主要问题是这些移民是否被筛选得当,是否能被证明适合从事农业劳动。而正是这些因素使得中国人成了人们眼中的最佳人选。

如果我们要"发达"起来,那么再没有比善于白手起家的中国人更好的开拓者了。这种观点也并非今天才有。亨利·博林布鲁克(Henry Bolingbroke)从1799年起在我们殖民地生活了数年。此后,他根据自己的亲身经历,为全世界读者奉献出四卷本著作[编者:《德梅拉拉之旅》(*A Voyage to the Demerary*)]。该书出版于1807年,他对此问题有如此看法:"如果没有一双双勤劳的手将大自然的恩赐转化为财富,即便发现了有用之物,也无多大用处。根据人们对中国人的描述,根据他们在英国法制下以神奇速度将槟榔屿开发成一个复杂而文明的社会的经历,再考虑到那些地方的气候条件与圭亚那相当,我们可以肯定,中国拓殖者将成为我们劳动力的最宝贵来源,他们是可以引进来的劳工。他们的身体适应力能够承受在热带地区持续的劳作,他们习惯聚居在一起,形成一个社区,这使他们容易成为各式各样的劳工。相比之下,那些粗鄙的野蛮人是无法被教化而做到这一切的。最重要的是，中国人有理性，有眼光，让人放心，因为他们自己就能够管理好自己，不必担心他们会像非洲黑人那样，一旦自己做主，就会目光短浅，大肆挥霍，落得倾家荡产，要么就干脆任意放纵，生活懒散，无所事事。有人说，中国人到了一个陌生的地方虽然可以呆下来，但不会永久居留，等他们积攒了一定钱财后，便会回到家乡，以此财富为生。但即使他们大都不会在此地定居，他们辛勤开垦的土地，建造起来的房屋，对后人还是有用的。同时，他们也是老师，擅长传授多种多样的经验和技艺。这些经验和技艺是东方人长期生活在热带酷暑中积累掌握的。圭亚那应该变成西方的中国，最应该学习中国的模式，由这样一个国家来传授经验再好不过了。"

这些评价似乎有着预言般的灵验，能讲出此番话语的人显然目光远大，超越了他所生活的那个时代。

（《皇家公报》，1865年2月2日）

来自西方的东方人

正是这种观点使得英属圭亚那种植园主千方百计通过各种渠道寻找中国劳工。1876年，加利福尼亚白人中的反华情绪达到顶点，导致国会通过了限制引进更多华人的法律。1876年5月29日，英属圭亚那种植园主协会召开了一个会议，并通过了以下决议：

本协会深知，为了确保本殖民地目前及未来的永久繁荣，移民计划至关重要。同时，我们了解到，最近发生的情况可能会中止以往持续不断地进入加利福尼亚州的华人移民潮；同时我们也考虑到由此带来的机遇，即打开了从中国向英属圭亚那引进大量移民的渠道。我们认为此机遇至关重要，因为它关系到我们殖民地未来的扩展和完善。因此，我们

> 恭请殿下及法庭，有必要开通与其他公认稳定的欧洲议会的联系，令其有所准备，在六个月内，将有一批中国人到达本殖民地，人数将不超过2000人，费用不超过每人18英镑。
>
> （签字）亨利·巴斯科姆（Henry S. Bascom）
>
> 协会主席
>
> （《皇家公报》，1876年6月1日）

种植园主甚至准备派代表前往美国加利福尼亚州，看看是否能诱导一些心怀不满的华人移民英属圭亚那，并建立相应的机制来转接这些华人。

然而这一计划无果而终，因为那些华人一心只想移民三藩市，即华语所称的旧金山，根本不受劝导，不改初衷，不去一个毫不知名的小国家从事农业劳动。同样，那些已经身在美国的华人也不看好在种植园劳动的未来出路，宁愿留在那里受苦受难，自己设法渡过难关。

又过了一两年，机遇再次降临。古巴政府采取了一些限制性惩罚措施。那里的华人被迫再次签下新一轮契约，否则就被赶走。英属圭亚那当局了解到，大多数华人无法凑足资金，逃离那个岛国，于是尝试从外交途径提出建议，希望以大约5英镑的低价接收这批华人。就算出价为"7英镑，甚至8英镑，也是一笔划算的买卖，毕竟从中国运送的成本更大"。但这一计划最终也收效甚微，因为古巴政府很可能又采取了留住华工的相应措施。

在所有这些尝试均告失败后，蔗糖大亨们只能指望从中国获得华工这个唯一的渠道了。到1879年契约华工移民时代结束时，已经有13000名以上的中国人被从中国运往英属圭亚那，并成为当地华人社区的核心部分。

英国人对华工的兴趣并未到此结束。1882年，有人提出建议，应该将中国移民引进英国，从事各种各样的劳动力密集型工作。这导致英国工人提出抗议，他们反对在英格兰劳动力中增加华人数量这一设想。这一建议也让一位驻英国的西印度群岛代表发出哀叹：人们并没有将西印度群岛视为华人移民的理想目的地。

眼下中国佬成了英国公众讨论的热门话题。人们普遍预测，他们的价值观有可能成为我们社会体系的一个组成部分。其实，作为经商者，他们早已踏足这里，与欧洲对手们进行竞争。在伦敦城，就有一家完全由中国人开办的公司。他们保持自己特有的衣着方式和所有民族特色。这家公司的华人雇员在这里已司空见惯，走在街上也不会引人注目。有人提议引进中国人到英国，做手艺人、体力工人、家庭佣人，这引发了英国劳动者的愤怒，他们集会抗议。中国人在他们的国家里会有这么多朋友，这真是令人惊讶，这些人几乎众口一词地证明中国人具有良好素质。令人感到奇怪的是，英国劳动者害怕中国人到来，不是因为中国人的陋习，而是因为中国人的优良品质。比起英国人，他们活干得更好，时间干得更长。他们生活更加节俭，举止可以更文明，对雇主更加忠心耿耿。所以，必须阻止他们进来！由此一来，所有这些讨论和兴趣点都影响着引进中国人到西印度群岛殖民地这个问题。他们在德梅拉拉建起了讲求实际、繁荣兴旺的社区。目前的情况是，美国由于爱尔兰人选民的政治影响而排华；澳大利亚由于害怕华人在劳动力市场的竞争而排华；英国劳动者也反对华人。那么，此时如果我们不将华人大力引进到欢迎他们的西印度群岛，那简直是天大的怪事了……

（《皇家公报》，1882年10月21日）

显然，英国人认为中国人非常有价值，是因为他们能吃苦耐劳，但不要他们去英国本土，而是远赴英国各个殖民地。英国人对中国劳工的着迷，一直是促使甘蔗种植园迫切寻找华工的真正动力。一旦有了动力，英国就可以凭借自己在当时的世界霸主地位，招募契约华工，运往英属圭亚那。

第二章　中国与蛮夷

从1834年说起

1834年，是52岁的清朝道光皇帝在位第13个年头。后来证明，这一年对他来说是一个特别不吉利的年份。中央王国，也就是中文自称的中国，受到来自其他国家越来越大的压力，他们叫嚷着要增加贸易，获得更大的贸易特权。几个世纪以来，清朝的当权者认为中国是文明的中心——有教养，有组织，自给自足，无需外来物品。不仅如此，商人被认为属于社会最低层，列在士、农、工各阶层之下，因为贸易行为本身并不能产生有价值的新物品，也就对国家总财富的增长并无贡献。至于外国人，当然就是名副其实的"蛮夷"和"外国鬼子"。之所以这样称呼他们，是因为早在16世纪，葡萄牙和荷兰的海盗及冒险家就到过中国的沿海村庄。他们烧杀掠抢，无恶不作——抢劫值钱财物，掳走妇女，留下尸横遍野和残垣断壁。

当时的贸易并不是一种权利，而是被当做一种特权。如果洋人对中国皇上没有表现出应有的尊重，这种特权就会被剥夺。几百年来，中国出口茶叶、丝绸、瓷器和香料，洋人则以白银支付。这使得外国列强的国库日渐枯竭。然而，洋人们找到了一种中国人开始消费的产品，并让中国人越来越大量地消费这种产品，以此打破了中国对洋人的贸易顺差，使中国的外贸赤字急剧攀升。这种产品就是鸦片。

鸦片贸易

鸦片贸易主要从东印度公司的贸易活动发展而来。这是一家英国的私营企业，它垄断了印度孟加拉地区的鸦片生产和销售。鸦片的药用疗效在中国早已为人所知，但此时洋人又发明了一种新用途，那就是把鸦片放进烟斗，吸食享乐。鸦片成瘾对人体危害极大，所以早在1799年，中国皇帝就颁布圣谕，禁止鸦片流入。但是利润的驱使远远超过禁令惩罚的威力。

鸦片贸易的运作模式是，由东印度公司向当地经营私人商船的英国商人或印度帕西人发放许可证或执照。这些船只归类为"国家船只",而非"公司船只"。这样一来,大名鼎鼎的东印度公司便可声称运输鸦片并非公司行为。起初,商船船长和长官被允许携带货物量15%的个人货物。于是他们就利用这个配额偷偷运输鸦片。后来这个比例逐年增加,最后,私人夹带的走私货物甚至超过了合法贸易商品的数量。

商船先是驶往停泊在珠江口伶仃岛的鸦片仓库。所谓仓库,原来只是破旧商船和退役兵舰,这些废船经鸦片商改装后起死回生,变成趸船仓库。到1834年,已经有五条这样的鸦片仓库漂浮在距广州不远的海面上,而广州是中国唯一允许洋人进行贸易的口岸。商人们在伶仃岛将鸦片卸到趸船上,然后继续驶往广州,进行合法的贸易活动。伶仃岛位于澳门东北方向20英里处。在这里,巨大的趸船完全处于沿中国海岸游弋的外国军舰保护范围之内。鸦片商穿梭往来,不必理会中国当局的管制。每箱鸦片重160磅,内装40枚压制成网球大小的鸦片球,由"快蟹船"或"扒笼船"运往广州。这些快船装有强力火炮,由50名桨手划船,掀起的大浪足以掀翻满清官员的巡查舢板。

与洋人进行贸易有一种固定程序。北京的朝廷授权行商作为唯一的中间机构,与洋人进行贸易活动,朝廷则可以从中得到价值22万两白银(相当于55000英镑)的丰厚贡税。但行商从事这种交易活动需要承担极大风险,因为他们的利益得不到保障,也得不到朝廷的保护。他们的处境危如累卵,因为他们总要面临名目繁多的巨额"捐款",从资助公共设施项目到给皇上进献礼品。有些行商不幸破产,而另外一些行商积累起巨大财富,比如潘振承启官、卢继光茂官、伍秉鉴浩官。①

商行通过"商馆",亦称代理,经办贸易。这些商馆是一些仓库一样的房子(从商行租赁),位于广州城墙外,珠江边,占地约20英亩。美国、比利时、英国、丹麦、荷兰、法国、西班牙、瑞典等其他国家的商馆都聚集在这里,统称为"夷馆"。每年贸易期一般持续4个月,从10月到来年的1月,主要是为了利用这段季节的顺风顺水。外国船只装货完毕之后会被要求立刻

---

① 词尾的官字原意是官员,是朝廷赐予的封号,表示承认他们所做的贡献。

驶离。但如果找到"管用的人",付一笔钱,总能换来延长期,让洋人在贸易期结束后继续留在广州。这种行贿行为在中国司空见惯,它是打通官府,扫清鸦片贸易障碍的法宝。行商要负责打点户部大员(海关总监)、海关验货员以及当地官员。所有这些人都能从鸦片贸易中大捞一笔。中国的实业家也能提供一些周全的海关服务。他们向北京的朝廷缴纳一定的商业税和关税之后,便可以在茶桌之下做大买卖了。到1834年,每年输入中国的鸦片达2万箱,其中三分之一是由英国公司怡和洋行(Jardine, Matheson and Company)经手的。

威廉·渣甸(William Jardine)自1816年开始从事鸦片贸易,当时他年仅32岁。1828年,他与另一位苏格兰人,比他小12岁的詹姆斯·马地臣(James Matheson)合伙做生意,到1834年,渣甸和马地臣已经拥有了一支快船队,还拥有伶仃岛五条趸船中的一条。"当英国议会上院、下院,以及支持他们的主教们反对采取措施,抑制鸦片贸易时",渣甸认为自己的道德品行无可指责。

> 是中国政府,是中国官员,在走私鸦片,而且包庇、鼓励走私鸦片,跟我们没关系。看看东印度公司吧——为什么呢?所有走私活动和走私贩的源头都来自东印度公司。

1834年4月,东印度公司的特许证到期,英国政府接管了对华贸易。此时,饮茶之风已遍及英伦三岛,政府也可以从茶叶税中获得十分之一的收入。不仅如此,印度的鸦片种植者也在大把花钱,购买英国棉织品。生产这些棉织品的工厂已使用工业革命时代的蒸汽机。英国政府找不到别的可行办法,只能继续进行鸦片贸易,以保持国家经济的发展,保持贸易出超的局面。一个贸易三角蓬勃发展起来,利润相当丰厚。在这个三角关系中,英国生产的制成品被运往印度,鸦片从印度流向中国,中国的茶叶、香料又运往英国。在这一过程中,英国商人获益最多,个个捞得盆满钵满。1834年秋,英国通过了《自由贸易法》,打破了大公司的垄断权,准许个体商人自由贸易。于是,在通往广州的珠江江面上,英国船只骤然增多。

律劳卑事件

1834年中,律劳卑(Lord Napier)[①]被派往中国出任英国驻华商务总监,意在与中国建立平等的正式贸易关系。7月15日,在非贸易期期间,他携带英国外交大臣帕默斯顿(巴麦尊)爵士的信函到达澳门,准备递交给驻广州的广东巡抚卢坤。他没有听从商人们和当地官员的劝告,不按照惯例行事,不在外面耐心等待,而是让人直接投递此信。他也没有申请"红色许可证",即乘船驶入广州的通行证,便匆匆动身前往广州。他的举动被详细记录在每日呈报户部的报告中:

> 经过检查,我们发现,本月18日夜(西历7月24日),约午夜时分,有一艘夷船抵达广州,上载四名英国鬼佬,住进英商馆。待我们搜查到他们后,发现他们没有许可证或通行证。有报告称,目前该国有一艘战舰停泊在外海,但目的尚不得而知。我们认为他们此番前来显然是偷偷进入广州的……

律劳卑派秘书到城门递交信函,但此举违反了惯例,即应由行商负责转呈,然后等待谕令。事实明摆着,他就是没有按照当局的规矩和条例行事。中国巡抚命令律劳卑离开广州,并查封了其部分贸易活动。但律劳卑不仅没有离开,反而直接挑拨广州当地百姓。他让人在广州各处张贴告示,哀叹"有如此恣意独断的政府,成千上万吃苦耐劳的中国人必将难逃毁灭和苦难的命运"。巡抚卢坤大为恼怒,厉声斥责:

> 不知道这位夷犬何以胆大妄为,自称夷目(头目)。煽动百姓,对抗官府,实属罪大恶极。皇上恩准取其首级,天经地义。

[①] 威廉·约翰·律劳卑,律劳卑勋爵九世(William John Napier, 9th Lord Napier, 1786—1834),是英国皇家海军军官、政治家和外交官。(译者注)

9月2日，巡抚的言辞更加激烈：

> 夷目……确实愚蠢、盲目、无知……他若滞留在此，则无安宁。吾特此正式关闭其贸易，直至其撤离。

身为退役的海军军官，律劳卑见识过特拉法加海战①（Battle of Trafalgar）的场面，根本不会被眼前这种不太精明的驱逐令吓退。他命令正在附近的两艘英国皇家海军护卫舰"伊莫金号"（Imogene）和"安德洛玛刻号"（Andromache）立即驶往广州。中国严禁外国军舰驶入珠江内河道。为保险起见，律劳卑命令，如果遭到炮击，护卫舰可以开炮还击。9月7日，这两艘军舰开进虎门。这里离广州40英里，是一处江面狭窄的地带。江防炮台开炮了。但炮台上的大炮是固定在坚硬的岩石炮座上，无法瞄准移动目标给予重创。而安装有46座旋转火炮的护卫舰开始连续轰击炮台，直到炮台陷入沉寂。由于军舰吨位太大，无法到达夷馆位置，英国军舰于是停泊在黄埔港。这处珠江下游的码头设施距广州城中心10英里远。

巡抚卢坤切断了通往夷馆的所有供应，并用沉重的铁链封锁了河道，还扬言要用火船攻击装满火药和炮弹的木制护卫舰。英国人进退不得。到此时，商人们对商务总监已经不抱任何幻想，开始质疑，明明实行自由贸易，为什么还需要这么一个商务总监。以颠地（Lancelot Dent）为首的一些鸦片商们开始表示不满，并向户部请愿，要求恢复贸易。颠地是渣甸和马地臣的一个主要竞争对手。律劳卑觉得，来自中国人的任何压力，他都能应付，但被同胞背叛令他伤心不已。巡抚卢坤则不停地往他的伤口上抹盐，声称只要律劳卑和他的军舰滚出去，他就下令恢复商业活动。

此时，律劳卑的医生建议他回澳门，以便更好地治疗他的热病，这场紧张局势才告一段落。中国巡抚更是不失时机，狠狠教训了这个蛮夷一顿，让他终生难忘。他要求爵士大人先命军舰撤离，然后再发给他离开此地前往澳

---

① 指1805年10月英法海军舰队在西班牙的特拉法加角外海面进行的决战，最终英军取得胜利，巩固了英国海上霸主地位。（译者注）

门的通行证。不仅如此,巡抚还派了一艘中国舰船,护送爵士离开,说是表达他的一片好心。就这样,拖着病体的爵士大人在军事监督下被送回澳门。一路上走走停停,耽搁良久。88英里的行程走了将近一周。每停一处,他的身体状况都更加糟糕,这是因为过分热情的中国人总是用锣鼓喧天、爆竹火枪齐放的噪声来欢迎他。回到澳门后,躺在病榻上的爵士甚至无法忍受教堂钟声的鸣响,他请求教堂停止敲钟。10月11日,葡萄牙人同意了他的请求。当晚,他便在宁静中离开人世。

律劳卑出使失败是文化上错误认知与互不了解的结果。中华帝国(即大清帝国——编者注)仍然视外国为朝贡国,尚未开化,岂不知正是通过这些洋人,帝国本身已经变为国际贸易中的一个重要组成部分。中国人无法理解,一个高官怎么会被指派负责贸易这样的小事。他们一般只与大班,也就是商人首领或主要行政官打交道,而不是同自称"头目"的人打交道。中国还没有碰到过像英国这样不可理喻的国家,既蔑视大清律例,又拒绝向皇上叩头,或进贡物品(望远镜,地球仪等)。此次律劳卑事件也迷惑了中国人,他们以为只要坚持按照老规矩办事,就一定能心想事成。

而对洋人来说,他们明白了,如能好好利用中国人口和巨大市场潜力,他们能得到很多实惠。在西方社会,商人阶层享有很高的社会声望,具有很大的政治影响力。他们不明白,中国为什么会拒绝贸易带来的物质和金钱回报,而且在官僚繁文缛节上如此吹毛求疵。他们希望得到的是,每个国家的官员之间在平等基础上建立交往关系,为贸易活动创造便利。在建立日不落帝国的岁月里,英国还没有碰到过像中国这样不可理喻的国家。

中国和英国在处理贸易问题时,如同按照大清帝国的规则下一盘西洋象棋。中国的下棋策略是,"你要么按照大清帝国的游戏规则来玩儿,要么就别玩了"。而英国的方针是,"如果你按照大清帝国的规则玩儿,我就打你的脸"。进一步的问题是,对中国来说,所谓"帝国",就是为了"满足皇上的需求";而对英国来说,"帝国"是要满足"整个大英帝国的需求"。

禁烟

广州的贸易按照中国的老规矩恢复了运行。1836年12月，英国派遣海军上将查理·义律（Charles Elliot）担任驻华贸易总监。奴隶贸易被废除之后，奴隶制在殖民地依然存在。义律曾经被指派为英属圭亚那的奴隶保护官。在那里，义律恪尽职守，大大得罪了种植园主。如今，他的职责是争取从政策上解决英国与中国的贸易问题。出于现实的原因，义律清楚，与中国对抗得不偿失，而按照中国的规矩办事至少还能保证贸易活动持续进行。因此，他在中国人面前摆出规规矩矩的样子，让人觉得他已经从前任所犯的错误上吸取了教训。

中国政府依然决心铲除鸦片，并于1837年采取了彻底禁烟的严苛政策。中国官员虽然没有军事力量挪动伶仃岛附近的洋人趸船（当时这些庞然大物已经增加到25条），却可以设法追缴中国人拥有的鸦片船，并且基本上将其全部摧毁了。不过，狡猾的洋人马上用速度更快，炮火更猛，且悬挂英美国旗的船只取而代之。

钦差大臣林则徐走马上任

1839年3月，钦差大臣林则徐到达广州走马上任。他颁布了最新圣旨，宣称对任何参与鸦片贸易者严惩不贷。根据此规定，洋人也有可能被砍头。林则徐斥责行商纵容鸦片贸易，并宣布收缴所有趸船仓库的鸦片。洋人随即开会商议计策。他们决定交出1036箱鸦片。林则徐做出的回应是，立即终止所有贸易活动，命所有中国佣人、工人撤出夷馆，并封锁了整个贸易区。夷馆很快变得像监狱一样，里面困着350余名洋人。

义律否决了所有武力解决的提议，因为那样做极易引发广州城内对洋人的大屠杀。考虑到当时鸦片价格急剧下跌，鸦片存货供大于求，而且还有失去茶叶贸易的危险，义律命令英国商人将手中所有鸦片交给他，并代表英国政府做出担保。他对贸易商们承诺说，日后将赔偿他们的损失。有了赔偿的承诺，商人们大喜过望。他们巴不得尽快脱手这些积压在趸船仓库里，卖也卖不掉的鸦片。事实上，有些人甚至把即将到达的成箱鸦片都慷慨地上交。义律这道命令实际上是将鸦片变成了英国政府的财产。马地臣在几封不同的信件中写道："中国人已经落入圈套，使自己直接对英国政府承担责任，"而且，"从近距离观察，义律的工作似乎就是诱使中国人承担责任，并引发一场冲突。"

总共21306箱鸦片被收缴上来。林则徐把鸦片丢进事先挖好的大坑，浇上石灰、盐和水。他还向海神祈祷，让所有海里生灵快快躲藏，免遭排入大海的恶臭膏余荼毒。

在彻底销毁了所有收缴的鸦片之后，林则徐再次发出指令，要求所有船长都签下切结书，声明不在船上装载鸦片，否则"一经查出，货尽没官，人即正法"。义律宣称，切结书"与英国法律不相容"，并得到英国商人的支持。他们拒不签订切结书，并收拾物品，于1839年5月24日离开广州前往澳门。这样一来，英国饮茶者就要感激美国运货商了。英国商船停止运货后，美国商船填补了空缺。在这种困难时刻，美国船长们正巴不得出手相助。他们以务实的企业家精神，借机要求提高运费，使得从黄埔港到伶仃岛之间区区50英里的茶叶运费，甚至超过了他们过去穿越大洋，将茶叶运到波士顿茶叶党手里的全部费用。

义律考虑暂时在澳门以外经营英国贸易，但他没有军舰保护这些贸易活动。而钦差大臣林则徐的困难是，由于黄埔港空置萧条，因此关税流失，同时他也无法控制澳门的贸易活动。他决定把英国人从那里赶走。6月7日，一艘私人商船"剑桥号"（Cambridge，1080吨）驶进澳门。船长詹姆斯·道格拉斯（James Douglas）在新加坡时就听说了林则徐独特的挖池销烟事件。他预感到此时将要出现新的需求，于是不惜成本，丢弃了船上的鸦片，加装了几门强力大炮。加上船上原有的6门18磅大炮，"剑桥号"俨然成了一座浮动的要塞。义律则趁机以14000英镑的租金，租用"剑桥号"8个月，加强英国的军事存在。"剑桥号"只需出现在那里，就足以使水师提督关天培的小小战船不敢去干扰美国船只转运货物。美国船则左右摇摆，一边表示同情，一边大把捞钱。提督关天培从不远的锚地观察着他们的动静。

一触即发

钦差大臣林则徐切断了英国人的粮食和补给,并命令澳门总督驱逐英国人。接着,林则徐调集了两千人的部队,驻守在澳门以北60公里的香山①。这下澳门总督陷入了两难的境地,而葡萄牙人在澳门的定居点显然也面临着威胁。中国从来不承认澳门是葡萄牙殖民地,只承认澳门由葡萄牙人占领。据说当时谣言四起,说澳门有可能会遭到进攻。澳门总督为保全自身利益,给英国人写了一封密信,警告他们,中国可能会来抓捕所有英国人。为保护在澳门的英国公民而设立的委员会决定让英国人撤离澳门。1839年8月26日,英国臣民乘坐所有能找到的船只,驶往珠江口另一侧、被称作"香港"的小岛,这里人烟稀少。

到了9月,英国皇家海军"窝拉疑号"(HMS Volage)舰艇(28门炮)和"海阿新号"(Hyacinth)舰艇(18门炮)到达,这使义律有了底气。他不再需要"剑桥号"提供保护,于是终结了与詹姆斯·道格拉斯上校的协议。上校只得到了两个半月的租金,共2100英镑,因而非常恼火。他干脆拆下"剑桥号"上的火炮,卖给英国当局,并以10700英镑的价格将船卖给美国的德拉诺(Delano)公司,更名为"切萨皮克号"(Chesapeake)。第二年初,这艘船又被卖给了钦差大臣林则徐。中国人现在拥有了一艘与洋人一样的战舰。

到此时为止,林则徐与洋人交手都大获全胜。他依然希望能够开展合法的贸易活动。此时,英国商船"担麻士葛号"(Thomas Coutts)船长华纳(Captain Warner)认为义律没有权利限制贸易活动,于是,他于10月15日与林则徐签下了反贩运鸦片的切结书。林则徐也邀请停靠在香港的那些闲置商船效仿这一做法。他对不遵守规定的船只颁布了通牒,限他们三日之内离开中国海域,否则将被焚毁。义律本人也面临着双重压力,一方面中国人将要发起攻击,另一方面商人们有可能纷纷屈服于林则徐的条件。1839年11月3日,29艘中国小炮艇在距窝拉疑号和海阿新号500码的地方抛锚待命。此刻,已经接受

---

① 即现在的中山。(译者注)

了林则徐条件的"皇家撒克逊号"（Royal Saxon）开始驶往广州，这使事态急转而下。船长H.史密斯（Captain H. Smith）指挥其军舰向"皇家撒克逊号"开炮，以阻止它驶离。中国炮艇站在"皇家撒克逊号"一边，进行了回击。于是，史密斯下令开战。接下来的这场穿鼻海战持续了三刻钟。一艘小炮艇被炸飞，三艘被炸沉，还有几艘受到重创。中英鸦片战争正式打响。

林则徐两次致信维多利亚女王（1837年继位），寻求她从中调停。他在第二封信中写道：

> 洋人有善有恶，良莠不齐。有人走私鸦片，诱使中国人吸食，中国各省深受毒害。……洋人从中国财富中攫取利益……听说贵国吸食鸦片是被严格禁止的。①……为什么您让鸦片流入其他国家，毒害百姓？如果别国人将鸦片运进英国贩卖，诱使您的臣民购买吸食，陛下一定恨之入骨，尊颜大怒……故己所不欲，勿施于人。

1840年1月，"担麻士葛号"的华纳船长将此信带到英国，但英国外交部并不承认华纳船长的资格。事实上，这种做法显然不符合官方的规则与惯例。总之，林则徐钦差大臣的请求信没了下文，毕竟，维持鸦片贸易符合英国自身利益，它可以为政府提供税收收入，并且支撑英国在贸易和军事上的霸主地位。

远征白河

为了迎接下一场对峙，钦差大臣林则徐加强了广州的防守，并用巨大铁链封锁了河道。他调集了60艘小战船组成舰队，从国外采购了两百门新型火炮。他将刚刚购得的"切萨皮克号"停泊在珠江上，以加强对广州入口的防卫，那里已经被大量木船和凿沉的运石船所封锁。"切萨皮克号"上装配有

---

① 林则徐此信息有误。吸食鸦片在英国并非违法，只是英国人更加明智，未发展到吸食成瘾的地步。

34门从新加坡购置的英国造大炮。林则徐已严阵以待。

1840年6月，海军少将乔治·懿律（Rear Admiral George Elliot，英国驻华贸易总监查理·义律的堂兄）率舰队到达，包括共配备540门火炮的16艘战舰和载有3600名陆军的运兵船。这些士兵中有苏格兰人、爱尔兰人和印度人。英国人视眼前这场即将到来的战斗为一次报复行动，因为他们觉得必须捍卫自己的贸易特权，维护民族尊严，惩戒中国人对英国臣民和财产的不公正待遇。而对中国人来说，他们只是遵照圣旨，铲除鸦片恶魔。

义律从英国白厅接到命令，只使用足够的兵力封锁广州，其余远征军向北进发，向中国皇帝表达英国人的不满。这道命令与威廉·渣甸写给帕默斯顿的"提议书"惊人地相似。其内容就是要与中国政府，而不是中国南方的老百姓，了清恩怨。他们认为，那些老百姓是欢迎鸦片贸易的，甚至对清朝统治者心怀怨恨。在一路北上的行程中，义律和懿律二人在厦门试图向皇上转交那封帕默斯顿的信，但遭到拒绝。于是，他们下令封锁了厦门。接着，他们又占领了长江入海口附近舟山群岛的定海，并将远征军主力部队留下，占据在那里。鸦片商尾随英国这只无敌舰队来到定海，并开出了每箱鸦片100元的超低优惠价。1840年8月29日，远征军到达白河（通往北京的河流）。在大沽口，那封信总算被直隶①总督琦善受理了。

《穿鼻草约》

负责守卫北京的总督琦善采取了拖延战术，以寻找对付洋人的办法。他将帕默斯顿的信理解为英国人因钦差大臣林则徐禁烟而遭殃的若干条抱怨书。琦善设法让皇上相信，令英国人愤怒的唯一原因是林则徐这个人，应将其革职。琦善尤其擅长施展调和之术，先化解洋人的怒气，然后使之就范。他竭尽礼貌恭敬，溜须拍马之能事，向英国人解释说，皇上已经决定派要员赴广州调查事情原委，并开展对话。通过谈判解决问题的前景令义律兄弟二

---

① 直隶省主要城市包括北京。其边界经过重新划定，当年的直隶省是现在河北省的一部分。

人感到鼓舞，他们正担心，冬季即将来临，恐无法真正展开重大军事行动。于是，他们于1840年9月15日下令从广州撤兵。琦善不费一枪一弹便赶走了进入中国北方的洋人，令皇帝对琦善化解危机的手段刮目相看，颇为赏识。皇上革除了林则徐的钦差大臣之职，理由是他未能消除鸦片贩运活动，还与洋人挑起争端。林则徐被流放至中国西北遥远边陲的新疆，琦善则被任命为新的钦差大臣。

1840年12月，义律与钦差大臣琦善在广州开始谈判。义律一上来就提出三大要求，其中一条是中国割让香港。这是琦善不能接受的，因为他非常清楚，清廷是不会允许割让中国领土的。他又拖延了一段时间，谈判几度中断。义律开始沉不住气了。1841年1月7日，英军向虎门附近的穿鼻炮台发起进攻，先由海军大炮进行了警告性轰炸，然后陆军士兵大规模登陆攻击，杀害了600名中国士兵。1841年1月20日，琦善被迫接受了《穿鼻条约》的草约。根据这个条约，1. 香港将割让给英国，舟山群岛归还中国；2. 支付600万银元赔款，赔偿收缴的鸦片；3. 建立两国官员平等交往机制；4. 中国春节后十日之内，重开广州贸易。

义律认为，得到香港将使英国获得独特的贸易优势。他的看法是：从任何意义上讲，在女王拥有的领土上，没有比香港更优良，位置更有价值的港口了。1月23日，他再次写信建议道："阁下，香港将成为英国女王最重要的领地。对此我深信不疑。"

然而，英国政府的反应并不是当事人所期待的。帕默斯顿对谈判条件并不满意。1841年4月21日，他毫不客气地斥责了义律：

> 你没有遵守给你的指令；你有意回避使用交给你指挥的军队，在没有充分必要的情况下就接受了那些条件。你所得到的利益远远没有达到让你去争取获得的利益。……在整个事情过程中，你似乎都把我的指令当做一张废纸……你竟敢自作主张，按照你个人的想法去处理你的国家利益……[你所接受的]数额远远小于我们应得的数额……你竟然同意立即从[舟山]群岛撤离……你得到了割让之地香港，但那里是个几乎无人居住的荒岛；而且，就算是割让，[如果没有皇上的签字……]我认为，

我们也只是被允许在那里居住而已,与葡萄牙人在澳门获得居住权并无两样。

与此同时,琦善与义律继续在众目睽睽之下竭尽全力扮演自己的角色,讨价还价,你来我往,不知不觉中早已不顾风度礼仪。每当琦善以他历来拖延的风格,表现出不想继续谈判时,义律就命令他的军队来敲打一番。2月25日,英军对珠江上另几个炮台发起攻击,得手后溯江而上,与中国舰艇"切萨皮克号"发生对峙。结果洋人的坚船利炮冲破了中国方面的抵挡。英军士兵冲上了"切萨皮克号"。据报告称,"甲板上如同屠宰场"。最终,这艘饱经蹂躏的舰艇被一发炮弹瞄准,正中火药库。爆炸声震天动地,在30英里开外都能听到。

《南京条约》

亨利·璞鼎查爵士(Sir Henry Pottinger)被指派为新的驻华全权公使,并于1841年8月9日率一支有14艘军舰(包括两艘铁壳船)和2500名士兵的部队到达澳门。帕默斯顿的用意是一路挺进,直逼北京的朝廷,而不是在广州纠缠。璞鼎查完全按照命令行事,于1841年8月21日出发,绕过广州,一路向北航行,不到两个月就攻下了厦门、定海和宁波。1842年春,增援部队从印度赶到,使他的兵力增加到1万人。京城的朝廷也开始调集各省兵力,阻截洋人向北推进。但英国炮兵一发射新式武器——榴霰弹和葡萄弹,冲锋陷阵的中国士兵便应声倒地,大批身亡。6月,英国人攻下吴淞口和上海,途中只遇到零星抵抗。

璞鼎查率领配备74门炮的战舰"康沃利斯号"(Cornwallis)和另外4艘支援舰溯长江而上。到达南京后,英国人计划于1842年8月15日早上发起进攻。但在炮击开始前三小时,中方给"康沃利斯号"送来一封函件,告知皇上愿意议和。1842年8月29日,《南京条约》在"康沃利斯号"上签署。主要条款如下：

1. 香港永久割让给英国。
2. 广州、福州、宁波、上海和厦门五口岸将开埠通商。
3. 允许英国在通商口岸派设领事。
4. 中国将向英国赔款2100万银元，以赔偿销毁英国鸦片的损失和英国战争费用。
5. 中国将废除垄断的公行贸易制度。
6. 对进出口商品实行固定关税。（中国拒绝将鸦片包括在贸易商品名录中，否则将使鸦片贸易合法化。）
7. 中英相应级别官员建立平等关系。

英国的胜利成果（或称为战利品）很快被其他国家乘虚而入，利益均沾。美国于1844年7月获得类似的通商口岸特权。那年年底，法国还获得了允许罗马天主教进入中国的附加特权。1845年，一项法令又使此特权扩大到基督新教。比利时于1845年获得贸易权，瑞典和挪威在1847年也签订了类似内容的条约。1851年，俄国与中国签订了一个条约，使两国之间业已存在的贸易又有了新的条款。这种通过威逼利诱，迫使中国签订的条约侵害了中国的主权，被中国称为"不平等条约"。

第一次鸦片战争以后

最早与西方签订条约的政府代表耆英被公认为是夷务专家。1843年4月6日，他被任命为钦差大臣。耆英与英国进行各种社交往来，并与璞鼎查建立了私人交情。这种个人外交风格的用意是消除洋人的疑虑，获得他们的信赖。但这种对敌人曲意逢迎的做法引起朝廷的不满。1844年11月，耆英认为必须为自己的做法进行辩解。他在写给京城朝廷的备忘录中解释说，试图要求洋人接受大清律例和风俗习惯，无异于自找麻烦：

> 我们必须找到巧妙的办法来驾驭洋人。有时候可以做到让他们不明就里便按着我们的要求行事。有时候我们要亮出所有底牌，让他们消除疑心，从而消除他们桀骜不驯、焦躁不安的心理。有时我们要宴请他们，请他们看戏，之后他们就会心存感激……
>
> 洋人在中国域外生长，对我们天朝体制内的诸多事务完全不知晓。而且他们还会对各种事务不断地做出武断的诠释，很难对他们晓之以理……
>
> 西方各国的规矩不能按照中央王国的礼仪来规定。如果我们断然指责他们，根本无法打破他们的愚钝，还有可能招致怀疑和厌恶……
>
> 这种化外之民，盲目、蒙昧，不懂言语规范和仪轨之事……对待他们，是无法让他们明白道理的，还会立刻引起摩擦。这对抑制和安抚洋人这一核心目的无任何益处。与其为虚名纠缠不休，劳而无获，不如撇开这些琐事，去实现我们的大目标。

璞鼎查本人也倾向使用双面策略。当伦敦的新托利党政府发来指令，拒绝保护那些从事"非法贸易"者时，璞鼎查一口应允，发表了一个在香港实施此法令的公告。但马地臣道出了其中的真实情况：

> 全权代表发布了针对走私行为最严厉的公告。但我认为，这实际上就像中国人颁布谕旨一样，毫无意义，只是为了给英国的圣人们看的。璞鼎查爵士根本就没打算真正采取行动，一定在暗自嘲笑这一滑稽之举。不管怎样，他一直允许输入鸦片，并储存在香港。

耆英与璞鼎查之间貌似友好的关系带来了第一次鸦片战争后相对友善的贸易活动。但这种气氛，在1844年春璞鼎查退休、由约翰·戴维斯（John Davis）接任之后，发生了巨大变化。约翰·戴维斯曾经是东印度公司雇员，1834年作为律劳卑的贸易副总监经历了律劳卑事件。戴维斯诽谤过"中国人理解大国诚意的能力"。在他眼里，耆英的外交风格"令人生厌""幼稚可笑"。因此，1846年，当耆英放弃这种个人外交风格时，约翰·戴维斯完全无动于衷，感觉无所谓。

开放广州

《南京条约》的最大障碍是如何实施英国人进入广州的特权。广州地方当局强硬拒绝洋人进入城区,将他们限制在夷馆区。广州方面提出的理由是,虽然广州城开放与洋人贸易,但条约文本中并未明确规定是否允许洋人进入广州城。其他四个通商口岸均未拒绝英国人入城。事实上,洋人进入上海城区后发现那里的卫生条件和住宿条件十分恶劣,于是撤出城区,在城外另寻合适地点落脚定居。但是在广州,英国人却执意要进入城区。耆英预感到"广州城问题"最终将导致对抗发生,于是以年事已高,身体欠佳为由,提出辞呈。1848年3月,徐广缙被任命为钦差大臣,叶名琛任广东巡抚。这两位官员在与洋人打交道时毫不妥协,甚至私下相互配合,鼓励广州百姓中的排外情绪。英国臣民不断遭到各种袭击、辱骂、投石。1850年,道光皇帝驾崩,21岁的皇子咸丰继位,他对洋人的政策更加强硬,这使得局势变得愈发严峻。中英关系不断恶化。

《中英天津条约》

如今已经成为首相的帕默斯顿,委任前英国驻北美(今加拿大)总督额尔金爵士为特命全权代表和英国开赴中国的远征军总司令。法国军队的加入使英军更加气势汹汹。法国人是想借1856年2月广西的一名天主教传教士被杀事件从中渔利。随后,美国人和俄国人也加入了英法联军行列,只不过他们并没有真正派出部队,而是派一些代表,要进行一次"和平示威"。1857年12月12日,葛罗斯男爵(Baron Gros)和额尔金爵士向叶名琛发出通牒,要求开启直接谈判,并要求赔款(法国方面还提出惩办杀害传教士的凶手)。叶名琛坚持立场,毫不示弱。12月28日,通牒到期,联军兵舰炮轰广州城,接着发起进攻。两天后,中方投降。1858年1月5日,英国领事巴夏礼(Consul Parkes)带领搜索部队进入叶名琛的衙门官邸。巡抚被擒,并被押往英国皇家海军战舰"无畏号"（HMS Inflexible）囚禁起来。他被运往加尔各答，一年以后去世。联军方面成立了联合委员会，管理广州城，巴夏礼担任委员会主席，日常事务则由清朝总督柏贵代理。这个政权机构存在了三年，直到1860年，根据一个条约才被解散。正是在这一段时间里，招募中国劳工赴西印度群岛殖民地的做法出现了改变。

额尔金爵士遵照伦敦发出的指令，带领英法联军一路北上，于1858年4月中旬到达天津外的渤海湾。他们迅速出击，占领了位于白河口的大沽炮台和天津，守城军队四处逃散。朝廷急派73岁的大学士桂良和52岁的吏部尚书花沙纳（Hua-sha-na）出面，与额尔金和葛罗斯在天津谈判。

中国于1858年6月26日与英国签署《中英天津条约》，次日，又与法国签署条约。《中英天津条约》包含56条。概括地说，英国军舰得进出各通商口岸；在对等基础上互派外交代表；英国臣民得入中国内地游历；天主教和新教传教士得入中国内地自由传教。条约规定再增开10个通商口岸；赔偿英国400万两银。

条约规定，数月之后在上海召开后续会议，确定关税税率，并在一年之内互换批准文本，10月，在上海的关税会议上，谈判双方敲定了合法进口鸦片的税率为每担鸦片30两白银，相当于平均货值的7%—8%。

大沽口之战

1859年3月1日，额尔金爵士的弟弟弗雷德里克·卜鲁斯（Frederick Bruce）被任命为驻华全权公使。额尔金建议派遣大规模舰队编队陪同前往，称这是"显示国威"的好机会，可以让北京方面有所顾忌，因为出尔反尔"并不是中国外交的新手法"。于是，英国海军司令奉命率"声势浩大的海军舰队"与卜鲁斯同行。

卜鲁斯与法国全权公使布尔布隆先生（M. de Bourboulon）于5月抵达上海，与中方大臣进行初步会晤。两位参与《天津条约》谈判的中方代表开始极力主张,上海是更合适做《天津条约》的最终换文地点。但在联军公使们强硬胁迫下,中方只能让步。其实中方不知道的是,卜鲁斯已经接到指令,要拒绝"任何仪式,或接待方式","以免造成女王陛下低于中国皇上的局面"。

1859年6月20日,英法联军舰队在白河口外15英里的地方游弋。英国编队包括19艘舰艇,共配备154门炮,装载着2068名陆军士兵。联军指挥权统一交给英国海军司令詹姆斯·贺布(James Hope)少将。贺布少将派遣几艘小炮艇到河口处侦查。显然,在1858年战斗中被摧毁的大沽炮台已经重建并加固。侦查队很快发现,在河口处已设置了三道巨大的拦河锁链。6月25日,中方派出几条小船,来到联军游弋的地方,传达了在大沽口以北10英里的北塘港迎接舰队的信息。在之前的上海会面中,中方大臣并没有提出这个要求。与此同时,中方警告联军,如沿白河上行,将受到阻击。

这个消息来得太迟了,贺布少将早已下达了强行进发的命令。少将的小艇拆除了第一道铁链上的铁桩,来到第二道铁桩前。这时,炮台的大炮同时开火,炮弹如雨点般落在那艘小炮艇上,少将受重伤。40名船员中只有9名未受伤,侥幸逃了出来。整整一个下午,联军舰队一直与对手处于激战状态。但重新加固的土炮台顶住了开花弹和实心弹的轮番轰击。夜晚降临,英方发起了殊死一搏。陆战队员开始穿过泥泞的大堤冲向炮台。150余名士兵在泥沼中艰难缓慢地跋涉,到达第二道壕沟。50人总算挣扎到了300码开外的炮台墙下,但遭到守兵的顽强阻击。几天之后,贺布少将在写给海军部的简报中说,假如敌人是按照他们原有的方式打仗,英国进攻部队足以拿下那个炮台。事实上,英国人死亡426人,伤345人,4艘舰艇被击沉,两艘受到重创。

《中英北京条约》

英国内阁谴责了卜鲁斯的行为,但却没有将他召回。战争大臣直接明确地对下院议员们说,假如贺布少将摧毁了炮台,卜鲁斯的决定就不会遭到质疑了。这也代表了当时英国人中的普遍情绪。不过,此次失败极大破坏了英国形象。英国必须采取报复行动。法国的立场是,法国已经与中国开战了。

1860年3月,额尔金爵士被任命再次指挥远征行动。英国方面调集了13000名士兵,由额尔金爵士的妻弟贺布·格兰特爵士(Sir Hope Grant)将军担任总司令。法国出动了7000名士兵,由孟托班将军(General de Montauban)率领。3月初,联军通过上海向清政府下达通牒,要求清政府就白河之战道歉,缴纳赔款,当然还要批准《天津条约》。最后通牒的时间是30天。北京的朝廷回复如下:

> 如果卜鲁斯先生北上不带舰船,而只带少量随行人员,并在北塘等候换文,中国方面是不会跟他发生冲突的。但如果他决意带领大量战舰,而且坚持从大沽口航行,那就说明他的真实意图并非换文。

英国人认为这是一个模棱两可的否定答复。北京方面似乎已经做好了批准条约的准备,但却要按它自己的方式办理。远征军继续北上,7月30日到达北塘。至8月12日,联军部队向西南方向行进,准备从侧翼包抄大沽炮台。中国人似乎准备按照正规的军事原则,从正面迎击从海上进攻的敌人。中国人不习惯这种侧翼包抄行动,毫无防备。所以,联军在通往炮台的路上没有遭遇任何防守部队。就这样,8月21日,大沽北炮台被攻陷。第二天,南炮台也陷落。随后,舰艇上的船员清除了所有通往塘沽和天津的障碍。

8月25日,联军受到天津大员们的友好欢迎,并随即受到钦差大臣们的热情接待,包括花沙纳、桂良和著名外交家耆英,也就是那位与西方国家签署了第一批条约的中方代表。1848年耆英退休,而1850年咸丰皇帝即位后,将耆英降级处分。1858年,洋人问题再度闹得沸沸扬扬,这时人们想起了耆英的外交手段是多么高明,于是又请他出山,施展他安抚夷人的方略。他的出现不免让联军担心起来,怀疑背后会设什么圈套。额尔金派了两名年轻助理前去与耆英交手。一位是李泰国(Horatio Lay),另一位是威妥玛(Thomas Wade,他发明了广为接受的中文拉丁字母化体系)。当耆英提出对方行为要稍加克制,并开始施展个人魅力,拿出对英国绅士大加赞美的老一套时,他们出其不意地教训了一顿这位老外交家。李泰国出其不意地拿出耆英1844年所写的一份备忘录。这份备忘录是广州被炮轰，巡抚叶名琛被俘时落入英国人手中的。此时，李泰国要求朗读这份备忘录。当时的情形令耆英万分羞愧，无地自容。英国人扬长而去，陶醉在自己的恶作剧中。备受羞辱的耆英离开了自己的团队。正是因为擅自脱离，他被逮捕，镣铐加身，押解回北京。在北京，他受到审判，被赐自缢身亡。这个刑罚比砍头略体面一些。

中方代表急于排除联军向北逼近的危险。9月2日，朝廷大臣接受了3月通牒中提出的所有条件。但当需要他们签字时，他们又推说需要时间请示朝廷。到这时，前广州领事巴夏礼（Harry Parkes）和威妥玛才终于明白其中奥妙。他们发现这些中方特使只授权与联军进行交涉，却没有授权签署具有约束力的条约。额尔金大为恼火，中止了谈判。9月8日，他下令做好向北京进军的准备。

1860年10月6日傍晚，英法联军进入北京西北郊的夏宫——圆明园。在接下来的两天里，英法联军开始大肆劫掠这处皇家园林。之后，联军各方开始互相指责是对方成员抢劫得最穷凶极恶。战利品价值极高，它们由各种材料精心雕琢而成，融入了工匠们的精湛手艺。有玉器、景泰蓝、金银塑像、瓷器、青铜器、裘皮、丝绸、珠宝、艺术品，价值达数百万元。最为精美的奇珍异宝被运回国，妆点维多利亚女王的宫殿和拿破仑三世的宫殿。在圆明园发现的稀世珍宝中有一些特别小巧的狗，其品种类似中国传统狮子外形。5只小狗被带回英国，其中一只名字恰如其分——"鲁蒂"（Lootie）①，被敬献给了维多利亚女王。这还是西方人第一次见到这个品种的狮子狗，称"北京狗"（Pekingese）②。

10月13日，为避免遭受更大的破坏，北京投降了。不过，联军却发现朝廷里已无人跟他们打交道，因为皇上已经逃往满洲的热河③。为了表示惩罚，额尔金爵士下令烧毁举世闻名的圆明园，这里已经被部分抢掠过了。法国人不赞同这个"为了破坏而进行的破坏"，但额尔金爵士决心已定。事后他给

---

① 与英文中的"战利品"谐音。（译者注）
② 即哈巴狗。（译者注）
③ 现在称承德，距北京东北150英里。

出这样的原因："这是皇上最钟爱的住所，将其烧毁定能极大打击其自尊心，伤害其感情。"

圆明园是一处巨大的园林群，占地面积达80平方英里，内有200多处建筑。它遭到了联军的抢劫和精心的焚烧。10月18日大火开始燃起。圆明园的大火持续燃烧了两天。皇上的弟弟恭亲王见夏宫被烧毁吓破了胆。为了避免彻底毁灭，他宣布立即无条件投降。1860年10月24日，额尔金爵士口授了《北京条约》的条款。这一条约给予英国代表驻北京的外交特权。条约还规定：1. 向英国和法国各赔偿800万两银，以补偿他们在远征行动中的开支；2. 允许中国臣民以契约劳工形式，或以其他形式，自愿出国；3. 开放天津为外贸口岸和外国人居住地。除此以外，英国人还获得九龙半岛作为香港的一部分；而法国则确保了天主教传教士可以在中国内地置地建教堂。在确保以和平的方式解决问题之后，英法联军，包括外交官于1860年11月9日离开北京。这个列强们蓄谋已久的条约是又一个他们用枪炮逼迫中国人签订的条约。此次条约的结果是，英国与中国之间维持了40年实际和平期。

中国感到危机重重，这带来一个重大后果，那就是1860年11月，中国给予了另一个外国列强特权。这就是俄国。俄国公使尼克拉·伊格纳提耶夫（Nikolai Ignatiev）将军不费一枪一弹，就攫取了40万平方英里的中国领土，比法国和德国加起来的面积还大，从而也实现了梦想，获得了通往太平洋的不冻港。他们在那里建起了一个新的海军基地，取名符拉迪沃斯托克，意为"镇东府"。

太平天国运动

与洋人的冲突已经使清朝政府焦头烂额，而另一件更大的麻烦也威胁着大清王朝——这就是太平天国。太平天国运动是以一个人为中心的，他就是洪秀全①。洪秀全1814年1月1日出生于一个农民家庭。那是一个客家人居住的

---

① Hung Hsiu-ch'uan, 拼音Hong Xiuquan。

小村子，距广州48公里。客家人意为"客人"。他们原来生活在中原地区，后来在历史上不同时期，尤其是南宋时期（1127年—1279年），迁徙到广东、广西两省。当时南宋朝廷为躲避成吉思汗和蒙古蛮族的入侵，向南方迁徙。这些人并不受号称本地人的广东当地人欢迎，因而只能在土地贫瘠的广东山区落脚。住在平原地区的百姓与住在山区的人很少来往，而且，由于方言、习性和生活习惯的不同，这种隔阂更加严重。到19世纪中叶，又出现了一个新的冲突根源：许多客家人皈依了基督教，而当地人则坚持祭拜偶像和各种传统神灵。客家人因当地人的迷信而攻击他们，而当地人则因客家人信仰洋教而鄙视他们。由于客家人在当地没有根深蒂固的关系，所以他们一般比本地人更独立，更大胆，更容易诉诸行动。

年轻的洪秀全在学业上显示出很大的潜力，但却在1828年，1836年和1837年的三次科举考试中落第。第三次失败后，他变得郁郁寡欢，一病不起。他开始产生幻觉，看到了一些幻影，包括天母、一位德高望重的白须老人和一位他称为天兄的中年人，还听到孔子坦承没能在《论语》中讲清楚真理。这种幻觉和幻视持续了40天，之后他就恢复了健康。

在接下来的六年里，洪秀全在村小学教书。1843年，他第四次参加科举考试，但再次落榜，此时正值"广州城问题"激起民愤之时。洪秀全同情这种"民族主义"的表现，加之他对目前这种令人绝望的制度深恶痛绝，他坚信必须发起一场民族主义的汉族革命，目的是推翻清朝政权。

一天，洪秀全的表弟来看他。表弟从洪秀全那里借走了一些基督教小册子，这些小册子是洪秀全7年前从一个传教士那里要来的，一直没看，搁置在书架上。表弟被小册子中不同寻常的内容所震撼，于是催促洪秀全也读一读。读过小册子，洪秀全开始确信小册子可以解开6年前他看到的奇怪幻影之谜：那位老人就是上帝；那位中年人就是他的耶稣哥哥，也就是说，洪秀全自己是上帝的小儿子，即耶稣的弟弟。这一顿悟令他欢欣鼓舞。洪秀全为自己施了洗礼，发誓不再崇拜偶像，要转而遵守上帝的戒律。洪秀全的亲戚和村民纷纷改宗。在最早皈依基督教的人中，还有另一位怀才不遇的学子冯云山。

这些新皈依的教民将"天国"解释为中国，而"上帝的选民"就是洪秀全和他的中国信众。接下来，他们四处砸碎寺庙里的偶像，还把学校里的孔子牌位搬出去。这使得他们于1844年丢了教师的饭碗。他们将布道范围扩展到相邻的广西壮族自治区，在那里，冯云山创立了拜上帝会（Association of God Worshipers）。他们反对吸食鸦片、赌博、酗酒，强调人人平等，四海之内皆兄弟。

到1847年，拜上帝会已经拥有3000多名信众，包括矿工、烧炭工和穷苦农民，大部分都是客家人。随着运动声势逐渐壮大，受过良好教育、比较富裕的人也加入进来，成为信徒。到1850年春，他们已经拥有了1万名信众。1851年1月11日，拜上帝会成员在他们广西大本营正式宣布发动起义，建国号"太平天国"。洪秀全被封为"太平天王"。在他的领导下，另外五个人也都以王相称：东王、西王、南王、北王和翼王。

太平军开始北伐。南王和西王炫耀自己色彩鲜艳的帝王服饰，结果死于敌人的炮火之下。1853年3月20日，太平军占领南京，宣布天朝定都于此。但太平军犯了严重的战略性错误，他们派出两支远征军，同时两线作战：一方面北上，直逼北京的朝廷，一方面西征，以扩大地盘。接连败仗极大削弱了他们的实力。

导致太平天国运动最终失败的另一大因素是几个大王之间相互残杀。东王企图篡夺大权，但阴谋败露，燕王与北王联手将其杀害。随后，北王和燕王又密谋推翻天王。他们的政变失败，遂被砍头。当翼王试图恢复正常秩序时，天王的亲属却又怀疑他图谋篡位。翼王决定带领自己的支持者和军队离开南京。几年后，翼王被朝廷军队俘获，"凌迟"处死。

兄弟间互相残杀导致领导层空缺。恰在此时，洪仁玕（Hung Jen-kan）的到来意外地填补了这个空缺。1859年4月22日，洪仁玕辗转来到南京，来到表兄的宫殿里。洪秀全大喜，几周内就授予他干王的称号。洪仁玕制定了东征的计划，准备夺取苏州、常州和上海。此时，相当多的洋人已经在上海租界定居。

自从太平天国起义爆发以来，外国列强一直保持中立的官方立场。不过，西方的中立是建立在保证自己商业利益的基础上，保护和扩大利益也属于洋人的中立政策。多年来，英国人一直从清朝廷那里攫取越来越多的特权。他们相信，保持现状对他们有利。从外交使节、记者和观察人士收集的信息里，英国人了解情况，得出结论：太平军已经走下坡路，无法推翻清朝统治。他们主要考虑的是自己的商业特权,而太平天国是要禁止鸦片的。英国人好不容易胁迫清政府将鸦片贸易合法化,他们可不想见到这项特权因政府更迭而作废。太平天国的事业注定要失败,因此英国人把筹码压在了清政府身上。

太平军不断进攻,威胁到居住在上海租界里的洋人。他们匆忙组织起一只护卫队来保护自己的利益。在最初阶段,中国富商提供了经济资助,建立了一支由无业水手和流氓无赖组成的杂牌军,由野心勃勃的美国人弗雷德里克·华尔(Frederick Ward)任司令。初战失败后,华尔解散了这帮酒鬼,重新招募了菲律宾人,后来又招募了一些当地的中国人。这支非正规部队纪律严明,擅长突袭,还拥有先进武器。他们与太平军作战屡战屡胜,被称为"常胜军"。1862年9月,华尔在战斗中阵亡。常胜军由查尔斯·戈登(Charles G. Gordon)接管。他后来成为著名的喀土穆的戈登将军。与朝廷军队相比,这支部队虽然规模很小,但它在镇压太平军起义这件事上功劳巨大,尤其是它攻下了几个具有战略意义的城市和要塞,从而切断了太平军的补给支援线,压缩了他们的控制区域。

1864年4月初,天王病倒了。1864年6月1日,太平天国运动的发起者洪秀全病逝,享年51岁。太平军残余部队继续在各地作战,但最终由于战斗伤亡和减员而彻底失败。从1851年他们狂热地发动起义开始,太平天国运动持续了15年之久,共夺去了两千万人的生命。

太平天国起义造成的巨大破坏主要影响了中国南方和中部的百姓。由于客家人是造反者的核心力量,他们成了朝廷军队报复的主要目标。一旦有人知道了造反者的姓氏,报复心切的士兵就会找到同族人居住的村庄,将这个家族的男女老少斩尽杀绝。这使得许多家族流散到各地,以躲避迫害。这些人之中就有洪仁玕的儿子。他逃到香港,之后于1879年举家移民到英属圭亚那。

第三章　华工出洋

来来往往

1644年清朝建立。不久，满清新统治者颁布法令，宣布出洋非法。这是因为他们害怕从海外回国的汉人谋反。这项政策尤其是为了防范国姓爷[①]，也就是那位从荷兰人手里收复台湾的著名将军，防止他挑动反清复明。海外归来者一经发现，斩立决。帮助海外归来者，一经发现同样受到惩罚。清政府还实施了一些极端措施，如将海岸线几英里之内的居民一概驱离。然而，由于中国海岸线漫长，禁令实施起来非常困难。随着时间的推移，清政府对归国者的恐惧逐渐减少。而且，无数沿海村庄和乡镇有越来越多的中国人开始出洋，所以很难继续有效实施禁海政策。很多人决心出洋，是为了逃避饥荒和贫困，尤其是在中国南方。久而久之，便逐渐形成了一套客头操纵出洋的方式，为非法出洋者提供便利。客头是一种掮客，或中间人，专门负责寻找客源，收取费用，再用舢板将出洋者运送到大船上。正是通过这种方式，使得前往菲律宾、马六甲、爪哇和苏门答腊的中国人数量逐年上升，他们在那里耕田种地，经商贸易。

19世纪，当西方列强在加快步伐，攫取更多贸易特权时，清政府的禁海令依然生效。不过，由于清政府和地方官员腐败无能，此时的禁令几乎形同废纸。西方列强通过武力迫使中国开放了通商口岸，而中国政府遏制国人出洋则完全力不从心。有些港口被用来转运出洋华人，包括新加坡，那里已经成为移民聚集与转运中心。中国人大批出国受到洋人的协助和鼓励，他们对出洋问题有着与中国完全不同的看法。

英国已于1807年通过了一项废除奴隶贸易的法案。1834年，所有英国殖民地也都废除了奴隶制。1808年，美国禁止输入非洲奴隶。已经到达美国的奴隶也于1863年正式获得自由。1848年，法国也废除了在西印度群岛殖民地的奴隶制。但西班牙和葡萄牙并不情愿废奴，一直拖延到70年代中期。奴隶制的废除带来了一个难题，那就是欧洲列强殖民地对廉价劳动力的需求仍然旺盛，但又尚未找到能够替代奴隶的自由劳动力。由于中国贫困人口巨大，

[①] 即郑成功（1624—1662）。

西方列强意识到，中国将是一个紧俏的劳动力来源地，于是他们竭尽全力利用这一资源。苦力贸易由此兴盛起来。

苦力出洋

"苦力"一词据说源自印度西部对一种土著人的称呼。随着印度沦为英国殖民地，koli、kulo以及泰米尔语中的kuli等词都成了苦力的英语词汇。印度是苦力最早来源地。后来中国也成为招募苦力的主要地点，于是，这个词在亚洲和英国泛指从事体力劳动的阶层。英国华民政务司官员在编制文件时，就称这些人为"苦力"。不过，有趣的是，在英属圭亚那，"苦力"一词专指从印度来的劳工，而中国劳工则被称为中国人或中国佬。因此，苦力一词的含义根据使用地方不同而有所不同。在这一章里，我主要从英国人角度讨论招募劳工问题，所以"苦力"一词泛指外来劳工，包括来自印度和中国的劳工。

苦力贸易最早始于商船船长运送苦力出国。这些商船由殖民地政府、商人或种植园主包租。到了后来，在中国的通商口岸，苦力经纪人开始活跃起来。他们主要是欧洲商人，也是50年代、60年代和70年代买卖中国劳工的主力军。对他们来说，中国劳工就是一种出口商品。从1852年开始，正规招工专员成了办理劳工出洋的第三条途径，即由殖民地国家指派驻本地的移民代理负责招工，目的是更好地管理苦力贩运，尽量减少伴随苦力贸易而出现的虐待苦力现象。

出洋劳工分为两大基本类型："自由劳工"和"契约劳工"。前一类型劳工能够支付自己的路费，而且是心甘情愿出洋的。绝大部分前往加利福尼亚和澳大利亚的劳工属于这一类型。但这些人之中能够付得起船费的人少之又少，必须是有钱的商人，或者有自己的房产或地产，可以变卖资产，筹得路费。大多数自由劳工都是靠向亲戚朋友或债主借钱，凑足旅费。这种靠借钱出洋的巨大需求带来了"赊单船票"这一火爆市场。在这个市场上，中间商或承运商会事先垫付船票，待劳工开始在新世界安定下来，就开始按月分期付款，还清债务。债主们利用这种"先坐船，后付钱"的商机，轻而易举就赚到比正常船票高出25%—50%的利润。在有些地方，如三藩市（旧金山），劳工们到达目的地后，被要求按照祖籍地加入已经成立的协会或会馆。这种会馆为初来乍到的劳工提供了社交和文化服务，使新移民可以跟自己的乡亲联络关系，帮助他们逐渐适应新环境。除此以外，这些会馆与船运公司关系密切，提供代缴还款服务。中国人认为这种管理方法比起用胁迫方式催债更行之有效。虽然赊单制并非正规的契约，但实际上也是一种事实契约，因为它包含了偿还债务的合约。这种形式唯一"自由"的地方是劳工属于自愿出洋，到达目的地后可以选择所从事的劳动。

相比之下，"契约劳工"在出国之前要签订一份合同，具体规定了应募工作、工价、应募地点等款项。他们的船费由目的国政府支付。例如，1848年，前往澳大利亚新南威尔士的劳工合同期为5年，月收入为2.5元，外加定量口粮。1852年，一份赴古巴的劳工合同规定雇佣期为8年，月工资为3元。虽然签订合同的目的是为了表明双方同意所列条件，但还是存在大量违约情况。据称，劳工一旦离开中国水域，船长就会撕毁合同。还有合同在船上被调换的情况，新合同条件更苛刻，而且上面已有签名，劳工别无选择，只能接受这种改名换姓的新"协议"。有时，当劳工到达目的地后，合同会被卖给第三方。尤其是前往古巴和秘鲁的劳工就常常被卖身为奴。毫无疑问，准备出洋的劳工会听到很多美好的许诺，但你根本不能指望每个欧洲招工代理人都会详尽解释合约条款。一位英国绅士的行为就曾遭到过质疑。他就是在厦门贸易商行——德记洋行（Tait and Company）的德滴先生（Mr. Tait）。他是最大的苦力招募商，专门为几个欧洲国家购买苦力，这是因为他同时身兼西班牙、荷兰和葡萄牙驻厦门领事。

招工方法

虽然种植园主或殖民地政府愿意,并且能够支付运送劳工的费用,但招募劳工的工作只有靠雇佣中国中间人,即招工代理,或跑腿,才能完成。这些人统称"客头(crimps)"。客头会到邻近村庄进行招工宣传,或花言巧语,或分发小册子,吹嘘工作前景如何美好,条件如何优惠。这些客头根据最终送到苦力接收站的人头数收取佣金。除了这种按人头结算佣金的方法外,苦力登船后,船长也会根据人数多少,按比例收取费用。于是,在利益和贪婪的驱使下,苦力贸易迅速变成一项残忍、野蛮的活动。中国人开始称这种招工为"卖猪仔"。猪仔接收站也有各种叫法,如在厦门称"猪仔馆",在汕头称"食馆",在香港称"仓库"或"库房",在澳门称"巴拉坑",在新加坡称"客馆",实际上都是指"猪仔馆"。

为了招到足够数量的劳工,客头们使用的手段五花八门,令人防不胜防,从花言巧语的诱骗到光天化日的掳掠,无所不用其极。客头们对有意出洋者许诺各种好事,一般包括伙食、住宿、衣物、钱财和美色。男人们要么被邀请到一个灯红酒绿场所,要么被诱骗到隐蔽地点,花天酒地,寻欢作乐,然后被下药,卖给客头。赌博是中国人的传统娱乐方式,所以客头们又会投其所好,送给好赌之徒几块钱赌资。如果他赢了钱,必须与客头分享;如果输了钱,也就输掉了自由之身,只能去"猪仔馆"了。客头们的标签就是坑蒙拐骗。客头们自称是外国公司代表,手里有大把诱人的工作机会和当兵机会。他们乘坐小船到沿海地区,邀请穷苦百姓上船,领取施舍。那些不明就里的可怜百姓一上船就被推下船舱,锁住舱门。有的时候,他们花钱购买奴隶和仆人,或者在家族械斗中落败的一方。当这些方法都不能凑足劳工人数时,客头们便开始不择手段地强行掳掠。他们搭帮结伙,三五成群,埋伏在行人稀少的路段、僻静无人的村庄街道或河湖港汊,伺机掳掠,就连渔船也不放过,直接掳走船民。1859至1860年间,广州地区苦力贸易盛行,客头人贩子在整个珠三角地区大肆绑架,十分猖狂。

一旦要出洋的人进了猪仔馆,那么等待他们的只有一条路,就是被送上猪仔屯船。如果有人想赎回自由之身，他必须首先设法向客头支付一大笔钱（以抵扣客头们所有的辛苦费和损失的佣金），以及在被扣押期间所有花销。这些费用一般在25—30元。如果赔不起这笔钱，那这只猪仔是绝不可能离开猪仔馆的。在当时，1元是一笔不小的数额，所以，重获自由所需要的钱财是一道根本无法跨越的门槛。一旦走进猪仔馆的门，你将永无脱身机会。猪仔馆一般只有两个门。一个是迎接他们的入口，另一个是通往猪仔屯船的出口。这样设计的理由是，如果再有其他门，那些没真打算出洋的人就会借机在此白吃白喝，然后逃之夭夭。即便如此，还是有人从简陋的茅坑钻出去，跳进粪池或泥塘，再翻过河岸逃脱。

猪仔馆有一个接收过程，目的是确保这些花钱买来的人能够顺利进入下一个环节，即作为自愿出洋劳工登上海船。一位中国劳工在检查人员突袭猪仔屯船时被解救出来，他事后讲述了那伙接收人员是如何迎接他们的：

> 所有要被送走的人都被召集到一间大屋子里（或者院子里）。管事的头目大声叫喊，让愿意出洋的站在一边，不愿意出洋的站在另一边。不愿意出洋的就遭到鞭打，直到不再吭气。我也被狠狠鞭打过。这些被关在里面的人，有些人家里有老有小，有些人识文断字，有点学问。他们是最不愿意出洋的，因此挨打也就最厉害……有一次，四五个坚决不肯出洋的人被打得死去活来，然后被丢进病号房，连续几周只能喝粥。他们中间有一个人最后逃脱，也可能是故意送走的。就是这个人，把我的下落告诉了我家里人。其他人则绝望至极，吞烟或上吊自尽。

对那些执意不肯出洋的中国人，上了猪仔屯船后还有最后一线希望。1860年1月，驻香港的美国公使华若翰（John. E. Ward）访问广州，发现了逼迫劳工出洋所使用的各种高招。他给美国国务卿卡斯（Cass）[①] 写了一封信：

> 黄埔港的苦力走私活动触目惊心，令人发指，一封快信无法详尽描

---

① 即Lewis Cass，1857年3月至1860年2月任美国国务卿。（译者注）

述。常见的操作方式似乎是一次包租三四条船，将他们运至黄埔港，按事前安排的顺序办理，然后前往广州。

被绑架或拐骗来的中国佬先被领上第一条船，有人会问他是否愿意出洋。如果他回答不愿意，船长则正经八百地告知不能接收他。于是，带他来的拐匪将他带走，然后扔进水里，或绑着他的两只大拇指，或用凉水浇背，施以各种折磨，直到他说愿意，他们才罢手。接着，他又被带上第二条船，又被问同样的问题："你愿意出洋吗？"如果他还是不想背井离乡，心有不甘，那么他会被再次交还给拐匪，同样的折磨会再次上演一遍，直到他说愿意。至此，他将被当做"自愿出洋"劳工而接受。当那位领事来船上检查，了解劳工状况时，向他们询问了情况，他们痛苦万分地讲述了如果不立即答应出洋所遭受的折磨，以及后面还要忍受的灾难。

即将出海

最早承办契约劳工贸易的是一艘法国商船。这艘船1845年从厦门出发，驶往波旁岛（留尼汪岛）。精明的法国冒险家早就嗅到商机，即直接从劳工来源国获取劳动力，要比从马六甲海峡的中转地获取划算得多。两年后，英国商船"阿吉尔公爵号"（Duke of Argyle）载着800名男性劳工到达古巴。一年后，第一批契约华工到达澳大利亚。1849年，秘鲁通过了一个《新移民法》，于是，华工第一次被运往那里。1840年代后期，许多人以赊单工形式前往美国加利福尼亚州和澳大利亚，加入淘金热潮。而华工前往西印度群岛始于1852年。

厦门是最早开展苦力贸易的港口。中国人对乘坐帆船下南洋，到邻近的东南亚目的地已经习以为常。他们出洋均由中国人自己经办。但自从外国船只开始加入到苦力贸易行列中后，中国人出洋的脚步大大加快。德记洋行与和记洋行（Syme, Muir and Company）这两家英国商行是最大的契约华工招募

者。1852年8月,香港总督包令爵士(Sir John Bowring)描述了他在厦门亲眼目睹的招工情景:

> 他们聚集在猪仔馆里,有数百人之多,个个赤身裸体,胸前印着或画着不同字母:C(古巴)、P(秘鲁),或者S(散得维齿群岛)①(Sandwich Islands)。

在厦门上船的绝大多数华工都是被欺诈拐骗和暴力绑架来的。他们要么是被虚假宣传诱骗,要么是被强行掳掠到出洋船上。这种通过不正当方式招工的人数逐渐增多,引起百姓强烈不满。1852年,厦门城里贴满告示,提醒市民小心"偷猪贼"。最终,厦门市民对这种持续不断的骚扰忍无可忍,开始对中国客头进行暴力威胁。而外国人则声称,这些客头(或者用比较客气的说法,掮客)是他们雇佣的,享受治外法权,可以不受管辖。1852年11月,一名和记洋行雇佣的客头被愤怒的群众抓住,中国当局将其逮捕,并关押在禁闭室。11月21日,洋行经理新梅先生(Mr. Syme)亲自来到监狱,强行带走被拘押的客头。当天晚些时候,中国卫兵袭击了两名正好在逛街的英国人。第二天,厦门市民涌向外国人居住区,愤怒呐喊。当人们的怒火达到一触即发的时刻,英国人决定从皇家海军战舰"沙拉门多号"(HMS Salamender)上抽调来一部分士兵,以保护这里的外国洋人。但人群不为所动,毫不畏惧,推搡英国士兵。于是士兵朝人群开枪,造成几名中国人死伤。英国人对此事件进行了调查,承认英国人雇佣的那名客头确实参与了绑架活动。这本身就是违法的。不仅如此,客头被一家英国洋行强行释放也违反了中国禁止出洋的法律。即便如此,最后的结论是,此事没有违反所谓英国的国家法律,而且新梅先生也被责令罚款200元。此次厦门市民暴动具有长远影响,从那以后,苦力贸易在厦门逐渐衰落。

在苦力贸易刚开始时,英国商船允许搭乘的乘客人数按商船注册排水量计算,两吨一人;每人占用面积为10平方英尺,即5英尺长,2英尺宽。但很

---

① 现称夏威夷群岛。

多时候，这个指导性规定根本没人遵守。1847年3月，"阿吉尔公爵号"实际分给每位乘客的面积为9平方英尺，载重比例为1.5吨一人。非英籍船只更不愿意遵守这个客运空间要求的指导性规定。超载情况，以及相应的死亡和患病问题已经到了无法接受的地步，最终导致英国于1852年通过了《英国客运条例》（British Passenger Act），规定将每人所占面积增加到12平方英尺。但这些规定也只对英国船只有约束作用，而且精明的船长总能通过改变商船注册信息，并在航行时挂上别国国旗来投机取巧，蒙混过关。

大海茫茫

上船后，移民工必须蜷曲在狭小空间里，熬过长达数月的航行。航行时间极易受到季节影响。每年10月到来年3月是季风季节，此时西北风可以加快航行速度。1856年，香港张贴出来的季风季节航行时间是：20天到达新加坡，65天到达好望角，147天到达西印度群岛。而到了夏季，航行时间会分别延长到60天，85天和168天。如果朝相反的方向航行，穿越太平洋，没有顶头的季风，航行时间则会短一些。到达加利福尼亚的时间在10月至3月期间为100天；从4月至9月，只需75天。

最初的时候，船主会发给移民工最基本的衣物（也许是一件外衣、一双鞋或一顶竹笠），但这绝对不是普遍做法。有时候，从厦门上船的劳工到达目的地时都是上身赤裸，只穿一条裤子。1852年至1854年间，从厦门和澳门出发的华工可以从招工公所那里得到两套衣服，但这些衣服要花费2.5元，都是从他们工资里预支的，将来要被扣除。只是到1867年以后，才有免费提供的衣服。

关于伙食，1853年，香港总督文咸爵士（Samuel George Bonham）为猪仔屯船上的中国乘客颁布了一个伙食标准：

大米	$1^{1/2}$磅	每日
咸肉	1/2磅	每日
猪油、咸肥肉、鲜肥肉或菜油	1/2盎司	每日
烟草	1/2盎司	每日
盐	1盎司	每周
胡椒	1盎司	每周
醋	1/2盎司	每周

  船上还存放着可供应三周的饼干,只有在遇到恶劣天气,无法做饭时,或随船医生要求时,每日才提供两磅。豌豆和大豆用来替代大米,鸦片替代烟草。至于用量多少,搭配比例,全由船上医生决定。10岁以下儿童伙食减半。根据这一标准每日供应伙食,从上船当日起开始供应。

  这个伙食标准于1855年进行了修订,普遍实行的咸肉供应增加了选项,可以选择2/3份猪肉加1/3份鱼,或1/3份猪肉、1/3份牛肉加1/3份鱼。但这些肉类食物的每日供应量没有增加。除此以外,还增加了每天半磅的腌菜或咸菜。以上规定只适用于英国船只,由通商口岸的英国领事进行检查后才能放行,非英籍船只没有此种检查。

  每天开饭两次:上午9点和下午4点。饭食在甲板上的厨房里做好。厨子们用托盘装上米饭和其他食物,端到下面船舱里。每个托盘上是10个人的饭菜。饮水定量根据每条船的情况和停靠的港口而定,大约为每天3/4加仑到每周12加仑不等。分配给苦力的水完全由船长决定,据说有的船上,每天水的定量只有一品脱。苦力们不得不从栅栏里塞一些银钱出去,以换取几杯水喝。

  在航行过程中,苦力们完全被关在甲板下面,在"唐璜号"(Don Juan)上,三个舱口中有两个是锁死的,只有一个没锁,由几个卫兵把守,只有具特殊手艺的华工才能被选中,可以到甲板上,比如领班(监督员)、厨师、理发师。但厨师和理发师也不允许在甲板上过夜。苦力们只有在生病的时候,或者需要到鸦片室吸烟的时候,才被允许上来,而且每次只能分小批出来。

被囚禁在船舱里的苦力靠赌博和吹奏乐器打发时间。最受欢迎的游戏是骨牌和纸牌。也有人玩"番摊",不过,这些游戏在有些船上是禁止的。苦力们还演奏音乐,乐器有钹、鼓、锣、喇叭、二胡、铃鼓,以及类似竖笛和横笛的管乐器。这些乐器都是招工公所或船长准备的,然后分发给苦力们,为的是在航行中安抚他们,以免躁动。

死亡与灾难

猪仔屯船导致死亡的主要原因是生病、自杀、造反时被击毙、沉船溺亡、火灾和各种事故。其中因病死亡占最大比例。1847年到1866年7月之间,猪仔屯船的死亡率为13.2%。在85,800名乘客中,74,591人熬到登陆,而11,209人死于航行途中。在所有到岸的猪仔屯船中,5条船的死亡率超过40%,其中死亡率最高的是1850年2月从香港出发的"蒙太古夫人号"(Lady Montague)。登船人数为450人,死亡人数为300人(死亡率高达66%)。相比之下,从英国驶往澳大利亚的犯人船死亡率不超过5%,而1872年到1873年之间,驶往西印度群岛的59条印度苦力船的死亡率仅为4.3%。华工船死亡率高的原因之一是,这些猪仔船主要是由商人经营,而犯人船和印度苦力船是由英国政府负责管理的。

三名来自不同猪仔屯船的随船医生比较研究了病例史,一致认为,华工中疫病流行的主要罪魁祸首是体内寄生虫、鸦片和结核病。肠道寄生虫的一般症状是急性发热,恶心。染上这种寄生虫还会出现呕吐、腹泻和痢疾。这些疾病源于经常食用不洁食物和水。虽然肉类和蔬菜都已经过度腌制,但仍不能保证食物长时间不变质,不腐败。缺乏营养也导致坏血病发病率增加。即便有些苦力经过痛苦煎熬,勉强活下来,也都无一例外地表现出营养不良状况。只是到了1871年,也就是苦力贸易进行了25年之后,才听说有一条猪仔船上配备了医疗设施。

毫无疑问,那些被掳掠而来的年轻华工都承受了痛苦的经历。他们突然与家人和朋友生离死别，命中注定要被运往荒蛮之地，天各一方。有些人感到前途渺茫，痛不欲生，以自杀了结这一切痛苦，他们多选择跳海自尽。这种表达抗议的终极方式也被用来对抗鞭挞和毒打等残酷虐待。为防止苦力自杀，船主只能严格将苦力们关在甲板下的船舱里。

华工中经常出现暴动或夺船的情况。这种情况一般发生在船只刚刚驶离港口几天的时候。此时，不少出洋华工已经共同意识到他们前景不妙，而且他们也明白，此时离家尚不遥远，仍有望逃脱。1850年到1872年间，至少有42条从中国港口出发的猪仔船发生过暴动事件。其中13条船被华工劫持并毁坏，6条被放火烧毁。这42条船有一半以上都挂着英国旗或法国旗，而且其中35条是驶往古巴和秘鲁。这种情况并非巧合，因为绝大部分前往古巴和秘鲁的苦力是被迫上船的。华人暴动一般采用两种方式：一是袭击船长和高级船员。如果这一招不奏效，则放火烧船。在42条船中，有6条船的船员在船长和高级船员被杀或被打伤后成功控制住局面。另有10条船则被华工所控制。9条船在暴动失败后被放火点燃，其中4条船上的大火被扑灭，另外5条被彻底烧毁。

出洋华工的船上暴动一旦被镇压，接踵而来的必是对暴动者的惩罚。惩罚方式有鞭挞、脚踢、剪掉发辫，或将发辫绑在铁栅栏上，用铁具夹住双腿。为了树权立威，防止闹事，船长和高级船员经常无故惩罚华工，即使他们并没有违反任何规定。那些确实违反规定的华工都遭到了严酷鞭刑，鞭刑之后还会被人用醋和盐浇洒到伤口上。

古巴和秘鲁

1860年7月，也就是英国废奴26年后，英国政府告诫西班牙不要再继续支持非洲奴隶贸易，并希望他们选择更人道的做法，也许可以引进华工作为替代性劳动力。实际上，这两者之间没有多少区别，因为被运到西属美洲殖民地的华工基本上都被卖身为奴。从一开始，古巴华工的境遇就不比非洲奴隶好到哪里去。1847年，一份哈瓦那报纸上的广告可引以为证，其内容如下：

出售：中国姑娘一位，携带两个女儿，一个12—13岁，一个5—6岁。可做任何活计，随意使用，包您满意。还有骡子一头……

几年后，随着大量关于古巴华工遭受残酷虐待和剥削的报道不断出现，中国皇帝终于同意派遣一个调查委员会于1874年3月至5月前往调查实情。调查委员录得1176份口供，收到85封联名禀帖，上有1665人签名。根据华工的证言，委员会撰写了汇报概要：

上岸后，四五个骑着马、拿着皮鞭的洋人像赶牲口一样，把我们领到猪仔坑……（在那里）我们简直如猪狗一般……我们被关进检疫所，剪掉发辫，带到人力市场，等待买主验货定价……我们被分成三等：第一等，第二等，第三等。我们被迫脱光衣服，听凭他们查验身体……就像买牛买马一样。

90%的华工都被分配到甘蔗种植园。在那里，种植园主派监工来管理……监工强迫华工一天干20小时的活。他是个有权势的人，……随心所欲拿棍子和皮鞭打我们，用铁链子捆绑我们。如果我们跟他说身体不适，就会挨打挨饿，稍微干得慢一些，他就放出恶狗在后面咆哮……我们干活的地方包括农田、咖啡园、糖寮、砖窑、铁路，还有面包店、雪茄店、鞋店、帽店等……我们在这些地方受尽虐待，横遭鞭打，被关库房和监狱，备受折磨。在这些地方受的罪与在种植园别无两样……我们吃的连猪狗不如，干的是牛马活……那些被整死的人所受的折磨更是惨绝人寰，无法想象……监工们骑着马，手拿牛皮鞭，腰挎手枪，四处转悠，不分青红皂白抬手就打，只要皮鞭和木棍够得到。华工们被打断肋骨，口吐鲜血……不断有人自尽……跳井死[或投糖锅死]、自刎死、自缢死、食生膏死者，不计其数。

我们半夜三更起床干活，一直要干到中午；下午一点半继续干活，一直干到晚上七点。休息半个钟头，吃一顿玉米饭，再接着干活，直到午夜……我们的老爷不断命令黑人打我们；他说过，"死了一个，再买两个"……我根本不敢跟官府说，因为这样只能招来更凶狠的捆绑和毒打。

在那些联名签署请愿书的华工中，80%的人说自己是被绑架和诱骗而来。调查委员们亲眼见到许多华工残肢断臂，满头疮伤，眼睛打瞎，牙齿打落，耳朵残缺，皮开肉绽，惨不忍睹，这些情况都被记录在案，作为华工惨遭虐待的实证。契约到期后，多数情况下，雇主都要求苦力续签，有时延长到十年以上。如果华工拒绝续签，他们会被拴上铁链，带到仓库，被迫参加修路，分文不给，其命运与判刑的罪犯相同。

第一批华工到达秘鲁时，秘鲁已经成为一个独立国家，但华工在这个前西班牙殖民地的遭遇并不比在古巴好。这里的鸟粪岛、矿石场、胭脂虫颜料厂、甘蔗种植园、棉花种植园等都需要廉价劳动力。到后来，这里开挖运河和修建港口、铁路等国家建设项目，又需要更多劳动力。一位现代作家描述了苦力在鸟粪场干活的场景，这里高温、潮湿、令人窒息：

> 希伯来人、爱尔兰人，甚至苏格兰人，为了使恶神息怒，为了满足其复仇心愿，想象出各种地狱，但都远不及秘鲁鸟粪场的恐怖。鸟粪开采和装船时的毒热和恶臭，以及苦力们在此所遭受的酷刑，无与伦比。

1870年美国领事写道：

> 那些被雇到鸟粪岛干活的苦力每天要挖100手推车的鸟粪，如果没有完成这个定量……他们必须在礼拜日加班完成。没人关心他们的衣食温饱，所以他们都身患疾病。但只要还有点力气站起来，就不会允许他们去看病……很多人虚弱得无法站立，他们就被迫跪在地上，从鸟粪中挑出小石块。由于过度使用手推车，他们的双手都疼痛难忍，抓不住车把，因此就要把车把绑在臂膀上。对生活在这种环境下的中国佬来说，活着已了无生趣，无可留恋，唯有一死才能脱离苦海。

种植园主充分利用当时存在的种族歧视，尤其是利用非洲人、印第安土著和混种人对华人的蔑视情绪。黑人基督徒总是替主人对付黄种异教徒。有一则关于在秘鲁惩罚华工的记载："20几鞭下去他们已经喘不上气了。39

鞭之后,才松绑,他们好像还能摇摇晃晃地站起来,挣扎着走几步后栽倒在地,最后被抬走,送到医院——在多数情况下,即便他们命大活过来,最后也会寻死自尽。"

即使到了1874年,华工依然被视为私人财产。当年10月的《反奴记者报》(Anti-Slavery Reporter)写道:

> 据利马《商业报》(Commercio)消息,不久前在塔兰博庄园(Hacienda de Talambo)举行了一场拍卖,拍卖物品有:37头骡子、30具牛轭、40头驴、100匹牝马、600只绵羊,以及123个华工。

1849—1874年之间,估计有9万名华人"拓殖者"被送到秘鲁,其中80%是遭人拐骗而来的。

规范苦力贸易

1834年奴隶制废除后,英国虽然仍希望继续获得廉价劳动力,但再也不能以政府的名义使用贩运非洲奴隶那种方法了。所以,总体上讲,被送到英国殖民地的华工,其待遇大大好于被送到西班牙领土上的华工。到1850年,中国与其他国家之间的苦力贸易业已建立,英国船只在运送华工到非英语国家方面起了很大作用。当然,如果是从非通商口岸运送苦力,英国必须做到谨慎行事。从官方角度讲,英国政府希望对苦力贸易有所规范,但实际情况与鸦片贸易一样,面对贪婪逐利的苦力贸易商,英国政府在中国所做的努力都显得力不从心。因此,英国只能命令其外交官和领事人员,不要协助,也不要干预那些"铤而走险,不惜以身试法(违反移民法)的中国人"。美国人认为,在贩卖与对待苦力方面,苦力贸易与非洲奴隶贸易有惊人的相似之处,于是开始大力倡导废除苦力贸易。不过,美国驻华代表发现自己实际上处境尴尬,因为,美国人使用更大的船只来贩运苦力,他们才是运送华工的主力军。美国公使们也没有接到华盛顿控制苦力贸易的指令。他们意识到，自己国家的声望将受到影响。

包令成为香港总督后，建议改变现有的规章制度。1855年6月30日，《华民客运法》（Chinese Passenger Act）提案在下院提出。此法案内容适用于所有"载有20名以上亚洲乘客，且航行时间超过3天"的英国船只及所有驶离英国港口的外国船只。英国要求招工代理进行检查，以确保每条船都遵守规定，且每条船上的每个华人都是自愿出洋的。即便通过了新法案，仍然存在违规操作的情况。1856年3月，在香港的移民官发现，在驶往哈瓦那的"约翰·加尔文号（John Calvin）"轮船上，298名乘客中，只有81名乘客属于自愿出洋。但他没有要求释放其余非自愿乘客，也没有阻止那条船最终载着所有人起航。

英国认为，只有与中国政府联手，才有可能真正管控苦力贸易。1857年，额尔金爵士率领远征军前往中国时，曾奉命与中国官员商议此事。在《中英天津条约》谈判中，额尔金爵士提出过这个问题，但他还是决定放弃争取，因为他担心中国政府有可能利用此事拖延解决其他更重要的问题。英国人武力解决了"广州问题"，并逮捕流放了巡抚叶名琛之后，出现了由英法联军和清朝大臣共管广州的局面。占领委员会的英国委员巴夏礼基本上成了广州行政机构的主要负责人。正是在英法联军占领广州期间，才真正实施了一些控制苦力贸易泛滥的举措。1859年春，英国领事阿礼国（Rutherford Alcock）报告如下：

> 在这个港口城市，与苦力贸易相关的暴虐和欺诈行为已经达到了令人发指的程度。城里民众都人心惶惶，同时充满激动与愤怒情绪。任何有关当局想要维持当地安宁的话，都不可能再袖手旁观，坐视不管……这种不法行为的不可容忍程度和邪恶性质将会使它自己走向终结。当人们已经不敢走出家门时，因为只要一走出家门，即使是在光天化日之下，在通衢大路上，都有可能被人以索债或其他捏造借口挟持而去，成为拐匪的俘虏，并以每人若干价钱卖给苦力贩子，装运出洋，永无下落，那么全城百姓，乃至附近地区，都会觉醒起来，对付这种共同的祸乱。

在巴夏礼和英属圭亚那招工总代理柯士甸（John Gardiner Austin）这两个英国人的倡议下，广州建立了一套规范的出洋制度。中国官员也很积极，希望铲除那些残暴的买卖苦力行为。虽然苦力出洋仍属于非法，但两广总督劳崇光①却十分配合，因为绑架行为已经威胁到所有百姓的安全，而且在中国人看来，已经成为整个苦力贸易中最令人反感的问题。不管怎样，如果北京怪罪下来，广州的中国官员总可以借口受到蛮夷的胁迫而推脱责任。1859年4月，中国商人提交了请愿书，广州知府随即颁布了一个告示，其中规定了允许出洋的条件：

> 自颁布此公告之日起，如有外国人继续雇工，或招募劳工出洋服务，需提醒有意出洋者仔细确认所提供工作是否出于善意，而且确认并非听从拐匪哄骗；需令其明确了解薪酬情况，受雇期限，应募地点，以及是否可在离家期间与家人朋友联系，或汇款；需特别拟定一份含所有上述条款之契约，作为双方协议之凭证。待双方均同意条款后，任便与外人立约出洋。

1859年10月28日，两广总督批准颁布了一个包含5项条款的招工章程。章程确认劳工有出洋权利，并规定了允许出洋的条件。11月10日，负责为西印度群岛招募劳工的柯士甸拿到了招工执照，成立了招工公所（emigration house）。招工公所由当地英国代理桑普森（谭顺）先生（Mr. Theophilus Sampson）和中方的一位地方副官共同负责。

不过，英国官员很快意识到，就像鸦片贸易的情况一样，在一个口岸实施的规定对于其他口岸的活动并不能发挥效用。不仅如此，仅仅过了一个月，旧式苦力贸易又开始活跃，而且居然跑到他们眼皮底下的黄埔港来了。这里是面向广州的港口区。他们把猪仔船停靠在黄埔港码头，若无其事地继续做着苦力买卖。他们只需换一个停泊地就能逃避监管，因为这些贩卖苦力的商人知道，他们已经处于联军部队管辖的地盘之外——英法联军保护的是

---

① 劳崇光自1859年5月底才开始出任广东巡抚，兼署两广总督。（译者注）

广州城内的人。

两广总督劳崇光于是制订计划，准备捣毁广州城外的苦力贸易基地，目的是迫使洋人请求他们的政府通过广州来办理所有招募劳工事宜。11月1日，他派遣了一支炮艇队，开到黄埔港锚地。41名遭绑架的苦力被释放，36名绑匪被生擒，其中18人被砍头。12月8日，又从香港苦力接收站解救出更多苦力。15名人贩子被砍头，人头就挂在黄埔港旗杆上示众。尽管花了不少力气，总督劳崇光明白，要想让他的政策真正见效，他还必须争取到英法以外的外国列强的支持。11月，他向外国领事发去通告，告知他们出洋公告适用于所有国家从事的出洋活动，并要求领事们，除非通过有执照的广州招工公所，否则不要允许其国家商人招募移民工。

出洋条约

中国和欧洲官员都急于改进苦力贸易制度，但各方都受到现行法律规定的制约。1860年秋，额尔金爵士率远征军进入北京，最终焚毁了旧夏宫——圆明园，并签订了《中英北京条约》。直到这时，情况才出现了转机。《中英北京条约》第五款部分内容如下：

> 凡有华民情甘出口，或在英国所属各处，或在外洋别地承工，俱准与英民立约为凭，无论单身，或愿携家属一并赴通商各口，下英国船只毫无禁阻。

中国与英国签订的条约解决了在不需要绑架和欺骗的情况下，为西印度群岛获得廉价劳动力的问题，至少理论上如此。西班牙和秘鲁都没有订约获得招募华工的特权，于是继续以绑架方式获取劳工，特别是通过澳门。1864年秋，中国人意识到订立不同条约的弊端，因此皇帝采纳建议，责令两广总督与各国交涉，制定双方都满意的出洋规则。这项倡议的结果是，两年以后制定完成了旨在保护移民工在本国和海外不受压榨的全面协议。

1866年3月5日，英国驻华公使阿礼国和法国驻华参赞（署理公使）伯洛内（Henri de Bellonet）与总理衙门（外交部）总领恭亲王在北京签订了《英法属民招募华工章程条约》①。该条约共22款，规定出洋者须年满20岁，须在招工代理和一位中国政府指定的监理在场情况下进行登记。每位华工的契约必须说明受雇地点、受雇期限、工作条件和薪金待遇。招工登记4日之后，必须在中国监理在场情况下，向劳工宣读契约内容，并询问劳工是否同意契约内容。如劳工同意，必须签字画押，立为凭证。华工下船名单须一式两份，船只到达目的地后，船长须将其中一份呈交当地官府，在每个华工名字后面须注明其途中生死疾病等情况，以及前往的工作地点。此名单另一份将呈送出发港的英国领事，并由该处转呈中国官府。分派出洋华工时，夫妇不能分派两处，不及15岁者不准令离父母。

这个条约文本送到两国首都时，英法政府均拒绝批准此条约。法国和西班牙主要是反对契约条款，而英国则对支付期满回国华工路费一款表示不满。在经过漫长商讨后，1868年4月，英国、法国和西班牙政府终于同意了修订后的22款条约，但条约却又于1868年6月被中国政府拒绝。多方努力均未能打破僵局。

这种僵局令英属圭亚那的种植园主大为沮丧，他们尝试各种办法继续招募华工。

1869年2月27日，伦敦

亲爱的先生，最近收到阿礼国爵士的一封急件，他禀告女王陛下政府，他已竭诚代表英国就华工出洋问题与北京的中国大臣们进行了交涉，但毫无结果。除了英法内阁做出了拒绝批准条约的决定外，中国政府也明确拒绝让华工按原有出洋章程前往西印度群岛。不过，他们还是表达了一定的意愿，即如果承工契约限定在五年之内，那么，在对方不提供返乡船票的情况下，也可以重新考虑允许华工出洋问题。我们并未

---

① 即《续订招工章程》。（译者注）

提出过其他事项，所以我们认为，这项建议实际上是中国大臣们为了保存面子而找的借口。他们不想让别人觉得他们做出让步是因他人强加于己。如果我们按其想法迁就他们，从而能够达到我们的目标，那么我们姑且恭谦礼让一下。据此，占领委员会委员默多克先生（Mr. Murdoch）已建议外交部做出答复，称女王陛下政府认为中国政府的建议合理，愿意接受建议，并授权阿礼国爵士尽快落实各项安排。

与此同时，我与默多克先生再次考虑了在香港设立我们西印度群岛招工公所的可取性。在香港，我们可以自主操作，不受中国政府任何干涉。广东省周边的农耕人口可以在英国机构的直接监督下登船离岸，简单易行。而且，华工出洋到英国殖民地仍优于华工出洋到其他地方。默多克先生已经致信他所熟悉的香港总督，希望听取他对此事的高见，从而了解一下他是否会为此事提供真诚的帮助与合作。

希望您与德梅拉拉的朋友们保持联系，以了解他们对妥善解决此事的看法。

您真诚的

（签字）麦克格雷格（A. MacGregor）

西印度群岛协会主席，于格拉斯哥

（《皇家公报》，1869年3月30日）

这封寄给英属圭亚那种植园主兼联合法庭成员布克先生（Mr. Booker）的信，再明确不过地显示出当事方的切身利益，也反映了他们准备采取台前幕后两种策略。毫无疑问，保全脸面对中国人来说尤为重要。然而，关于契约期限，不同国家给予中国政府的建议各异：英国建议5年，法国建议7年，西班牙则建议长达10年。而中国人选择最低要求的5年期限自然是合情合理的。这个期限与英国人要求的期限正好相同，是个有利的巧合，便于中英双方找到共同点，最终达成协议。虽然出现了破解外交僵局的一线曙光，但西印度群岛协会主席还是准备了替代方案，那就是试图利用香港特有的英国殖民地的地位，将其作为将来引进广东移民工的安全基地。

中国人的立场是，1866年由各国公使谈判达成的条约应该成为中国政府对华工出洋问题的政策基础。中国方面一直坚持这个观点，直到1893年最终改变了法律制度。1866年的条约没能正式批准生效，使得从通商口岸合法出洋的活动中止了。但澳门绑架苦力的贸易则依然持续，势头不减。1871年，西班牙提出了新建议：5年契约期满，华工可以得到50元返乡船费，或者再续约5年，可得25元奖金。基于这些条件，西班牙获准恢复了经广州招募苦力的活动。这使英国人大惑不解，50元怎么够华工返乡的费用。但似乎是西班牙人运营定期往返古巴和中国的大型轮船可解决这一问题。不管怎样，在中国人看来，英国人最终还是于1872年屈服了。英国人也同意支付华工50元返乡船费。于是，英国人在1872年底获准重开广州的招工公所。

虽然在如何规范华工出洋问题上达成了一些协议，但仍然有很多人贩子在替没有订立协议的国家招募苦力。1866年11月，广州城里贴出告示，警告全城百姓不要落入客头的圈套：

> 人生最大灾难莫过于骨肉分离；最残忍之事莫过于将人变成兽。这两样正是贩卖猪仔带来的结果。（客头）引诱，诓骗，坑害，甚至强行掳掠男人，他们到处撒下罗网，使无数青壮年男人不见踪影，使妻子们从此守寡，使父母们丧失子嗣。如此丧尽天良，亘古未见。受拐者被卖给洋人，载往世界各国。四五成人死于途中，葬身鱼腹。侥幸苟活者也被卖身为奴：他们被化学处理过，全身变黑如恶鬼，被迫从事繁重劳动，耕种不毛之地。只要一息尚存，就须当牛做马，拼死劳作。一个水手亲眼目睹，回家后一五一十讲给家人。听者无不心碎，目睹者无不流泪。如今听说这些拐匪从洋人那里拿了300万元，欲购买10万只猪仔——因此他们流窜各处，乡村、集市和乡镇无处不在，目的是要欺诈哄骗人们去香港和澳门。他们谎称船上有货出售，诱使人们上船，或者谎称某地需要人手，或者假装要买东西，要求人们把所购物品送上船。他们也会买条小船，四处拉客，或者到了僻静之处便实施绑架。
>
> 为了中饱私囊，他们用尽心机，花样百出，一定能替洋人骗到10万苦力。如此邪恶，人神共愤。上个月，7名绑匪在广州落网，斩立决。3

名在香洲（Heung-shau）抓获的拐匪受"企笼"刑罚（Kelung torture）[①]处死。凡各村长辈肯悬高赏，设立严厉条例，以抓捕"客头"，并将之移交官府彻底查办，此功德无量也。年轻无阅历者出入须十分小心，年长者须尽力告诫年轻人。再者，将此告示传至海外，令天下人皆知，使各地处处提防。唯此做法，可使年轻人躲过灾祸。此事重大，紧急告知，切勿置若罔闻。

昨天一友人从上海来香港，讲述其亲眼所见。有一男一女被砍头处死。问其缘由，得知此二人受雇于一艘大（洋）船，已拐骗394人，仅差6人则可凑足400整数。（为补足数目），他们谎称一同伙去世，购得一口棺材，诱骗几个挖坟工和朋友一齐上船。刚一上船，便被推下船舱。所幸其中一人跳水逃脱，并找到官府告状。官府马上搜索大船，解救了390余人。男女绑匪遂被砍头，众人皆拍手称快。

（《皇家公报》，1867年3月23日）

澳门的苦力贸易

中、英、法外交代表在谈判桌上艰难地谈判，进展缓慢。有一个欧洲列强却没有参加谈判，这就是葡萄牙。葡萄牙占据的澳门是苦力贸易的一个特殊案例。他们有绑架华人的悠久历史。早在1573年，葡萄牙获准在澳门进行贸易活动16年后，中国人就在半岛与大陆之间的咽喉地带修起关闸，把这群蛮夷隔离在岛上，并防止他们绑架华人。三个世纪之后，1849年，当中国人忙于抗击英国蛮夷入侵时，葡萄牙人趁机赶走中国海关官员，停止缴纳税金，并单方面宣布葡萄牙单独对澳门行驶管辖权。从1853年到1868年，澳门的主要出口货物就是输往古巴和秘鲁的苦力。

由于澳门自身无法提供足够数量的苦力，客头们就窜至周边地区，使用各种伎俩，补充苦力数目。将苦力送至猪仔馆的报酬最初是每人头3元，后来

[①] 即"站笼"，盛行于清代的一种酷刑。（译者注）

酬金涨到每人头8—10元。苦力贸易竞争激烈，参与者贪得无厌，致使苦力船严重超载，因为船长是按照上船人数，而不是到岸人数，收取每人头70—100元的回报的。

中国政府经常就葡萄牙人进行苦力贸易的方式向葡萄牙当局提出抗议，但都是徒劳无功。1860年代初，虐待苦力的行径已经到了十分嚣张的地步，因此中国政府决定采取措施。他们主要在自己能够控制的区域预防绑架发生，并尽力与各缔约国进行交涉，达成恰当的协定，以规范劳工出洋事宜。由于葡萄牙并非缔约国，他们不受这些协定的约束，澳门也就成了人贩子们的避难所。严禁绑架的规定对人贩子子来说毫无威慑力，而一些缔约国则同情中国，拒绝从澳门招募劳工，但西班牙和秘鲁却是两个例外。中国政府凭一己之力，根本无法铲除猖獗横行的苦力绑架活动，因为中国正苦于遏制鸦片贸易，还要一边节制洋人，一边对付太平军天国运动，已是焦头烂额，根本无暇他顾。中国政府无法有效打击苦力贸易表现在澳门猪仔馆的数量上，这里的猪仔馆从1866年的30几个增加到1872年300多个。

一连串事件的发生终于制止了澳门苦力贸易。到1868年，英国与法国已经在商讨细节，准备完成对1866年的招工章程的修订。美国刚刚结束了一场耗资巨大的内战，以解放本国黑奴。美国参议院于1867年1月16日通过一个决议，宣布美国政府有责任"防止向西半球以及相邻岛屿继续输入奴隶"。随着主要列强纷纷改变官方政策，葡萄牙开始变得孤立无援。

1870年末，"德罗莉丝·乌加特号"（Delores Ugarte）轮船载着608名苦力离开澳门，驶向秘鲁首都利马附近的卡亚俄港（Callao）。就像干这一行的其他许多船只一样，它挂着萨尔瓦多国旗。该船中途到达火奴鲁鲁时，船长请求登陆，让船上苦力呼吸一点新鲜空气。火奴鲁鲁《商业广告人报》（*Commercial Advertiser*）报道了苦力们当时的状况：

> 苦力们有暴动倾向，这一点已经在离开港口前显露出来。因此，在船只航行的头三周里，他们都不允许到甲板上。他们排成四排，塞在底舱里，每人只有16英寸宽的空间。在囚禁了一段时间后，可怜的苦力们终于被允许每天上到甲板上放风。他们只能50人一组，分批上来活动一

小时，且被荷枪实弹的哨兵严加看管，以防他们铤而走险，袭击看守。有一次真的发生了船员和放风苦力之间的混战，结果导致18名苦力跳海……船只到达火奴鲁鲁之前，已经有25人（因病）死亡。到达港口时船上的惨状无以言表。大副坦白说，底舱的恶臭令人窒息，你把头伸过去的话，"一分钟内必呕吐"。43人已经虚弱到无法继续航行，于是在火奴鲁鲁上了岸。在一位好心当地人的帮助下，他们永久留在那里。他们的状况极为悲惨——12个人已经濒临死亡——有些人得了斑疹伤寒，有些人在腹泻，两人因眼角溃疡而永久失明。他们个个憔悴不堪，其状骇人。

当"德罗莉丝·乌加特号"轮船最终到达卡亚俄港时，608名苦力中已经损失了270人，减员率为44%。第二年春天，"德罗莉丝·乌加特号"轮船再次来到澳门，准备再次装运苦力出洋。1871年4月21日，美国驻香港领事致信德苏沙（De Souza）总督，请求他阻止这艘猪仔船再次上演前一次的恐怖航行。这条船后来被允许更名为"唐璜号"，注册为秘鲁籍。5月4日，"唐璜号"载着665名苦力离开澳门。两天后，塞满苦力的船舱燃起大火。船长当机立断："为了保自己的命，保船员的命，封死塞满苦力的船舱，然后乘坐救生船逃离。"于是，600名华工在大火中灰飞烟灭。

苦力贸易也涉及不同国家的人，"发财号"（Fatchoy）就是一个例证。它最早叫"雌狐号"（Vixen），是一艘英国蒸汽船。后来，在1872年4月，它被卖给一家驻香港的德国公司，随即变更注册信息，挂上了西班牙国旗。在驶往澳门之前，舱口和底舱里都加装了铁栅栏。船长、大副、二副和三副均为德国人，轮机长是美国人，其余船员有英格兰人、苏格兰人和爱尔兰人。"发财号"于8月26日离开澳门，船上载有1005名苦力。4天之后，苦力袭击了把守的卫兵，但大副和二副朝人群开了枪，将暴动镇压下去，3名苦力受伤。一些苦力被用发辫绑在栅栏上。大约150名苦力被戴上铁镣。美国轮机长描述说，第二天早上，囚犯们被带上甲板，扔在米袋子上，"被两个人用皮鞭和棍子残忍毒打。皮鞭和棍子上下飞舞，此起彼伏。不一会儿，鲜血就染红了甲板。每个被鞭打过的苦力都用盐和水清洗，然后送回底舱"。船到达哈瓦那之前，总共发生了三次暴动和一次纵火事件。

甚至在"发财号"事件之前，香港当局就已经意识到殖民地香港在澳门苦力贸易中所扮演的重要角色。猪仔屯船一律都在香港码头进行设施安装，而货物是用蒸汽轮或小舢板运到澳门。香港和全世界的公众舆论都开始谴责苦力贸易。1873年，香港通过了三项条例，以加强对苦力贸易的规范；更重要的是不允许猪仔屯船驶入香港。

中国当局也积极采取行动，切断苦力供应。两广总督瑞麟多次下令抓捕并惩罚那些绑架苦力的绑匪。他派遣了两艘小炮艇拦截偷运苦力的船只。每天从黄埔港去往香港和澳门的蒸汽轮都要进行检查。在一次例行检查中，发现了蒸汽轮"火花号"（Spark）上装载着110名看似出洋的苦力。这些人均被释放。20名人贩子被押到中国知府面前受审。到1872年秋天，又进行了一次大规模清剿客头的行动。苦力供应的减少迫使葡萄牙商人在澳门西部地区大肆掳掠。听到这一消息，总督瑞麟派副将范根廷（Fan Kan-t'ing）①乘汽艇赶往那一地区，抓获几艘洋船，俘虏了洋水手，大批中国人被解救。

1873年9月4日，《香港时报》（*Hong Kong Times*）的澳门记者写道："很多私人猪仔馆已经关闭，剩下的两三家也是大门洞开——显然，门可罗雀。"猪仔馆寂静萧条的原因，正是总督瑞麟彻底封锁了澳门港湾。所有进出港湾的船只都要有人登船检查，并强制保证不参与苦力贸易。

在西方一片谴责声中，以及在中方采取行动切断苦力来源的情况下，澳门成了一个孤岛。1873年12月27日，欧美德（Januario）总督接到里斯本的指示，宣布"以往在澳门港口进行的"华工贸易必须在三个月内停止。不过，欧美德总督效仿香港的条例，制定了规则，建立了从澳门"自由出洋"制度。接着，他将以前的猪仔馆更名为"客栈"或"旅店"，并发放了经营许可证。瑞麟闻讯后立刻派一名将领去告知欧美德，如果继续从事劳工出洋贸易，不管使用什么名义，他都会派中国军队去捣毁这些猪仔馆，逮捕那些贩卖苦力的罪犯。欧美德随即写信给瑞麟，说他误会了，猪仔馆不会重新开张。世界各国反对苦力贸易的共同努力终于使澳门的苦力贸易走到尽头。

---

① 音译。（译者）

第四章 驶向德梅拉拉

烈日下的愿景

虽然英国议会委员会在1811年就表示有兴趣招募华工，但并未采取实实在在的行动，直到英属圭亚那彻底废除了奴隶制，种植园主才开始急需劳动力。就是在这种情况下。1843年5月，一位英属圭亚那的种植园主到访亚洲，尤其是新加坡、马六甲和槟榔屿。他实地观察了十万华工在那里辛勤劳作的情况，然后给设在英国、代表西印度群岛商业利益的西印度群岛委员会写了一封公开信：

> 在威尔士亲王岛，即槟榔屿，有2000英亩的土地完全由华工耕种。我亲眼目睹了他们顶着炎炎烈日，收割甘蔗，搬运甘蔗，挖水渠。可以说他们任劳任怨，动作麻利，与最能干的劳工（克里奥尔人）不相上下。这里的气温与英属圭亚那基本相同。这里的劳工身体强壮，从小就学会埋头苦干。他们吃苦耐劳，一心想着挣钱。我曾经见过各种苦力，见过亚洲各种族群的人，但我还从没见过这么合适，这么符合我们要求的人。

他还估算出运输华工到英属圭亚那的费用为每人10—12英镑。负责殖民地事务的国务大臣斯坦利勋爵（Lord Stanley）也认同这种观点，认为华人可以成为有价值的劳动力，并签发了招募华工的许可证，将2150名定居于英属马六甲的华工运往英属圭亚那，有效期为1843年11月3日至1844年1月1日。然而，没等人们真正着手运送华工，印度总督就先找到斯坦利勋爵，要求允许印度契约劳工在政府管控之下移民英属圭亚那。于是，1845年，近800名来自加尔各答（Calcutta）和马达拉斯的印度苦力到达英属圭亚那。由于印度苦力的运输费用更低，所以寻找华工的紧迫性随之降低。接着，1846年，大约6000名来自马德拉群岛的葡萄牙人为了逃荒迅速涌入，到那里比到印度的距离还近。同年，来自加尔各答的印度苦力数量蹿升到1373人，来自马达拉斯的达到2455人。除此以外，英属圭亚那还设法从非洲和西印度群岛招募了几千名苦力。在接下来的几年里，源源不断的劳工从印度和马德拉群岛来到英属圭亚那，基本满足了种植园主的需求。但是，这些新来的劳动力死亡率却高达10%。人们开始怀疑他们是否适合从事种植园的劳作。由于殖民地当地政策出现争议，财政状况吃紧，从1848年到1851年，殖民地停止了招募印度苦力。

第一批华工

1850年9月，英属圭亚那设在加尔各答的招工代理詹姆斯·T·怀特（James T. White）首次来到中国，代表德梅拉拉和邻近的殖民地特立尼达（Trinidad）进行了一次考察访问。他得出的结论是，中国人能够成为优秀的劳工，甚至比"孟加拉人更胜一筹"。怀特先生估计，运送每个华工的费用将会在15英镑左右，略高于运送印度苦力所需的13英镑。

1851年9月2日，一位英属圭亚那的甘蔗种植园主乔治·布克（George Booker）告诉政府，他愿意出资，租用"额尔金勋爵号"（排水量351吨）运送华工，条件是船只出发去中国时，顺便搭载146名希望返回马德拉斯的印度苦力。政府批准了这个计划，于是，"额尔金勋爵号"于10月6日从乔治敦（Georgetown）出发。但是当这艘船到达远东时，詹姆斯·怀特已经返回英国。

1851年8月，英属圭亚那负责殖民地事务的行政机构——政策院，批准了拨给招募华工每名100元奖金的预算。在香港经营华工业务的海德·和济洋行（Messrs. Hyde, Hodge and Company）跃跃欲试，准备运送两船华工，将这笔奖金收入囊中。这引起英国方面的担心。设在英国的西印度群岛委员会认为有必要对招募过程进行一定的监督，于是指派詹姆斯·怀特担任驻香港的政府招工代理，年薪1000英镑。1852年10月10日，怀特到达香港，开始了他的第二次中国之行。但他却发现，最早的两艘华工船"额尔金勋爵号"和"格林坦纳号"已经驶往德梅拉拉。而且第三艘船预计也将在下个月启程。

第四章 驶向德梅拉拉

"额尔金勋爵号"1852年7月23日从厦门出发时,船上载有115名成年男性和39名男孩。62天后到达新加坡港。在这段航行中,有4名华工死亡。10月24日,船只出现裂缝,导致海水灌进船舱,浸湿了贮存的大米。大米被浸泡之后开始发酵,产生热气和有毒气体,致人身体不适。船只到达好望角时,又有45人死亡。1853年1月17日,在经过177天漫长航行之后,"额尔金勋爵号"到达目的地。船上人数比开船时少了69人,死亡率高达44.8%。这艘船从乔治敦返航,运回的人数同样少于登船的人数。此番周折损失了1500英镑,对所有当事方都是一笔不小的赔本买卖。

"格林坦纳号"轮船由海德·和济洋行租赁,9月1日驶离厦门,船上共载有305名华工,并早于"额尔金勋爵号"5天到达乔治敦。途中,以及到达之初,共有51人死亡,死亡率为16.7%。假如航行时间再拖长一些,那么死亡人数还会增加。人们发现"格林坦纳号"并不适合装运劳工,因为船上通风条件差,甲板面积狭小。

詹姆斯·怀特发现,海德·和济洋行正准备租用"塞缪尔·博丁顿号"(Samuel Boddington)运送第二批华工,而厦门的德记洋行(Tait & Co.)正是这家公司的招工分包代理。怀特认为,德记洋行以往在为古巴和其他西印度群岛殖民地贩运劳工方面劣迹斑斑,不适合作为英属西印度群岛招募华工的代理机构。但他又苦于没有权利,无法干预这种私人性质的交易。于是他前往厦门,指责德记洋行招募的劳工质量不高,尤其是冒充成年人塞进来的男孩数量太多。11月10日,也就是在怀特回到香港那天,移民工开始登船。登船过程一直持续到11月23日。随船医生检查了华工身体状况,报告说,在352人中,只有202人适合出洋航行。也就是在这个时候,岸上的厦门市民开始暴动,抗议猖獗一时的"偷猪仔"行径。德记洋行告知船长,要么全船人都带走,反正洋行认为这些人都没问题,要么少带走一些人,但由此带来的奖金损失由船长自己承担。最终,金钱的力量成了决定性因素——船长载着所有352名华工起航。而且,按规定这艘船的法定载客量为335人,所以船长实际上还捞到一笔额外边际利润。船于1852年11月25日出发,行驶时间仅为98天,于1853年3月4日到达德梅拉拉。航行途中发生了一次华工暴动,他们差一点就控制了整条船。在登船的352人之中,41人死亡,11人跳海,死亡率为14.7%。另外有29人一到达目的地便被送往医院。这时,英属圭亚那总督意识到,提供奖金的做法只能使有些人变本加厉,增加超载,将更多人塞进船舱。于是他发布了一道法令,取消奖金制度。1853年8月1日,政策院通过了这条修正案。

怀特第三次出马

1853年4月,怀特报告说很难找到船只运送华工去英属西印度群岛,因为运送自愿出国的华人去加利福尼亚和澳大利亚淘金更有利可图。而且,船长们都听说,去西班牙殖民地的劳工船上经常会发生暴动和谋杀事件,这使他们心存忌惮,不愿冒险。鉴于这种情况,怀特建议,招募劳工这件事最好由政府掌控,不要交由私人企业自主经营。

詹姆斯·怀特认真研究了中国人的特性,并向英属圭亚那总督亨利·巴克利爵士(Sir Henry Barkly)进行了汇报:

> 中国人具有独特个性。在他们初到此地,人生地不熟的情况下,管理起来将十分困难。从各方面看,他们性情安静、冷漠、倔强,但他们又特别喜欢音乐,喜欢看戏,喜欢娱乐活动。我看到在他们表演唱歌时,成百上千的人哄堂大笑,前仰后合。他们永远都是固执己见,自说自话,但他们又总是愿意按照吩咐去做各种活计,只要你把活交代清楚,放手让他们自己去做即可。他们初来乍到时,一定要让他们开心快乐,耐心管教,关照他们的情绪和习惯。但是,过于宽容又会使他们变得放纵,因为他们异常精明,一遇机会便投机取巧。他们具有很强的动物性激情,我担心他们会变得闷闷不乐,郁郁寡欢,除非他们能够与黑人女性交往。不过,如果能够克服这些困难,他们还是会快乐满足,勤奋工作的。

第四章 驶向德梅拉拉

怀特于1853年4月11日离开英国。9月，他提出的由政府进行管控的建议被采纳。他再次被委任为西印度群岛驻中国的招工代理，任务是招募1500名华工和200—300名年轻女性（最好全家一同前往），还要遵循每条船配备一两名乐师的指导意见。然而，他的第三次中国之行却以失败告终，因为他无法租到愿意运送华工到德梅拉拉的船。至于招募女性的任务，他于1853年12月10日写道：

> 如果政府授权于我，允许我提前支付费用，我保证能够顺利完成任务。大概花40元就可以招募到10—15岁的正经人家的姑娘。我向几位品行端正的劳工提出这个建议，只要他们在出发前娶到姑娘一同出洋，就付给他们这笔钱。如果有从西印度群岛返乡的华工带来好消息，则大可不必花钱招募妇女儿童。但据我所知，在此之前，想不花钱就招募到妇女，那是不可能的，因为花钱娶媳妇在中国是通行的做法。

面对租不到船的窘境，怀特只能去厦门找臭名昭著的德记洋行，提出如果能够租到合适的商船，只要将华工送到南澳岛登船即可。此番打听没有结果，倒是让英国外交部大惊失色，因为南澳岛不属于通商口岸，属于非法招工地点。另外，花钱购买年轻华人女性的主意同样令人不安。克拉伦登勋爵（Lord Clarendon）①对国务大臣纽卡斯尔公爵（Duke of Newcastle）说，这个计划"为最糟糕的陋习开了绿灯，事实上，它所涉及的贸易与奴隶贸易毫无二致"。

与此同时，英属圭亚那新总督沃德豪斯（P. E. Wodehouse）开始担心引进华工的成本。由于大家都在争相寻找适合运送华工的商船，导致从中国出发的华工船价格已经上涨到每位乘客25英镑。相比之下，运送印度劳工的费用只是15英镑，不仅如此，他还认为多花40元招募女性没有道理，经济上不划算。

---

① 克拉伦登，第4代伯爵（George William Frederick Villiers, 4th Earl of Clarendon, 1800—1870，从1853年起连续在4位英国首相的内阁中担任外交大臣，人称大贵族克拉伦登。（译者注）

由政策院和挑选出来的若干名种植园代表组成的联合院（The Combined Court）赞同总督的意见。他们于1854年5月8日决定"就目前情况而言，应停止向本殖民地输入华工"。法庭还决定尽快结束怀特先生的聘用期。最终，詹姆斯·怀特奔波往返了三次，竟然没能为英属圭亚那招募到一位华工。他于1854年6月离开香港。

第二波华工潮

虽然对招募第一批赴英属圭亚那华工的手法有争议，但这些华工来到新环境后都表现良好，受到种植园主的赞扬。于是，在接下来的几年里，商人们都迫切希望再输送进来一些华工。1855年10月，沃德豪斯总督向殖民部提出建议，说种植园主都渴望得到更多华工。但这个请求被拒绝了，原因是由于无法解决洋人进入广州城的问题，英中关系正处于紧张状态。英国当局主要关注的是进入广州城的问题，所以不想在此时向中方提出劳工问题。最后，沃德豪斯总督于1856年12月3日向英国政府提出，由私人公司经办，输入华工事宜。总督本人在研究了种植园主的回复后，彻底改变了观念。他写道，中国人"是最有价值的劳动力。他们从不惹是生非，不论干什么活，都是勤勤恳恳，任劳任怨"。但他的建议并未得到伦敦方面的支持，因为政府预想到，购买华人女性是非常困难的。但此时，中国国内的情况在发生变化——太平天国运动如火如荼，中国多个省份被卷入其中，民不聊生。另外，英中又处于交战状态，所以英国已不在意违反中国禁止出洋法律会让北京作何感想。

联合院利用中英关系恶化的机会，于1857年5月15日通过了一个决议，要求通过私营公司引进华工。在对具体细节进行了一番争论之后，斯坦利勋爵（Lord Stanley）同意实施此决议，为期一年。英属圭亚那招工总代理柯士甸被派往中国，担任圭亚那驻华招工代理。他的主要任务就是招募一定比例的华人女性。1859年初，他来到了中国。

西印度群岛委员会预计私营公司招募华工能够得到批准，于1858年6月委派曾经在中国生活过一段时间，会说一种方言的托马斯·杰拉德（Thomas Gerard）担任他们的招工代理，负责为英属圭亚那和特立尼达招聘2990名华工，如果可能的话，还要包括1470名女性。杰拉德在柯士甸到达之前就开始着手工作，并于1858年12月8日送走了第一艘华工船"皇家乔治号"（Royal George），目的地是德梅拉拉。杰拉德担心的是，华工船必须从澳门到香港进行清关会耽误宝贵时间。他以操作方便，俭省变通，节约费用为由，设法让船只避开香港的通关检查，直接从澳门出发。虽然杰拉德属于私人招工代理，其活动不受英国当局直接管控，但香港总督还是拒绝了他的要求。托马斯·杰拉德只能心有不甘地照章办事。

尽管"皇家乔治号"在香港接受了通关检查，但事后还是发现了一些违规操作行为。经利物浦移民委员会人员测定，船只的乘客面积为3370平方英尺，按法定荷载量，最多只能载客$280^{1/2}$人。根据香港政府海事测量局的测量，考虑到上层甲板的面积，实际可搭载乘客面积为3521平方英尺，可搭载乘客293人。即便如此，这条船还是搭载了300名华工！对多出来的7名华工，杰拉德解释说，这些人是厨师，属于船员编制。其实他篡改了船员花名册，还谎称这7名华工刚好是从自愿出洋的华工中选出来的，他们准备留在英属圭亚那，因此也就为殖民地政府省下了送他们返回中国的费用。为了节约更多成本，杰拉德决定使用几年前由詹姆斯·怀特印制的旧版招工契约，即使其中有些规定已经过时，或者依据法律已经发生变更。

杰拉德不愧是一位雷厉风行的实干家。他不断督促招聘工作，并送走了载有461人的"温德姆将军号"（General Wyndham）。此次杰拉德的手法与送走"皇家乔治号"如出一辙，因为这次搭载人数又比法定人数多出15人，而多出的人头又被他编进船员花名册中。

杰拉德租赁的两艘船共搭载了761名乘客，没有一名女性。后来才知道，这些人都是从澳门的猪仔馆里找来的。1859年春，柯士甸决定去考察一下澳门的猪仔馆。在1859年3月8日的一封信中，他写道当时他刚好在一个猪仔馆遇见一些"模样可怜的人"进来的情景。给他留下深刻印象的是：

那种匆匆忙忙、鬼鬼祟祟的接收过程。那扇小得不能再小的门朝向澳门内港的一个私人小码头。小门快速打开,关闭时同样急速。那些人被一个领班迅速赶上台阶。这个人显得格外焦急,生怕被人看到,也许是因为他所做的事见不得人。

柯士甸第一个感觉是此人像是一个不法之徒,一个逃犯,想通过漂洋过海逃脱法网。他形容一处猪仔馆是"一座阴森恐怖的建筑,有厚厚的砖墙和道道铁栏,还有人严密把守"。一位拥有三处最大猪仔馆的老板很客气地接待了他。他写道:

这些转运站,不管是面积、秩序、还是清洁程度,都已十分理想。他们显然已经尽力,希望让苦力们感到满意。但这里高墙矗立,卫兵成群,戒备森严,只能说明这里是一座看管严密的监狱,里面的人是绝望无助的囚徒,与外界亲友隔绝,身不由己,只能听天由命。

殖民部、移民委员会及英属圭亚那政府对杰拉德的运营方式均颇有微词。1859年7月,杰拉德回到英国后被告知,他的招工代理聘用合同不再续期。西印度群岛委员会表示,下一季不再继续这种尝试。

"皇家乔治号"轮船的航行时间长达111天,死亡率极高。而且沃德豪斯总督还要面临尴尬处境,他必须重新制定契约,取代杰拉德所使用的非法契约。

3月29日,"皇家乔治号"从香港到达目的地,航行112天,船上载有251名华工。令人遗憾的是有49人死于途中,奇怪的是,除了两人以外,其余的人都死于水肿。总督阁下告诉我们,已经命令一个医疗委员会调查此事。死亡原因似乎要归咎于船上空间狭小,通风不畅,途中伙食太过充足。通风不良和空间狭小固然会影响到乘客健康,但伙食太过充足致人丧命的说辞似乎站不住脚。人们怀疑还有潜在的和未解释清楚的死因。存活下来的华工一般情况良好,身体健康,外观整洁,精力充沛。如果他们能够与先于他们到达的那些华工一样勤劳刻苦，他们将会是我们殖民地宝贵的劳动力。这件事上的失误与香港招工代理脱不了干系。他包租的商船不仅航行速度慢，而且食宿条件无法满足搭载的华工人数。

（《皇家公报》，1859年4月9日）

"温德姆将军号"轮船于1859年5月13日经过84天航行后到达乔治敦，死亡11人。到达后10天内，又有5人死于乔治敦医院。另外16人在医院里又呆了一段时间。船只到达后，接受了招工总代理詹姆斯·克劳斯比（James Crosby）的验收。他在报告中写到，所有劳工"几乎全部身体健康，精神状态良好……是一群结实、强壮、活跃的青年男性"。与以往一样，还要更换契约。政策院1859年8月24日通过了一项法令，更新所有1859年到达的华工契约，使之符合现行法律。

寻找中国女性

1859年2月初，甚至在第二批华工到达英属圭亚那之前，殖民地行政机构就已经讨论通过了一项旨在专门招募中国女性移民的法令。其中有一条规定了女性华工配额制，即如船只未能运送合理比例中国女性移民，英属圭亚那总督有权拒绝付款。作为奖励措施，政府还准备为每位女性移民拨出50元船费。最后还规定，"被分配到种植园的华人女性不得被强制劳动……"这些设想过于理想化，有点官僚作风。《皇家公报》很快评论说颁布针对中国女性移民的法令不切实际，难以实施。

在政策院的讨论过程中，人们了解到，运送的女性必须达到男性劳工的一定比例。我们担心这将成为引进华工计划的一道无法逾越的障碍，尽管杰拉德先生踌躇满志，但我们有充分的理由相信，劳工人数肯定达不到我们要求的数目。根据我们所了解的情况，华工非常有价值，我们必须不遗余力地招到更多华工。

（《皇家公报》，1859年2月8日）

新到达的华工给人留下极佳印象，以至于政策院承诺将持续不断地引进更多华工。1859年5月，政策院通过决议，请求英国政府承担起招募华工的责任，其中要包括一定比例的女性。1859年8月，纽卡斯尔公爵推荐柯士甸在新的招工季里招募2200名男性华工。事实上，他招募到了1500名男性。至于女性，纽卡斯尔公爵称：

> 我认为在目前这一季，至少要招募10%女性。今后几年，也必须达到与苦力相同的水平，也就是说，在1860第一招工季和1861第二招工季里，不低于1名女性比3名男性的比率。在之后几年中，不得少于1名女性比2名男性的比率。

（《皇家公报》，1859年11月10日）

人们很快意识到，在一个女性很少陪伴男性出远门的社会里，招募女性出洋谈何容易。1859年7月16日，香港移民局的默多克先生向伦敦方面表达了自己的担忧，以及自己的保留意见，即如果允许男女华工混载，则很难控制局面。

> 须由公爵大人定夺的若干问题：
> 第一，女性比例问题。在此问题上，很难提供建议。首先，人数将会非常少，很可能不会超过10%—15%。具体比例也许由柯士甸先生决定、由卜鲁斯先生批准更为妥当。必须明确一点是，除非在未来几年中有望招募到相当比例的女性，否则，招募工作不应再进行下去。另外一个出现的问题是，女性是否应与男性劳工同船运送。如果同船，那么将采取什么措施防止他们之间发生打斗和骚乱。不过，这个问题只能在当地解决，并且由熟悉中国人特性的人来决定。

（《皇家公报》，1859年11月10日）

柯士甸成为在中国的招工唯一负责人。他提出招募华工的几项建议，包括在香港开设一个转运站，免费运送华工至西印度群岛，签订为期5年的务农契约，月薪4元，如携带妻子奖励20元（或携带一名或两名以上儿童奖励40元）。他找到在中国生活了数年的医疗传教士罗存德牧师，寻求他的帮助。在1859年2月18日写给柯士甸的信中，罗存德牧师说他认为柯士甸的建议非常开明。他还表示说乐意提供帮助，而且能够有效控制华工招募过程：

> 我已经与我的朋友以及中国大陆周边地区的相关人士商议了您工作的性质。我很高兴地告诉您，我们有望找到至少5000个婚姻家庭，他们将从香港出洋。但一定要非常谨慎，不要让中国政府染指此事，因为他们肯定会竭力阻挠，不让女性出洋。这一点尤其需要谨慎，因为香港以北，香港东北，一直到福建省一些地区是中国唯一女子不缠足的地区，而且这里的人又特别愿意漂洋过海，远走他乡。
>
> （《皇家公报》，1859年8月6日）

罗存德牧师试图让柯士甸明白，必须大力宣传出洋以后的各种待遇，这会收到极佳效果。他还强调要将不同地方族群的人分开，这很重要。此外，他还告诫水手不得以玩笑嬉闹的方式触碰中国女性，因为那样做等于是对女性品德的侮辱，是一种冒犯。

柯士甸则遇到了棘手的问题——那些贫困潦倒、有可能听从劝导出洋的人并不适合从事农业劳动，他们只会抱怨，会告状，而那些有经验的农民又不太愿意背井离乡。不仅如此，各种传言在当地人中间甚嚣尘上，说出洋后男人都变成大烟鬼，女人则沦落成卑鄙洋鬼子的泄欲工具。唯一的办法就是，对那些适合出洋的人循循善诱，百般劝导。但这样做也很让人为难。在中国，有文化的人一般都不赞成出洋，尤其是儒家思想倡导祖先崇拜，远离故土就无法祭祖，那就是不肖子孙。如果用金钱回报方式来说服有文化的人去动员人们出洋，农民们又会觉得这些秀才花言巧语，口是心非。由于这些缘故，柯士甸觉得只能更多地依靠罗存德这样的传教士。在这方面，传教士对说服有心出洋者去英属圭亚那会起一定作用，因为皈依了基督教的人更愿意听从其精神导师的指导。

第一批女士

此时，令人意想不到的是，两广总督伸出了援手。1858年1月，英法联军用武力攻下广州，并组建了一个欧洲人与华人共管的行政机构来管理广州。此时，客头们大肆掳掠劳工的行径已经到了令人发指的地步，任何遏制这种行径的措施都很受欢迎。华人出洋已经司空见惯，而且当地知府以及广州联合委员会负责人巴夏礼也贴出若干告示，一方面谴责掳掠行为，一方面提出监管出洋的制度。1859年4月9日，两广总督更是加大力度：

> 本大人在此宣布措施，各地贫困民众切记听清。自愿出洋到国外应募工作者务必前往招工公所，提交一份明确报告，中国官员和招工代理将仔细查验申请者，以确保他们实属自愿出洋，而非受人拐骗。待验明正身，双方才可共同商谈未来应募工作的条件待遇，并以正式契约记录在案。

1859年10月27日，柯士甸在香港建立了一个很小的华工转运站。这个转运站由几间小竹棚组成。11月，又在广州开设了一个类似的转运站，由曾经担任联合委员会出纳兼书记官的桑普森（谭顺）负责管理。1859年12月24日，柯士甸送走了他的第一艘华工船"旋风号"（Whirlwind）。船上载有304名男性、56名女性、7名男童（15岁以下），以及4名女童（13岁以下）。经过78天的海上航行，船只到达乔治敦，无一人死亡。于是，在第一批男性华工被运往英属圭亚那7年之后，这里迎来了第一批中国女性移民。在1859—1860年度，又有5艘船从香港和广州出发，到达德梅拉拉，共载有1563名男性、305名女性、53名男童、26名女童和17名婴儿。到达乔治敦的华人有1549名男性、298名女性、53名男童、26名女童，以及18名婴儿。

第一艘载着华人女性的船只到达时，场面相当轰动：

> 从中国开出的"旋风号"在快速航行78天之后，于昨日到达，船上

载有377名华工，其中有56名女性。航行中未发生一起死亡事件。船只进入河口后，总督阁下、沃德豪斯夫人、威廉·沃克（William Walker）先生及夫人，以及其他先生们和女士们登船看望远道而来的乘客。乘客们看上去个个身体健康，精神状态良好。由于之前很少有人见过中国女性，这批56名女性引起了人们极大兴趣。劳工们身体状况良好部分原因要归功于船上的清洁环境及合理安排。但还有一部分原因，也许算是主要原因，那就是招募劳工时的精心选择。只有符合条件，身体状况适合航行的人才能登船远航。

（《皇家公报》，1860年3月13日）

夫妻劳工住在船舱的后半部，由一道隔板与单身男劳工隔开。每对夫妻有单独的铺位，以保证私密性。与此同时，铺位的隔断也有近5英尺高，以免阻碍空气流通。船的中部和前部分别安排给香港劳工和广州劳工，以免他们之间发生冲突。还有十来个人被安置在长条船的过道里，因为他们与香港人和广州人都合不来。不过，等到大家下船时，彼此之间的隔阂已烟消云散……

（《皇家公报》，1860年3月23日）

船只到港时，招工总代理克劳斯比先生亲自登船，并报告了华工情况：

这批人体格强壮，体质明显高于以往进入本殖民地的各批次华工。

第二艘船"多拉号"（Dora）从香港出发时同样引起不小的动静。《香港记录报》[①]报道："柯士甸在'多拉号'上举行了大型午餐会，庆祝该船即将起航，前往西印度群岛。"来宾包括总督大人夏乔士·罗便臣（Hercules Robinson）爵士以及罗便臣夫人、维多利亚主教及其他贵宾。

---

① 是《广州记录报》的延续。1843年，《广州记录报》搬到香港，于是更名为《香港记录报》。（译者注）

"多拉号"从香港出发,在航行了84天之后,今天下午终于抵达,船上载有385名华工,其中包括113名妇女。实际登船人数为387人,但途中两名成年人及一名婴儿死亡,一名女性投海自尽,不过又有两名婴儿在船上诞生。据说这批华工与第一批一样,快乐健康。

(《皇家公报》,1860年4月3日)

昨天,从中国出发的"小红帽号"(Red Riding Hood)也已抵达,船上载有311名华工。在香港登船的实际人数为314人,但途中有一名妇女死于难产。一名男人投海自尽。另有一人溺水而亡。所以,该船无一人因病而死亡……

"小红帽号"出发12天后,船上发生谋反,或者说是暴乱。两名为首者被抓,戴上镣铐。后来发现,这两人一个是海盗,一个是强盗,都是一路货,只不过一个在海上横行霸道,一个在陆地上为非作歹。在此后的航行中,船上高度戒备,船员时刻保持警惕。后甲板的炮口瞄准了前甲板。不过,此后再未出现动荡骚乱。而且,到了行程的最后阶段,人们都变得安静、平和下来。在"旋风号"上,也许在"多拉号"上同样如此,一开始就采取了最严格的预防措施,一旦发生情况,即可立即镇压骚乱人群,不过这种情况并未发生。只是快到终点时,很多人都感到心神不宁,因为他们无法确定自己的最终目的地是德梅拉拉,而不是哈瓦那。不过,当他们看到灯塔船上闪烁着"德梅拉拉"字样时,心里的石头才落了地。

关于这些天国来客,有一点我们应该引起注意:在新来的劳工中,有些人可能根本不懂得如何做农活,但熟悉其他性质的营生。所以,如果让他们开沟挖渠,耕耘土地实为不妥,除非他们在来之前完全清楚自己是来干什么的。否则,他们胡言乱语将会让很多有心来本殖民地的人打退堂鼓。在这种缺乏明确理解的情况下,最好让所有这些人与他们所熟悉行业的业主签订契约。每一批来这里的劳工,不管来自哪里,都会冒出一些害群之马,他们得寸进尺,永不知足。不过,最妥当的做法是让这些学过某一门手艺或行当的人继续从事这一行业,并遵守最符合实际情况的法律法规。

（《皇家公报》，1860年4月10日）

  布里斯托船长的"诺伍德号"（Norwood）从香港出发的，今晨抵达。据电报消息，该船航行时间出奇的漫长，长达133天。在搭载的316名华工中，有14人在途中死亡，原因据说是过量服用鸦片。

（《皇家公报》，1860年7月24日）

  "诺伍德号"是1860年招工季最后一艘华工船。运来的华工大多数被认为是令人满意的种植园劳工。政府方面发现，虽然他们在控制劳工质量方面无能为力，但至少可以采取一些措施，减少新来劳工所面临的困难和差距。

  《关于修改本殖民地某些移民规定的法令》就是举措之一。虽然法令名称非常笼统，但它是专门针对华工的，主要内容包括——第一，每份劳工契约都应确保该劳工与非契约劳工获得同等薪水，或者说每月4元，外加足够的食物，条件是，除礼拜日和节庆日外，该劳工每天需工作七个半小时。第二，每名劳工应拥有免费的合适住所。生病时可得到充足的药品、营养品、医疗看护、住院待遇。第三，劳工薪水每月将被扣除1元，冲抵预支开销。这部分收入将付给劳工在中国的责任方。第四，每位劳工均可在每年年底终止劳务合同，但必须支付合同未到期的每一年份的薪水，相当于路费的1/5；劳工也可以在合同期内第三年或第四年末更换雇主。第五，所有在中国签订月薪4元合同的劳工，可在提前通知支薪法官的前提下，将合同变更为与非契约劳工月薪相同的水平。根据第五条，每位中国女性必须居住在与其丈夫或父亲签订契约的种植园；除非自愿，女性不得被强制从事劳动……

（《皇家公报》，1860年8月7日）

  1860年，华人女性初到英属圭亚那是一件可喜可庆的新鲜事。在该殖民地精英参加的那年圣诞夜的晚宴上，有人朗诵了以下诗句：

天朝女子今登岸，
天堂彼岸却不见。
地上之人翘首望，
三百来客影玲珑。
玲珑佳人乘风来，
多拉旋风密涅瓦
还有一顶小红帽。
一日三餐不可少，
吸风饮露是神仙。

（《皇家公报》，1860年12月25日）

纷纷出洋

为了实现1860—1861年度招工季招募2500名华工的更高目标，柯士甸于1860年12月，在距香港50英里的九龙恒仔（Hang-tsai）一间农舍里开办了招工公所分所。事实上，柯士甸在这一季招募了2854名男性华工，超出了预期目标。能动员这么多中国人出洋，罗存德牧师功不可没。他决定在回家养病途中，绕道去一趟德梅拉拉。他搭乘的"神秘号"（Mystery）到达乔治敦的前一周，他利用这段时间向英属圭亚那总督描述了同船乘客的情况。

1861年5月29日

先生：

除白种人以外，在中国可以找到最优质的移民。但是，在大城市外围，还有许多人境遇悲惨至极。有麻风病人，有贫穷潦倒，染上恶习，疾病缠身的人，他们长期忍饥挨饿，身体羸弱，对他们来说，最有利健康的食物就是鸦片。如果打这些人的主意，招工者可以轻而易举装满一船，但本殖民地政府将因此蒙受巨大损失，因为，在这样一船人中，能满足本殖民地需求、顺利登岸的连三分之一也达不到。

一直以来，都是葡萄牙招工代理在搜罗这些人，并将他们贩卖到古巴市场，这也造成了苦力船上出现大量人员死亡的情况，死亡率有时高达35%。针对中国客头的欺诈行为，英国移民部门采取了切实有效的禁止措施。他们找到可以不借助翻译，直接同中国人交流的招募人员。这一招使得客头们无法靠近，有的甚至不敢在香港露面。不过，还没等我到达广州，就有一个葡萄牙人带着许多劳工先到了。按照新规定，这些人会被古巴招工代理拒绝。但这个葡萄牙人利用这些人所讲方言不同于广州、香港和周边地区而钻了空子。他谎称这些人由于内战和各种悲惨遭遇而吃不饱饭，迫切希望出洋谋生，还说他们都是一伙的，不愿意撇下伙伴，否则就去找葡萄牙人。这些是我从柯士甸先生那里了解到的情况。

事实上，这个葡萄牙人在澳门和附近城镇网罗到这些废人。他们数以千计，倒卧街头，遭人唾骂，如丧家之犬。其中大多数人都是吸毒成瘾而染病在身，憔悴不堪。由于再也无法得到鸦片，葡萄牙人就教会他们捞钱的新手法。他唆使他们假装听不懂当地方言，蒙混过关。如果他们不照此行事，被拒绝，就会被扣在那里，直到他们完成他的要求。客头们做得更绝，统一口径，统一行动，要走一起走，如果有一个人被拒绝，大家都别走。

对这一诈骗招数，柯士甸先生束手无策。虽然他知道不对，但还是给所有人放了行。他眼睁睁地看着自己交给那些可怜虫的钱又落到葡萄牙人的钱袋里。他告诉我，他曾经试图阻止那个葡萄牙人，但葡萄牙人盯得很紧，那些可怜虫拿到钱后，出于害怕，又拱手把钱交到葡萄牙人手里。柯士甸无可奈何，只能作罢。接着，这些可怜虫就上了船，而葡萄牙人则揣着至少600元扬长而去，这些钱都是从那些惨不忍睹、"几乎无法行走"的人渣身上搜刮来的。

上船后，我被这些人的状况所震惊，而他们的真正惨状在我们离开香港之后彻底显现出来。上船的人中至少三分之二是鸦片鬼。但是，由于天气寒冷，加之甲板上船员们忙忙碌碌，没有空地，我当时想，等起航了以后再让他们到甲板上来吧。船驶出香港后，我让那些人上了甲板。此时，我几乎无法相信我的眼睛，仿佛来到可怕的中国乡镇边缘，其悲惨景象简直无法言状。

这些人瘦得皮包骨头，身上长满虱子，种种疾患留下累累疮疤。四分之三的人身上长着疥癣，令人作呕。他们污秽不堪，像是从来没洗过澡，而且，由于吸食鸦片而神情木然，目光呆滞。有些人虚弱不堪，让他们到我这里来清洗一下，他们都会像孩子一样哭叫。

无须赘言，我对承担这样一个令人绝望，令人悲伤的任务懊悔不已。我看到这群25岁至35岁的人已经未老先衰，一阵狂风就能要了他们的命，因为他们的肠胃功能已经彻底坏掉，他们不吸鸦片就无法呼吸，晕船无法进食让他们一天都撑不下去。这些人中有90人都向那个葡萄牙人和来自新宁的洪姓客头支付了15—18元，最后连买点零食的钱都没剩下。许多人不得不卖掉身上的衣服，只穿着来时那身破衣烂衫躺在那里。有一个人甚至连裤子都没有，几乎动弹不得，仅这副模样已经说明其状况是多么糟糕。

这些人用20元预支款仅剩的几块钱囤积了一些鸦片，但眼看着这点存货即将消耗殆尽，有两个人在刚开船时就试图投海自尽。为了防止他们再寻短见，我只好答应他们，如果到时鸦片真的用光了，活不下去了，他们可以来找我，我替他们想办法。在驶离香港的第二天晚上，我被叫去船舱看一下，说是有个人马上要咽气。下到船舱里，我看到那人简直就是一具骷髅，瘫在台阶旁。他的裤子早已被扒掉，身上裹着被子，就像可怜无助的小婴儿一样被裹在襁褓里。他可怕的样子，几乎没人愿意碰他，只帮他挪到旁边一间必要时收容病号的小单间里。我看到，船只稍有摇摆，他就无法挪动，根本上不了楼梯。然而，当他被挪到靠近厕所的小房间里，开始吸上鸦片抽上烟时，他又像换了一个人，虽然瘦弱，几乎挪不动腿脚，但却面露喜色，胃口大开。我们原以为他能撑到德梅拉拉，但行至好望角时，天气恶劣，狂风巨浪要了他的小命。船上16人死于与他相同的情况。他们的钱进了客头的口袋，身上的衣服也被卖掉去听戏了。到头来，他们要么到不了目的地就一命呜呼，要么苟延残喘熬到登岸，但也根本无法工作，而是被送进医院，在那里归天。船上其余的人中还有两个麻风病人，不仅自己受罪，也成为别人的负担。

其余那些真心出洋的中国人总体上来说身体状况良好，是建设殖民地的有用之人。他们在船上待遇不错，享受到连欧洲人也很少享受到的自由。

（公共档案馆，殖民地卷CO111）

另一位海上航行者也讲述了移民工素质问题，他就是"旋风号"上的医务监督查尔德考特（T. A. Chaldecott）医生。1861年8月13日，他写给伦敦方面的汇报有如下内容：

……毫无疑问，我们非常需要来自体面家庭的，真心出洋的劳工，但是，我个人认为，我们最好是彻底放弃这样的想法，即向本殖民地引进像"旋风号"运来那种样本的女性。

我认为我完全有理由说，"旋风号"搭载的大多数妇女都是在开船前一刻匆忙嫁给她们所谓丈夫的，而那些男人也是因为垂涎在中国国内领取的20元预支款，才肯带她们出洋。

人们认为这样的做法引诱出洋的男人非常贪婪，因为他们只需从娶妻预支款中拿出一部分付给女人，剩下相当一部分则可以揣进自己的腰包。其实他们付给女人的钱少得可怜，由此也可以看出，女方一定是来自最低贱，最卑微的阶层。

正因如此，在我们"旋风号"上就发现了两个声名狼藉的娼妓、四个白痴、一个残废、一个驼背，还有几个满脸疤痕面貌丑陋之女人。

他们中有些人告诉我，他们从未拿到过娶妻预支款；而他们娶妻结婚的唯一原因是柯士甸手下的中国招工雇员说，只有携带妻子的人才可出洋。这些雇员替他们物色妻子，而自己拿走了20元预支款。

……因此，我建议，拨给妻子和子女的预支款应在劳工到达德梅拉拉后支付，而不是在香港支付。

这一招将遏制中国招工雇员的贪婪之心，也可大大降低发生绑架案的可能性，妇女儿童尤其易被拐卖。

关于吸食鸦片问题。如果不采取预防措施，我担心，有朝一日，殖民地的鸦片鬼将泛滥成灾。那些被证实为鸦片鬼的低贱之人由于陷入绝境才渴望出洋，因为出洋可以使他们有机会在途中，以及在到达殖民地之后继续吸食鸦片。虽然在法律约束下这些人可以干一些活，但永远无法成为身强力壮的劳动力。我还认为，抛开吸食鸦片这一恶习，这些人其实属于最不合格的劳工类型，因为这些人大多数原来只是手艺人、满清官吏、裁缝、小店主、厨子、教书先生。正是因为沉迷于鸦片，他们才沦落到如此境地。这些人永远无法适应艰苦劳动。

……目前在香港转运站期间，以及登船之后，吸食鸦片并未受到限制，其结果就是，这些人把大部分预支款用来购买鸦片，然后沉溺于这种堕落享乐，直到吸光最后一口烟，耗尽这笔数额不小的钱财。

听说世上还有这种机会，还可以用预支款搞到鸦片，会引诱越来越多的人蜂拥而来，踏上出洋这条路。我认为，上一季劳工死亡率上升部分原因就在于此。可以有把握地说，大部分因腹泻和痢疾而死亡的人，实际上都是一些烟鬼，他们因为航行途中鸦片存货用尽，受不了突然戒断而丧命……

关于到达德梅拉拉的华人，

……在种植园里，我只听到过一个华工抱怨，不过也反映出一个严重问题，这个问题恐怕很难克服。我指的是他们的粮食必需品价格过高，尤其是他们的口粮大米。他们买米所花的钱比在中国国内高五六倍。我认为，造成这个问题的原因是卖给他们粮食的零售商心太黑。也许可以让种植园主以批发价购买这些物品，再由一位监工以成本价卖给劳工。从中国出发的船一般都有大量剩余载重量。如果政府出面，以低运价运送大米，船长肯定乐意满载出发。

据我了解，华人对米价怨声载道，如有可能，应尽量降价。

希望他们将来能够自己种植稻米，因为这个国家非常适合稻米生长，而且，他们也可以自己养猪、养鸡、养鸭……

（公共档案馆，殖民地卷CO111）

从罗存德牧师和查尔德考特医生的叙述，我们可以看到，柯士甸的本意是好的，但他无法招募到足够的合格华工，只能依赖由贪得无厌的客头们提供华工的机构，以完成指标。不仅如此，一些被作为家眷接收的妇女实际上是为了拿到一笔钱才嫁人。

除了有第一手报告报道的这两艘船之外，1861年还有另外8艘船——"塞瓦斯托波尔号"（Sebastopol）、"小红帽号"、"克莱尔蒙特号"（Claramont）、"萨尔达尼亚号"（Saldanha）、"查普曼号"（Chapman）、"蒙特莫伦西号"（Montmorency）、"海上花园号"（Sea Park）和"兰开夏女巫号"（Lancashire Witch）。

> 搭载了281名劳工，包括17名女性的蒙特莫伦西号从香港出发，航行105天后，于本月27日下午到达，所有人状况良好，相当满意。该船承运者为琼斯-加内特洋行（Messrs.Jones & Garnett）。航行途中7人死亡，一名婴儿出生。据我们所知，一名死者是死于自然原因，其他人死于过量吸食鸦片。船长称，他以往都是运送英格兰人、爱尔兰人和苏格兰人去澳大利亚，经常遇到麻烦。但这一批出洋劳工却从不惹事，心怀善意，性情温顺。因此船长不必像以往一样堆起障碍物，预防骚乱。这些劳工可以在后甲板上自由走动。
>
> （《皇家公报》，1861年6月29日）

> 我们欣喜地报告，"兰开夏女巫号"昨天终于到达，航行时间为131天，相当漫长，不同寻常。船上搭载了461名劳工，并在途中增加了1个新生命。但途中死亡29人，其中24人死于腹泻，5人失踪，估计是投海自尽或死于意外。最后一起死亡发生在三天前。在到达的433人中，有26名女性。
>
> （《皇家公报》，1861年8月6日）

1861—1862年间招工季

1861—1862年度招工季的开局情况十分顺利,前两条船很快装满劳工,分别从广州和香港出发,但是随着德国人传教士四处传阅负面书信,大好形势急转而下。这些书信是一些罗存德牧师负责送到英属圭亚那的华工寄来的。此事极大地影响了在恒仔的招工进展,于是,柯士甸迅速在广东沿海地区附近的达濠埠(Tat-hao-pu)、汕头和厦门开设了招工公所。在柯士甸领导的第三个招工季里,共发送7条船,运送男性劳工2139名、女性504名、男童32名、女童11名,还有4名婴儿,合计2690人。据记载,在这些航行中,54名男性、46名女性、1名男童和1名女童死亡,同期有4名婴儿出生。

到1862年春,开始出现一些关于英属圭亚那甘蔗种植园华工的负面消息。尽管如此,招工总代理詹姆斯·克劳斯比照旧在给政府的报告中盛赞这批新到华工:

> 1862年3月4日,星期二
> 非常荣幸地向总督大人汇报如下,2月15日,周六,晨6点,广州出发的"阿格拉号"(Agra)满载华工顺利抵达。该船排水量为714吨,船长为菲利普·德·圣科洛瓦(Philip de St. Croix),船上医务监督是中国医师蔡阿辉(Tsoi-a-fai)。
> "阿格拉号"于去年11月26日周二驶离广州,随后于次周四驶出珠江口,并于1月14日周二抵达好望角,补充食品、淡水和蔬菜,次日离开。经历了80天航行后终于抵达这里。该船状况良好,环境清洁,通风顺畅,供应充足,存水卫生。移民工们个个精神饱满,身体健康,衣着整洁,行动有序。这批移民工素质很好,几乎见不到40岁以上的人。四分之三的人介于18到30岁之间。到达的妇女也比我以往见过的,刚来殖民地的女性体面整洁。第一次登船检查时,我并未从外表判断他们比其他来殖民地的移民工优秀得多。但在我分配人员,对他们进行详细审视和观察后,我可以确信,他们是到目前为止,到达殖民地的最佳

华工……

在从中国来我们殖民地的劳工船中，这还是第一次没有由欧洲医务官担任随船医务监督，而且如此成功，如此令人满意，可谓绝无仅有。蔡阿辉先生学识丰富，令人尊敬。船上唯一的翻译顾云奇（Ko-wan-Ki）也是一位积极活跃，精明能干的人。

（公共档案馆，殖民地卷CO111）

在1861—1862年度招工季发送的7条船中，"温莎伯爵号"（Earl of Winsor）上的女性移民受到高度评价。据说她们的作用遏制了乘客中的斗殴倾向。事实上，有些乘客脑子里并未有过动武的念头。在104天的海上航行中，他们建立了密切的关系。

"温莎伯爵号"轮船排水量为738吨，船长是迪克。该船从香港出发后，航行了98天。今晚到达本地。船上乘客情况如下：174名男性、123名女性、7名儿童，共计304人。途中死亡23人，1人失踪，据说此人跳海身亡。此次航行有两大特点，一是死亡率高，闻所未闻。另一个特点是，与之前到达的劳工船相比，该船女性对男性的比率非常高。

（《皇家公报》，1862年3月18日）

关于"温莎伯爵号"的情况，质询委员会已经提交了报告，但结果如何，我们尚未得到确切消息。据说，对船上男女滥交行为的指控基本属实，尽管当时船长和船员们曾试图防范这种罪孽行为发生。但医生提出的其他指控，不管是什么指控，都未被证实，所以船费也已被支付。

（《皇家公报》，1862年4月12日）

相比之下，这一季的第四艘船"波斯号"（Persia）显然就是海上浮动战场。船长查普曼（Chapman）先生不得不动用各种刑罚：禁闭、禁食、甚至鞭打。为了避免船员成为报复对象，这些处罚都是由船长本人亲自实施。行程结束时，有人对船长提出指控。在随后的质询中，船长解释说，该船乘客来自四个不同地方——香港、广州、汕头和厦门。船只尚未离开中国水域，他们之间已经对彼此充满恶意。他们讲着彼此无法听懂的方言，相互怀恨在心，族群之间冲突不断。对此，随船医生也无能为力。

> 500名华工在船上打打杀杀，混战一团，有的在甲板上大打出手，有的在船舱夹层里相互撕扯，呼喊声，叫骂声令人头昏脑涨。一时间，木柴、菜刀、砧板、磨石、铁棍、尖刀统统上阵，上下翻飞，玻璃瓶碎片四下飞溅。

船长的证词得到数名船员和那位翻译的证实。但尽管船上发生了骚乱，在531名乘客中，只有6起死亡。詹姆斯·克劳斯比先生再次提交了一份言辞动听的报告，称又有一船优质移民工到达乔治敦城。

到1861—1862年度招工季接近尾声时，柯士甸先生的身体出了问题，并于1862年4月15日返回英国。总的来说，在他担任招工代理的三个招工季里，他都圆满完成了各殖民地提出的招工要求，并且招募到了相当数量的女性。不仅如此，他还将招工成本控制在每人头57元至64元之间，远远低于联合院规定的每人头70元的成本。

欣克斯担任总督

1862年1月，英属圭亚那新总督走马上任，并且立刻废除了引进华工制度。1862年2月3日，欣克斯总督（Governor F. Hincks）写信给纽卡斯尔公爵：

> 我坚信，目前我们殖民地劳动力供应充足，最有力的证据是，有些种植园将不得不解除非契约劳工的非洲人和其他劳工，以便为本季节即将到达的劳工腾出位子。

四天之后，他又寄出一封信，说有些曾经需求移民工的种植园主目前处于欠债经营，而且由于无工可做，种植园已经出现了剩余劳动力。本月晚些时候，种植园主们又做出新决定，只需要270名劳工。政策院就这个问题举行了数次会议，但由于一项动议未得到复议而搁浅。一些成员强调华工具有重要价值，继续提供华工大有益处。欣克斯总督对此感到诧异：既然华工如此受欢迎，为什么要求从中国招工的申请远比要求从加尔各答招工的申请少。答案就是，由于印度劳工供不应求，尽人皆知，所以种植园主提出的需求量自然会高出实际需求。不过，既然华工配额已满足需求，也就没必要招募更多华工了。

接着，总督又提了几个关于柯士甸在中国招募劳工时产生的杂费问题，比如鱼塘、花圃、香槟、礼物等。柯士甸后来回复说，这些开销都是必需的，因为，由于英国人炮轰了那个地区，造成转运站损毁，需要修复以保证外观，另外还要打点中国官员，以示友好。后经仔细核查，柯士甸领导的招工公所在三个招工季里，花在每位劳工身上的费用分别为120元、125元和139元，这包括了所有日常管理费用、员工薪水，以及船票。相比之下，1859年杰拉德私人运作时，用于每一人头的成本为144元。

与此同时，政策院在经过反复辩论后，决定将所需劳工数量提高到905名。由于这个数目太小，无法达到汕头、厦门和恒仔转运站的运营规模，这些转运站随即被关停。谭顺应请接替招工代理的职位。他租下"恒河号"（Ganges）。该船于1863年4月4日起航，船上搭载了293名男性、100名女性、12名男童、4名女童和4名婴儿。由于谭顺无法租到其他合适的船只，于是，"恒河号"便成为1862—1863年度招工季唯一一艘运送华工前往英属圭亚那的商船。1863年8月，谭顺接到指令，处理掉汕头的房屋和地产。这些房地产最终以345元的价格卖掉，而最初的购置成本为4000元。

1863年，有报告说一些种植园华工不太听话，这对当地人对华工的看法起了负面影响。1863年10月7日，欣克斯总督写信给纽卡斯尔公爵，指出"如果种植园主花高一些的价钱，招募到真正高质量劳工，要比少花钱买来一船一船没什么用的广东人更划算，更令人满意"。

在1863—1864年度招工季，欣克斯通知谭顺只需招募450—500名华工。

很快，"法国轻步兵号"（Zouave）就装满了这个数目的劳工。该船搭载337名男性、157名女性、15名男童、3名女童，以及5名婴儿，于1863年12月19日起航，平均每人头花费为121.70元，相当于19英镑8先令9便士。

谭顺指出，要想招募到完全符合英属圭亚那种植园劳工条件的华工非常困难，因为这种理想劳工根本无处可寻。在中国，农民更像是园丁，而不是农场劳动者。在稻谷播种时，所有人都会来帮忙，包括妇女和儿童。播种之后，他们就不再照料作物，基本上任其自然生长，直到庄稼成熟。这时，所有在城里生活和劳动的亲朋好友便纷纷回乡，来到田里，帮助收割庄稼。一旦庄稼收割完毕，这些亲友就又回到城里，继续从事各行各业的工作。稻米脱粒则留给农家好手不慌不忙从容完成。到种植第二造庄稼时，这种模式便再次重复一遍。之后，土地就进入休耕期，直到来年种植第一造稻米。实际上，在田里辛勤耕耘的都是妇女，男人们负责将农产品运到市场上销售。因此，人们都以为中国人更适合从事长时间劳作，而不是大强度劳动。

1864—1866年间再次招工

谭顺建议，如果减少招工需求的波动，如果每年需要至少2000名劳工的话，招工事宜则可以更有效进行。欣克利总督询问特立尼达总督基特（Keate），是否可以承诺接收750名劳工。特立尼达总督给出了肯定的回答。于是，英属圭亚那在1864—1866年间招工季开始接收1250名华工。待这一招工季工作全面开展之后，谭顺接到一封信，告知英属圭亚那对华工的需求已经增加到1500名，且不包括妇女和儿童。于是，第一艘华工船"布里金城堡号"（Brechin Castle）于1864年10月18日从广州出发。随后出发的四艘船共搭载了1290名男性、416名女性、56名男童、2名女童和4名婴儿。

寻找商船运送华工是一件困难的事。谭顺先生给出了三个原因。第一，劳工船需要大笔银两，用于购置食物和必备物资；第二，运送劳工比运送货物麻烦更多；第三，船只必须承担劳工死亡和逃跑的风险。运输棉花至英国的利润比运送劳工至德梅拉拉高26%，而两种运输航行时间相同。不仅如此，这些船只在离开英属圭亚那时是否有货物可以运载也是个未知数，这使得劳工船更难找到。所以，只有当中国港口停满商船，运载量过剩时，才会有船愿意运送劳工。

有一个比较明显的例外，那就是"小红帽号"。该船于1860年、1861年和1862年连续三年运送移民工。不过，该船是在英国租赁的。它在出发前就装满了食物（并非在香港购买所需食品），不仅如此，它到达德梅拉拉后，还装满蔗糖，运往英国。另外一艘船是"旋风号"，分别于1860年和1861年连续两年被租来运送移民工。在其第二次航行时，根据租赁协议，该船得到木材和水，由此减少了运输成本。1861年运送移民工的"阿格拉号"于1863年来到香港港湾，但轮船代理却告诉谭顺，他们根本不想运送劳工，因为之前的经历简直是"毁灭性的"。

由于法国——古巴联合招工公所加入竞争，1865—1866年度招工季异常艰难。向古巴运送华工的法国商船开出了十分优惠的条件。1863年3月13日谭顺写道：

> 法国-古巴联合招工公所离我们只有几个门的距离。他们当月4日开设的这个招工公所并没有得到中国当局的许可。但他们决心已定，志在必得，哪怕困难重重。到目前为止，他们还没有制定出一套针对招募移民工事宜的协议。当月4日，法国-古巴招工公所还发布了中文的招工说明书……其条款内容（中文版）从头到尾都是照搬1859年11月5日柯士甸先生的说明书，只是在情况有变的条款上进行了一些增补和压缩。

这种竞争使得招工公所招工更加困难。谭顺认为，由于法国-古巴招工公所开出的条件更优惠，他们吸引走了质量较高的华工。无计可施的谭顺请求允许他将预支款提高到每人20元，而且，如有必要，可以从厦门和汕头招收华工。更糟糕的是，对招工公所专员登出租赁劳工船的广告，轮船公司回应寥寥，没有让人满意的投标。

这一季的第一艘轮船"恒河骄傲号"（Pride of the Ganges）停泊在广州

的港口区黄埔港时又遇到了麻烦。原来是因为发放给移民工的预支款数额不同。最后只好一视同仁，付给每人多达15元的预支款，这才平息了事态，没有引发暴动。该船于1865年12月8日出发，船上搭载了240名男性移民工、44名女性和9名孩童。没过两天，厨师又提出大米有问题，但却无人理睬。结果第二天船上就发生了暴动。船长和事务长被抛出船外。船上华工控制了局面，迫使大副将船驶往海南岛。到达海南岛后，他们带着船上的食物和大米弃船而去，大副将船驶往香港，并于12月31日到达香港。发生这一事件的原因是当时没能有效控制住挑头肇事者，而且对大米变质的意见不理不睬。此时英国派不出现成的海军舰队前往海南，而且，中国海关派出搜捕暴乱者的小轮船也半路抛锚。因此，抓捕暴乱者，将其绳之以法的努力也无疾而终，不了了之。

到这一招工季后期，"杰多号"（Jeddo）于1866年3月18日驶离厦门。船上搭载了480名移民工，其中只有3名女性。3月27日，5名答应参与叛乱的华工向船员通风报信，说早在该船离开厦门之前，就有人开始密谋杀死船上所有洋人。于是船长把领头者抓起来，进行鞭打，并戴上镣铐。4月16日，当该船离开巽他海峡陆地10英里时，有人报告说船头起火。30几名中国人冲出来，企图抢夺救生艇。大副和几名船员也跳进救生艇，企图阻止抢夺。就在这时，一块支撑救生艇的木块突然滑脱，导致大副和两名船员，以及几乎所有在救生艇里的华工被抛进大海而丧命。与此同时，船上大火熊熊，已经失控。于是船长将船驶向岸边，以求保住船上人命。最后清点人数时发现，至少161名中国人不幸丧生。

尽管发生了这些灾难，谭顺还是设法完成了招募625名男性华工的指标，分两艘船送走。一艘是"恒河骄傲号"。该船再次装满华工后，于1866年3月31日离开黄埔港。两艘船合计搭载798人，其中包括747名男性、33名女性、16名男童和2名女童。由于厦门招募女性非常困难，而且谭顺也获得许可，于是，厦门转运站关门停业。

条约章程

在此后的8年中,虽然英国仍迫切需求劳工,而且通过1860年签订《北京条约》,迫使中国政府允许国人出洋,但华工出洋到英属圭亚那的势头却戛然而止了。多年来,西方列强不断试图通过外交协议解决契约条款问题。最终在1873年1月,英国方面与在广州的中国总督达成谅解,于是谭顺再次忙碌起来。

谭顺先生致史蒂芬·沃尔科特的信

1873年2月25日,广州

尊敬的先生,我荣幸地告知您,由于之前春节来临的缘故,造成了时间上的延误,但我的招工公所已经于本月14日正式开门办理业务。同时,我也在广州城里城外张贴布告,将此事广为宣传。我还在香港出版的中文报纸上登出广告。

我现在主要寄希望于某些从英属圭亚那回国的劳工能发挥一些作用。该殖民地总督建议说,这些人很可能发挥积极作用,带动更多人出洋。于是,我给其中一位返乡劳工陈恭伯(Chan-kum-Po)写信,望他来广州与我商议此事。我与他进行了长谈,最后我很自然地得出结论:就目前情况而言,由于离招工季还远,在他家乡宣传招工为时尚早,实不可行。

同时,招工公所也已开门办公,但我并没有急于包租商船,因为我想先看看自己是否有能力招满名额。

到目前为止,工作进展非常差强人意。不过,也招了一些人,但是属于不太理想的那类人,他们表示愿意出洋,但没有一个愿意携家出洋的。开始招募移民工的十天里,能否招到二十来名愿意出洋的人,我都不敢打保票。假如我租下一条船,停靠在码头上,我可能要用五个月时间才能装满这艘船。不过,我相信,哪怕是只招到男性劳工,那总比最后一个劳工都招不到的结果要强一些。

谭顺致史蒂芬·沃尔科特的信

1873年3月4日，广州

尊敬的先生，继2月25日给您写信之后，我再次荣幸地向您汇报，我已关闭招工公所，结束了这个招工季的工作。

招工公所开张之后，我已经登记了193名单身男性的姓名，其中有40到50人真心愿意出洋。这些人大多来自广州街头。但我对这一类人进行了筛选，到目前为止效果令人满意。毫无疑问，我会继续挑选的。虽然招募的人数有限，但如果码头上停着一艘大船，应聘者或许会增多。但不管怎样，要想装满这条船，还需要很长一段时间。

鉴于目前工作进展状况，我决定关闭招工公所。但除此以外，我采取这一措施的真正原因是，在香港没有合适的船提供租赁服务，或者说到几天前还没有……

去年已经有华工回国。以后每年都会有更多劳工返乡，这可能会对我们将来的招工带来希望。但是，前些年招募女性移民的主要来源现已枯竭，简单说，那些造成大量孤儿寡母的战乱已经结束，而我认为，将来如果有人举家出洋，一定是听到了前一年回乡探亲华工的消息，受到鼓动而真心实意出洋的家庭。虽然这种类型的人数不会很多，但我还是寄希望于前一年回国劳工发挥积极影响。他们向我保证，或者说他们认为，到明年，他们家乡将会有一两百个家庭真心愿意出洋到西印度群岛。如果能招募到这批人，加上在广州和周边地区精挑细选的那些人作为补充，我可以招满两艘小船或一艘大船……

此致

敬礼

谭顺

（《皇家公报》，1873年5月8日）

谭顺信中提到导致华人女性出洋的根源，指的是太平天国运动。这场战乱制造了大量寡妇和流离失所，无家可归的人。到那年年底，随着1873—1874年度招工季的临近，谭顺找到陈恭伯来帮忙。他是1870—1871年间从英属圭亚那回国的29名华工之一。他们中有不少人得到司各特总督的特许，免费乘船到达印度，而接下来从印度回中国的这一段航程则需要这些返乡者自行付费。由于他们中有许多人都表示愿意在探亲访友之后回到英属圭亚那，总督便为他们安排了从加尔各答返回英属圭亚那的免费返程船票。陈恭伯开始在客家人居住地传播这个信息，所以到9月份，谭顺报告说招工进展十分顺利。

1873年9月25日，广州

尊敬的先生，我非常荣幸地告知您，招工进展喜人，我所在的转运站人数已经增加了两百名，绝大部分都是真心愿意出洋的人。

由于没有租到合适的商船，目前我所在的招工公所尚未对所有申请者开放。同时，我也尚未采取行动，正式宣布重开招工公所并广而告之。目前进入转运站的劳工都是听到西印度群岛返乡劳工的宣讲而决定出洋的。

但非常遗憾，由于合适吨位的船非常稀缺，我只能接受"科罗娜号"（Corona）16英镑的报价。该船目前停泊在上海。

该船的注册吨位为1200吨，超过我期望的吨位，因此价位也就比较高。但是，如果我们拒绝这艘船的报价，则必须再等上两到三个月才能有下一艘，而在此期间，为转运站劳工提供食物的费用很有可能超过高出的船费。

（《皇家公报》，1873年12月6日）

一个月后，谭顺又报告了客头给他找的麻烦。

1873年10月28日，广州

一些客头装扮成劳工，或者谎称要看望朋友，或要找人，混入我的转运站。他们骗走了11名未经世事的二十来岁的乡下小伙子。有的小伙子被告知劳工船（我的船）已经到了，要带他们去看大船。有些小伙子被邀请到餐馆吃大餐，或进烟馆吸大烟，或去逛妓院。还有些小伙子受到蛊惑，说可以到澳门赚更多的钱，或者去附近国家找更赚钱的工作。

各种诱惑使这些乡下青年不明就里，糊里糊涂上了当。他们也说不清缘由，只知道到了澳门就能拿到8元。钱到手之后可以提出不想出洋，那样的话，澳门当局就会将他们遣送回广州。客头们还信誓旦旦地说"我经常这么干"，并接着说"如果你的8元能够给我2元，我就陪你去，教给你窍门儿"。

就是通过这些花言巧语，那11个人上当的青年跟着客头走了。他们被安排住在一间被称为石匠铺的店里，准备去"看大船"，或者上开往澳门的客轮。这些乡下佬被油嘴滑舌的城里人轻易哄骗，就像50年前，英国农场工人被哄骗着离开土生土长的乡村，生平第一次被送到喧嚣繁忙的伦敦。

不过，这11个人中，有两个人吃饱喝足，有一个人拿到了一套衣服遮掩自己的破衣烂衫之后，便借故回到了转运站。他们心里明白，天黑后，那些客头会到转运站来找他们算账。这件事他们对谁也没讲，不声不响直到下午4点。这时，有人发现少了人，于是开始查问，此时这几个人才讲出之前所发生的事。不过，他们并没有完全吐露实情，直到晚上才一一道出真相。

人们开始布置岗哨，留意将要找上门来的客头。天色渐暗后，三个客头出现了。其中两个留在转运站外面，一个溜进站内。他刚一进来，就遭到一群劳工的痛打。假如不是我手下的人将他拖出来，关押起来，他很可能被打成重伤，另外两人当然是见势不妙，拔腿就跑了。

那天，由于天色已晚，已经来不及去石匠铺子。第二天才去查看，不过，那里早已是人去楼空，而且这些人销声匿迹，踪影全无。

后来，中国官员将嫌犯带走，承诺将追查石匠铺的底细。这件事到此告一段落。

谭顺终于在1873年12月23日送走了搭载契约华工的"科罗娜号"轮船，其中男性314名，女性40名，还有34名儿童。在这些劳工中就有作者的曾祖父苏亚长，与他一同前往的有他的妻子和儿子。他与谭顺先生签订的契约合同有详细条款，可参见附录。

"科罗娜号"终于抵达

谭顺先生觉得自己已经尽心尽力，确保登上"科罗娜号"的所有劳工都适合在英属圭亚那从事劳动，也确保他们明白自己的承诺意味着什么。后来，他曾说道，广东是最没希望招募到劳工的地方。举例来说，"'科罗娜号'运载的劳工就比该船能够搭载的数量少108人。如果竭尽全力，超常发挥，或许能够保证每年600人的数目，但费用却会远远高出每人头相应的成本。"他认为，人数短缺部分原因要归咎于当地大米价格低廉，长期以来时局太平，社会繁荣。

"科罗娜号"排水量1199吨，船长是贝茨（Bates），从黄埔港出发，在经历了71天航行后，终于抵达目的地。船上装有600吨大米，368名华工，包括40名女性。旅途中只有一人死亡，时间是6周前。此次航行是有记载以来航行时间最短、旅途最顺利的一次，它标志着中国又重新开放了国人出洋。

（《皇家公报》，1874年2月24日）

"科罗娜号"必须在灯塔地停留数日，进行检疫隔离，而招工总代理詹姆斯·克劳斯比也在做分配华工的准备。华工分配并非易事，因为需要劳工的各个庄园提出申请的总数为2590人，其中德梅拉拉种植园申请了1365名劳工；埃塞奎博种植园（Essequebo）750名；伯比斯种植园（Berbice）475名。这批华工最终被分配到48个庄园，最大一批有17名男性和6名女性，被分到卢西南种植园（Lusignan），而贝尔埃尔种植园（Bel Air）只分到一名男性华工。

1874年3月1日，"科罗娜号"上的华工终于在乔治敦登陆，并很快进入到当地社会生活中，当然这其中也引起一些争议。《皇家公报》报道：

"科罗娜号"到达后，运来的华工便迫不及待进城，大摇大摆地开始四处乱逛，大有库克号上的游客生平第一次参观大陆名城的架势。他们东张西望，从城里一头逛到另一头，还爬到一些屋顶，登高远眺，欣赏风景。他们探头探脑窥探各个店铺，进入教堂和政府大楼。他们出手大方，招呼出租马车，甚至十个人挤进一辆车……他们没几个人看上去是干农活的，不过，倒是有可能变成农民……他们都显出一副"城里人"模样，呆在城里似乎比呆在种植园里手拿弯刀和铁锹更舒服自在……对他们这种显然只适应城市生活，不适应其他生活的人来说，乡村生活和劳动肯定让他们厌恶。我们乔治敦的居民都坚信，"科罗娜号"劳工的涌入，将增加的是我们这个城市的人口，因为这些人更愿意依靠自己的聪明头脑生活在城市里，而不是在种植园里日复一日辛苦劳作……

……如果中国人只能增加我们各类人口中最不需要的那一类，不如干脆不要中国人来。

(《皇家公报》，1874年3月5日)

当地报纸对这批"科罗娜号"运来的中国农业工似乎褒贬不一。一份杂志认为，这批人完全不适合农村劳动，而另一份杂志则认为他们"聪明过人"，完全可以证明自己是有价值的种植园工人。但是，不管他们是否适合在种植园工作，有一点日益明显，那就是，正是由于他们"聪明过人"，他们不适宜留在城里。他们留在城里会让人感到压抑，无法忍受。越早将他们送往各自目的地越好。这些"聪明过人"的家伙行动自由，无拘无束，让整个城市措手不及。这些人一上岸，就满大街乱跑，探究各种店铺、公司、政府机关，（有时）甚至是私人宅邸。他们虽新来乍到，却走到哪里都摆出一副高人一等的姿态。只要见到新鲜玩意儿，就会以一种不屑一顾的神情查看个究竟。这种态度几乎让人觉得粗鲁无礼。头一两天，这番景象还让当地居民感到新鲜有趣。然而，居民对华工表示的善意却被他们误解，让他们更加自我感觉良好，更加无所顾忌。有时，他们竟擅自进入私宅，自行拿取可吃的食物。他们羡慕高级生活，于是他们擅自进入政府官邸。喜欢开玩笑的人对他们的举

第四章 驶向德梅拉拉

止一笑置之，但这其实是一件非常严重的问题，尤其是对有幸受到邀请，到政府官邸赴宴的绅士们，这种行为有伤大雅，不成体统。政府移民局后面有个鱼塘，或者说曾经有个鱼塘，里面养着各种高档鱼类，主要是为了供应政府官邸宴会之用。这样一处好地方很快被这些"聪明过人"的中国人盯上，因此遭了殃。他们径直打开水闸门，放掉鱼塘里的水。然后，这群200来人的华工一拥而上，在鱼塘里嬉戏打闹，捕捉活蹦乱跳的大肥鱼。他们玩儿的不亦乐乎，兴致越发高昂，于是，水塘中的鱼就成了满足他们口腹之欲的牺牲品。听说，当时招工总代理被抢劫事件所震惊，尚未恢复神智，口中不停叨念着"愿上帝保佑他的灵魂"。然而这些虔诚的"祈祷"于事无补（cui bono），那些鱼儿早已在劫难逃。这些抓鱼者不太可能会耐心等待庄园或这里的社区能够提供的美味，他们聪明过人的脑袋总能很快发现秘诀，不用太辛苦就能过上好日子。如果各庄园经营者能够记录下这些"科罗娜号"劳工的表现，我们会看到各种越规逾矩的行为，加上他们逃离种植园的日期，把这些记录整合在一起，一年时间就可以形成一套资料，研究劳工问题的学生，可能偶尔还有些普通民众，会觉得这些资料颇为有趣。

招工总代理给了庄园主们和律师们必要的警示，告诉他们，这些劳工在本月11日周三（也就是明天）必须领走。如果届时无法领走，那么，在此住宿所需要的费用将由庄园负责。鉴于这些中国人已经让移民官员感到担心和焦虑，希望各庄园经营者明天赶紧领走这些"聪明过人"的劳工，否则，我们国家可能会损失至少一名办事麻利、精力充沛、享有声望的移民官，因为，要喂饱这二三百名吹毛求疵的中国人谈何容易，官员们纵有三头六臂，力大无穷，也难以招架，只会鞠躬尽瘁，英年早逝。这些人已经让我们见识到他们对各种食物的超人品味，所以，他们每日住宿所产生的花费可能是我们国人负担不起的，不如尽早把他们领走，那样也就避免了我们提到的灾难发生。

昨晚，我们的一位同仁说，那些中国人为庆贺来到本殖民地，举办了一场舞会。为此，我们有权声明，此说法略微有误。事实上，他们为了庆祝平安抵达，晚上在移民局办公楼的柱廊下举办了几场戏曲表演,并欢迎百姓观看。不少当地人欣然前往。我们这位同仁的误会可能源于听信了传言,称民众为了答谢中国人的客气和恭维,准备举办一场舞会。

(《皇家公报》,1874年3月10日)

1873—1874年间发生了一系列事情,导致刚刚恢复不久的引进华工潮再次戛然而止。1873年气候异常,影响了蔗糖生产,让一些种植园主背上了债务。世界蔗糖市场的价格应声跌落,也影响了种植园主的财路,而从亚洲引进劳工的成本却在上涨。这些因素使得劳工需求一落千丈。与此同时,殖民地还通过了一项法令,要求殖民地金库将招工总资金消减三分之一到六分之一,这使得局面更加雪上加霜。接着,负责殖民地事务的国务大臣对过去8年中广州招工公所运营所产生的开销表示不满。8年间,这个招工公所竟然连一名劳工都没招到。1874年10月31日,英属圭亚那总督回信称,尽管"科罗娜号"带来的劳工相当受欢迎,殖民地政府已研究决定关闭广州招工公所。

自由移民工

由于招募合适的农业工人困难重重,又租不到运输船,英属圭亚那劳工需求还起伏波动,最重要的是引进华工成本过高,因此人们迫不得已开始考虑引进自由移民工,即不签订契约的劳工。引进自由移民工的可行性是由在印度的招工代理弗斯先生(Mr. Firth)提出来的。他专门到中国进行了一番考察,并与1875年提交了一份长篇报告。

1876年4月28日,在一次政策院会上,威廉·拉塞尔(William Russell)先生展示了他朋友的一封信,信里描述了"华人在加利福尼亚的遭遇,尤其是那里的美国人和爱尔兰社区民众正动刀动枪,暴力驱赶中国人。写信人建议,现在正是德梅拉拉采取行动,把华工人潮从加利福尼亚引到这里来的好时机"。威廉·拉塞尔先生认为这是一个好主意,并相信被加利福尼亚排斥的华人到了英属圭亚那将前途无量。他举了一个成功族群的例子，那就是来这里做农业工的葡萄牙人，他们的命运后来大为改观，他的话大意如此。不过他的原话有人却觉得不中听，并进行了反驳：

> 给您写信的主要目的是提请您注意，昨天拉塞尔先生在政策院发言时提到葡萄牙人。
>
> 他说，"——呆头呆脑、穷困潦倒的葡萄牙人现在出门都坐马车了，看看这些葡萄牙人原来愚昧无知的样子，现在多么风光啊"，等等。说这些话证明他是多么低俗。他不久前不还是一个土包子吗？他们家乡那么多人来的时候不也是跟葡萄牙人一样又笨又穷吗？我们这里有成百上千的英格兰人和苏格兰人，来的时候完全没见过什么世面，现在都在社会上出人头地了，成了有头有脸的人物。拉塞尔先生怎敢在大庭广众之下如此挖苦他们？
>
> 葡萄牙人为本地和他们自己创造了奇迹。就像在所有国家一样，他们中间也参差不齐，良莠不一。有精明的，有愚笨的，有愚昧的，也有智慧的人。拉塞尔先生提到葡萄牙人坐上了马车，但他不应该忘了，这只是一少部分人，他的话也许只会刺伤少数人，但还有很多不是葡萄牙人，他们买不起马车，但很多人能骑上马，等等，他们来的时候都是衣衫褴褛的样子……
>
> 您忠实的
> 戴安娜
>
> （《皇家公报》，1876年4月29日）

虽然戴安娜觉得拉塞尔的话不够政治正确，但拉塞尔的言辞却引起一些当地人的共鸣。一个据说他的一个华人支持者讲了一番大白话：

> 先生，我好喜欢拉塞尔先生，他说葡人跟苏格兰人不是一路人，葡人坐马车，不走路。葡人来时穷得叮当响，苏格兰人带着大把银子过来。葡人大字不识，现在都发了横财，苏格兰人没发大财。苏格兰人

是大好人,不像葡人,出门就坐马车。拉塞尔先生是苏格兰人,是大好人。他喜欢中国人,说中国人好,不偷不抢,不坐马车,不游手好闲,开店卖货,价格低廉啦。苏格兰人好,拉塞尔先生是大好人,中国人也是大好人。拉塞尔先生和中国人是好哥们儿,不像葡人出门就坐车。我太喜欢拉塞尔先生啦,我要给他找个黑奴,给他吃葡人鸡。我每次吃鸡都想给拉塞尔先生吃一点。回头见,我现在要去找个袋去装鸡。我还要在家门口写上——"苏格兰人好,中国人也好———两人都不学葡人,出门就坐马车"。

程阿峰(Ching A Fung)

查尔斯顿果仁店 1876年4月29日①

(《皇家公报》,1876年4月29日)

1876年6月,政府官员就引进自由华工之事进行了漫长的争论。《皇家公报》的记者记录了联合院内所发生的事情:

> 拉塞尔先生建议通过以下决议:
>
> 决议,——如果总督和政策院认为从中国引进无契约的自由劳工是有益之事,如果引进这些华工能获得女王政府的认可,本院将准备为这些自由移民提供必要的资金,并建立中国至本殖民地的航线。
>
> ……麦卡尔曼(McCalman)先生……希望能够多引进一些弗斯先生极力推荐的那种劳工来这里,而且,如果能够精心地筛选华工,最终进监狱或进医院的劳工将会少之又少。
>
> 史密斯先生认为前一位发言人考虑问题非常周到,将华工与监狱相提并论,他觉得政策院里几位成员与他意见相同,会紧随其后,发表同样的观点……他承认,以契约形式招募华工非常困难,也有必要招募非契约的自由工,或者完全不招;但他认为,这种招募方式应仅限于中国

---

① 这封信显然是一个说英语的人以讽刺的表达方式来回应戴安娜的愤怒,也反映出威廉·拉塞尔对葡萄牙人的看法,同时极力敦促政府引进更多华人的观点。

人，不应适用于印度苦力或其他移民工。他说殖民地劳动力的支柱和主力是印度苦力……考虑到这些问题，他觉得自己有责任反对这个决议。

……加内特（Garnett）先生说，……他不指望分配来的华工会比"科罗娜号"运来的劳工好到哪里去。他们接收了125人，其中只有26%的人能干农活。他罗列了华工从事的其他行业，并在政策院里一一念出，供大家了解情况。这些人中有小商小贩、剃头匠、糖果商、佣人、货币兑换商、开药铺的、卖鸦片的、洗米工、唱戏的、船夫、丝织工、泥瓦工、油漆匠、小店主、裁缝、水手、烟草贩子、花匠、卖凉茶的、制包装袋的、编草席的、做筷子的、染匠、织布工、开餐馆的、糕点师傅、煤精匠人、教书先生、制衣工、酿酒师、凿石匠，还有6人没有任何手艺。这些人来到这里，只要别的工作能赚更多钱，一定不会去甘蔗种植园。不过，他们倒是可以成为消费者。他们会吃掉大量属于这里居民的鸡（笑声）——他们也消费其他东西，因此会对这个国家的税收做出很大贡献……不过，他也看到不少他提到过的那些人，比如糕点师傅和唱戏的，这些人就在这些大楼里工作。虽然他们才来没几周，但看他们工作的样子，驾轻就熟，好像他们就在这里出生长大的……

拉塞尔先生说，如果像他对面尊贵的朋友（史密斯先生）所说的，中国人与监狱密不可分这种话从这个政策院传出去，他将感到非常可悲。他坚决反对在这个公平正义的政策院的会议议程中称华人为监狱常客。他认为，在这个国家里，中国人实际上给其他族群树立了良好榜样……他建议他尊贵的朋友去读一读海沃斯·迪恩（Heyworth Dean）先生的新书《白人的征服》（*The White Conquest*）。这本书证明了中国人与欧洲人一样精神健康，身体强壮。中国人可以在某个行业比欧洲人出价更低，学习新技能也能很快上手，运用自如……这位尊敬的政策院成员举了一个中国人的例子。此人从埃塞奎博种植园坐船来，坐下吃早餐，像英国人那样喝着啤酒，甚至像模像样地与另一位乘客频频举杯，品尝红酒。至于华人人口问题，这位尊敬的政策院成员指出，最初来的华工里根本就没有女性，而现在华人女性也只占到他们人口的10%，但这个比例足以说明对面尊贵议员提出的性别差距问题已经发生变化。他知道，在华人聚居的利奥诺拉区（Leonora）有一些胖嘟嘟的孩子，但却没有听说过一起华人儿童死亡的事例。

……史密斯先生离开会议厅，决议全票通过。

（《皇家公报》，1876年6月17日）

事实上，华人自愿来英属圭亚那已不是新鲜事，但都是个人行为。早在1853年，就有华人从周边其他国家过来，另外一些华人则在结束劳工合同后离开了本殖民地，之后再次返回。但这些人的数目加在一起也比乘劳工船而来的契约工少得多。招工总代理詹姆斯·克劳斯比在1877年的年度报告中汇报如下：

> 船上有64名印度人和49名中国人，他们自付船费，因此不必遵守契约，被强制劳动。这些中国人在移民局记录中被称为"非正式劳工"。

1879年，有14名这样的非正式劳工从周边国家来到这里。

关于聘用自由移民工的方式，以及将他们运至英属圭亚那的费用问题，进行了很多讨论。为了摸清有多少种植园对华工有兴趣，总督向113个甘蔗园发了一份通告，其中96个种植园提出需要非契约华工的申请。于是，有人提出建议，从中国运送一两船非契约劳工做实验，向每位抵达乔治敦的劳工发放60元奖金。负责殖民地事务的国务大臣卡尔纳文勋爵（Lord Carnarvon）同意了这个建议，条件是所发放奖金数额不得超过契约劳工成本的三分之一。

最后一船华工

1878年12月，31位种植园主筹集了总共8647英镑1先令8便士，租用"达特茅斯号"（Dartmouth）从广州运送华工。这批华工由香港的丹拿洋行（Messrs. Turner & Company）负责召集，该洋行是海德·和济洋行的代理公司，海德·和济正是1852年参与招募最早两船华工至英属圭亚那的公司。

"达特茅斯号"到达乔治敦后，包括60—70名基督徒在内的一部分华工准备上岸，但却遭到其他乘客的威胁，说要杀死这批乘客。后来发现，这些威胁者在中国时已经为45元的船费签订了保证书，保证在18个月的时间里，每个月偿还2.5元。他们称，如果不先签下劳务合同，就拒绝下船，也不让其他人下船。詹姆斯·克劳斯比邀请30人作为代表上岸，与已在当地定居的华人商讨此事，这才解决了冲突。

"达特茅斯号"从香港出发，在经过81天的快速航行后安全抵达。船上搭载了500名华工（436名男性和47名女性，还有儿童）。这些华工是应西印度群岛委员会成员要求而运送的。我们诚挚希望，他们的到达将开启移民制度的新未来……整体看来，这批华工让人称心如意，活泼、健康、强壮。大多数人习惯从事耕耘土地这种长时间大强度的劳动。他们肯定会成为勤奋可靠的劳动力，比如甘蔗种植园就是急需这种工人。香港招工代理在写给菲利斯·格兰特（Ferris Grant）先生的信中说，这些人属于一个叫做客家人的华人族群，他们以吃苦耐劳著称。昨天下午，船刚刚进入港口，这些劳工就迫不及待地想要下船登岸。有些人更是急不可耐，不顾一切地跳进水里，向岸上游去。船上不得不放下救生艇前去救他们。有人急忙向克劳斯比先生报告，克劳斯比先生立即派了一名中国翻译，去船上安抚乘客情绪。他对乘客们解释说不会扣留他们，但先要办妥他们与目的地种植园之间的必要手续。手续办好后，马上就可以上岸，见到自己的同胞亲人。他们听着翻译的解释，一脸敬重的表情，并当即同意按他说的去做。这两天，劳工转运站围满了衣着整齐的华人，他们在等待迎接招待自己的同胞。在这批新到的劳工中，有65名基督徒，他们希望被分派到同一个种植园去。根据种植园主委员会的分配原则，这个要求基本可行，可以被满足。委员会将劳工分成50人一组，分头送往各个种植园。第50人实际上就是工头，或工长，有一定权利，应该会对手下49个人起到带头作用。可能需要提一下，这批人并未受到法律约束，不必非得在某个种植园工作。

> ……所有招募劳工的费用（每名女性60元，每名男性40元），航行途中的食物供给等等，船票（每位成年人6英镑10先令），加上照看货物和支付达特茅斯船员交通的各项开销，共计支出55000元，相当于每人110元。从这笔钱中还要扣掉政府拨给每位到达殖民地的健全劳工的资金数额。这笔资金用在中国人身上应该是殖民地政府的一笔划算的投资，因为中国人是进口物品的消费者，因此也就是政府税收的可靠贡献者。一旦这个制度完善起来，顺利运转，花在每位劳工身上的成本有可能——应该说非常可能——大大降低。不过，首先要解决的是，看看这个制度是否切实可行，有利可图。对此，只有让时间去证明了。所有对殖民地的福祉进行过深思熟虑的人，都希望这个新制度立竿见影，圆满成功。
>
> （《皇家公报》，1879年2月13日）

招募自由华工这项新尝试的结果喜忧参半。他们被分成35到73人不等的小组，分配到全国各地10个甘蔗种植园。15个月后，进行了一次调查。接收了一大批基督徒华工的大宝石种植园（Plantation Great Diamond）报告说，"达特茅斯号"带来的华工保有率为89%。在其他4个种植园，一半以上"达特茅斯号"华工留了下来。但是，在另外5家种植园，留下的不到一半。埃斯奎博的汉普顿庄园种植园（Plantation Hampton Court）似乎运气最差。那里也接收了一大批基督徒。这些华人不愿意留下来劳动，不断有人逃跑。同期只有8%的人留下来。詹姆斯·克劳斯比的报告称，那些离开种植园的华人到别的产业去寻找生计了。因此，他可以给出"华工表现令人满意"的评价。但他的乐观评价并未得到种植园主的认可。他们认为此次试验利润有限，再次招募自由华工没有必要。

这样一来，"达特茅斯号"就成为最后一艘由种植园主集资招聘华工前往英属圭亚那的劳工船。从1853年到1879年间，共计13541名华人在这个殖民地落脚。在之后的岁月里，仍有一些华工陆续移民至此，但他们都是自主决定，并自掏腰包来的。

第五章　在种植园耕耘

放措施，送来的华工其实是最差的，即便如此，他们已经算是非常能干了。所以，我们可以得出公平的结论，那就是，如果女性与华工们一同前来，如果招工代理工作积极，严格管理好出洋华工，那么我们的宝贵劳动人口将得到增加。[《皇家公报》，1859年2月12日]1853年到达特立尼达的一千名华工，同样得到赞许，这也是一个佐证。由于口碑良好，人们觉得应该向这些岛国种植园输送更多华工。

在上一期里，我们提到特立尼达招工总代理米切尔先生（Mr. Mitchell）令人钦佩的报告。他说，起初，由于缺乏像样的翻译，经常会出现华工无法理解工作内容的情况，而且很难解决。但到后来，他们也都成为了宝贵的劳动力。一些雇主从一开始就能顺利使用这些华工，都把他们作为首选劳动力。有些人则认为华工不太听话，只喜欢在自家地里耕种，如果请他们做其他事，他们就会甩手不干，毫无正当理由地逃之夭夭。不过有些雇主不喜欢雇佣契约华工，而是愿意让他们打零工。他个人的印象是，如果雇主管理得当，调教有方，这些华工应该是到目前为止所有引进劳工中最优秀的农业工了。这些证言是对华工的夸奖，也的确符合我们殖民地雇佣华工的实际情况。上一批运来的华工素质很高，比最早运来的那些人优秀，这一点我们当时提到过。如果他们的实际能力恰如其强壮外表所显示的那样，这将有力地支持从中国招募移民工的观点。

(《皇家公报》，1859年4月16日)

适应环境

虽然普遍表示有兴趣招募更多华工，但正如前面所说，中国人的出洋潮停滞了几年。1859年，在官方停止招募华工6年之后，又有两艘华工船在私人企业运作下到达这里。次年，第一批女性和全家出洋的华工到达英属圭亚那。在1853年至1859年之间，当地的劳务薪水和招工条件也都发生了变化。

政府不得不出台新法规，以跟上时代发展的脚步。1860年，政府通过了一条法令，以规范管理新移民工的政策和程序。这些法规的修订主要是针对中国人的。他们在中国签订了受一整套条款约束的契约，但来到英属圭亚那后就发现，与这里非契约劳工的普遍薪水和福利待遇相比，自己吃了亏，处于某种不平等地位。

虽说眼下的契约劳工可以选择完成契约，或选择支付违约金而换得自由身，但真正做出决定却绝非易事。

> 总督大人指出，中国人已经向他们的亲朋好友详细介绍了这里的条件和将来的前景。有些人更愿意接受在中国签订的契约安排，得到一份包工，而不是仅仅4元外加食物的工作。但另外一些人则不喜欢这种安排，原因是，如果生病就拿不到钱。还有很多人抱怨，在旱季，他们只能喝壕沟里的水。其实，在有些情况下，我们需要的是使用一些管理手段，把各种情况向这些移民工解释清楚。中国人头脑聪明，让他们明白道理并非难事。要让他们明白，如果期望与其他劳工同等待遇，拿到同样薪水，那么就不要指望在没活干的时候还能拿到报酬，而且也不要以为他们只要乐意随时都可以找到工作，另外，他们生病时还能得到医疗护理，拿到免费药品，这些优惠都是那些打零工的人望尘莫及的好处。这些待遇当然不是可有可无的小恩小惠，他们只要身体健康，就可以有一份工做，可以拿到薪水，一旦生病，还可以住进最好的医院，得到最好的治疗，且分文不收。如果他们将这些事实如实告诉自己的亲友，相信很多中国佬都会愿意来到这块土地上。在这里，他们可以永远有工作，拿薪水，否则他们只能呆在老家挨饿受穷。
>
> （《皇家公报》，1861年4月4日）

在之后的数年中，这部1860年通过的法令又几经修改。到19世纪70年代中期，移民工已有权在提前3个月通知雇主的情况下终止契约，或者在移民工与种植园经理互有默契的情况下，在更短时间里通知雇主也没问题。1880年，报纸曾经刊登过一份84名华工的名单，他们都是"科罗娜号"运来的华工，都是因未满五年契约期而"不得领取50元"。在这个名单中有31岁的何阿盛（Ho-a-shing）和27岁的关阿宇（Kwan-a-yu），他们于1874年5月分别离开了科夫-约翰种植园（Cove and John）。这就是说，就算他们做了一段时间的契约劳工，也是极为短暂的。与拉格兰奇种植园（La Grange）签订契约的苏亚长也只在那里干了一年。也许因为他已61岁，年事已高，不得不提前终止合约。但杨阿义（Yong-a-yee）的情况非常奇特。他只有23岁，却在距合同期满只有一个来月的时候终止了与卢西南种植园的合同。

大部分华工虽然在离开中国前并不擅长干农活，但也都完成了契约规定的劳务。一位到英属圭亚那的旅行者向英国读者描述了他的所见所闻：

> 周日下午乘坐火车。如今铁路已经从乔治敦延伸约20英里到了伯比斯。有趣的是，我遇见了三位在贝特维瓦廷种植园（Beterverwagting）上车的中国人。他们每人都拿着一根5、6英尺长的新鲜甘蔗。他们到德梅拉拉已经一年了，称之为"天下最漂亮的地方"。还有一次，我遇到几个中国人，他们抱怨钱赚得不多，还不如在中国的时候。也许在中国挑选移民工不是很明智的。总体来说，客家移民工比广东"本地人"移民工更优秀一些，就如同远西地区更喜欢来自诺福克郡（Norfolk）或多塞特郡（Dorsetshire）的劳工，而不是斯毕塔菲尔德（Spitalfields）的织工或曼彻斯特的纺纱工。① 有一位种植园主跟我发牢骚，说分给他的华工是乘坐"塞瓦斯托波尔号"来的，其中有9个小商贩、8个理发匠、1个制伞工、一个职业赌徒，居然连一个农业工都没有！
>
> （《皇家公报》，1861年10月24日）

伯比斯的斯凯尔登种植园（Skeldon）分配来了一些全家出洋的华工。1862年6月25日，种植园主罗斯先生（J. Ross）对这些华工家庭做了如下评价：

---

① 诺福克郡位于英格兰东北部，多塞特郡位于英格兰西南部，经济都以农业为主。斯毕塔菲尔德为伦敦中心繁华地区，这里的丝织厂很有名气。曼彻斯特则以纺织工业闻名。（译者注）

斯凯尔登种植园经理写道："我认为中国人是极为宝贵的农业工，而且我还发现他们在建筑方面也同样出色。我个人亲自负责的两个种植园分别有200名和100名华工。这两个种植园华工死亡率极低，与人数相当的印度苦力相比低得多。就我个人而言，凭我的经验，比较一下我种植园接收过的各种劳工，我更喜欢中国人。"

招工与分配

随着对华工赞誉有加的报告在全国传开，各个地区的种植园主都表示有兴趣接收华工。分派华工到种植园的工作由移民局根据种植园提供的资金进行办理。劳工船尚未到达时，分配工作已经开始。年初时，种植园主就被要求提交申请清单给招工总代理，说明所需要的华工人数。每个庄园要求的人数从15人到50人不等，而且为预防招募时出现短缺，一般都会高估所需人数。然后移民局制定人数表，并将统计表提交政府，等待批准或修改。最终人数将会通过信函及时转交给广州的招工代理，准备迎接年底开始的华工出洋季。有好几年，招工代理无法满足种植园的要求，招募不到足够数量的华工。即便招募到华工，往往又无法赶在季风来临，招工季结束之前租赁到足够的劳工船。

劳工船到达乔治敦后，必须在锚地停留。锚地位于德梅拉拉河口灯塔船附近。这样安排的用意是让华工隔离检疫数日再行登岸。其实，该船早已在茫茫大海上独自航行了数周。只有那些需要立即就医的华工才被送到医院。在等待上岸的日子里，移民局会清点身体健全的华工人数，并与庄园代理商议华工分配事宜，以求达到人数和条件最为匹配的结果。登岸之后，只需几天，移民工们便踏上前往目的地的旅程。以下可以看到，1863年"恒河号"乘客的分配情况，非常具有典型意义。

毁约出走

虽然人们对华工的整体印象相当不错，但早在1860年就出现过一些情况，证明有些中国人并不愿意在甘蔗园做工。

> 我们认为，有些华工令人头疼，这并非是个别庄园的情况。但在其他地方，这些华工的表现可圈可点，看得出来，他们真心愿意干下去。毕竟，在大批引进的华工中，总会有几个调皮捣蛋，不服管教的人，这也是正常的，只是这些人起了坏的示范作用。还有些人心怀不满，愤愤不平，倒不是因为有什么确切原因，而是因为不了解真相，产生误解，进而失去信任。不过，我们仍然相信，经过一段时间后，他们会找到自己的定位，凭自己的聪明勤劳，最终在适合自己的地方安居乐业，享受太平生活，并成为我们国家的优秀新人。要想实现这个美好目标，首先要有妥善的管理，公平合理，以诚相待。在阿礼国先生的报告中……他提到中国人虽然有些急性子，但总体上来说，脾气好，有耐心。他们可以完成大量工作，但不能忍受被盯得太紧，或被催得太急，打破自己的生活规律。他们不喜欢自寻烦恼，总是见好就收。这个报告摘录应该分发给所有种植园经理和监工，让他们人手一册，并向所有工头进行认真宣讲。

华工分配情况（由排水量839吨的"恒河号"运载而来，6月29日从广州出发）

种植园名称	男性	女性	男童	女童	婴儿	合计
安娜卡特琳娜种植园（Anna atherina）	19	6				25
贝特霍普种植园（Better Hope）	35	15	1	2	1	54
德金德林种植园（De Kinderen）	15	5	3			23
农场大河种植园（Farm River）	15	5		1		21
哈勒姆种植园（Haarlem）	20	4	1			25
休斯敦种植园（Houston）	21	5	1			27
利奥诺拉种植园（Leonora）	19	6				25
彼得霍尔种植园（Peter's Hall）	23	7	1			31
成功种植园（Success, E. C.）	15	4	1			20

续表

种植园名称	男性	女性	男童	女童	婴儿	合计
温莎森林种植园（Windsor Forest）	15	5				20
美女联盟种植园（La Belle Alliance）	20	5				25
阿西庸种植园（Athion）	15	6				21
希望实验种植园（Hope & Experiment）	15	4	1			20
斯凯尔登种植园（Skeldon）	20	7	1	1		29
史密斯菲尔德种植园（Smythfield）	15	5	1			21
合计	282	89	11	4	1	387
殖民地医院（Colonial Hospital）		1				1
公立救济院（Alms House）		1				1
死于殖民地医院	2	2			1	5
总计	284	92	12	4	2	394

（《皇家公报》，1864年1月19日）

  前几天我们了解到一个情况。大约10天前，几名中国人因为心怀不满，从位于离城不远的一个庄园里出走，来到城里。他们在拉潘尼坦斯种植园（La Penitance）的桥上与几名骑警相遇，遭到阻拦，随后又有两三名巡警前来增援。在中国人的要求下，附近一位先生让人给他们送水解渴。但一名警察却打翻了送水人顶在头上的水桶。另一名警察用警棍击打一位路过者的脑袋。一位当时在场、头脑比较清醒的中国人后来告诉我们，被打的人头破血流。同样这几个人还告诉我们，其他中国劳工也遭到警察殴打。这种行为令人发指，应受到谴责。如果置之不理，不了了之，将会引起严重后果。假如我们能确定当时主要行凶者的警号，我们就可以直接起诉他。可惜由于信息有限，真相只能由警察当局进行确认——这样一来，那几个最有可能打人的家伙就可以逃脱质询了。事实是，警察在完全没有必要动用武力的情况下太随意使用警棍击打犯人头部和臂膀……

（《皇家公报》，1860年5月12日）

  三四年前，我们看到这些人在西海岸受雇做工，人们都说他们是庄园里最好的工人，勤勤恳恳，兢兢业业。人们对他们的最大意见是他们似乎分不清"我的"（meum）和"你的"（tuum），他们经常毫无顾忌，随心所欲地拿走黑人种植的粮食。不过，这种性格并不降低他们成为宝贵劳动力的价值。一个人的劳动能力与顺手拿走他人物品的习性毕竟是两种不同的品行。我们听到一些种植园经理说，他们无论如何不会申请需要华工。另一些经理则对华工情有独钟。在有些地方，他们会表现良好，而在另外一些地方，他们会带来许多麻烦，有些人干脆拒绝干活。唯一说得通的理由是，被运来这里的人不全是干农活的人。我们知道，他们中很多人说自己是上当受骗被带到这里的，还说他们在国内时并不习惯下地干活。我们认为，恐怕是由于急于招募到足够数量的华工，我们的招工代理手下的人马不择手段，花言巧语地误导了一些人。这些靠手艺吃饭的人，或者其他行业的人是因为上当受骗才出洋。他们本以为出洋以后还能继续从事自己的老本行。还有些人是奔着被吹得天花乱坠的薪水来的……

我们已经说过，这些中国人在一些地方比在另一些地方表现得好。大约10天之前，一位先生告诉我们，他是一个庄园的经理，分配给他的华工一开始很难管教，但后来一切走上正轨，他们的关系就融洽了。另一位经理告诉我们，他所负责的华工，如果由于生病多日，或其他原因，得到的薪水有所减少，甚至所剩无几，于是就会申请多干一些活，这样他们每人每天可以挣到40分。有人吃完早饭才下地干活，下午5点收工，也能完成分派的活计。这证明，他们的工作并不十分繁重。每件农活可以挣40分。也就是说，每周干6天可以挣到10先令。这对印度苦力和华工来说都算是一笔不错的收入，毕竟他们都过不惯大手大脚、大吃大喝的生活。况且，他们还能享受到免费住宿，免费看病吃药的待遇。

（《皇家公报》，1860年7月31日）

对于那些不愿意听命于庄园经理，且身体健全的人来说，他们基本上有三条出路可以选择。第一是赔偿违约金，换得人身自由。按照每月4元可支配收入来看，这笔赔偿金可是一大笔钱呢。这些心怀不满、决意离开的人，有三种途径凑足这笔违约金——乞讨、借债或偷窃，也许有人会碰碰运气赌上一把。实在不愿干活的劳工还有第二条路，那就是自寻短见，一了百了。数年中有很多人选择了自杀。但很难搞清楚到底有多少人是由于劳动环境无法忍受而自杀，有多少人是由于个人的生活窘境，难以生存而走上绝路。第三条出路是逃离种植园。相比之下，这条出路最具吸引力。报纸上不时会登出标题为"旷工者"或"逃跑者"的长条名单。如果有人对他们提起指控，则会引起更多公众关注。

> 陈阿初（Chan-a-choo）及另外5名受凡尔赛种植园（Versailles）聘用的契约华工，因拒绝按时到指定地点完成分配给他们的工作，受到指控。
>
> （《皇家公报》，1870年10月27日）

> 一名中国人被指控逃离彼得霍尔种植园（被判一个月监禁并服苦役）。
>
> （《皇家公报》，1871年4月20日）

> 一名叫张阿福（Chang-a-Fook）的中国佬被指控，今年7月6日伤害了来自同一庄园的梁阿忠（Lung-a-chung）。起诉人为安娜卡特琳娜种植园的一名契约华工。7月6日，他前往斯图亚特维尔种植园买鸡，在那里遇到本案嫌犯。他知道嫌犯是从安娜卡特琳娜种植园逃走的，于是劝他回去继续工作。嫌犯说他管不着，并说自己不会回到原来的庄园。起诉人说他（起诉人）身为工头，当然管得着他，并劝告他与自己一起回去跟经理说清楚。嫌犯不从，并打了起诉人一拳。起诉人随即抄起一根木棍，但并未出手。嫌犯见状跑回不远处的宿舍，取来一把菜刀……陪审团经过短暂协商，认定嫌犯犯有不法伤人罪。金法官先生（Mr. Justice King）……判嫌犯监禁9个月，并服苦役。
>
> （《皇家公报》，1871年11月25日）

有不少华工未经准假，擅自前往乔治敦，到热闹的唐人街地区玩耍。

今天，警方清除了查尔斯顿区（Charlestown）一批逃跑的移民工，其中多数是中国人。最近，他们将那一带变成他们的大本营，不论是白天还是晚上，都会涌到街上做买卖谋生，完全不顾及城里居民的安宁。如有可能，这伙人会被带到移民局验明正身，然后送回签约庄园。看到他们有些人的样子，我感到震惊。我猜想他们的雇主肯定巴不得他们不要回去，最好永远在外面闲逛。不过，他们当中也有长得强壮的人，无疑都是种植园主花名册上的"旷工"者。去这群人里找一找吧，或许能找回庄园里短缺的人手。

（《皇家公报》，1872年6月6日）

对旷工者的惩罚是30天监禁。但这点惩罚对那些铁了心逃避农活的人来说没多大威慑作用。有时候他们甚至愿意接受惩罚，似乎那只是小菜一碟。如果他们被抓住，送回庄园，还是会伺机逃跑的。不过，对有的人来说，监禁是忍受的极限。

今天早上，一名叫做钟阿宝（Chung-a-Poo）的中国佬被发现自缢于乔治敦监狱的牢房里。这个不幸的家伙将一截绳索绑在牢房窗框上，另一头套在自己脖子上，踢翻脚下的水桶，上吊而亡。我们了解到，死者（契约工）因未请假，擅自离开所在的斯图亚特维尔种植园而被判了30天监禁和苦役。

（《皇家公报》，1864年3月17日）

迁怒于工头

虽说有不少华工因不满现状从庄园逃离,但都属于个人行为,尚未听说有针对种植园主或经理的集体暴动发生。不满情绪主要发泄在监工,或相当于工长或组长的工头身上。

张阿弟(Chang-a-Ti)(被控)殴打成功种植园的一名监工。

(《皇家公报》,1866年7月23日)

昨天,奥格尔种植园(Ogle)的监工杰米森先生(Jamieson)遭到3名中国人的严重殴打。毫无疑问,这些人是按劳发薪,但他们认为领到的薪水过低,于是想当然地,将一肚子怨恨发泄到无辜的监工身上。

(《皇家公报》,1867年6月15日)

陈阿添(Tan-y-tim)是弗里海德拉斯特种植园(Vryheid's Lust)的华工,被指控威胁杀死庄园监工克罗斯利先生(Crosley)。从证据上看,原告认为嫌犯的农活不达标,而嫌犯坚持说自己的农活没问题,应该给8个钱币。这还不够,他又说印度苦力干同样的活都能拿到9个钱币。监工当即否定了这种说法,并劝被告干完农活,以便在周六领取薪水。闻听此话,这个华工怒不可遏,嚷嚷要把他"当、当"打到"扑地",意思就是要打死这个监工……该嫌犯还鼓动其他华工闹事……卡瑟先生(Mr.Cather)[庄园经理]解释说,印度苦力拿9个钱币所干的活是华工拿8个钱币所干活的一倍……陈阿添被判两个月苦役。

(《皇家公报》,1870年4月28日)

昨天硕恩奥尔德种植园(Schoon Oord)的一伙中国人殴打了一名叫做塞勒斯(Cyrus)的黑人工头。如果我们掌握的信息是准确的话,那就是这名工头向监工汇报说有些农活没干好。监工走了之后,这些人开始向工头发难。这位工头也许只是在尽自己的责任,如实汇报华工没干好农活而已。但我们认为,让一个黑人去做8名华工或印度苦力的工头实乃大错特错,因为,据我们所知,正是这种安排导致了诸多不满。众所周知,不管别人怎么看待自己,中国人一般都自视极高,认为自己来自世界上最伟大,最文明的国家。这种观点也并非毫无依据,毕竟中国在许多方面优于欧洲的文明国家。由此说来,他们的行为也就不足为奇了。他们来到这里后,虽然被迫在农田里耕种,但让一个黑人骑在他们头上发号施令则会让他们极不舒服。不同种族之间存在着抵触情绪,偶尔发生冲突毫不奇怪。印度苦力就是一个特殊的群体,他们被运来做苦工,在许多方面都要低中国人一头,但是我们知道,即便是这些印度人也反感让一个黑人对他们发号施令。

(《皇家公报》,1870年8月20日)

1875年10月发生了一起不同寻常的反抗事件。姚俊青(Yeo-chun-Ching)被送上法庭,庄园经理指控他毁坏几棵树木,价值为1元。姚不认罪,辩称那些树木过长,无法搬运,所以才将其根部锯掉。法官认为这个说法不可采信,于是判处姚缴纳1元罚金,附加72分诉讼费,或者,他也可以选择14天监禁附加苦役的处罚。

有些种植园主认为,让劳工认真干活的最好方式是强化执法。具体来说,这意味着劳工将被要求完成法律规定的工作时间,而且旷工者被抓住后,将依据法律规定的上限从严处置,绝不姑息。这种观点从主要代表种植园主立场的《拓殖者报》上反映出来。不过,《皇家公报》却提出不同的方案。

24日,《拓殖者报》以超然冷静的口吻指出,"只有严格执行严厉的法律,种植园主才能确保手下劳工完成应尽的工作义务。否则,他根本无法让他们履行职责"。但在对待人时,还需要有灵活策略,注意态度方法。我们必须提醒大家注意在另一个专栏里登出的启事。这则启事是今天几个中国人送到我们报社的。他们并不知道《拓殖者报》上的言论。这几个人专门跑来感谢恩毛庄园(Enmore)的哈钦森先生

（Hutchinson）。这样一封感谢信非常说明问题，也说明这些华工，以及他们所要感谢的人都是值得尊敬的。我们还可以举出其他例子，说明这些人对别人的善意举动是多么知恩图报，通情达理。我们主张，那些大声呼吁对劳工严加管制的人不妨尝试一下善待他们劳工的做法。既然这种做法在一些地方行之有效，为什么不能在其他地方成功呢？这个问题值得思考。

（《皇家公报》，1869年3月30日）

启　事

恩毛种植园的华工在此感谢哈钦森先生。我们感谢他在担任种植园监工的7年半时间里，对华工态度友善。

在此期间，华工在他的监督下，一直工作得称心如意，精神愉快。1869年3月30日。

（《皇家公报》，1869年4月1日）

劳动习惯

劳工们一天的劳作一般从清晨集合点名开始。各个庄园的开工形式有所不同。1861年，政务长官（Government Secretary）威廉·沃克写道：

> 每日集合点名是劳工管理机制中最起码的环节。我担心的是，目前这种制度要么完全被忽略，形同虚设，要么马马虎虎执行，摆摆样子。每日点名必须在早晨开工之前，在某个固定地点进行。我知道，相关法律也规定了点名时间及地点均由种植园经理自行决定；但是，如果我的信息准确属实，那么，由于有些庄园松懈管理，我们将不得不考虑制定一些法规，出台更严厉更明确的执行条款。
>
> 如果有任何移民工在早晨点名时未到场，应立即查清缘由，并酌情

处理。要对所有移民工的健康状况进行检查；第一时间发现溃疡症状；如果发现有沙蚤叮咬的情况，应在洗脚之后涂抹松节油精，每周两三次；如果被红羌螨叮咬引起发炎，应在腿上包裹浸过油的布条或皮条。如果预防无效，疮痈溃烂化脓，则必须到医院就诊，并给予充足有营养的餐食，因为气血不足会导致溃疡加重、扩大。只有通过适当的营养调理，病人才能恢复体力，早日康复。处理这些问题及其他类似麻烦可能会让人厌烦、反感，但其实是有益之举，即保证了雇主财产利益，又保证劳工身体健康，心情快乐。

中国人经常将在国内习惯的劳动方式带到英属圭亚那的农田里。有时候，天刚蒙蒙亮，他们不等点名就开始下地干活了，一直要干到上午10点或11点。中午时分，他们会歇工午休，避开灼热烤人的烈日。到下午3点左右，他们又回到地里，继续干活，完成分派的任务。起初，有人怀疑这种做法，以为华工在偷懒怠工。但由于大量农活都是以计件方式分配给劳工，而他们又都能按时完成这些日工作量和周工作量，于是，庄园经理最终还是接受了这种作息方式。

有人报告了一起发生在乔治敦郊区庄园的奇异现象。从表面上看，此事披露了很多中国劳工的生活习俗。目击者来到报社，描述了当时的情形：

> 一位先生告诉我们，几天前的一个清晨，在通往东海岸的路上，他看到几个赤身露体的华工正在凯蒂种植园（Kitty）的地里干农活。这块地紧挨着村子，当时这几个男人正在所谓秧田里干活，身体完全暴露在村民和路上来往行人的视线里。在清晨这段时间，会有城里的先生和太太乘马车出来兜风，也会有大姑娘小媳妇来往于城镇之间赶集卖货。可以说，这种情况并非偶尔发生，而且负责检查的人对此情况也并非一无所知。事发当天就有一位监工在300来米[①]远的地方。有一位德高望重的

---

① 原文为50路德（roods）。路德为旧英制面积和长度单位，1路德约为18—24英尺或6—8码。结合上下文，这里译成"300来米"。（译者注）

村民斥责了这种赤身露体有伤大雅的行为。他告诉我们的通报人，这种情况在小猫庄园华工里屡见不鲜，毫不稀奇。也许有的人关心光着身子在地里干活是否比穿着衣服凉快。但毫无疑问的是，允许一群劳工一丝不挂地干活实在是不得体的做法。就算是他们干活的地方远离道路或庄园房舍，不论何时，不论在什么情况下，在公共场合都应该穿着得体，保持礼貌。假如有反奴协会的成员或支持者目睹了前面所描述的赤裸场景，他们肯定会立刻得出结论，要么是这个殖民地的劳工被迫在烈日下赤身劳作，当牛做马，要么是他们的薪水极为微薄，连一件像样的衣服都买不起，处于衣不蔽体的悲惨境地。这样做是错误的，这会成为那些伪慈善家大做文章的借口，让他们有机会污蔑我们的殖民地，诽谤我们的种植园主。良好的社会道德和政策需要每位移民工做到衣着得体，不管他的衣服是多么粗陋简朴。我们相信，贝尔埃尔种植园的主人对其庄园劳工裸身干活的事肯定一无所知。我们也相信，现在他会在自己权利允许的范围内制止这种现象。

（《皇家公报》，1867年4月13日）

慢船回国

完成契约的华工可以选择续约，或领取50元。这笔钱原本是当做华工回国的一部分船费。在所有华工中，只有一少部分人选择返回故乡，而且他们主要是乘坐专为"返乡的印度劳工"回印度而租用的船只。根据招工总代理克劳斯比先生所说，那些中国人回国是因为干农活对他们来说大材小用，比如医生就是如此。

质询委员会今天上午11点继续开会，听取克劳斯比先生的回答。到达殖民地的中国人共有8000余人，目前留在这里的有6000余人……关于昨天提出的是否有中国人回中国的问题，克劳斯比先生回忆说，当年乘坐劳工船来的一些人，其身份就是医生，他们显然是希望在这里继续行医，就像当初对他们宣传的那样，但他们没有一个人开张营业。他们在转运站呆了一段时间，成为殖民地的包袱……于是克劳斯比接到指令，让他以这样或那样的方式把他们甩掉。曾经也给过他们小笔资金，用于"开业"，也给过他们土地；但他们已经不再是农业工，接受这笔小钱会觉得掉价。但从法律和道义上讲，中国人又没有权利要求殖民地付给他们返乡的船费……

（《皇家公报》，1870年9月6日）

1871年9月，"威尔斯利号"（Wellesley）被包租运送劳工回印度。共有219名男性、96名女性、40名男童、22名女童和17名婴儿登记返回印度。除此以外，船上还有一些中国乘客。

4男、4女、1男童、3女童、2男婴和1女婴：这15口人相当于10位成年乘客。这些人都支付了前往加尔各答的船票，并已经汇款给加尔各答的代理，代其购买继续前往广州的船票；不仅如此，他们还在招工总代理这里存了相当数额的存款，准备汇回中国。

（《皇家公报》，1871年9月23日）

在我们上期的评论中，我们讲到"威尔斯利号"启程，送返乡的印度人和中国人回国。这里在补充一下他们带走的钱款信息：

加尔各答的人	50,016.89
马德拉斯的人	120.0
	————
	50,136.89
中国人	3200.0
	————
	53,336.89

（《皇家公报》，1871年10月7日）

还有几个中国人决定第二年再回国。

　　总督说，他看到一些中国人在询问回国轮船的事宜。招工总代理在报告中说有一个17人的家族和一个30人的家族准备搭船到加尔各答，并表示准备支付之后回中国的行程。

（《皇家公报》，1872年2月13日）

　　由政府承包的快船"罗西拉号"（Rohilla）将运送有资格返乡的苦力返回加尔各答……该船接收乘客情况如下：

	男性	女性	男童	女童	婴儿	
东印度人	257	79	31	23	16	406
中国人	21	22	6	6	3	58
						—
						464

（《皇家公报》，1872年10月24日）

一位中国乘客记录了搭乘该船的经历：

　　下面的信是一位搭乘"罗西拉号"从这里出发的中国人所写，可能对返乡的中国人有些借鉴意义，写信人在这里的工作是翻译。

加尔各答加登里奇（Garden Reach）
1873年2月15日

　　亲爱的朋友——我于1872年10月18日登上"罗西拉号"。19日，该船由一条小蒸汽轮拖至灯塔处。早晚（餐）每人发给半块盘式面包，一满勺白糖。第二天，1872年10月20日周二，下午，给每人发一个锡杯子大的小食品罐头和一个锡制盘子，这样的餐食就是我们前往加尔各答整个航行中所提供的伙食。

　　我们想，怎么可能吃印度苦力的食物，于是我们找到医生，告诉他中国人无论如何吃不了印度苦力的食物,并向他借了3块中国大洋。这样,我们的食物供应才有了着落。周一,吃到鱼和米饭。周二……有羊肉。周三早上有饼干,下午有米饭和鱼。周四有面食和猪肉……周六有鱼。周日有新鲜羊肉。这就是我们一周的伙食。同一天下午,医生和船长来了,把所有箱子柜子都搬到下面船舱里,因为他们担心船前后摇摆不安全。28日,一望无际,只能看见船像一条大鱼在蓝色大海上颠簸起伏,不停地打转。11月1日,一个中国人生下一名女婴。21日,大约1点钟,我们行至一个礁石岛,叫做罗卡斯岛(Rocas),在那里我们听说有很多船只都触礁沉没了。12月19日,我们的船到达好望角。天气寒冷。船抛锚停留两天。我与1个中国人、2个印度苦力、医生,以及船长上了岸。这里漂亮极了,与之相比,德梅拉拉简直望尘莫及。这里食物非常便宜,羊肉每磅才6分,两只龙虾才1便士。22日,船继续航行。1873年1月3日,我们经过一个岛,叫做新阿姆斯特丹。之后天气渐热,让人觉得十分难受。1873年2月12日,我们到达加尔各答灯塔船。2点钟,蒸汽船开始拖拽我们的船。河道弯曲,河水浑浊。不过,我们还是于13日2点到达加尔各答。所有人安全登陆。4点钟,我们在转运站住下。第二天,弗斯先生交给我一封写给阿皮尔船运公司(Apear & Co.)的信,我们交了40卢比回中国的船费,住的是二层甲板舱,1873年2月20日出发。食物自理,船只负责提供柴火和水。

亲爱的朋友,请你听好,如果我们的朋友有谁想回中国,那必须做好航行准备,备好充足的食物和暖和的衣服。

约瑟夫,你一定要把这封信抄送一份给格里菲斯先生。向你和你全家问好。我父母也恳求我代他们感谢万能的上帝,保佑我们所有人幸福安康。我也希望你身体健康。就此搁笔,等我到达香港后,我会有大把时间跟你们所有人详谈。我有用不完的时间,因为我从不浪费一分一秒。鹦鹉会说几个词了。

此致

敬礼

约翰·王阿俊(JWC)

附言：我相信你会告诉威廉、腰果仔（Cashew）以及其他所有打听我情况的朋友，就说我们都已经安全抵达。在加尔各答也一切顺利，食物非常便宜。2先令是1卢比；1卢比是16安纳（anna）；1安纳是4派沙（paisa）。

1磅牛肉或猪肉4派沙。

1整个卷心菜4派沙。

1派沙可以买1个鸡蛋。

加尔各答的面积大概是德梅拉拉的50倍。

希望你在新环境里一切顺利。希望威廉和腰果仔的生意兴隆。

约翰·王阿俊（John Wong Ah-Chun）

（《皇家公报》，1873年6月19日）

这艘船上还有另一名中国人，他在英属圭亚那时曾颇有影响。人们非常怀念他在那里的日子。

印度劳工船带着熟练工扬帆起航。这么多有用之人，刚刚成为殖民地的宝贵财富却要挥手告别，不免让人感到遗憾。据说，庄园经理连连哀叹，舍不得失去这些得力的工头和能干的劳工。不过我们要问的是，告辞而去的劳工数以百计，但有哪个人的别离会比一位德高望重的长者的离去更令人惋惜呢？这位老者刚刚乘坐"罗西拉号"驶向远方。

这位老者近来的行踪引发了我们一些移民者的极大兴趣。他是一位中国人，人称"老中医"。一年前，他开了一家乡村小店，以买卖公平，童叟无欺而远近闻名。他也凭借这个声誉得到城里几户人家的贷款。但就在这周，他的债权人突然发现，这位和蔼可亲，令人尊敬的医生已经携全家登上"罗西拉号"启程了，而且船已经出了拦海堤。他的不辞而别让大家深感错愕，他们找到警长，让他去停泊在灯塔船外的"罗西拉号"走一趟。今天早上，警长去了一趟，但回来时并没有带回医生。原来，当警长到达那艘船时，船长对他说，作为警官，他应该清楚做事的规矩，如果在离岸这么远的地方抓捕任何人，他会惹上麻烦的。不过我们相信，这位医生已经交了保证书，保证还会回来。与此同时，那些有理由对他不辞而别感到遗憾的人可能会牢牢记住以下诗句：

"这就是为什么我要开口

我的语言很朴实

各种阴险古怪的方式

各种匪夷所思的诡计

异教中国佬真是很特别

这种观点我也同意。"

（《皇家公报》，1873年10月11日）

这段诗句摘自一首更长的诗歌，标题为"异教中国佬"，1870年首次在美国出版。当时美国仇视华人，特别是加利福尼亚排华情况十分严重。这首诗的标题很快成为有权有势、看不惯中国人做法和习俗的人挂在嘴边的口头禅。这位老谋深算的医生不辞而别，当然也引发了人们对中国知识分子道德水准的怀疑，更不用说怀疑那些没什么文化的人了。

在随后几年里，小股中国人搭乘驶往印度的船返回家乡，似乎也未引起什么争议。

今天下午，运送印度苦工去加尔各答的"艾尔莎号"（Ailsa）出发了。船上搭载活生生的货物包括：314名男性、88名女性、19名男童、26名女童、16名婴儿，总共457人，相当于419个半成年人。这些乘客中还有一些中国人：12名男性、9名女性、1名男童、4名女童、11名婴儿，共计27人。

（《皇家公报》，1873年12月13日）

"罗西拉号"从伦敦出发，船长为乔·哈钦森先生（Geo. Hutchinson）。该船被包租运送今年返乡的印度劳工前往加尔各答。周日晚上停泊在金斯顿斯德林（Kingston Stelling）外的港湾锚地。乘客分类统计如下：

	男性	女性	男童	女童	婴儿	合计	成年人
印度人	245	116	41	40	9/10	461	401 1/2
中国人	17	8	3	3	0/0	31	28

周二下午清关后起航……中国人船票自理。

(《皇家公报》,1876年9月7日)

第六章　暗夜行走

谨慎阅读

　　本章节内容有可能引起一些读者不适，在此提醒各位读者谨慎阅读。读者将在本章节中看到当年华工违法行为的详细描述，所以请读者自行斟酌。大家要记住一点，当年城里人参加各种社交聚会、体育活动、音乐会或化装舞会时，劳动阶层绝不会是他们谈论的热门话题，不管这些劳工属于哪个种族，来自何方（虽然华人、印度人以及其他文化群体的服饰穿戴会被描述得如同化装舞会上的装扮）。与此相反，报纸上只要出现有关移民工的新闻，通常都带有负面意义。不过，仔细研究移民工一些反社会习俗和道德规范的行为本质，以及当时的实际情况，还是可以让我们更好地了解他们的生活，了解那个年代的事情。

　　正如前面章节所介绍的，前往英属圭亚那的华工并非同属一类人。他们来自不同的地方，讲着彼此听不懂的方言，年龄差异巨大，有着不同的技能本领，并笃信不同的宗教。因此，在面对新环境时，他们的反应也就千差万别，完全不足为奇。在这些人中，有的是被人从大街上捡拾而来，原本在自己家乡就属于被遗弃之人。还有些人决定出洋是为了逃离悲惨境遇，躲避战乱与迫害。因此，不能指望他们来到英属圭亚那后会改变行为方式和人生态度，或洗心革面重新做人。如果听到有华工惹了麻烦，卷入犯罪案件，人们并不会觉得出乎意料。虽说违背社会公德的行为并非中国人独有，但鉴于华人人口很小，其犯罪数量相对于人口比例来说是相当高的。

夜盗芭蕉

　　按照契约规定，种植园主应该为所雇佣工人提供充足的食物和住宿条件。但对充足这个词，人们的解释似乎有所不同，因为新来华工的违法行为似乎都与满足基本食物需求有关。中国人爱吃的大米在当时属于进口商品，所以可提供的大米要么不足，无法满足他们的需求，要么就是大米价格过高，吃不起。于是，在这个殖民地，芭蕉就成他们主要偷取的目标。这些芭蕉一般种在耕地里，也就是在甘蔗种植园周围开垦出来的田埂上。夜深人静时，种植园田埂上成熟的芭蕉就成为诱人的偷盗目标。

引进华工之初，人们就发现其中有些恶劣的惯偷。如今，他们开始肆无忌惮地偷窃他人田地里种植的果实。很多时候，他们带着绑好弯刀的长棍，还有其他武器，四处游荡，赶走芭蕉地的主人，随后大肆掠夺。有一段时间，"克莱恩波德罗延种植园"（Klein Pouderoyen）的芭蕉地屡遭抢劫，于是种植园的耕种者设下陷阱捕捉盗贼。上个月23日，4名华工遭到枪击，其中两人死亡，两人受伤。受伤者称袭击者是葡萄牙人。这话应该属实，因为这些地多是由葡萄牙人耕种的……

（《皇家公报》，1862年3月8日）

一些趁夜深人静、潜入农民地里实施盗窃的华人，最后要么被击毙，要么被打伤。但这似乎并未吓住那些胆大妄为、无所顾忌的窃贼。就在前几天，警方就一具中国佬尸体进行调查。该中国佬是在行窃时被打死的。紧接着，就在第二天夜晚，这名中国佬的同伙就大举出动，从一块农田里抢走了上百串芭蕉。上周二早晨，在琼斯镇（Jones Town），两名中国佬被处以九尾鞭鞭刑。这种刑罚最为有效，或许可以制止这帮家伙的偷盗行为。

（《皇家公报》，1863年4月18日）

偷盗芭蕉事件屡屡发生，令人不胜其烦。政府终于正式同意将鞭刑作为一种惩罚偷盗芭蕉的刑罚。政府通过了一项法令，允许判处监禁附加苦役，以及最高限为39鞭的鞭刑。与此同时，还有人提出其他解决方案，包括宵禁和监管。

昨天早上，"彼得霍尔种植园"的一名中国佬被判偷盗芭蕉罪，处以39鞭九尾猫鞭刑。这是新法令颁布后我们听到的第一例鞭刑案子。我们相信，此案的审理将带来切实的效果，可以阻止犯人同乡重蹈覆辙。

（《皇家公报》，1865年6月13日）

我们听说，这些人在自己的国家里一般都会老老实实，对村长或所在社区领头的都俯首帖耳，唯命是从。这些头目确实要担当起责任，以保证自己手下的人规规矩矩。将这种管理模式搬到我们国家的庄园应该并不困难，这种管理机制类似某种程度的家长制政府。不管怎样，这总能让负责人在天黑之后，看管好四处游荡的华人。或许还要花钱雇一两名巡逻员，在华人房屋周围巡查。即便这笔钱最终还得由殖民地政府支付，但能够从此制止日益猖獗、令人不安的犯罪行为，也算是花得其所。中国人都很鬼，要说歪门邪道，总能想出一两个欧洲人想不到的"高招"。在这方面，我们不妨遵循"你甚至可以向你的敌人学习"这一至理名言。根据"让贼去抓贼"的原则，以其人之道，还治其人之身。

（《皇家公报》，1865年11月11日）

总督阁下暗示，如果证明一个庄园里相当数量的人犯了案，那么这个庄园的所有劳工都要承担责任。这个计划会遭到巨大反对吗？显然，维持社会秩序符合大部分劳工利益，而且，没有人能比中国佬更能评判自己的利益了，只要让他们明白道理，对他们晓以利害，也没有任何别的民族会比中国人更遵纪守法。为什么不从一开始就防止他们拥有作案凶器呢？为什么不在晚上没收他们的工具呢？在克莱曼森先生（Mr. Clementson）看来，没有什么比那些弯刀更可怕了，虽然这些弯刀是干农活用的工具，在安分守己的劳工手里看似毫无害处。这样的预防措施，加上下工后由工头严格监管，这些华人犯罪团伙很快就会自动散伙。在香港，中国居民多达8万人，而欧美人只有区区几百人。在那里，晚上8点钟之后，如不携带通行证，中国佬一律不得出行。在此期间，任何人如发现街上有中国佬，都可以要求其出示通行证。如无法出示通行证，可就近交给警察。虽然中国佬在人数上占有绝对优势，但从来没有中国佬对此规定提出过异议。

(《圭亚那时报》,1865年11月21日)

但是,要想找个工头,实行中国农村那样的管理和责任制是个异想天开的主意。在中国农村,村长或长者之所以有权威,说话算数,是由于那里的村民彼此相熟。很多人要么有血缘关系,要么是姻亲。如果有人做出不义之举,不仅自己没有脸面,也会有辱家族名声。但是,在英属圭亚那种植园,这种机制根本不存在,因为这里华工成分混杂,各色人等俱全。至于实施宵禁的建议,在这个地域广阔的乡村国家,如果不投入大量警力,根本无法实施宵禁,特别是违反宵禁令的人都随身携带砍芭蕉的家伙——弯刀。

即便有皮鞭伺候的危险,偷盗芭蕉的行为仍没有收手。事实上,其他族裔的人在遭到一二十鞭抽打后往往一蹶不振,而华人却能顽强忍受。一次,曹阿金(Cho-a-King)落入法网,治安员们趁机发威,丝毫没有手下留情。

> 曹阿金因偷盗一号运河边芭蕉被判以鞭刑。他虽然认罪,但还是被毒打一顿。对犯人验伤时发现,他从脖子到脚遍体鳞伤。由于惩罚过重,他几乎无法行走。鉴于此人已受到严厉惩罚,治安法官认为理应将其释放。

(《皇家公报》,1866年3月2日)

> 叶阿国(Yk-A-Kow)、陈阿平(Chin-A-Ping)及陈阿学(Tan-A-Hok)因偷盗芭蕉而受到39下鞭刑。行刑者哈姆雷特强烈要求由他来实施刑罚。他的理由是,由于他日常所干的是整个殖民地最令人不快的工作,所以"如果有体面快活的而且跟改造罪犯有关的又给报酬的活儿,就应该交给他干。在这类工作中,哈姆雷特先生认为鞭打几个偷盗芭蕉的天朝人是个不错的活儿。"

(《皇家公报》,1866年9月12日)

实施鞭刑两年以后,当局用比喻的方式说,他们已经打断了偷盗芭蕉行为的脊梁骨。

据报道，两天前的晚上，一位中国佬因偷盗威尔士种植园附近姐妹庄园（Sister's Estate）的芭蕉而被射杀。与一两年前相比，如今这种情况已经很少发生。之所以出现这种结果，我们认为是由于大多数人惧怕九尾鞭这种刑具。这种畏惧很有益处。

（《皇家公报》，1867年4月16日）

然而，比起九尾鞭的威力，抢劫芭蕉行为的减少更有可能是因为人们对这种偷盗行为逐渐失去兴趣。一方面，黑暗中的芭蕉田埂实际上已经成为猎手的打靶走廊。另外，所盗物品体积庞大，处理起来很费周折。与此同时，由于损失巨大，芭蕉种植者往往把芭蕉种到不易摘取的地方。他们还派人严密巡查。有的人干脆放弃，不再种植芭蕉。

周四，3名葡萄牙人被普拉默（Plummer）先生移交最高法庭进行下一步审理，指控他们10天前杀害了一名在凡尔赛种植园偷盗芭蕉时被抓住的中国佬。获悉，那次事件发生后，华人的偷盗行为愈发频繁，愈发大胆。靠近镇子的西岸种植园属于葡萄牙人，他们已丢了50串芭蕉，这还不包括一号运河农场丢失的芭蕉。葡萄牙人频频被盗，损失惨重，不得不放弃大约30英亩芭蕉地，而且可能还会放弃更多。在平时工作日，一些私家住宅也会遭到入侵，山羊、粮食、锅碗瓢盆，以及其他物件，无不被盗贼收入囊中。在"好运村"（Goed Fortuin），两名均不拥有农田的华人在路边向劳工低价出售了20串芭蕉。

（《皇家公报》，1869年3月13日）

偷盗其他食物

芭蕉本身清淡无味，并不算是什么美味食物，四条腿和长翅膀的家禽才是让人大快朵颐的鲜美佳肴，大量偷盗活动就与此相关。

> 中国佬江阿水（Kong-a-Soi）因盗窃山羊被判处两年监禁及苦役。
>
> （《皇家公报》，1861年11月16日）

> 罗阿龙（Lo-a-lung）于1863年8月20日杀死一头猪，欲行偷窃。[被判处12个月苦役。]
>
> （《皇家公报》，1863年9月3日）

《皇家公报》刊登评论文章，谴责一些百姓公然违法乱纪，并提到一起案例。在这个案件中，一个十二三岁的女孩居然从一个更年幼的男孩手里偷抢冰块。评论文章接着说道：

> 然而，在我们殖民地，最无可救药的盗窃癖患者也许是华人。他们整夜不眠，四处游荡，把鸡窝扫荡一空。将来，我们国家的鸡鸭将消失殆尽，成为传说，就像自然界的渡渡鸟和几维鸟一样彻底灭绝。
>
> （《皇家公报》，1864年11月19日）

> 昨天，两名警察和两名治安官前往齐鲁格特种植园（Zeelugt），去逮捕一名随意偷走邻居家禽的中国佬。该中国佬不愿离开舒适的住宅，到监狱里过苦日子。监狱的住宿条件无疑很艰苦，他的抗拒也是自然反应，于是引起他的天朝同胞的同情。他们齐心协力，将警察和治安官赶出庄园。警察们被这阵势吓坏，落荒而逃。但其中一位治安官腿脚不够利索，落入这帮野蛮人之手，惨遭毒打。
>
> （《皇家公报》，1873年8月19日）

牛肉到哪儿去了？

前两天，食腐乌鸦扮演了一回机智侦探，破了警察都无法侦破的案子。原来，上周"利奥诺拉种植园"的一头牛神秘消失，杳无踪迹。但几天之后，邻居们发现，大量食腐乌鸦从天而降，飞落到一块甘蔗田里，于是凑过去看个究竟，这才发现了失踪牲畜的庞大尸首。华人虽然喜欢偷东西，但却很少将偷盗物品拿回家。此案罪犯是几名华人，他们照旧采用了这种常见的战利品处理方式。只是他们忘记了一条，那就是，只要有肉，乌鸦是一定会找到的。这个庄园的翻译也曾经从盗贼手里买过牛肉，此时却作证揭发他们，引起他的同胞的愤怒。警方不得不采取措施，对其进行保护，免遭愤怒华人的攻击报复。有三名窃贼在海牙警察局接受审讯，并移送最高法庭。其他三人据说是受到牵连，已经从庄园逃跑。

（《皇家公报》，1864年11月5日）

这些精明的华人其实知道如何迷惑心生疑心的人，令其失去线索，然后偷偷享用藏在甘蔗地里的战利品。在下一例案件中，一名华人嫌犯就是靠藏身茅厕，将自己搞得臭不可闻，才逃避了追捕者。

周四晚上，六七名华人潜入克里恩波德罗延种植园的一个院落，院里养着肥猪和家禽，还有几间房屋出租给几个租客。他们被犬吠声惊动，跑出来追捕盗贼。他们发现有个盗贼就藏在一处房子背后，但当他从那个美妙的藏身之处钻出来时，却浑身污秽，臭不可闻，追捕者只能作罢，掩鼻而逃……

（《皇家公报》，1869年4月13日）

杀人害命

引起殖民地政府恐慌的另一类犯罪行为是与华人相关的大量谋杀案件。当然，在有些案件中，行凶者是华人，受害者是其他族裔人，或者相反。但最可怕的是，华人杀害华人的情况变得愈加频繁。与此相似的情况是印度人杀害印度人，而且，在更多情况下，印度人杀死的是自己的妻子。媒体对这两大亚洲族裔杀人害命的区别进行了评论。

> 虽然华人的性别比例状况远远差于印度苦力，但我们从没听说过华人杀害自己的妻子，或者是称为妻子的人。他[《伯比斯公报》（*Berbice Gazette*）主编]道出了我们所认为的原因，这就是华人妇女恪守贞洁，行为恶劣的往往是男人。
>
> （《皇家公报》，1862年12月18日）

有报纸间接提到，由于女性奇缺，男性只能通过兄弟情谊寻求慰藉。有人为英国读者做出如下总结：

> 华人善于偷盗，因为移民此地的华人原本就是小偷。他们在实施盗抢时，要么成为攻击者，要么成为被攻击者。与此同时，印度苦力悬殊的男女性别比例却导致了谋杀和企图谋杀。其实，华人的性别比例比印度苦力更加悬殊，也许人们认为这会导致同样的悲剧结果。但经验证明，一般来讲，华人妇女注重贞操，而印度妇女则并非如此。
>
> （《皇家公报》，1863年7月23日）

华人杀妻发案率较低并不意味着所有华人女性品德纯良，只是绝大部分女性都能洁身自好。偶尔也会有因不守妇道而引发的杀人动机，但在大多数情况下，卷入致命争端的都是男性。

> 周日或周一，在西海岸布兰肯堡种植园后面，一名华人更夫被残忍杀害。我们的采访人称，大家怀疑，是他的一个同胞企图占有其钱财而将其杀害。
>
> （《皇家公报》，1859年4月21日）

> 一位华工收工回家后，发现自己的30元不见了，于是指责一位呆在家里的同乡偷了他的钱。两人遂起争执。最后，丢钱者用匕首严重刺伤

另一位，致其死亡。我们的采访者还说，有罪方对犯罪事实供认不讳，并说他杀死那个人是因为他好逸恶劳，以行窃为生。

（《皇家公报》，1863年12月1日）

何林喜（Ho-Lem-He）是马海卡区（Mahaica）贝尔蒙特种植园（Belmont）的契约华工，被指控于今年5月27日杀害了其妻陈氏……她不在家期间，他占有了属于她的所有大米和咸鱼，并大吃大喝挥霍大半。他的妻子似乎把自己食物看得比丈夫更重。见自己的食物被抢占，她与他发生争吵，并随即扭打在一起……那晚9点钟，住在隔壁的另一位华人何盛（Ho-Sing）被旁边房间传来的扭打和敲击声惊醒。他起身，与其他几名中国佬一起去查看，发现那个女人倒在地上，已经气绝身亡。她的鼻子被打破，太阳穴上有几处重击痕迹，脖子青一块紫一块，伴有肿胀。地上还有一根一米多长的木棒。当时嫌犯正若无其事地坐在地上，抱着一锅最爱吃的米饭。

（《皇家公报》，1864年2月2日）

周六晚上，西海岸德金德林种植园里发生了一起最为惨烈的凶杀案……三名华人商议由另一名华人去偷窃一只属于特罗特曼（J.B.Trotman）先生的绵羊，再以每磅20分的价钱把羊肉卖给他们。但当他得手并宰杀了绵羊之后，他们却翻脸不认账了。他们不肯付钱给他，还让他把羊拿到经理那里，说经理会给他5元买下羊骨头架。偷羊人大怒，用匕首猛刺那三个华工。一人伤势过重，很快咽了气。另外两人被送往德金德林医院，情况不稳，危在旦夕。

（《皇家公报》，1865年7月26日）

本月1日，又发生了一起残忍的凶杀案。目前在殖民地华人中，这种案件屡屡发生，令人悲哀。此案发生在西海岸的布兰肯堡种植园。一名叫做王氏的华人女子一直都与一名叫做江阿才（Kong-a-Thoi）的男人住在温莎森林种植园，直到1865年4月。由于学不到手艺，王氏心血来潮要离开这里,并与"布兰肯堡种植园"的工头同居。她与工头同居的状态一直持续到上周二。当时,江阿才刚好有机会去布兰肯堡庄园,他去见了不守妇道的妻子,他来到王氏居住的房间,见门敞着一道缝,便朝里张望,发现王氏正躺在床上。他当即冲进屋去,用随身携带的大刀朝她身上猛砍一气,留下至少14道伤口。这个不幸的女人向旁边屋子里的男人呼救。但没等他跑来救她,她已被砍得遍体鳞伤,一命呜呼了。

(《皇家公报》,1866年5月8日)

昨天,玛尔戈杜特种植园(Malgre Tout)的契约华工陈高(Chum-Kow)被该庄园的另一名契约华工杀害……死者生前有21元现金和一些杂物被人偷走,其中主要包括一条价值6元的黑色丝绸裤子、三件普通衣物,每件价值约1.2元,以及四五件属于其妻子的物品,全部损失约35元……后来,他打探到一些线索,知道了窃贼的身份和盗窃手法,于是一路跟踪,来到硕恩奥尔德种植园。他发现自己那条丝绸裤子被卖给了某一个人。他立刻凭这个证据,让警方逮捕了那个人。昨天早上,他正站在自家门口与朋友聊天,一个名叫做林阿胜(Lum-a-sing)的人径直走上前来,对他说,"你为什么说我的朋友偷了你的东西,害他被抓进警察局?你又没看见他偷。"死者当时正欲辩解,林阿胜突然抽出长刀刺进他的胸口。据说凶器从胸前一直贯穿到肩膀。这个可怜的人,带伤从家门口追出100多码,最终倒地而亡。目前据我们了解,行凶者并不是窃贼,只是因为他的朋友接受了赃物而被捕感到愤愤不平……

(《皇家公报》,1869年4月15日)

据说林阿胜在被捕时称:"人既已死,就让他们绞死我吧。谁都不欠谁的了。"陪审团果断裁定犯人犯谋杀罪……

(《皇家公报》,1869年4月17日)

本周四下午,在新阿姆斯特丹,几个华人聚赌,其中一位赢了100元。赔钱的人恼羞成怒,让他把赢走的钱分给每人一份。赢钱者当然不干。于是，另一个人用一把刀刺向他的脖子和肋部。伤者很快因出血过多而死亡。凶手现已被缉拿归案。

（《皇家公报》，1875年11月13日）

除了这些致人死亡的冲突外，还有许多造成伤害的案子，最终交由法庭审判。这使法庭上几类伤害案数量上升，包括攻击、殴打、故意伤害、刀伤、创伤、致残，以及偶发的肢体类残害。在一个案子里，受害者甚至不是人类：

唐阿德（Tang-a-Tuck）被判伤害了一头母牛。

监犯是一位希望实验种植园的契约移民工，在那里看管一个菜园。一头母牛闯进菜园，肆意践踏，令他十分恼火，于是将弯刀掷向母牛，造成母牛受伤。据描述，伤口深3英寸，长7英寸。他在辩护时承认砍伤了母牛，但说那纯属意外。因母牛先闯进菜园，毁坏了他辛辛苦苦干了半天的成果，他才向母牛投掷弯刀，目的是将其轰走，没想到这把锋利的农具伤到母牛。监犯还说，那头母牛的伤口已经愈合。

陪审团做出有罪裁定，但建议对监犯从轻发落，因为他是被激怒后才出手伤牛的。

法官大人在向犯人宣读判决书时称，鉴于陪审团从轻量刑的建议，他将对他进行宽大处理。他被判处在县监狱监禁6个月并服苦役。

（《皇家公报》，1864年10月26日）

群体性冲突

有时，当人们试图自己动手解决纠纷时，往往会导致涉及华人的更大规模骚乱。这样一个例子就发生在埃塞奎博省。

上周六，在威克纳姆岛（Wakenaam）的齐兰迪亚种植园（Zeelandia）

两个种族居民之间发生了严重冲突。近来，华人犯盗窃罪越发严重，性质也更加肆无忌惮。他们的盗窃目标已经不仅仅是芭蕉和家禽。几天前，有一只山羊不见了。接着，一家店铺遭到洗劫，丢失了大量咸肉、大米和白兰地。偷盗白兰地也许是为了交换其他物品，因为华人一般不太喜欢喝这种烈性洋酒。第二天一早，在华人居住的房子后面发现了12瓶白兰地；猪肉和大米也在他们的住处被发现，但是却没有足够的证据将偷盗行为与具体哪个人联系起来。不过，也有重大发现，这个发现与后来发生骚乱密不可分。人们在甘蔗地里发现了一个用甘蔗杆儿搭建的华人茅屋，里面有做饭用的炊具。于是有人布置了岗哨，并抓住了一个进入茅屋的移民工。我们相信，此案正在调查中。在骚乱发生之前的周四，华人发现了一个秘密，原来，是一个黑人在通风报信。周六下午，这个黑人在柜台领到薪水后准备回家，突然遭到袭击。当时他刚刚走到医院附近，离监工宿舍只有一步之遥。突然之间，鼓声大作，发出信号刹那间，所有华人都冲出来，手里拿着弯刀、铁锹、棍棒、砖头和瓶子。黑人们也冲出来，支援他们的同胞。一场激烈的大规模混战随即展开。面对着对方数倍于己的不利处境，华人不断发起新的攻势，直到他们再无力抵抗对手，才败下阵来。有100到150人参与了这场混战。所幸印度苦力被阻止参与其中，否则事情将发展到无法收拾的地步。后来发现，华人比黑人损失更大，很多人被送进医院。有一人双臂骨折，另一位头骨开裂，还有几个人或多或少都负了伤。有些闹事者被关进监狱，等待对案件的调查。

(《皇家公报》，1863年5月28日)

细数犯罪动机

19世纪60年代中期，圭亚那殖民地的华人人口达到高峰，犯案数量也达到顶点。这迫使当局开始仔细研究其中的原因和解决之道。

第六章 暗夜行走

翻阅最高法庭的日程表，你肯定会对移民工犯案数量发出惊叹。这些案例包括谋杀、过失杀人、刀伤、刺伤，以及诸如此类的"不法行为"。大部分罪犯为印度苦力和华人。相比之下，其他被控类似罪行的族裔简直可以说微乎其微。

值得思考的是，这些犯罪在多大程度上属于时机所致？是否换了一种环境就不会发生这种事，就能阻止这些人犯下严重的、常常是致命的后果呢？这种后果往往是由于他们缺乏自我克制，性情火爆，狂放不羁造成的。中国佬实际上是性情冷漠的人，至少没有印度苦力那种狂暴易怒的脾气秉性。而且我们相信，屡屡发生指控华人使用致命凶器，其原因并非是他们有明确动机，蓄意造成严重伤害，而更多是因为他们熟悉这些工具，使用起来得心应手，而且出手时往往不考虑后果。说到印度苦力，则完全是另外一种情况——他们情感更加强烈，容易爆发。突然爆发的怒火容易使他们失去理智，做出残忍狂暴的行为。华人并不是这样的……

尤其是在对待中国佬方面，我们认为，到目前为止我们所做的一切还不够，我们也许可以更努力一些，做更多的事情。现在，监狱里华人人满为患，成为我们人口中最麻烦，最不服管教的一群人。但总体来讲，中国佬不是这个样子的。正好相反，中国佬实际上是最温顺的，只要能挣钱，没有人比华人更知足常乐了。同时他们需要有一个可以完全照顾他们的人，一个让他们依靠信赖的人，替他们着想，与他们打交道，就像父亲关照孩子一样。我们并不想说这种管理似乎有些专横意味，但当我们眼看着华人在这里变得如此放任，不服管教，如此令人头疼，我们不禁要说，是我们的管理出了漏洞，没能让他们展示出固有的天性。也许有人会自然而然地说：你无法阻止华人赌博；只要有机会，他们就会抽大烟；他们对拿走别人的东西不以为然。毫无疑问，这些都是非常"难改的"恶习，而且还会令人联想起他们的其他恶习。但即便如此，在如何管理好他们这个问题上，我们仍有许多事情可做，只要我们把这种管理直接落实到每个人身上。澳大利亚指定"华民护卫官"的做法卓有成效，堪称典范。这些保护官都是地方治安法官，承担着管理中国佬的全部责任，既"保护"他们，同时也对他们进行强制管理。中国佬对他们充满敬重，唯命是从。如果出现纠纷，大家都会交由他们来定夺。我们相信，可以根据实际情况作适当的变动（mutatis mutandis），建立类似的机制，一定能在我们殖民地创造出管理好华人的奇迹。

（《圭亚那日报》，1865年11月25日）

这份报纸并未从劳工招募过程和来英属圭亚那的劳工素质低劣中寻找原因。从罗存德牧师的评价就可得知，猪仔馆的华工，很多是从中国大街小巷搜罗来的人渣，然后被塞到劳工船上充数。因此，特立尼达也正关注他们岛国内是否也会出现类似猖獗的犯罪行为，这一点都不奇怪。那个岛国的报纸做出如此评论：

当英属圭亚那的人们在为无法无天的华人移民苦恼时，我们也应当担忧如出一辙的问题。出现这种巧合完全不足为奇。

（《皇家公报》，1866年9月18日）

寻死自杀

对于那些本来就毫无出息、一无是处的人来说，即便是迁移到异国他乡，换一种新文化环境，也不太可能让他有什么改观，所以无所谓。而与此同时，对于那些愿意入乡随俗、充满希望的人来说，新环境却给他们带来巨大的挑战。这些人有的无法充分适应变化，有的不满足于自己在新世界里的命运，于是走上轻生的绝路。他们自尽的方式主要是上吊、溺水以及过量吞服鸦片。

几天前，一个中国佬在埃塞奎博省的富饶之地种植园（Land of Plenty）投水溺亡。

（《皇家公报》，1860年6月19日）

过去几天里，在东海岸发生了两起华人妇女吞服鸦片自杀的案子。

（《皇家公报》，1861年6月18日）

昨天早上，在彼得霍尔庄园的壕沟里发现了一具华人尸体，喉咙被割开。此人叫林阿盛（Lam-a-Shing）。事发当天警方进行了问询。似乎有证据显示，该名死者当时切开自己的喉咙，然后跑到壕沟边，一头扎下去。陪审团做出"割喉自杀"的判决。

（《皇家公报》，1864年9月26日）

在玛尔戈杜特种植园自缢身亡的中国佬最近刚刚与庄园签订契约……薪水不低，但可惜他是一个赌徒。他在死前一周刚刚领到6先令工资，但却在赌桌上输了个精光，不得不向同胞借钱买米。

（《皇家公报》，1865年11月27日）

在我们本月6日的专栏里，我们报道了在埃塞奎博省汉普顿庄园的甘蔗种植园田里发现两名死亡华人一事。死者脖子上有绳子缠绕……死者之一林氏据说是一位身材壮硕的女子。她刚来殖民地时是华人施阿顺（SEE-A-SOON）的妻子。但她经常打骂他，已经成为家常便饭。所以他欣然将她转送给自己的朋友顾阿国（Koo-a-Kop）。她跟顾阿国的日子也过得磕磕绊绊，经常打骂他，骂他没本事好好养活自己，最后离家出走，又去投奔另一个男人。上月27日，周一，林氏和顾阿国的尸体被人发现。如前所述。联想到他们之前的关系，人们自然猜测是否她被顾阿国诱骗到甘蔗田里并杀害，顾随后自己勒死自己。但陪审团做出了相反的判断，"顾阿国死于窒息引发的中风。林氏则是有意被勒死，但显然是自愿被顾阿国所勒死。顾阿国随后自缢身亡"。

（《皇家公报》，1865年12月14日）

周日晚上，一名居住在哈勒姆种植园的华人女子自杀身亡。该名死者的冲动行为据说是因为她的丈夫抛弃了她，与一名印度苦力女子住到一起。

（《皇家公报》，1876年5月25日）

[在就其妻子死亡一事接受审讯时，]陈阿洲（Chan-a-Chow）说……周一早晨，他打开死者床上的帐帘，发现她已用一根绳索自缢身亡。死者是一名久病卧床，双目失明的女子。

（《皇家公报》，1882年2月16日）

本周，一名拉格兰奇种植园的中国佬自缢身亡，原因是其妻子卷款而逃。

（《皇家公报》，1882年7月29日）

周二，一名加乐西种植园的华人女子因过量服用鸦片而死亡。周一晚上，她似乎与丈夫进行过争吵。当事人在庄园里拥有4间店铺，事发时去乔治敦进货，所以并不在家。她吞服了鸦片，药性发作致其死亡。

（《皇家公报》，1885年5月7日）

入屋抢劫

人们不应该忘记的是，大部分华人移民还是遵纪守法的，他们尽力入乡随俗，安居乐业。但是也应指出，一些不那么遵纪守法的人也利用这个适应过程，做出违法乱纪的事。随着偷盗芭蕉变得愈发困难，一些华人开始以其他歪门邪道获取非法所得，表现出不守法、反社会的特征，如盗窃个人贵重财物，或打劫店铺。

昨天凌晨，大约一点钟，3名胆大妄为的中国佬闯进城里高桥附近一家葡萄牙人开的店铺。住在店内的店主被响声惊醒，敲响警钟。窃贼仓皇而逃，店主奋力追赶，于是上演了一场疯狂追逐。店主渐渐追上，并抓住其中一人。另外同伙试图救援，但路人向店主伸出援手，那两个窃贼只能夺路而逃，丢下的同伙被店主死死抓住。店主将窃贼扭送警察局，严密看守起来。我们相信，这已经是这家店铺第三次遭到盗窃。此次成功抓获窃贼令我们欢欣鼓舞。据说此中国佬来自普罗维登斯种植园。

(《皇家公报》，1864年7月16日)

本月3日，斯凯尔登种植园的经理住宅被盗走350元……杰克逊警官成功抓获三名华人。这三名嫌犯之所以落网，是因为他们出手阔绰，超出他们的财力，引起人们怀疑。警官还成功追回200元，据说是赃款，并起获了这些中国佬从城里购买的20几袋大米。这三名盗贼之一好像是经理家的一名仆人……

(《皇家公报》，1864年7月20日)

陈四（Chansee）和何阿合（Ho-a-Hop）被指控破门进入何塞·罗德里格斯（Jose Rodrigues）的店铺，并盗走价值89元的银器和其他物品，总价值为117.94元。[陈四被认定有罪，判处7年监禁；何阿合被无罪释放。]

(《皇家公报》，1865年11月17日)

印度苦力很少卷入入室抢劫或盗窃，他们犯案主要限于盗窃母牛和山羊。而同样也是移民的华人，却以做事胆大，技术高超著称。

(《皇家公报》，1869年9月9日)

一两天前，一个中国佬在查尔斯顿上演了一场精彩的金蝉脱壳戏。这个头脑机灵的天朝人扛着一个大麻袋，在天色已晚时分来到一家葡萄牙人的店铺里，他告诉店主，这是一袋番薯，并恳求店主允许他把麻袋放在店里，自己先去办点事。毫无察觉的店主允许他留下这袋东西。但这个"神偷"当晚并未返回取走他的物品。商店按正常时间关门打烊。

半夜时分，店主隐约听到店里有响动，于是下来查看究竟。令他瞠目结舌的是，留在店里的麻袋装的并不是番薯，而是一个大活人，一个中国佬。见到店主，那人拔脚便跑，身上背着他从店里搜罗的所有钱财和其他几包货物。这人从此销声匿迹，不再露面。

（《皇家公报》，1869年9月25日）

中国佬薄楚安（Po-cho-an）被判于2月1日撬门进入印度苦力阿克巴（Akobar）家中欲实施盗窃……阿克巴睡着后不久，感觉有一只手在他脖子上乱动，睁眼一看，发现该罪犯正试图取下他挂在脖子上的一个金饰品。他马上跳起来，一把抓住他。与他同室而眠的另一名印度苦力也起身帮忙，擒住窃贼。（被判有罪。）

（《皇家公报》，1871年4月20日）

中国佬英杰（In-kit）被指控于1月1日元旦盗窃艾萨克·朗先生（Isaac Wrong）的财物，包括一把银汤勺、两把小匙及其他物品。朗先生离开家时间很短，回来时发现他的两条狗正在院子里咬着犯人不松口：一只咬住他的手，一只咬住他的裤子。银器在壕沟里找到，（英杰为自己辩护说，）是朗先生的厨子倒水时，不小心把锅里的勺子倒进水沟里。（被判处12个月监禁。）

（《皇家公报》，1872年1月30日）

周四夜晚，一个中国佬闯入卢米维尔特种植园（Ruimveldt）一个印度工头的家，偷走一些珠宝首饰及其他物品。他正要溜走，警钟响起。庄园里其他苦力闻声而动，出来追赶。有一个人抓住了这个中国佬脑后的辫子，但他却一把割断辫子，追捕者手中只留下半截无用之物。另外两名印度苦力莫图（Mootoo）和拉姆拉尔（Ramlall）抓住盗贼，却双双被其用刀刺中身体。最后，这个中国佬被打倒在地，彻底制服。（其中一人后来死亡。）

（《皇家公报》，1877年9月15日）

精明人犯法

时光流逝,移民们渐渐站稳脚跟,定居下来。不过,犯罪形式也出现了新花样。这些犯罪行为发生在那些经过努力、积累了一定经济实力的华人身上。这些人是华人移民中的佼佼者,但却有些人急功近利,渴望加快发财致富的脚步。当局也对各种投机取巧的做法提高了警惕。

> 在陈阿宝(Chan-a-poo)诉伯罗斯(Burrowes)一案中,治安法官的判决后来被推翻。1872年12月21日,他曾被指控……作为莱关岛(Leguan)凤凰村(Phoenix Village)一处营业场所的占有者,被发现在该营业场所拥有一个未加盖印章的半及尔①量器,因而违反了1851年第13号法令。治安法官判上诉人有罪,罚款10元,外加诉讼费用。
>
> (《皇家公报》,1873年5月10日)

陈先生终得解脱,因为复核审法庭的法官推翻了原判决。法官称,使用未加盖印章的度量衡属违法行为,但拥有这种度量衡不构成犯罪。不过,其他人就没有陈先生这么幸运了:

> 谢阿贵(Chee-a-Kwee)为硕恩奥尔德种植园的华人店主,因秤砣不够重量而被罚款10元。
>
> (《皇家公报》,1876年5月23日)

> 唐富德(Tung-foo Tuch)6月24日被指控……店铺中所使用的量具不够重量……被判支付20元罚金及72分诉讼费。
>
> (《皇家公报》,1882年7也18日)

> 林顺兴(Lum-sung-hing)被指控在希望种植园(Hope)的店铺无照

---

① 及尔(gill),英制容量单位,1及尔=5液量盎司。(译者注)

销售1品脱红葡萄酒。（罚款50元或两个月监禁。）

（《皇家公报》，1875年9月9日）

在伯比斯西海岸的一处地点，过去两周里有三批货物被卸到岸上，而且基本上没有人认真掩藏。向我们报告这一消息的先生称，有一个早上，又有人卸货。一个工头遇见三名华人扛着两小桶朗姆酒，正往庄园里走。每桶大概能装10加仑朗姆酒。一眼就可以看出，他们打算以零售的方式卖给庄园的劳工。工头马上去找治安官，让他去没收那批朗姆酒。但没等他找到治安官，华人和朗姆酒就消失得无影无踪了。那几个华人几天后才露面，而且痛快地承认拥有走私烈酒。

（《皇家公报》，1876年2月29日）

没收朗姆酒是由"利奥诺拉庄园"的监工肖先生（Mr. Shaw）完成的。这批走私货在一个华人家被找到。当时肖先生正在水边忙自己的事情，发现有8名华人从一条小船上下来，扛着8个石油桶和两个酸坛。他怀疑这些容器里装的是朗姆酒，于是拦住这一行人，检查行李。果然不出他所料，里面正是朗姆酒。于是他没收了全部物品，并移交给区代表。

（《皇家公报》，1876年4月29日）

中国佬阿苏（Harsue）被指控……于本月16日，周日，出售1品脱红酒。

（《皇家公报》1876年5月2日）

此案的指控是因为在安息日销售酒水属于违法行为。政府专员也在四处搜查，寻找超出规定销售酒水或在无执照营业场销售烈酒的违法者。

来自巴戈特维尔种植园（Bagotville）的华人王三（Wonn-Sam）被指控于1876年3月3日在其营业场所存放了1加仑白兰地。罚款20元。

（《皇家公报》，1876年5月2日）

华人店主洪阿勇（Hong-a-Yong）被指控，在没有所需执照的情况下，销售大米、面粉以及红葡萄酒和麦芽酒。（每种所售商品罚款2元，并责令办理执照。）

（《皇家公报》，1880年3月19日）

主编先生：

如今，华人在我们的甘蔗地里和村庄里大量贩卖烈酒，规模惊人。他们不仅平日卖，而且还在星期日卖，这种现象并不少见。他们卖酒的方式是这样的：一伙人进城，每人购买法律允许数量的酒，然后交给一个人携带。每次买完酒都要换另一个人携带。回村之后，所有的酒被混到一起，交给一个人出售，然后由此人计算出每人购买朗姆酒所花的钱，以及最后每人应该得到的利润。买卖鸦片也是采取这种方式。买卖这两种货物的利润是惊人的。区代表和警察都不会去干涉，于是，这种赚钱的买卖大行其道……

您忠实的仆人
一位烈酒经销商

（《皇家公报》，1880年6月8日）

在下面的故事里，写信人向主编表达了一些担心。他担心在一个去世华人的庄园里，原本健康的牛在拉到市场上出售时，完全变了模样，不再是原来那些健康牛：

所谓异教中国佬很特别是人们的一种说法，在现实中基本上也是如此。但中国佬的特别之处不仅指人，就连属于中国佬的动物也很特别。我听说，在东伯比斯发生了一桩怪事。一名中国佬去世，他的牛要被卖掉，以清算庄园财产。但是，中国佬的这批牛非常古怪，被拉出来出售时完全变成另外一副模样。原先那些公牛膘肥体壮，现在却变成了又老又瘦的母牛。那位被委托出售这些牲畜的先生日子恐怕不太好过，因为，可能有人会认为他偷梁换柱，从中做了手脚，特别是他还当过育种师。这桩怪事说明一个道理，在与中国佬打交道，或购买中国佬的牛时，一定要提高警惕。

（《皇家公报》，1880年3月13日）

鸦片案件

从以上报道中我们可以看出，华人对烈酒钟爱有加。不过，与其说他们爱喝酒，不如说买卖烈酒赚钱更让他们有满足感。其实，对华人来说，更大的问题是鸦片成瘾，这也是他们从中国带来的恶习。在英属圭亚那，出售和吸食鸦片都是法律允许的，但对经销鸦片的数量和方式有着严格规定。持有执照的鸦片商人只能从注册登记的鸦片进口商那里购进鸦片，而且，每次交易都要有记录可查。管理鸦片零售的法令规定"任何鸦片和大麻经销商在一天24小时中，向任何一位使用者出售或转让的鸦片不得超过5粒"。对这条法令的解释成了法庭判例的一个主题。在这个案例中，一名持有执照的华人经销商自己使用了一定数量的鸦片，并因此遭到指控。

> 上个月的一天，达里尔先生（Darell）光顾了陈才青（CHUN-CHAI-CHIN）的店铺。在检查其交易记录时发现，被告人并没有在一天24小时中向任何一位使用者出售或转让过5粒以上的鸦片，但有一次他却拿走了半磅鸦片自己使用。值得赞赏的是，他在记录本上写明了"自用"……
>
> 治安法官……今天早上做出了有利于被告的判决。他说不清楚"转让"给自己应如何进行，但物品已经属于他本人拥有，而且他是从另一方购进的，也已付款。他认为，"转让"的含义必须根据先于此行为的"出售"来理解。

（《皇家公报》，1865年1月17日）

由于鸦片有成瘾性，自然有一些指控与非法拥有鸦片或超出规定的拥有量相关。

> 蔡力（Chua Lee）是登阿姆斯戴尔村（Den Amstel）的一家店主，本月16日被起诉到法庭……对其指控的罪名是非法拥有15磅鸦片。蔡力承认有罪，被罚款90元。
>
> （《皇家公报》，1866年6月1日）

鸦片交易在进入20世纪之前大都是法律允许的。交易合法的主要原因是政府可以通过征收商品税和关税获得大量税收。

> 按每磅1.5元税率计算，进口10559磅鸦片可获取15839.45元关税。
>
> （《皇家公报》，1870年6月2日）

树大招风

以上案件与经营烈酒、销售鸦片、买卖日常用品相关，说明一部分华人已经有了自己的生意，并在全国各地都开设了店铺。他们的地位已不再是昔日的农田苦力。他们的社会地位提高了，具有一定的经济实力，尤其与那些没有店铺、不经商的人相比，他们的处境真是今非昔比，于是，他们也就成为了犯罪分子下手的目标。

> 陈弟五（Tan-Ti-O）被判犯有偷窃罪。他偷窃了雷阿才（Loy-a-Choy）的财产：59.60元纸币。（被判处12个月监禁。）
>
> （《皇家公报》，1875年9月4日）

> 詹姆斯·泰勒（James Taylor）被指控盗窃了华人洪水和（Ah-sui-hee）店铺里6分的物品。被告进入原告的店铺，先要了一些面包和白

糖，然后狼吞虎咽，转眼间吃光，接着拔腿就跑。（被判处10天苦役。）

（《皇家公报》，1880年12月23日）

印度苦力巴布（Baboo）被华人王阿信（Wong-a-Shin）指控，说他带着一根沾着蜡的棍子进入他的食品店，从他的钱盒里粘出8分……巴布被判处一个月监禁和苦役。

（《皇家公报》，1882年7月6日）

今天早上9点钟，一名据说是玛尔戈杜特种植园店铺的二掌柜在去城里的路上突感不适，只好坐在克里恩波德罗延村一家朗姆酒商店的桥上。有人叫来他的朋友，抬他去凡尔赛种植园的医院。但没来得及赶到医院，他就咽气了。就在他神志不清，躺在朗姆酒商店桥上时，一个毫无人性的冷血坏蛋偷走了这个可怜人身上的钱财。这个窃贼从此再也没有出现……

（《皇家公报》，1883年2月13日）

下面讲的是一个现代版的鱼和饼的故事①：

威廉·弗朗西斯是个又矮又胖、相貌丑陋的家伙。他受到硕恩奥尔德种植园的一个华人女店主杨阿芝（Yong-a-Chee）指控，说他偷盗了6分面包和一个价值12分的沙丁鱼罐头。当时嫌犯和另一个人来到原告的店铺，见只有她一人在店里，便点了前面提到的商品。拿到商品后，他们撒腿就跑。该犯人遭到追捕，并被抓获，另一个人侥幸逃脱。嫌犯被判处30天监禁；监禁期满再缴纳20元罚款，或者继续监禁两个月。

（《皇家公报》，1883年6月16日）

欧罗巴（G. Europe）被指控于9月9日骗走华人唐凤凯（Thang-Fung-

---

① 鱼和饼是《圣经》中的神迹故事，讲的是耶稣用很少的鱼和饼让几千人吃了顿饱饭。（译者注）

Khoy）1.92元。（被判有罪。）

（《皇家公报》，1883年11月15日）

一个叫约翰·佩恩（John Payne）的男孩被中国佬阿胜（A-Sing）指控于本月23日偷走他果盘中的坚果，价值2分。被告被责令接受15下荆条抽打。

（《皇家公报》，1884年1月21日）

老黑人詹姆斯·波特（James Porter）被一个中国佬唐阿秀（Ton-a-shaw）指控偷走了他的财物，包括一把煎锅，价值88分，一些煮熟的米饭，价值8分，以及两把勺子，总价值1.04分。被告被送进监狱，服刑21天。

（《皇家公报》，1884年3月28日）

约翰·阿特维尔（John Atwell）、杰里迈亚·德雷克斯（Jeremiah Drakes）和奥古斯塔斯·纽曼（Augustus Newman）被判于4月5日从陈志龙（Chun-chi-Lung）店里偷走两桶马鲛鱼，情节严重。[被判有罪。]

（《皇家公报》，1885年7月23日）

蒙冤受屈

华人到达英属圭亚那之后，明显表现出对财产和他人缺乏尊重，于是很快给人留下一种印象，那就是华人是一帮土匪。的确，华人移民的犯罪数量大大超过其人口比例。即使这些犯罪行为是少数人所为，还是使整个华人社会留下恶名。一旦有人犯案，清白无辜的华人肯定首当其冲，被人抓来背黑锅。

有人雇佣两名印度苦力在农帕里尔种植园（Nonpareil）后面的田里值班守夜，其中一人住在一间看守窝棚里。与他同住的还有他的妻子（被称做妻子的女人），还有一个8岁的儿子。周日凌晨3点钟左右，其中一位苦力跑到农帕里尔种植园的宿舍，他被火烧伤，身上满是水泡，皮肤几乎掉光，模样惨不忍睹。他被送往医院，随后道出事情的大致原委。周六下午，两名华人路过地头的看守窝棚，其中一人用英语说，这里的芭蕉长势喜人，就是窝棚令人讨厌，应该烧掉。入夜，这印度苦力熄了灯，在查看四周平安无事之后，就与其他人上床睡觉了。床就在窝棚的阁楼上。午夜时分，也许是午夜之后，他突然发现大火烧身，四周已是一片火海。他冲出烈焰，跌落进水沟，也许是跳进水沟。挣扎着爬出水沟后，他借着火光看到下午见过的两名华人正离开窝棚，距他大概有25米距离……从看守窝棚的废墟里找到了三具印度苦力的尸体。尸体焦黑，其状恐怖，五官及四肢已经扭曲，显示他们被烧死时是多么痛苦。从废墟中还找到了一个装着一些朗姆酒的瓶子。企业种植园（Enterprise）的所有华人都被带到农帕里尔种植园，让那位逃出火海的印度守夜人一一辨认。印度苦力认出，或者说假装认出，其中两人正是周六下午经过看守窝棚的当事人。这两人当即被捕。但是，有证据证明，这两人在事发时正与同伴在屋里睡觉，周六晚上不曾离开过那间屋子。昨天，审讯继续进行，两人被治安官、法学博士弗雷泽先生（Mr. J.D. Fraser, S.J.P.）释放……我们知道的结论是这样的：两名守夜人，或许还有其中一位的妻子，当时曾经开怀畅饮。他们使用烟斗时非常大意，加之阁楼距草棚屋顶非常近，易被引燃。也许他们没有彻底熄灭烟火。而当窝棚起火时，他们又可能由于酩酊大醉，或烟雾弥漫而无力逃脱，葬身火海……因此，我们必须承认，印度苦力被火烧死的惨剧属于一次意外，而不是由于华人人为所致。即便华人渴望偷盗芭蕉，但他们并没有杀死4个同类的犯罪动机。那位奄奄一息逃出火海的印度苦力最终还是于周日下午或晚上去世……

（《皇家公报》，1861年12月31日）

  一位华人女乞丐昨晚10点到11点之间在水街（Water-street）拿着一只鸡行走，被192号"蓝制服"警员指控。当然，那是因为她说不清楚自己的来历和鸡的来路，没法给他满意的回答。事实上，这名华人女子根本不会讲192号警员的语言，反之亦然。因此，192号的好奇心无法得到满足也就非常好理解了。然而，这名192号公务员显然又想向报纸爆料丑闻，又觊觎那只鲜嫩美味的鸡，于是，他把这位孔圣人的落难后裔带到自己位于砖坝街（Brickdam）的住处，并执意留她过夜。但今天早上，那只鸡身上可吃的部分莫名其妙地不见了。这位192号只能拿出用绳子绑在一起的两只鸡爪作为证据。于是嫌犯被当庭释放。

（《皇家公报》，1866年1月1日）

警察方面的违规行为也时有曝光，有一次甚至导致一名华人受害者死亡：

  前警员詹姆斯·理查德（James Richard）被控过失杀人，杀死了一名叫吴阿金（Ng-a-kin）的中国佬。

  死者当时在弗里德恩胡普镇（Vreed-en-hoop）的监狱在押候审。监犯为当班警员，进入监狱。由于这位华人没有听从他的指令去做事，他对这位华人拳打脚踢。华人随即倒地。有证据显示，华人倒地后再也没有起来。但这位滥用职权的警员对倒地呻吟的华人置之不理，扬长而去。华人不久就死了。当时监狱里还有其他几名犯人。经审讯发现，华人死亡原因为脾脏破裂……辩护人称，死者脾脏也许原来就有毛病，突然大笑或情绪极度激动都会导致脾脏突然破裂。

  总检察长……对监狱强迫犯人打扫马厩，替警员干各种杂务的规定提出抗辩。但那位替犯人辩护的律师学识渊博，能说会道。他的推理似乎也有道理。他说，大笑产生的强烈痉挛也能导致眼眶乌青。

  有罪裁定成立。

（《皇家公报》，1869年7月22日）

最近，人们开始关注警方针对华人开展的没收鸦片严打行动。他们在没有获得搜查令的情况下随意闯进华人家，当街拦截华人，搜查随身包裹，看是否藏匿鸦片。这种行为极不恰当，属于行使未经法律允许的权利，完全是不公正的行径。假如说有类似银器被盗的事情发生，需要检查行李包裹，那么，要被检查的人不光是华人，所有其他族裔的人也应该被检查，做到一视同仁。警方这种搜查包裹寻找鸦片，趁没收物品侵吞部分财物的做法是违法行为，应该受到谴责。不仅如此，以这种方式找到的鸦片，不论多少，都无法证明是应被没收物品。我们不妨看一下1861年通过的第22号法令，其中未见发现某人拥有鸦片应如何处置的文字，也没有任何关于"非法拥有"的直接定义。

（《皇家公报》，1869年7月27日）

[告示]　　　　　　　　　　　　　　　1872年12月9日　乔治敦
致《皇家公报》主编的信

先生，请允许我告诉您7月18日发生的事情。一名警员和警察队长在海德公园拿走了我的全部物品，价值48.84元。我去找警督讨说法，没得到任何说法，也就无从要回我的东西。警察队长还拿走了一件价值5.64元的金首饰（也未能索回）。主编先生，我们殖民地的警察如此随意扣押穷人的物品，如此强取豪夺，难道您不认为这是天下最无耻的行径吗？他们这样做难道不是违法乱纪，为所欲为吗？

您忠实的仆人

手印　江亮伦（LEUNGLUN KONG）

（《皇家公报》，1872年12月31日）

警察继续骚扰华人。他们的借口是，怀疑有些可能是契约工的华人，还有一些上了年纪和有名气的华人，多年来一直住在城里，靠制作彩纸工艺品，或卖一些廉价饰品给穷人，赚一点小钱谋生。警方以卑鄙无耻的方式，利用最近草率出台的新法规，肆意折腾老实无辜的人，拿他们取乐开心。警察固然没有理由随意抓扣任何公民,不管他们地位多高。他们同样没有理由把那些在城里居住多年,与邻里十分相熟的人抓起来,扔进警察局。为了说明目前某些警察搞恶作剧的荒唐行为多么普遍,我们要讲述今天发生在威灵顿街和教堂街路口警察局的一件事。一位老年中国佬当时正端着盘子在那里卖坚果,一名警察走上前来,要求查看他的"执照"。这个中国佬十分为难,因为他没有带着执照。多年来,他一直在这个城市的这条街上卖东西,而且也有执照,只是觉得没有必要天天带在身上,所以把执照放在了家里。警察根本不听他解释,一定要这个中国佬跟他去一趟警察局。玩笑越开越离谱,又有一个警察过来凑热闹。这两个无赖警察对老人不依不饶,纠缠不休,一定要老人跟他们走一趟。直到他们疯够了,才同意放老人走,条件是给他们一些坚果吃。老人给了他们一把坚果。他们对自己的丑行自鸣得意,吃着坚果,笑着离去。这种情况如不立即制止,将给我们殖民地的自由华人带来恐怖经历。当年,处于社会底层的爱尔兰人和美国人曾经让美国太平洋沿岸州的华人经历过类似的恐惧,令他们苦不堪言。我们相信,在那里直到今天,这种恐怖体验还或多或少存在着。当然,我们不能允许这种现象肆意泛滥,因为,如果警方在搜寻失踪的契约华工时不谨慎行事,我们相信,总督大人很快会找他们算账的。警方居然能够在一天中抓扣那么多华人,然后又在周二带去移民局验明正身,说明他们玩忽职守到了多么严重的地步,这有损所有相关人士的名声,是极不光彩的事。那条责成警方寻找逃离庄园者的法令并不是昨天才下达。从该法令生效到现在,几个月已经过去,警方完全有足够的时间熟悉城里每一位自由华人,这样,如果有陌生人出现,便可以立即发现。但警督,或者他的部下,也许警督和部下都忽视了法律的规定。他们尸位素餐,玩忽职守,好像在睡大觉,几个月过去了才如梦方醒。此时,他们又急于表现,想显示自己的人马多么精明强干。于是他们鲁莽行动,不分青红皂白,抓捕这些安分守己的公民,只是因为这些人正好是他们(警方)想抓捕的同一个族裔的人。这种粗暴蛮横的执法过程也许在警方眼里是积极主动、工作热情的表现,但在别人眼里,完全就是愚蠢无能,或玩忽职守的表现。他们会说，逮捕这些自由华人，就算是违法的，也是出于维护种植园主的利益。这话或许听着有道理，但却经不起推敲。我们已经指出，如果警方真正恪尽职守，那么，到现在他们应该已经熟悉每一位华人了；那样的话，不仅不会发生非法抓扣的事情，还能真正让种植园主受益，因为，一旦他们走失的劳工在城里露面，马上就会被发现，并被送回庄园。

（《皇家公报》，1875年8月26日）

诉诸法律

在众多违法犯罪案件中，华人既是加害者，又是受害者。这说明华人移民并没有意识到，除了自己动手解决纠纷之外，他们还有其他途径解决问题。语言障碍，加上对依据不同法律条文运作的法庭诉讼制度一窍不通，导致他们认为求助无门，无法彻底申冤。但是，经过多年适应环境的磨炼，华人逐渐明白，法庭的作用是维护国家法律尊严，维护公平正义，是可以被运用来为自己讨回公道的。

一名审判记录上名叫刘阿东土（Low-a-tung-tu）的华人店主被判藏有鸦片，并被要求支付48元罚金及诉讼费。他对判决结果提起上诉。案件被重新审理：

> [刘阿东土]在德威廉种植园（De Willem）拥有一家有执照的食品店。警督在搜查其店铺和住所，寻找自制朗姆酒时，发现店铺下面有一个装有1.5磅鸦片的包裹，"藏在一根柱子附近"……警方有怀疑的理由，但却没有充分证据支持这个判决。

（《皇家公报》，1872年12月14日）

刘阿东土设法获得了无罪推定，因为鸦片是放置在一处开放的，其他人也能拿到的地方。那天当局搜查店铺是为了寻找非法烈酒，但这位店主却因另外一个指控被定罪。他的辩护律师声称：

> 当事人一直身体欠佳，咨询过总医官的意见。前来作证的总医官说，他不记得是否嘱咐过病人使用酒精饮料，但记得曾建议他过得宽松舒适一些，他还说过，喝点白兰地对他有好处……一位证人作证说，白兰地……装在一个1品脱的瓶子里，瓶子里还有一半酒。
>
> （罚款50元，外加诉讼费。）
>
> （《皇家公报》，1873年1月4日）

潘阿勇（Pun-a-Yung）因"盗窃蒂莫西·派尔（Timothy Pile）的财物——价值39分的13英尺白松木"被判处一个月监禁加苦役。潘阿勇将此案递到复审法庭，并收到一份圣诞节大礼。这个大礼就是法官的判决结果：

> 基于以下原因，本人推翻治安法官的判决：首先，指控和判决书上都写明财物属于蒂莫西·派尔，但证人都发誓那块木板是塞缪尔·派尔（Samuel Pile）的财物。其次，此案的控告是依据1856年第20号法令第2条做出的，而根据这项法令，治安法官只有权做出最高30天监禁加苦役或不加苦役的判决。因此，判处一个月监禁加苦役属于超越权限。
>
> （《皇家公报》，1878年12月21日）

昨天，一位卖坚果的华人小贩发现盘中4枚坚果被"帕克-卡宁汉公司"（Messrs. Park & Cunninghame）店铺里的顽皮伙计偷走，于是找到一位写"状子"的执笔人，写了一份诉状。诉状被告姓名处留有空白。随后，他找到警察立案，指控随即生效。当警察与坚果小贩找到那家店铺时，发现店铺关了门，所有伙计都跑光了。但那张诉状非常巧妙，因为上面没有写姓名，所以写一个人的名字和写另一个人的名字是一样的。这位中国佬要求警察逮捕正准备回家的卡宁汉先生（公司合伙人的弟弟）。那位有责任心的警察照办。卡宁汉先生被押着走过大街，送进警察局，并在那里呆了一段时间，最后才被放出来。

今天，这位中国佬拿到一份搜查证，他拿着这份搜查证满大街转悠。显然，他一心要把花费的钱赚回来。生活在这样一个自由国家真是一件幸事！

(《皇家公报》，1875年5月27日)

成为令人尊敬的公民

随着时间的流逝，华人在这个新家园定居下来，与他们有关的犯罪案件数量与人口相比越来越少。走歪门邪道的人最终都是死路一条。人们对华人社会的总体看法已经逐渐从厌恶变成尊重。这不仅是因为违法行为数量减少，还因为案件性质也不像以前那么恶劣。到19世纪80年代中期，华人已经在商业领域崭露头角，而且大批华人皈依了基督教。这些因素使得他们成为受人尊重的优秀定居者。华人对整个国家的福祉做出了贡献，得到整个社会的欢迎和接纳，从此以后，他们一直享有勤劳守法好公民的声誉，这种声誉令他们扬眉吐气，也由他们承前启后，代代相传。

第七章　落地生根

面对新环境

华人移民来到英属圭亚那,必须适应新的生存环境,但这一过程并非轻而易举,一蹴而就。首先他们并不是单一的族群,也并非所有人都是心甘情愿出洋来此。那些非自愿来到异国他乡的华人肯定是最不想融入当地社会的。与此同时,每个移民对未来都抱有各自的期待,因此,他们融入新生活的方式千差万别,这也不足为奇。他们被分配到圭亚那各地的种植园,这意味着他们必须以小群体的形式散落到各处。与庄园里其他劳工族群相比,他们往往人数稀少,势单力薄。由此造成的结果就是,华人同胞需要更加抱团,相互支持。同时,还要承受适应当地风俗习惯和生活方式的更大压力。

初来乍到的华人面临的第二个困难是,他们必须应对完全陌生的新环境,生活的方方面面都是那么的稀奇古怪。他们要适应迥然不同的语言、文化、习俗、法律制度、宗教信仰、节庆日、民族以及饮食。与其他移民相同,移民的第二代以及之后的子孙,都更容易融入当地生活,而相比之下,第一代成年移民则更多地保留了原有的生活习俗,终生不改,特别是衣着服饰。

> 我沿着(水街)漫步,被周围的繁忙景象所打动。形形色色的人从我面前经过,奔向西面八方。孟加拉人刚刚走过,他们身体灵活柔软,穿着色彩艳丽的精致服装,脚上是长得离谱的靴子,皮肤泛着椰子油的光泽。此时又有神情凝重、脸色发黄的中国佬走来。他们穿着有宽大前襟的萨兰波小彩格褂子和裤子,脑后发辫长及地面,头上顶着宽边竹笠……

(《梦幻之地圭亚那》或《传奇小说家的旅行轶事》说明,由《皇家公报》重印,1883年2月17日)

殖民地人口的多元组成也影响了华人与当地居民的交往方式。这里的人口由六大民族居民构成——美洲印第安人、黑人、华人、印度人、葡萄牙人和白人（非葡萄牙人）。其中在种植园里，与华人交集最少的是美洲印第安人。他们经过多年辗转，被迫从土壤肥沃的沿海地区迁徙到内陆地区，并保持了自己的传统文化和习俗。非洲人后裔则享受着摆脱了奴隶制束缚的自由生活，不必再在农田里从事繁重的体力劳动。在他们眼里，亚洲人，包括华人和印度人，填补了他们原来的位置，因此社会地位比他们低一等。不仅如此，由于亚洲移民都是以契约劳工的身份在种植园劳动，而黑人是完全自由的劳动力，因此他们更是觉得比亚洲人高一头。

在所有种植园劳工中，印度劳工的人数远远大于其他族裔。他们的生活条件和工作性质与华人相同。葡萄牙人是奴隶制废除后取而代之的最早移民工。他们在契约期满后成为商人和手工业者。华人到达这里时，这些葡萄牙人已经在城里和乡下开设了很多店铺和作坊。虽然他们与其他欧洲人肤色相同，相貌相似，但却被认为是异于欧洲人的民族。这是由他们来到这个殖民地的历史、人数以及社会地位决定的。

位于社会顶层的是白人，主要包括殖民地行政官员、种植园主和地主。他们中有些是来自荷兰和法国的定居者，在英国人通过军事争夺或政治和解，软硬兼施夺取了伯比斯、德梅拉拉和埃塞奎博三个省，组成英属圭亚那之后，他们继续留在这里。殖民地的经济支柱是蔗糖业，种植园主是这里的真正主人。英属圭亚那的蔗糖产量在所有大英帝国殖民地中名列前茅。所有经济活动和政府架构都是为了维持蔗糖业带来的繁荣。

安东尼·特罗洛普描述了1859年这里的大致面貌：

> 德梅拉拉的男人从不发火，德梅拉拉的女人也从不生气。生活如同一条永不停息的小河，带着慈爱、微笑和香槟淙淙流过，耳边还有悄声细语，轻松寒暄。人人衣食无虞，富足无忧。唯一不能发财致富的行当是医生。国泰民安使他们没机会施展本领，于是地方政府理所当然为他们提供优厚的生活津贴。
>
> 这里的政体是在蔗糖浸润下形成的一种温和专制制度。总督就是百姓之父，总督夫人自然也就是百姓之母。整个殖民地如同一个相亲相爱的大家庭，人们在父母庇护下，尽享卵翼之恩，和睦相处。在这里见

不到牙买加议会里的喧闹，也见不到巴巴多斯那种为钱财争吵不休的景象。这里收支状况良好，殖民地国库充盈，土地肥沃，贸易繁荣，百姓安居乐业。这是上天的眷顾，是对那些将命运交付给这块土地的幸运之人的恩赐。

特罗洛普的这段描述当然是上流社会的生活写照，他们的崇高地位带给他们各种奢侈享受。可以想象一下，他们豪饮的不是一般的朗姆酒，而是醇美的香槟。虽然由伦敦方面委派的总督决定着殖民地的发展道路，但在事关殖民地经济利益的重大事务上，种植园主都有重大的决策权和发言权。现行的政府机构是政策院，由总督、政府秘书、总检察长、审计长、招工总代理以及种植园主选出的代表组成。在讨论重大方针政策，以及具有重大经济意义的事项时，除法院成员外，还要有6名金融代表，即各地区选举出的种植园主参加，他们共同组成联合院。移民政策就是由联合院制定的，包括确定引进劳工的人数以及引进劳工的预算计划等。

关于饮食

移民到达新家园后，首先要适应的就是当地的饮食。对于华人移民来说，他们来自中国南方，以米饭为主食，而英属圭亚那种植园以种植甘蔗为主，而且没有考虑种植水稻，来满足人口不断增长的印度劳工和华工的需求。有时候，到岸的移民船会有一些剩余的大米。通过下面的告示，我们可以看到，处理剩余物资的拍卖会与移民工分配活动同时进行。

华人商店最新拍卖会
奉三德巴奇-帕克公司（Messrs. Sandbatch, Parker & Co.）之命
将于本月6日，周五，下午1点钟
在查尔斯顿区水街该公司商店

举行华人商店剩余物资拍卖会

所拍物品均来自"科罗娜号"商船

从中国出发,船长贝茨先生

拍卖物品包括:

成袋大米	中号桶牛肉
中号桶猪肉	中号桶鱼
咸菜	腌白菜
豌豆	大量木柴

以及大量水桶等

拍卖人:赫斯·雅各布(Jos. Jacobs)

1874年3月3日

(《皇家公报》,1874年3月5日)

大米必须从别的国家进口,这导致英属圭亚那的大米市场价比移民工在家乡所习惯的价格高出很多。这样种植园终于有了种植稻米的积极性。人们先是在小块自留地里种植稻米,满足单个家庭和居民区需求。后来,由于在市场上贩卖大米有利可图,人们开始扩大稻米种植面积。早期移民不得不改吃当地食物,如芭蕉、根类蔬菜和热带水果。由于华人对各种新奇食物具有天然好奇和尝试欲望,他们很容易接受当地食物。不过,也还是出现过一些惨痛经历:

一位中国佬因食用青蛙而丧命。他在米饭里炖了两只青蛙,美餐一顿,不料这顿美餐却成了他最后一餐。美餐后,他得了严重的肠胃炎。我们了解到,他原本患有心脏病,显然这顿美食让他旧病复发,才一命呜呼。无独有偶,我们还听到其他类似报道。不到一周前,在[埃塞奎博]阿拉伯海岸,发生了一起与前一个案例一模一样的事件。一位华人妇女在米饭里炖了两只青蛙。尽管有人劝她不要吃这种东西,她还是执意吃了一顿青蛙饭。之后,没过几个小时,她就没命了。是否她与那个男人一样,当时患病,我们不得而知,但是,两个案例的结果却完全相同。有人可能会得出结论，至少一部分华人有食用青蛙的习惯。但是，殖民地的青蛙是否与中国青蛙有所不同？还是他们当时所食用的青蛙种类不对，而其他种类无毒无害，可以食用？我们还是留给那些精通蛙类知识的科学家去甄别吧。

(《皇家公报》，1860年10月30日)

即便过了6年，食用此类食物危害生命的警示仍然没有深入人心，所以没能充分保护华人和青蛙：

本月25日，在拉格兰奇种植园，警方对发现一名叫钟阿坤（Chung-a-Kum）的华人尸体进行了调查。该华人死于食用蟾蜍……医学证据显示，死者当时肝脏和胃部有病变。

(《皇家公报》，1866年4月31日)

所幸的是，这种因食用青蛙致死的案例只是个别现象。总体来说，华人移民保持着营养膳食和益于健康的生活方式，尤其是他们在种植园主所分配的自留地里种蔬菜，而蔬菜正是华人传统饮食中的重要组成部分。1861年，政务长官沃克在一份报告中强调了这种自留地的重要意义：

分配适量的食物，或在距离劳工住所不远的地方分配菜园用地，这事情值得关注……华人除了在手工制作方面心灵手巧，他们同样擅长园艺。对那些勤劳肯干，做事规矩的华工，偶尔赠送几袋种子也会让他们满心欢喜，很有意义。

华人在自留地里精心种植蔬菜，有些品种是从中国带来的，虽然收成有限，却保证了主人膳食健康和经济收益。许多华人精心打理园中蔬菜，并获得良好赞誉。1871年，几位华人种植者参加了当地举办的两年一度的产品展览会。展示的农产品包括主要农作物和甘蔗，还有制成品，如巧克力等。展览会还展示了牲畜、农产品和手工艺品。在几个项目里，华人参展者还拿到大奖。

	第八类		水果、蔬菜、花卉
一篮青芋	杨阿发（Yung-a-Fat）		0.72美元
最优红薯	杨阿发		2.00美元
最优各色葫芦	钟阿发（Chung-a-Fat）		3.00美元
最优嫩姜	杨阿发		3.00美元
荣誉奖			
	周志前（Chau-che-chin）		海带编织
	金姓中国佬（Kim Chinaman）		花架
	杨阿洲（Yung-a-chow）		绣花枕头

(《皇家公报》，1871年3月4日)

1878年初，又举办了一次当地产品展览会。展会获奖产品将参加评选，入选者将参加这一年晚些时候在巴黎举办的万国博览会。因为此次展览设立了专门展示中国传统工艺品的类别，如纸扇、刺绣和其他手工艺品，人们对华人参展产品寄予厚望。

  印度产品和制成品成为展会上最吸引眼球的部分。在展厅西端，有一个隔出来的单间，几位土著印第安人将在里面展示制作木薯面包以及打造战斗武器的技艺，还有这些原生态民族的其他情趣爱好。说到华人，他们可是不甘落后，可以看到，除了那些具有中国特色的工艺品类别，我们的中国佬朋友已经瞄准了杂项展示部，志在必得，准备拿下多个奖项。

(《皇家公报》，1878年1月12日)

但此次华人表现令人失望。他们要么没有提交参展产品，要么没有达到获奖质量，只有钟晓力（Hyolack Chung）拿到了最佳木质花盆奖，奖金10美元。

1881年的英属圭亚那展览会被推迟到1882年4月举行，并向来自其他国家的产品开放，这些国家包括苏里南（Surinam）、卡宴（Cayenne）①、

---

① 卡宴（Cayenne）是法属圭亚那省首府。（译者注）

特立尼达、圣卢西亚（St. Lucia）、圣文森特（St.Vincent）、格林纳达（Grenada）、巴巴多斯、多米尼加（Dominica）和牙买加（Jamaica）。在展览开幕前几天，《皇家公报》收到一封奇怪的信函：

> 今天我们收到一份貌似电报的奇怪信件，我们的记者说是在一家店铺门前发现的，内容如下：
>
> "贝尔菲尔德（Belfield）区史蒂文森警察长启
>
> 乔治敦自然学家王阿师（Wong-a-Shi）敬上
>
> 我想要你们抓捕一个黑野人，就在科夫-约翰种植园的农田里，将他关进贝尔菲尔德监狱，上周五在《记事报》上已登了启事，我要送黑野人参加周四的展览会，告知价钱，我马上送钱来。"
>
> 我们翻阅了上周五的《记事报》（Chronicle），发现一段文字，意思是说在甘蔗田里发现了一个藏匿的男人，他"身体健全"、涂着油彩、野性十足。我们猜测，一定是王阿师出于无知，把他当成了一头"野兽"，想作为奇特展品送到展览会参展。
>
> （《皇家公报》，1882年4月27日）

健康状况

华人注重饮食，这使得他们的健康和生活状况普遍良好。1865年初，爆发了一场霍乱，政府呼吁所有公民保持良好的卫生习惯，还要求人们注意膳食，加强营养，以保持身体健康。

我们相信，种植园里那些勤劳富裕的移民工，包括印度人和华人，都比当地克里奥尔人生活得更舒适、更有规律。华人喜欢吃动物性食物，在所有种族中，衣着最整洁光鲜，面色最健康红润。即使有人抽鸦片,也没有影响他们的食欲。在圭亚那劳动阶层中,境况最差的就是葡萄牙人,他们从小就很艰苦。精打细算过日子固然值得称道,但他们节俭过了头,常常舍不得吃,舍不得喝,健康状况也因此受到影响。

(《皇家公报》,1865年1月19日)

华人最常见的疾病是腹泻、痢疾以及被笼统称为"其他呼吸道问题"的疾病。结核病(肺痨)也会夺取少数华人的生命,但似乎并不像在黑人和东印度苦力中那么频繁发生。华人喜欢美好生活,最爱享乐,如有机会,肯定不会错过,而且这样的人不在少数。我就见过他们在早上7点钟,坐着出租马车去庄园干一天的活。他们手里拿着铁锹,嘴里叼着雪茄。晚上收工时,又会有出租马车等着接他们回家。不管是白天还是黑夜,你会常常见到喝得酩酊大醉的东印度苦力或黑人,在路上蹒跚而行。但这副模样的中国佬却绝少见到。他们宁肯在家里醉成烂泥。

……劳动阶层的饮食,除华人之外,一般非常糟糕,毫无变化。他们主要吃鱼、米饭和芭蕉,偶尔换换花样,吃一点新鲜鱼类(经常不在乎质量如何)、咸牛肉、猪肉以及某些种类的水果。这里种植蔬菜成本低廉,轻而易举,但他们却很少种植。报告人是亚历山大·戈登(Alexander Gordon),拥有医学士和外科硕士等头衔,担任金斯敦区医官及埃塞奎博监狱医务监督。

(《皇家公报》,1876年2月15日)

至于华人的精神健康,伯比斯精神病院的医生报告让我们得以窥见那里病人的状况。

英属圭亚那精神失常情况说明。作者是詹姆斯·唐纳德(James S. Donald),爱丁堡医学学士,伯比斯精神病院外科住院医生。

上述年份(1871年),(在英格兰和威尔士,)人口中精神病人比例为2.49‰,而在殖民地,这个比例为0.91‰。在西印度群岛克里奥尔人中,精神病人比例为0.41‰;在印度苦力中为0.82‰;在主要来自马德拉岛的葡萄牙人中，精神病人比例为1‰；华人为1.5‰……在华人患者中，常见的精神疾病为癫痫及癫痫性狂躁症，这令我震惊。而导致这些病症的原因也令我感到疑惑不解。女性犯病情况比男性更为严重。发病呈现周期性，且非常狂暴。人们一般认为，吸食鸦片是导致这种情况的原因。但如果真是如此，印度苦力的发病率应该更高，因为他们同样吸食鸦片成瘾。一般来说，华人那种无动于衷、表情木然的特点在精神失常时变化不大。他们的神态郁郁寡欢，闷闷不乐，看上去像是患上永久性忧郁症，对周围事物表现得完全麻木不仁。医院中的华人患者数量不足以使我给出确切的意见，无法说明他们的精神疾病有哪些特点，性质如何。他们一般都很安静，温顺，服从治疗，很少出现暴力症状，除非癫痫发作。

有趣的是，这位医生认为英属圭亚那的精神病人数量比母国英国少一半。仔细研究这些数据可以发现，精神失常发病率的高低与各种族人口的多少成反比，换句话说，人数最多、定居时间最长的克里奥尔人精神失常发病率最低，而人数最少、移民至此时间最短的华人发病率却达到克里奥尔人的四倍。这也说明，该医生并未获得真正有代表意义的人口样本。不仅如此，在他调查的时间段里，也没有给出不同种族之间可比较的发病史。举例来说，1882年2月，在357名病人中，没有一名华人，这也许可以说明华人是所有种族中精神最健康的人群。但到了下一个月，医院收治了2名华人患者。这个数字虽小，但鉴于有限的华人人口比例，这个数字变化在整个数据中却呈现为大幅度增长。

华人中除了有进入精神病院的患者，还有其他一些被认为是智能低下的人，也称为傻子。这些人并没有被关在家里，但也无法找到工作。他们跟那些因事故或疾病致残的人混在一起，被种植园拒之门外，流落街头，靠乞讨为生。

在过去一段时间，街上到处是各种乞丐——克里奥尔人、印度人和华人，不管你走到哪儿，都会碰到这些人。你在街上会碰到深深鞠躬、行额手礼的印度苦力,他们手持乞讨棒,口中念着:"先生,萨拉姆①啊!"你还会遇到黑人,他们会说:"先生,先生,赏个小钱吧。"在每个店铺门口你都会撞上一些中国佬模样的可怜虫,说着哇啦哇啦或其他稀奇古怪的语言。

(《皇家公报》,1865年9月2日)

20名乞丐被羁押候审。指控他们的罪名是本月16日在乔治敦大街上游荡,乞讨施舍……他们的名字分别是郭利初(Collychur)、周阿奇(Chow-ah-kie)、叶德和(Yep-tehe)、三宝(Sum-poo)、黄永和(Woung-yeung-ho)、李宗福(Lai-chung-fook)、叶阿志(Yahpah-che)、黄阳浩(Wing-yang-ho)……以及张氏(Tcheung-chee)[女性]……周阿奇是威尔士种植园契约劳工。叶阿志据说没有劳动能力……据外科医生说,黄永和也没有劳动能力②。据医生讲,张氏目前精神明显不正常。

(《皇家公报》,1876年9月21日)

成家困难

对那些身体健康、四肢健全并决心在此地扎根落户的劳工来说,能娶妻成家是最好不过的事情。但是这个目标极难实现,因为男女比例太过悬殊,而且,大部分男性不愿意与其他族裔通婚。在印度移民工中也有这个现象。这种局面会引发严重后果,这也促使政策院出台了一个法案,以解决这一问题带来的影响。

---

① 穆斯林见面问候语。(译者注)
② 实际上,叶德和(Yep-tehe)与叶阿志(Yahpah-che)可能是同一人,而黄永和(Woung-yeung-ho)可能就是黄阳浩(Wing-yang-ho)。

在绝大部分涉及印度苦力的谋杀案中，不幸的受害者要么是妻子，要么是情妇，这种情况已经引起严重关注。实际上每艘劳工船都会运来一些妇女，但用通俗一点的话讲，还是供不应求。因此，除了极少数个例，印度苦力都不会娶亲结婚，甚至也不会与任何黑女人同居，于是苦力中间存在着严重的嫉妒心理。勾引人妻或情妇的情况司空见惯。除这种情况之外，还可以从其他方面看待这一犯罪问题。印度移民中对什么是法定婚姻不甚了解，难有统一看法，而对法定婚姻的无知，一定会导致很多邪恶行为的发生，其中一点就是，一些人经常在有人去世时违反继承法，同时还会导致一些人质问这个社会，是否应尊重起码的婚姻权利，而不是完全罔顾这个权利。本月8日通过了一项法案，旨在规范异教徒移民的婚庆活动，以解决这种混乱状态……

（《皇家公报》，1860年2月25日）

该法案被称为《关于异教徒移民婚庆及登记规定的法令》，其中条款规定：

招工总代理将备有两套登记簿……第一套将定名为"进入殖民地的已婚异教徒移民登记簿"，另一套将被称为"殖民地异教徒移民结婚登记簿"。

（《皇家公报》，1860年3月15日）

此项法令在第一批华人女性到达英属圭亚那之前4天生效。在法律认可、共同拥有财产权、家庭成员的权利与义务等方面，该法将异教徒移民的婚姻与基督徒婚姻置于同等地位。四年后，人们开始意识到，由于不愿意跨种族通婚，人口增长受到了影响。

提到移民问题，一定不能忘记男女比例相差悬殊的情况，尤其是在华人移民中，而且华人和印度苦力均不与殖民地其他种族通婚，个别案例除外。其必然结果就是，多出来的男性终身没有子嗣。因此，从整体上讲，移民数量不可能实现实际增长，这还未算上大量婴幼儿死亡的情况。

（《皇家公报》，1864年1月26日）

到1873年，华人家庭只出生了585名婴儿，而最早一批移民人口只剩下一半：

> 华人吃苦耐劳，聪明伶俐，而且不惹是生非，他们生活安逸，穿着得体，比起其他移民群体，更有可能在这块殖民地永久定居下来……从1851年到1866年，总共有12531名华人到达殖民地。但截止到上一次人口普查，留下来的华人为6295人，包括585名在这里出生的儿童……

（《皇家公报》，1873年5月1日）

在1877年的年度报告中，招工总代理报告说，印度契约劳工人数为22711人，死亡802人，死亡率为35.31‰。相比之下，契约华工的死亡人数要低得多，879人中死亡23人，死亡率为23.49‰。这一数据结果并不奇怪，毕竟在过去11年中，只有1874年"科罗娜号"运来过388名华工，而来自印度的移民却源源不断。到1877年进行调查时，契约华工都是经验丰富、身体健康的农业工人，比起刚刚到达、开始契约期劳动的印度劳工，华人自然更具有优势。与此相反的是，同年非契约华工的死亡情况为2467人中死亡77人，死亡率为31.21‰，略高于同样身份的印度劳工。在26000名印度劳工中，死亡768人，死亡率为29.53‰。这组数据也不足为奇，因为1853年至1866年间到达的非契约华工，平均年龄偏大，而印度移民每年不断地得到补充，已经积累了大量新鲜血液。

1877年新生儿出生数据非常说明问题。在印度移民中，每千人出生婴儿21.61名，而华人人口中，每千人只出生了5.80名婴儿。这正是华人男女人口比例相差悬殊的直接后果，也就是说，绝大多数男人没有妻子，没有家庭。因此，华人人口下降在所难免。

1881年人口普查数据显示，殖民地共有252186名居民，其中149639人在本地出生。在总共5232人的华人人口中，在英属圭亚那出生的有454名男性和387名女性。从1853年到1879年，从中国移民至此的人数为13541人，而人口普查显示，1881年，剩下的人数不到原来的一半。

死亡原因

正如在前面章节所述，相当数量的华人死于刑事案件，要么是谋杀案中的受害者，要么是杀人犯，被处以绞刑。而对遵纪守法的华人来说，导致其死亡的原因与其他居民的死亡原因大致相同。疾病和事故是造成提早死亡的主要原因。

> ……一些华人在东海岸庄园干完活，于下午1点钟扛着锄头收工回家。当时正在打雷下雨，一位华人突然倒地，滚进壕沟。人们叫来医生救助。医生立即断定此人是被闪电击中而死亡的……这种意外在殖民地屡见不鲜……
>
> （《皇家公报》，1860年10月23日）

> 梁阿泽（Leung-a-tshe）……因炉墙倒塌，落入锅炉死亡……
>
> （《皇家公报》，1870年8月9日）

> 验尸官对陈胜（Chun Sing）的尸体进行了调查。死者是一名居住在埃塞奎博省的华人店主。调查结论——陈胜因单桅帆船"亨丽埃塔号"（Henrietta）倾覆而溺水身亡；他们进而认为，船只倾覆是由于操纵"特拉法加号"（Trafalgar）的人粗心大意造成，应承担责任，因为他们没有及时变更航线，最终导致船只相撞，
>
> （《皇家公报》，1875年4月1日）

> 周阿义（Chow-a-Yee）在"胜利号"（Victory）撞翻他的小船后身亡。
> （《皇家公报》，1875年8月31日）

> 一名在硕恩奥尔德种植园劳动的华工昨天下午被骡子踢伤，不治身亡。
> （《皇家公报》，1878年3月14日）

> 对李阿奇（Li-a-quee）的死亡进行了调查。他的死亡时间为本月22日，死亡地点为殖民地医院。他被一辆骡车撞倒。[并死于败血症。]
> （《皇家公报》，1879年5月1日）

在一名华人妇女死亡案例中，当时的医疗服务程序影响重大。那名妇女咳嗽，发烧，情况严重，被送到普罗维登斯种植园医院，但医生却拒绝救治。后来，当她被再次送来时，已为时过晚，命不保矣。在询问中，陈阿忠（Chan-a-Chung）作证说：

> 我住在普罗维登斯种植园，死者是我的妻子。周一上午10点钟，我在普罗维登斯医院见到卡尼（Carney）医生，并请求他看一下我妻子，给她开一点药。该医生说："如果你是自由劳工，就必须付给我1元钱，如果你没有1元钱，就必须送她去殖民地公立医院就医。"

庄园经理亨利·爱德华·布洛克（Henry Edward Bullock）作证说，陈阿忠的确在他的庄园工作，但不是契约劳工。他补充说：

> 我的做法是，接受任何求助的移民工，不管是自由身份，还是契约劳工，只要他们生病了，我都会让他们去庄园医院就医。只要是我接受的劳工，都由庄园支付伙食费和药费。

接着，卡尼医生给出了他对当时情况的说辞。他首先问了药剂师，死者是否在庄园里工作，药剂师回答："不是。她自己种粮食，还拿到新阿姆斯特丹集市上去卖。"他还问她的同伴是否真是她的丈夫。卡尼医生承认，他对陈阿忠说，如果不交1美元费用，病人就得到殖民地公立医院去就诊。在她死后，他检查了她的尸体，发现她是死于肺炎或肺部血液凝固。《皇家公报》编者按写到，这件事令人遗憾，按照庄园经理的说法，即所有移民不管是契约劳工还是自由劳工都应给予医疗救治，这起死亡很可能是可以避免的，这件事根本就不该发生。

本书第十章结尾处有两幅重印的木刻画。这些画最早是爱德华·詹金斯（Edward Jenkins）的《苦力的事实真相》（*The Coolie, His Rights and Wrongs*）一书的插图。詹金斯解释说，这些木刻画是根据一位在中国当过教书先生的华人的绘画制成。由于不知道原作者的创作初衷，很难准确诠释绘画所描绘的情景。不过，詹金斯极为同情不幸的劳动者，也尽量详实地做了注释说明。第一幅画描绘的应该是医院的场景。詹金斯说，厨师们在炉子上炖鸡汤，但鸡在炉边自由地漫步。画面上的文字是用中文、印度文和英文书写的"菜谱"。

第二幅木刻画据说描绘的是庄园经理的家，有象征性。经理正和他的律师一起用印度苦力和华工的血汗把自己喂得膘肥体壮。骨瘦如柴的劳工们被绑着手脚。詹金斯解释说这反映了契约劳工的感受。一名华人正被乡下治安官追赶，据说他是想逃脱束缚，获得自由。而自由的印度人正得意洋洋地赶着几头牛。

虽然这些木刻画的确刻画出契约劳工所经历的令人不快的时刻，但要想准确、公正地诠释每一个细节则非常困难。读者们还需自己体会揣摩这些艺术创作的本意。

娱乐活动

说到有组织的娱乐活动，政府了解到农历新年对华人意义重大，于是允许他们放假5天。

移民部发布了一个正式通知，提请公众注意华人假期将于下月10日开始，至15日结束，并要求种植园经理、地区治安官以及其他人尽可能向契约华工提供方便,让他们度过一个轻松快乐的假期。我们理应让华人和印度人享受属于他们自己的节庆日。我们不知道华人将如何欢度佳节,但我们从未听说过他们会在节庆日里扰乱秩序,因此,与印度苦力相比,他们的口碑更好。印度苦力常常成群结队,吵吵嚷嚷去干活,有时会滋扰公共秩序,甚至闹出人命……

(《皇家公报》,1869年1月19日)

上周,城里的华人居民按照他们家乡的传统方式欢庆新年。连续几个晚上,他们身穿亮丽服装,高举着巨大的彩色纸质灯笼。灯笼造型各异,创意奇妙,主要以鱼形灯笼为主。他们敲着锣,打着鼓,沿主要街道行进。在他们身后是大量平民百姓。如果不是砖坝街警察局英明决策,派出众多警察跟随游行队伍,维持秩序,那么多看热闹的民众一定会趁机捣乱,给华人带来麻烦。在城里华人聚居的查尔斯顿区,新年庆祝活动包括聚餐,喝酒和赌博。不过,虽然这些人兴高采烈,大声喧哗,但没有发生一起需要警察介入的情况。

(《皇家公报》,1880年2月24日)

除了农历新年的相关庆祝活动,华人偶尔也会受到种植园主和经理的款待,参加晚会。

奶与蜜种植园(Land of Milk and Honey)的欢庆日——昨天,该庄园经理米尔肯沃特先生(Milkenwater)照例给这里的劳工放季度假一天。如今,这个庄园以及大部分庄园都会定期让劳工休假,形成惯例。所有人坐在经理住宅前的草地上,享用午餐。这个社区的众多高贵人士纷纷前来帮忙,其中包括医生、牧师,还有他们的妻子。所有女士都热切希望服务好这些劳工,让他们心情舒畅。最积极的当属米尔肯沃特夫人和她两个可爱的女儿,米尔肯沃特大小姐和二小姐。劳工们不是以正规的方式使用椅子,而是按照他们的习惯,蹲在上面,这让大家觉得很好笑。午餐后,大家开始进行各种娱乐消遣活动,比如寻找银勺子。这

第七章 落地生根

次活动所使用的餐具都是附近热情友好的精英人士借给庄园用的。不见踪影的勺子最后都被找回来。这些聪明的华人像变戏法一样，把这些小玩意儿藏在单薄衣服的褶缝里。看着这些人一脸无辜地嬉笑，疑心最重的人都会相信，他们拿走勺子只是为了增加欢乐喜庆的气氛。当这些器具被抖落出来时，他们会淘气地说"中国佬喜欢开玩笑嘛"，这时，你会情不自禁地为他们憨厚友善（bonhomie）的小把戏掏出点钱，递给这些顽皮的家伙。由监工组长卡沙德先生（Mr. Cusshard）精心训练的劳工乐队很快开始吹奏出旋律优美的乐曲，舞会郑重其事地开始了。庄园经理与一名劳工骨干的妻子辣萝卜（Lallober）带头跳起来。工头拉姆斯迪康（Rhamstiukum）则邀请米尔肯沃特夫人一同起舞。人们踏着优美精准的舞步翩翩起舞。整个舞场令人眼花缭乱，惊愕不已，至少那些不知内情的人是这么感觉的。原来，庄园经理的两个可爱女儿，在牧师斯瓦夫东（Suavetung）的几个女儿协助下，提前数周就开始辅导劳工们学跳舞。她们耐心细致，一丝不苟，认真教授不同舞蹈的各种舞步。所有人对跳舞者的表演拍手叫好，啧啧称奇，这也是对我们提到的几位女士无私奉献的最佳奖励。不过，当很多人沉浸在步伐轻盈的曼妙舞蹈中时，其他人也在忙着玩儿自己的游戏。槌球草坪上挤满了参加比赛的男男女女，有印度人，也有华人。华人展现出高超的占位技巧，印度人则望尘莫及。到了下午，有人端来饮料，有汽水、酸角汁、甘薯汽水（fly）①、姜汁啤酒，还有加勒比树皮汁。客人们随意饮用，尽情享受。有人不时开玩笑说，"朗姆酒更好"。无巧不成书，这个快乐的日子恰逢庄园主人到访殖民地。主人在属于自己的土地上与劳工欢度假日还是头一次。当然，首先要将他介绍给在场的所有人。作为这一大片土地的主人，他就像一位德高望重的长老，站在毕恭毕敬的仆人中间接受他们的膜拜，犹如众星捧月一般。此情此景感人至深。他像一位慈祥的父亲，轻拍劳工孩子的头顶，真情流露，令人动容。孩子们的母亲眼含幸福感恩的泪水，站在四周，透过音乐的吵闹，大声叮嘱孩子祝福主人安康，请他赏

---

① 甘薯汽水是一种用甘薯制作、有柠檬味道的饮料。由于发酵产生的气体作用，打开时瓶塞会飞出去。

点小钱（Bucksheesh）①。下午的时光慢慢流过，人们开始准备观看庄园的"希望乐队"（Band of Hope）游行表演。组织这支队伍是为了提升人们的精神境界，顺便带来一些实际收益，因为庄园里不断会有人丧失劳动能力，除了庄园提供帮助，这个活动也使这些人每周可以拿到一小笔生活费。这时有几个主要队员突发不适，医生马上前去照应，所以乐队游行被耽误了一会儿。原来，那些可怜的家伙由于头脑简单，闯了一个小祸，也因此耽误了自己的欢乐活动。他们像孩子一样在经理住宅中四处搜寻，走进了食物储藏室，错把白兰地当成汽水喝下去。这些人的同胞都很同情他们，很多人伤心地说他们要遭殃了。类似这样的小事也说明，这些人关系密切，情同手足。最后，感觉不适的人得到照料，乐队游行继续进行。游行过程热闹异常，人们举着耀眼的旗子，上面印着各种至理名言和精辟句子："爱你的经理如同爱你自己""劳工钱少，劳工快乐""工人勤劳，园主快乐""一天一块钱，一年一头牛""远离朗姆酒，快乐不争吵""经理的关爱是最好的奖赏"等，还有其他很多类似的口号。游行结束，该给乐队获奖者颁发奖金了。所有人都会得到在上流社会担任职务的女士们的关爱。这些领取生活津贴的人可以说衣着简朴，但女士们的手却不时摸摸这里，摸摸那里。还会有纤纤玉指偶尔碰碰当做帽子用的葫芦瓢，上面可能有一两道油彩，或一两条缎带，以使葫芦帽看起来漂亮轻巧。同样是这些充满爱心的手指，也会轻轻抚摸几条木头假腿，以及点缀着各色自然宝石的常青藤花环。下午最后的时光在工头们指挥的多声部合唱中度过；最后，全体合唱团员齐声高唱"请来阿拉巴马州"和其他著名歌曲，气势磅礴，场面震撼。夜幕降临，人们端来茶水和糕点。之后，集会的人群渐渐散去，欢快愉悦的一天让所有人心中都充满了快乐和满足。

您忠实的仆人
约翰·弗福特（John Fourfoot）
（《皇家公报》1873年7月19日）

---

① Bucksheesh，中东地区词汇，表示赏钱，小费，亦作Bakesheesh。

毒与赌

除了各种有组织的节庆活动，还有些华人热衷于吸食鸦片和赌博，并将其作为业余消遣。这些习惯对整个华人社区带来一些影响。

昨天晚上，几名华人赌徒碰翻了油灯，造成6万美元的财产损失。1848年在摄政街（Regent Street）曾发生火灾，烧毁了亨特先生（Mr. Hunter）的房屋。从此以后，这座城市再也没发生过昨晚那么大规模的火灾。火灾发生在紧邻保税仓库的地方，一时间聚集了城中大批男男女女市民。午夜刚过几分钟，有人发现在比凯诺先生（Mr. Pequeno）新建的一排房屋中，有一间屋子着起大火。比凯诺先生是威克恩拉斯特种植园（Werk-en-Rust）有名的格罗格酒商店老板。这间屋子好像是租给了华人。而这位华人表面上将房屋作为一间店铺使用，实际上将这里变成了华人地狱。昨晚这些人像往常一样赌博，但有人不小心碰倒了照明用的油灯。灯油被引燃，房子很快被大火吞没。贪生怕死的华人完全没有想着救火，只顾四散奔逃。事故发生仅几分钟，与这间屋子屋顶相连的整排建筑都陷入火海。没等第一辆从砖坝警察局驶来的救火车到达火场，大火已经蔓延至比凯诺先生的一排住房，开始蚕食他的格罗格酒商店。

……我们得到消息，当时一些葡萄牙人袖手旁观，没有对比凯诺先生的房屋采取任何施救措施。他们之所以见死不救，是因为比凯诺曾经大言不惭地吹嘘，上帝不会让他受穷，因此他们对他也就没什么同情之心。

（《皇家公报》，1863年6月18日）

据说几名华人在精神病院附近建起另外一处"地狱"，也就是赌场，类似原来的黄铜城堡。此消息是否属实，我们没有把握，但如果真有此事，我们希望这个赌场被捣毁，赌场老板被绳之以法。我们听说，华人玩的主要赌博游戏与非常有名的"红与黑"（rouge et noir）游戏基本相同。游戏需要一个浅浅的方形铜盒子，盒子底部漆成白色，并且黑红相间。参赌人员在某一个颜色上下注，庄家根据下注者投中或未投中正确颜色而收钱或付钱。谁也看不出庄家会偏向那种颜色，所以这种游戏全靠手气。最近两名华人因开设赌场受到指控，被治安法官送交高一级法院进行审判。也许到时会对赌博这事儿了解一些更确切的信息。华人热衷于赌博，但陪审团必须解决一个问题，什么样的地方才构成一个赌场。如果有一幢房子，或一间屋子，允许任何人进来赌博，那么这种房子或屋子可以称为"赌场"，但问题在于，如果几名好赌之人聚集在一起自娱自乐，并不接受他人参加，这个场所是否也该叫做"赌场"？"以金钱收益和盈利为目的开设并经营公共赌博场所"似乎并不适用于这一案件。不过，这一问题将要由最高法院决定。

（《皇家公报》，1863年7月4日）

新阿姆斯特丹有一个"唐人区"，类似我们这个城市的查尔斯顿区。那里不仅是中国佬最青睐的地方，也是四处游荡的印度苦力最爱光顾的地方，他们到那里是为了享受鸦片。如果增加对乔治敦和新阿姆斯特丹"烟馆"的检查次数，那么，不仅能发现很多非法的贩运鸦片活动，还能找到许多从庄园里逃跑的劳工。还有赌博问题，由于赌博是华人喜闻乐见的娱乐方式，似乎没有人真正对其进行控制或禁止。但这种习俗带来的后果非常严重，非常恶劣，政府应采取各种措施予以遏制。且不说由此带来的谋杀案件不断上升，你只需看看整个殖民地有多少华工逃离种植园吧，都是沉迷于吸鸦片的后果！但是，不仅城里有赌场，就连种植园里赌场也比比皆是，根除这种恶习也许非常困难，甚至不可能实现，但我们也许应该进行控制，并逐渐予以取缔。如果将来准备恢复引进华人移民……有一点至关重要，那就是让已经在我们这里扎根落户的华人移民摒弃这些恶习，以免他们带坏将来到达殖民地的优质移民。众所周知，我们这里最胆大妄为、手段高超的窃贼就是中国佬。他们也许会继续自甘堕落，倒不是因为他们需要找钱糊口，毕竟在这个国家吃饱饭是一桩轻而易举的事,他们偷盗是为了偿还欠下的赌债,并为下一次赌博凑足赌资。因此,鉴于赌博行为带来的诸多严重恶果,如谋财害命、逃离庄园和因赌博引起的偷盗抢劫,我们必须采取严厉措施,遏制赌博,将这里华人移民的聪明才智转移到利人利己的事情上,也让生活在他们周围的人对他们少一些偏见。这个道理怎么强调都不为过。虽然人们能够容忍他们在私人住所享受这种"吸食鸦片的高级消遣"(opium cum dignitale),当然这种消遣对他们健康不利,但人们对赌博泛滥的势头却不能容忍,不能让步,因为其恶劣影响范围广泛,破坏巨大。

(《皇家公报》,1875年11月13日)

查尔斯顿区那些由华人经营的烟馆声名狼藉,但却不断增加,不断扩大,很快将有足够的素材为我们殖民地历史书写黑暗的一页。光顾这些邪恶窝点的往往是一些穷人、吃不饱饭的人、淫秽下流之人——有男人,也有女人。他们身上那几文小钱不是讨来的,就是借来的,或偷来的,统统被开烟馆的中国佬吞掉。他们离开烟馆时更加可怜可悲,但却从来不思改过,不肯重新做人。令人遗憾的是,我们眼睁睁看着这种罪孽肆意泛滥,却没有人挺身而出,彻底制止这种恶习,至少扭转一下世风日下的势头。如此堕落下去的终点注定是精神病院、监狱和绞刑架。这些不诚实的人和绝望无助的人正是在警察眼皮底下,在众目睽睽的大街上,在信众烧香拜佛的寺庙旁,毫无障碍地,毫无顾忌地活动。

(《皇家公报》,1884年11月15日)

在旁观者眼中

如果你可以随时读到报纸,你会发现,人们对于华人社会存在不同的看法。罗存德牧师于1861年中期访问英属圭亚那,并借机考察了各个庄园里的契约华工聚居区。他写道：

> 目前，斯凯尔登种植园有15至20名引进殖民地的华工，他们都是亲戚关系，在家乡时生活在一个大家族里。在家乡，他们变卖了大量财产，出洋来到这里，期待着建立一个幸福新家园。这些以契约劳工身份离开故土的人本来会遇到很多烦恼，多亏亨利先生开恩，按照他们的意愿，允许他们在这个庄园里开了一家店铺。是我代表他们，将这个意愿转达给在中国的柯士甸先生。他们对家乡同胞起了很大影响，因为，他们写给国内亲朋好友的信件吸引了大批身体健康的农民来到这个殖民地。更不用说，这样的消息传出去带动了大量贫苦百姓效仿他们，纷纷走上契约劳工这条路。另外，在划分地界问题上，殖民地政府最好能减少测量土地的费用，允许劳工先在同一块农田里劳动，等找到合适的土地测量员再进行划地，这样做更有利于划分土地。
>
> 关于异族通婚、移民与克里奥尔人：……我在各处都了解了一下情况，发现他们非常抗拒与殖民地克里奥尔人通婚。我只听说了一起这种情况，那是一位1853年来此的华人，娶了一位克里奥尔女子，而且显然觉得这桩婚姻幸福美满。我还听说了一件事：一位中国佬娶妻后不久，就把那女子打发走了，再也不与她往来。我发现，各处的中国佬一说到娶克里奥尔女子为妻都会脸红。他们大多数人的想法与白种人相似……但是，中国佬对与较低等种族通婚似乎并不反对。他们一般认为有色人种都是未开化的蛮夷，既不文雅，也没有学问。华人远离家乡，又不习惯自己寻找生活伴侣，时而又会感到孤独，会渴望建立幸福家庭，因此他们面临着巨大困境。在爪哇和新加坡，华人已经生活了几个世纪，他们当中70%—80%的人都会与土著或马来人结婚，几乎都会讲马来语。到处都有他们的学校，他们的孩子可以上学，受教育，并从中受益，不管是在暹罗的沼泽地带，南婆罗洲，还是那个有趣大岛上偏远的金矿区。在澳大利亚，华人可以更加随意地与出身卑微的欧洲人通婚。华人有漂亮的店铺，可以利用各种有利方式展示财富和学问，可以轻而易举地赢得欧洲女子的芳心，让她们把未来幸福托付给自己。对那些没上过学的

欧洲女子，华人可以随时提供机会，让她们跻身各种高级圈子。一旦与上等种族搭上关系，华人可以迅速抛弃传统服饰和异教信仰。在政府眼中，他们不仅热爱这个国家，而且乐善好施，扶危济困……

在此，我恭敬地请求阁下大人雇佣目前斯凯尔登种植园的学校校长兼传教士洪贤福（Hun Yin Fook），以便完成之前已开始的事业。该人品德高尚，"多拉号"船上所有劳工之所以能来到此地，主要是他的功劳。如果没有他的努力，那些人没有一个能来这里。在那么早的时期，假如没有那批人出洋来此，政府招募一定比例劳工家庭的目的就无法实现。而且他只需每月25元用来维持自己和家人生计。我相信他可以在华工中做宣讲，传达政府的良好意愿，以及讲述他的所见所闻，这些工作的价值远远超过政府发给他的这笔区区小钱。

……我希望阁下注意伯比斯省的罗斯霍尔种植园（Rose Hall）、信赖种植园（Reliance）以及阿德尔菲种植园（Adelphi）的华工状况。我有理由担心他们受到不公正待遇。"自立庄园"的住房尤其残破失修。我认为该庄园死亡率之高与经理有关，他对手下劳工的健康状况置若罔闻。在阿德尔菲庄园，所有华人消瘦憔悴，令我十分震惊。由于所有这些华工都来自乡下，只谙农事，我几乎怀疑，有人利用他们懵懂无知而从中盘剥，使他们连吃饱饭的钱都拿不到。

1870年，一位到访的英国人约翰·切斯特（John Chester）先生发表了一篇文章，讲述他在英属圭亚那的经历。殖民地的所有事物，他没有一样看得上眼，包括这里的天气、酒店、百姓、建筑、食物和服务。他出言不逊，把所有东西贬得一无是处。《皇家公报》主编再版其中一部分时评论道："我们只能说，切斯特先生从但（Dan）走到别是巴（Beersheba），见到的是一片荒凉。"①有关当地华人，约翰·切斯特先生写道：

---

① "从但（Dan）到别是巴（Beersheba）"出自旧约《圣经》，指以色列民族从南到北居住的地方，有葡萄树和无花果，人们过着安宁的生活。此处引用是讽刺切斯特先生缺乏善意，对美好事物视而不见。（译者注）

没有什么人比中国佬更不像东印度人了。这些华人大多穿民族服装，但也有些人穿白布裤子，蓝布褂子，头戴草帽。他们令人愉快，可以交谈，生性淳朴善良，做事稳重，很难想象他们的主人会把他们描述成那种无赖。在乔治敦的一端，有一个规模挺大的华人区。我本打算在那儿买一两件女士佩戴的漂亮玉质耳环，于是，有一天我专门去了一趟那个华人区。有一件首饰质量较差，要价却奇高，我拒绝了店主，正欲离开，一位年轻人凑上来，说他有一个朋友有一对漂亮的玉石臂环。臂环被拿出来给我看，它们被嵌放在一块木头上，上面蒙着紫色绸缎。臂环的色泽真的精美绝伦。我准备买下来，但却因为对方开出的低价而起了疑心……我拿起臂环，对着太阳光仔细查看，发现中间有一两处微小气泡。原来是玻璃制造。臂环虽说是假货，但作为精美的仿制艺术品，绝对应该在南肯辛顿博物馆占有一席之地。

　　后来，我在一个地位较高的老年中国佬家里见到了一个真正玉石打磨的奇妙臂环。这个臂环的一端被雕刻成龙头造型，毫无疑问是一件稀世珍品。它被用来做护身符，预防某种疾病。在伦敦或巴黎，这个臂环会开价到200美元，或许可以砍一半价钱入手。

　　……华人作为劳工，人们对他们的需求还是很大的。他们具有坚忍的耐力，比印度人更能忍受繁重的劳作。与印度人相比，他们很少存钱，讲究吃喝，吃得好，吃得多。他们很少操心未来。我有理由担心，这里的苦力，尤其是华人，遭受到严苛的对待。我在德梅拉拉期间，看到一份当地报纸登载的通告。在此引用，作为诸多此类通告的实例：

　　"在过去的周四，两名因偷盗芭蕉而判刑的马海卡岛中国佬，在一个月监禁期满后，接受了39鞭九尾鞭刑。"

　　很难想象，如果偷盗的是个苏格兰人，会打他40鞭，或少1鞭吗？我无法理解，在这个号称公平正义的国家，为什么母鹅酱能吃，公鹅酱就吃不得。

　　殖民地有相当数量的华人妇女，她们的新生儿，模样老气横秋，令人难以置信。我见到一个娶了黑人女子为妻的中国佬，他们的结合生出的孩子，是一般人中的丑人，但丑不过最不寻常的混血儿，即由红头发苏格兰人与一头卷发的黑女人所生的孩子。不过,华人劳工还不是乔治敦街上最古怪的人。你会时不时遇见成群结伙的南美土著印第安人。他们主要来自阿拉瓦克部落(Arawak)和阿卡维部落(Accawai),划着轻舟和独木舟来到城里。

《跨大西洋素描》(Transatlantic Sketches),作者约翰·切斯特

(《皇家公报》,1870年5月26日)

1876年夏天,由于仇视华人而引起的加利福尼亚州动乱成为全美最紧迫的问题。华人被指控抢走了那里人的工作,因为华人能接受超低薪水,能忍受极为恶劣的工作环境。不仅如此,他们还指责华人道德败坏,觊觎白人女性。为数不多的华人移民女子被描绘成低等妓女。其他诋毁华人的言论还包括品行堕落、举止粗野、目无法纪、肮脏病毒携带者。有些作者宣称华人是对社会的威胁,他们无法成为社会公民。这种言论通过新闻报道和私人信件传到英属圭亚那。毫无疑问,这也刺激了那些看不惯华人行为举止的人。在这种情况下,庄园主兼政策院成员威廉·拉塞尔进行了一次调查,并根据自己对华人的观察写下了长篇杂记。以下文章提到此事:

> 任何人如果去查尔斯顿区华人修建的漂亮教堂做礼拜,或者去彼得霍尔前面属于华人的,整洁的普利茅斯教友会小教堂做礼拜,都会看见那些华人神情庄重地用自己的古老语言做礼拜。你会情不自禁地感受到,在我们这个殖民地,没有其他哪些信众比华人更虔诚,更热切。他们捐献的钱物已经使他们购置了这两处礼拜场所。他们的奉献也超越了基督教世界任何地方相同人数的信众所能做到的一切。不错,华人的确得到过一些小小赞助,那就是政府为查尔斯顿信众支付了会员费。不过,彼得霍尔小教堂却完全是靠华人捐赠修建起来的,而且目前的开支也有可靠的定期来源。
>
> 也许大家并不知道,我们这里一位最为成功的华人商人不久将要回国。他打算留下一幢欧式大房子给他的一个合伙人住。这位合伙人将作为他的律师继续经营他的生意。这一安排是他与两位华人同胞共同制定

的。具体安排如下，付给这位合伙人6%的企业资产利息；商业活动所获利润将在合伙人与教会之间平分！有哪个基督教社区能够找出一位如此慷慨大方的信徒吗？

在中国佬作为一家之长的持家之道上，调查文章同样给予了赞誉。在中国佬家里，你会看到一幅堪称典范的勤俭持家画面。家里所有成员都必须承担一定责任，去完成细致划分的、中国人特有的家务劳动。这幅画面与一般印度苦力或黑人家里肮脏贫穷的景象截然不同，令人精神振奋，耳目一新。

……拉塞尔先生写道："那些被误导的人会有一种印象，认为引进我们殖民地的大脚女人与那些被人控诉，甚至被中华会馆①代理人抱怨的女人是一样的人。如果这些抱有成见的人去华人住所看一看，他们就会很快改变态度。华人家里可爱健康的孩童跑来跑去，开心玩耍；8—10岁的孩子则帮忙做各种家务，比如去打水，供家人使用；稀释粪肥，并给各种植物施肥；喂猪，他们比当地孩子更精心喂养这些猪。孩子们还有很多别的活计，因此从小就学会勤劳工作。人们可以看看他们的房屋，都收拾得干净整齐，井井有条。再看看夫妻身上的衣服，上面的补丁精心补缀，齐整平顺，再内行的人也看不出衣服原来用的是什么材料。你还可以看看妇女是如何烹制各种蔬菜，你会不由自主地想到另一个国家，在那里，严酷的自然环境迫使人们养成了勤劳节俭的品质。这种训练很快在年轻人身上显现出效果，学校校长在回答关于学生学业问题时，无不异口同声地说华人孩子学东西最快。"

现在，让我们看看拉塞尔先生对中国佬工作情况的记述吧。不论是在农田里，在手艺人作坊里，还是在零售店铺里，在任何中国佬涉足的任何行业，他们都能脱颖而出，获得成功。拉塞尔先生的杂记将他们说成一个群体："大多数身体健全的男人和女人都在从事农业生产劳动，而大多数庄园经理都将生活节俭的华人视为最佳劳动力人选。在使

---

① 美国的中华会馆（Chinese Consolidated Benevolent Association），也曾叫做"六大公司"（即六区会馆）（Chinese Six Companies）。

用机械和生产产品方面，很少有种植园主不认为华人最灵巧，最擅长使用机械。在生产制造方面，人人都知道，（黄种人）面孔已经取代欧洲人，在很多熬糖阶段都担任主要锅炉工，像欧洲人挣英镑一样，挣起了美元。哪里需要心灵手巧的人干活儿，哪里就有中国佬的身影。他们还是种菜能手，当地路边市场就是他们成功的最好证明。克里奥尔人起初瞧不起华人施肥种出的蔬菜，现在早已抛弃偏见，成为华人最忠实的顾客。如果给一个华人家庭一块50平方码的土地，他们就能自给自足，过得舒舒服服。不仅如此，他们还能攒下钱，把日子过得红红火火。说到经营店铺，你会经常听人们说，华人是天生的小商小贩。他们只需在乡下小店做零售买卖就足以让老牌商店大声抗议。而这种抗议之声也正是加利福尼亚州白人移民针对华人发出的。"

（《皇家公报》，1876年7月27日）

社交往来

在融入英属圭亚那本地社会过程中，华人能与其他族裔良好相处至关重要。华人移民的风俗习惯和做事方法有时被当地人认为古怪，不文明，也造成过一些令人不快的后果。一位华工对一位种植园经理、一位监工和一位葡萄牙裔劳工提出指控，指控他们剪掉了他的长辫子：

这位庄园经营者也许并无恶意，也许只把这件事当做恶作剧，但未经允许就剪断一位天朝人的长辫子可不是一个合适的玩笑。谁会愿意别人把自己头发剃光，甚至违背自己意愿剃掉自己喜爱的胡须？不错，头发剃掉还会长出来，但这种行为却会被当做一种伤害或侮辱。我们猜想，被人强行剪断发辫后，那位中国佬岂止是愤怒而已。事实上，每一位管理着华人移民的种植园主都应该有责任让他们感到舒心，而我们所做的事情却起了相反的作用，并有可能带来麻烦，因为这个受害者的所有同胞可能都会感觉受到了侮辱。

（《皇家公报》，1860年11月8日）

有时华人与其他族群之间也会发生冲突。

  王阿三（Wong-a-sam）、胡新金（Hoo-sen-kam）、甘姆斯宝特（Gumspulte）、屈阿仁（Wak-a-yan）、朗二独（Lang-ye-took）、拉姆古蒂（Ramgutty）以及高普尔（Gopool）被控在成功种植园参与斗殴。10月6日，成功种植园的印度苦力与华工之间发生争执，后来演变成两个移民族群之间的打斗。参与打斗的有40—50名华工和500名印度苦力。许多斗殴者受了伤，被送往医院。

  陪审团认定他们罪名成立。

（《皇家公报》，1871年12月8日）

有时，华人也被牵扯进他人的冲突，但他们总是毫不犹豫地参与其中。

  一位克里奥尔铁匠与一群印度苦力发生争执，印度苦力很快变得人多势众。他们攻击克里奥尔人，将他们赶走，并打伤了其中几位。庄园经理克拉克先生试图平息冲突，却遭到暴力威胁。假如不是华人出手相助，经理恐怕会落入骚乱者之手，遭受皮肉之苦。华人虽然在人数上只有印度苦力的六分之一，但他们将弯刀和尖刀绑在铁锹把上，挥刀上阵。农帕里尔庄园和附近的克里奥尔人与华人站在一起，最终彻底制服了印度苦力。

（《皇家公报》，1870年11月1日）

  （华人）非常理智，不会自投罗网，卷进让自己受惩罚的暴乱中。最近发生的事件证明，发生骚乱时，华人会与克里奥尔人联手对抗印度苦力。印度人要面对那个地区的对手、警察、军队、特别治安官，所以会很快被击败或清剿。

（《皇家公报》，1870年11月10日）

在这次事件中，华人赶去帮助克里奥尔人对抗印度移民。但1875年12月在威尔士庄园发生的丑陋的一幕，却是另外一番情景。黑人劳工领薪水时吵吵闹闹，喧嚣异常。威尔士庄园经理小罗瑞纳先生（Lorcner Jr.）于是拒绝发薪，说要等到下午再说。但是到第二次讨薪时，克里奥尔人甚至更加喧闹，经理再度拒绝发薪水给他们。

> 经理两次拒绝发薪使他遭到攻击。他请求印度苦力团伙帮他一把，但他们却没有痛痛快快答应。当找到华人帮忙时，他们显得非常积极热心（con amore），将黑人们痛打一顿。在打斗中，一名中国佬用铁锹戳中一名黑人的肚子，而这名黑人之前头部已经受伤。黑人死去。这名中国佬现被关押。
>
> （《皇家公报》，1875年12月28日）

这些冲突的性质似乎显示，一方面，冲突有可能由种族仇恨导致。而另一个卷入冲突的动机可能是渴望参与骚乱。华人并不反对参与打斗，通过打斗，当地人会觉得他们"行为不当但很强悍"。

虽然偶尔发生这样的冲突，但各种族之间的合作还是非常普遍的。

> 昨晚12点左右，河对岸的村民和其他住户被硕恩奥尔德种植园的钟声以及其他庄园的警报声惊醒。人们很快发现，原来是硕恩奥尔德种植园的一间棚屋着火了。我们的采访员说，在这么短的时间里，人们便聚集到出事地点，简直令人称奇，毕竟，他们中许多人要走很远的路才能赶到……几百名劳工纷纷伸出援手，帮助扑灭大火……很快，有人从葡萄牙人商店里买来木桶救火。在众人的齐心努力下，只有不到20米的棚屋被火烧毁，还损失了相当于15大桶的甘蔗渣。不仅克里奥尔人表现出色，华人和印度人也都尽其所能，表现可嘉，怎么夸奖都不为过。
>
> （《皇家公报》，1863年8月12日）

与几个月前乔治敦赌场失火，华人被说成胆小怕死的情况相反，此次华人在庄园需要救助时表现出很大的担当。也许是因为棚屋失火有可能引发更大的火势，最终殃及他们自己的房屋。而那场赌场失火的损失却不会引起相同的紧迫感，不会促使他们参与救援，特别是他们的赌博行为可能会使他们成为众矢之的，受到严厉谴责，甚至受到刑事指控。

1865年10月，伯比斯省的普罗维登斯种植园发生锅炉爆炸，导致3名克里奥尔人和3名印度苦力丧生。华人劳工立即伸出援手：

> 庄园的华人帮据说表现得令人钦佩，他们为受伤人员提供了各种帮助，而这里的其他雇工却袖手旁观，也许是害怕再次发生意外。
>
> （《皇家公报》，1865年10月28日）

种族间的合作有目共睹，不仅是在发生灾难之时，也体现在节庆时刻：

> 在西岸区印度苦力举行的塔吉节（The Tadjah Festival）①从周六开始，持续到周一。活动秩序井然，没有出现任何混乱状况。该区治安法官和警察长都来到现场，以备不时之需，但却一直没有出现任何情况。今年，印度苦力找来华人为其搭建华丽的神龛。这些心灵手巧、独具创意的华人为印度人搭建的神龛精美绝伦，前所未有。在以往节庆时，成千名黑人会跟在游行队伍后面狂欢。他们把这种印度人的精神追求也当做自己的精神追求。该区的牧师恳求传教士们，不要支持这种偶像崇拜。但黑人们觉得印度人的塔吉节非常适合自己的口味，并拒绝在宗教信仰问题上听从他人发号施令。
>
> （《皇家公报》，1873年3月11日）

> 我们听说，利奥诺拉种植园的黑人希望在4月某个时候也举办一个"黑人塔吉节"的狂欢游行活动。但印度移民和华人移民却跑出来阻

---

① 是19世纪50年代印度穆斯林契约劳工带到加勒比地区的一个伊斯兰教节日，来源于什叶派穆斯林的阿舒拉节。（译者注）

挠，捣毁了搭建的神龛，还驱散了将要狂欢游行的人们。据说他们还不小心（？）打了几下黑人。这次在东海岸举行的塔吉节于4月19日和20日进行，到场的有黑人男人，更多的是女人。值得注意的是，4月20日是个周日，此次狂欢游行将从当天下午3点到6点占用公共道路，而且狂欢游行路线将经过教区的教堂，这引起了该区的公愤。

（《皇家公报》，1873年5月10日）

基督教影响

由于传教士的努力，一些华人移民在离开中国之前就已经受到基督教的影响。一大群华人基督徒被分配到伯比斯省的斯凯尔登种植园。他们对教会的捐献情况被记录在1862年提交的圭亚那教区教会协会报告中。

你们会发现华人基督徒的会员费相当可观，达到30.26美元。而且我要说明，收到这些钱款完全没费任何周折。我相信协会将接受这些捐款。我还从未听说过……会有人如此爽快地捐献。

为了在殖民地站稳脚跟，越来越多的华人移民开始接受基督教。有些人皈依基督教是为了被这个以基督教伦理为基础的社会所更广泛地接受，换句话说，他们想表现得像那些有地位，有权势，有影响的人一样。这种情况尤为突出，因为华人人口相对较小，而融入当地民风和文化可以为他们铺就成功之路。不过，皈依了基督教的人，特别是新一代华人后裔，都是虔诚的，有奉献精神的基督徒。皈依基督教带来华人社会价值观的巨大变化。举例来说，过去时兴找算命先生，测算自己的包办婚姻是否般配。这种做法最终被抛弃，因为本来就缺少可供选择的华人女性，而且移民后裔接受了自由选择配偶的西方概念。不过，人们仍然热衷于做媒人，为亲朋好友牵线搭桥，成就姻缘。

在中国，虽然人们遵守一夫一妻制的传统，但男人纳妾，共同生活，并不罕见，尤其是那些有良好经济实力的男人。如果妻子没能生养男性继承人，则更有可能出现这种情况。所生的后代，不管是妻子所生，还是妾所生，都被视为家庭成员。但是，在英属圭亚那，人们接受了西方基督教版本的一夫一妻制观念。如果一个男人决定再娶小老婆，他会发现这个小老婆很难被接纳成为家庭成员。这对非婚生的子女影响很大，他们会成为被家庭抛弃的人。即便如此，仍然有一些华人男子执意沿袭旧习。但如今，小老婆所生子女都会受到"主流"观念的排斥，只有在极个别情况下，才被该男子家庭所接受。

在圭亚那教区教会协会年度报告中，可以看到一些有意义的叙述，讲的是在过去一年中，在协会主持下完成的传教工作……关于华人移民和东印度移民皈依基督教的工作进展，报告并未详述。但是从少量的叙述中，我们可以看到华人移民比印度移民更容易接受基督教。主教大人在最近履行职责时，讲述了去年巡视教区的经历，内容如下：

"对我来说，当然不可能亲自与每位送来的牧师候选人进行交谈。但对那些刚刚脱离异教世界的人，我还是很希望在正式授神职之前与他们面谈一次。一些华人皈依者聪明伶俐，让我吃惊。应该说，幸福的丰收季节已经开始，只是尚未开始采摘果实。我必须说，印度劳工也已经被接纳进我们的团体，目前正在稳步增长。他们热情欢迎我，这使我深受鼓舞。我相信，虽然进程缓慢，但基督的福音必将在紧紧束缚这些优秀种族的黑暗世界里传播。"

……协会中有四名华人传教士和两名印度传教士。

（《皇家公报》，1872年6月27日）

传播福音的工作由华人传教士完成，他们主要依靠基督教徒带来的福音课本和出版的小册子，以及手工制作的此类材料。传教士的典型职责是向分散在各个庄园的华人宣讲教义，并四处走访，巡视小型聚会，与信众见面。郝有福（How-You-Fook）就是这样一位传教士。他是1861年乘坐"多拉号"

船来的，也是分配到伯比斯省斯凯尔登种植园的那一大批基督徒中的一员。他不顾年事已高，全身心投入到传教活动中，不到三年就染上了黄热病。他在去世前不久，曾被派到伯比斯省的另一个区。在那里，他写信给圭亚那教区协会的法拉尔先生（Mr. Farrar）：

> 1864年6月18日，休斯敦
>
> 感谢上帝，承蒙您的信函的影响，以及会吏长的关照，目前我被休斯敦区和彼得霍尔庄园聘请为华人传教士，每个月从每个庄园领取5元。其他代表东岸地区各庄园的先生们也都向我许诺，待他们庄园里有了更多华人移民后，将雇佣我担任同样的职务。而且我也非常高兴地告诉您，休斯敦已有30来位华人加入了我们敬拜上帝的队伍，其中12人在中国时已经受洗，感谢上帝赐福，其他人也将很快追随他们的榜样。

虽然让华人真正接受基督教信仰有时会花很大力气，但华人还是愿意考虑接受的。胡大金（O. Tye Kim）（他的活动将在下一章讲述）在1867年1月1日写给奥斯丁牧师的信中讲述了他遇到的各种障碍：

> 总的来说，出席布道的情况很好，人们愿意听讲，并经常热情欢迎我们。在自然观上，殖民地的华人不太能接受自己生活在罪恶之中，将要经受艰难困苦这种说法。这些罪恶各种各样，来源于不同的地方。鸦片和赌博是这些人普遍受到的邪恶影响，阻碍了他们在世俗的世界里进步……他们把所有业余时间和精力都奉献给两个恶习……我们深知，我们的事业伟大而艰巨，我们需要更多的恩典，需要精神和肉体的力量战胜所有艰难险阻，经受各种考验，去完成我们的使命……已经有20来人表达了接受洗礼、加入教会的渴望……

修建教堂

一般来说，年轻几代的华人移民更容易接受基督教信仰，随着老一代移民慢慢去世（有些死于吸食鸦片），信仰基督教的势头越发明显。皈依基督教的热情达到高潮时，人们决定建造一座华人社区自己的教堂，以便华人用自己的语言做礼拜。

查尔斯顿华人教堂开放

位于查尔斯顿区的老圣菲利普教堂原址多年空置，读者们可能还记得，去年8月这里举行了非常有意思的奠基仪式。殖民地总督大人朗顿先生（J.R. Longden）埋下了刻有中文文字的礼拜堂奠基石。

上周这里举行了殿堂典礼，标志着礼拜堂正式开放。该教堂已基本完工，各种布置也已就绪，可以进行礼拜了。

一大早，华人便从教区的村镇和附近庄园来到城里，有些人徒步走来，有些人则是全家坐着驴车赶来……

上午11点钟的礼拜开始时，小小教堂里已经挤满了人。在场的很多人住在教堂附近和乔治敦城其他地方。他们以前从未想过要进教堂坐坐，有些人可能认为反正啥也听不懂，去教堂没用。礼拜仪式以中文咏唱第24首颂歌开始。接着，德梅拉拉乡村教长宣读了主教允许此教堂进行圣餐仪式和其他仪式的特许声明。在场的华人充满虔诚，认认真真地用自己的语言唱圣歌，念诵古典和现代赞美诗集中的第87首和第160首。两名华人传教士念诵特别训诫……。有些听众全神贯注，眼睛一眨不眨地看着朗读者，倾听他们的宣讲。还有一些听众边听边阅读手中的读本。礼拜仪式快结束时，主教大人开始对信众讲话，照例是那种悲天悯人的神态。讲话稿事先被翻译成中文，由两名华人传教士转述给听众。主教大人在讲话中停顿了两次，等待中文转述。有趣的是，在礼拜仪式中，人们非常专注，进行到精彩部分时，听众中还会偶尔出现小小骚动，不时有人从座位上站起来，不声不响，态度真诚地鞠躬……

在修建教堂过程中，华人展现出坚忍不拔的毅力，倾注了令人钦佩的才华和热情。教堂绘画部分主要由华人自己完成。华人艺术家在画卷上绘制出一组组花卉和水果，独具特色，赏心悦目。这些画卷被贴在窗户之间的壁板上。入口迎面的壁板上是用中文书写的教堂名字——圣救世主教堂（St. Saviour），门道上方有一句话："阿门，来做礼拜吧。"教堂东端装饰着彩绘玻璃，是一位英格兰女士通过她在殖民地做牧师的儿子赠送的礼物。圣坛台布是主教妻子赠送的礼物。布道坛的绣花挂帷做工精美，是来自英格兰的另一位女士赠送的。

教堂建筑本身造型简朴，布局合理，建有一个50英尺长，20英尺宽的中殿。南北各有一个50英尺长，8英尺宽的侧廊。不久有望增加一个圣坛。由于主要华人基督徒在这项工作上积极热情，倾力奉献，教堂将很快要向西拓展。修建教堂，包括在四周修建围挡，总共花费3408.85美元。在短期内，礼拜圣事还须用英语进行，但可以期待，经过一段时间的试用期，以及接受必要的此类活动的训练实践，主教将可以从目前那些积极热情的传教士中选拔出一两位实施坚信礼。日常礼拜将完全用中文进行。

（《皇家公报》，1875年12月4日）

圣救世主教堂的开放令华人基督徒欢欣鼓舞，也显示出他们将精神信仰转化成实实在在的礼拜场所的决心。建造教堂所要付出的努力和花费的钱财可不是小打小闹、点滴捐献就可以办成的。《皇家公报》在7个月之前就发表文章，指责上流社会基督徒缩手缩脚，不肯提供像样的帮助。

做事谨慎低调固然是可取的品质，但就像其他许多可取的品质一样，如果做过了头就有害无益了。我们之所以得出这一观点，与位于查尔斯顿区建设中的华人教堂有关。公众对此事一无所知，但此事着实值得大家关注……修建工作一直在不声不响，按部就班地进行着……一些基督徒移民在这块陌生的土地上，凭借着使徒般的热诚，向同胞传播上帝的福音和基督教教义。他们被带到我们这里，却没有得到我们基督徒的鼎力支持。他们被劝导离开自己的家园，而我们的基督徒，尤其是那些因他们的到来而得到财富保障，变得更加富有的阶层，对这些华人缺少同情之心。

（《皇家公报》，1875年5月15日）

除了圣救世主教堂可以为大部分华人基督徒提供服务外，华人基督徒还依靠捐献的钱和物建起了其他教堂。在德梅拉拉河东岸的彼得霍尔种植园，普利茅斯教友会建起了一座小教堂，并于1878年获得教区长住宅用地。

> 由罗伯特·金斯兰德（Robert Kingsland）与乔·哈伯德（Joe Hubbard）经办、彼得霍尔种植园前方北边的半片地块，变更为"教区长住宅"。该地块长8路德（roods）①，从北到南宽80英尺。土地划归以下人所有：罗伯特·金斯兰德、阿尔弗雷德·瑞格尔斯沃斯（Alfred Wrigglesworth）、王阿顺（Wong-a-tson）——1862年"阿格拉号"第2560号乘客、梁阿安（Lung-a-on）——1862年"阿格拉号"第2537号乘客、冯阿盛（Fung-a-shing），别名陈满（Chan-moon）——1862年"阿格拉号"第2534号乘客、钟阿泽（Chung-a-chak），别名王友永（Wong-you-Wing）——1862年"乔治·西摩爵士号"（Sir George Seymour）第3186号乘客、林阿福（Lam-a-Fuk）——1862年"波斯号"第3121号乘客、邝阿忠（Kwong-a-Chung），别名周阿宣（Chow-a-Sune）——1865年"阿里玛号"第6304号乘客、陈阿数（Chan-a-Sho）——1862年"阿格拉号"第2484号乘客。该土地由基督教教友会会众使用。

（《皇家公报》，1878年6月8日）

> 主教大人……在新阿姆斯特丹参加了新落成的、名为圣托马斯教堂的"印度人和华人教堂"开幕仪式……印度移民……是教堂建设资金的

---

① 约合170英尺。（译者注）

主要贡献者，其中两人共捐献了200美元。华人捐赠数额很小，但还是有几位华人参加了开幕仪式，并对所见所闻深有感触。

（《皇家公报》，1877年11月8日）

上月27日，周日下午，在东海岸友谊种植园的圣奥古斯丁教堂举行了坚信礼仪式。24名华人和11名印度人参加了仪式，成为该教堂具有完全权益的正式成员……其中有一位念过一些书的华人妇女，几周前随丈夫乘"达特茅斯号"到达这里。她为农帕里尔种植园布道所的负责牧师提供了宝贵的帮助。她将翻译成中文的坚信礼布道词，按照中文发音写出英语字。这样，负责牧师就可以模仿华人移民的语言朗读布道词了。该名妇女还粗通音乐，能够演奏小风琴。在接受坚信礼的华人中，有几位是乘"达特茅斯号"来的。

（《皇家公报》，1879年5月6日）

代表教会协会传播福音的圣公会牧师何萨牧师（F.P.L. Josa）发现英国读者向他提出各种各样的问题，这说明英国人对英属圭亚那知之甚少。于是，他决定写一篇文章，介绍殖民地各个种族，以及教会在这些族群中的活动。关于华人社区的情况，他写道：

这块田野的庄稼比任何其他地方都更加成熟，丰收在望。全国各地的工作进展顺利。华人比东印度人更容易接受基督教。他们更容易被教化。首先，这里百分之九十的华人（男人）都会念佛教的五戒十善，从各方面讲，这种佛教道德准则都要优于印度的摩奴法典。其次，华人是无神论者，更容易被传教士点化。而且，圭亚那的华人没有人拖后腿，也就是说，没有异教神父劝导，没有神庙参拜，也没有什么让他们怀念家乡的神佛。我们的工作稳步推进，我敢说，无论如何，在我本人所在的区，不会再有华人异教徒，冥顽不化者除外。

在传播福音的道路上，我们遇到一个障碍，也是唯一的障碍，那就是鸦片。我认识几位少量吸食鸦片的人，并大胆地接受其中几位加入我们的恩典之约。我相信，上帝将给予他们力量，让他们摒弃那令人厌恶的恶习。我有一位可靠的华人传教士助手，他是一位至真至善的人，我在黑人劳工居住的"房子"里遇到他……他的名字叫杨阿伯（Yang-a-Pat），人称"詹姆斯"。他成为基督徒已经许多年，是位老者。每次我乘马车旅行，他都陪伴着我。我是说，我每次这样出行，他都陪伴左右。他深得他同胞的尊敬，工作干得有声有色。由于他住在我"院子"里一处有两间屋子的房子里，我给他读了很多东西，尤其是讲到我们神圣救世主的预言，这些都可以在"四大预言"中找到。他一直非常勤勉，在一年中亲手抄写了几百份祈祷书，比如"上帝的祈祷"和"十戒"等。

殖民地华人基督徒人数众多。在我的区里，我已经为多达200人施洗，而且还在继续发展。各地信徒稳定增长。

我只想说一点，那就是，华人什么歌都要唱，但他们对音乐真的没有什么天赋。我的汉语老师只会唱一个曲调（而在我看来那根本不成调子）。在唱赞美诗颂歌时，他永远只唱那一个曲调，毫无例外。他是个已婚男人，可以想象，他的妻子从他那里学到的曲调会是什么样子。说实话，我们这里的信众每人都有自己的独特调子。（你可以）想象一屋子人一起唱歌时会发出怎样的噪音！（请允许我在文章中补充一句：我会永远为他们伴奏！）

（《皇家公报》，1881年6月25日）

第八章　上帝的牧羊人与希望镇

胡大金来到圭亚那

1864年7月17日，胡大金（O. Tye Kim）先生抵达乔治敦。在广东话里，他名字的拼写为Wu Tai-Kam。他出生于马六甲海峡沿岸一个华人聚居区的贫困家庭里，读书是在新加坡伦敦教会开办的学校完成。后来他娶妻成家，并育有三个子女。1851年到1852年间，他接受了基督教教义，随后一边担任新加坡政府的土地测量员，一边抽空向华人同胞宣传基督教。做了十年土地测量员之后，他彻底投身于传播基督教信仰。他接受了传教会派他到国外宣传上帝福音的任务，并准备前往印度加尔各答接受神职任命。他将妻子和孩子留在新加坡，只身启程。到达槟城时，他发现自己准备搭乘的联运轮船已经于三天前出发了。他认为此乃天意，于是接受了从新加坡搭乘来的那艘船船长的邀请，转而奔赴英国。在航行途中，他了解到有很多出洋华人去了英属圭亚那，于是打定主意，前往英属圭亚那，做那些华人的牧师。

到达英属圭亚那之后，胡大金只用了很短时间就聚集起众多信徒，并深得他们的爱戴与尊重。他的不懈努力使大量异教华人皈依了基督教，其成就令教会长老们对他刮目相看。很快，这些牧师和神父纷纷要求自己的信徒热情欢迎新成员，同时贡献出更多钱财，以便传播上帝的圣言。

> 昨晚，在查尔斯顿区的普罗维登斯新教堂举行了乔治敦牧师及教会联盟10月份会议。约瑟夫·凯特利（Joseph Ketley）牧师主持会议。
>
> （华人福音传教士）胡大金先生出席了会议，并且讲述了他到达本地之后，在那些未经启蒙的华人同胞中所做的工作，他的故事非常生动有趣。承蒙上帝祝福，他的辛勤劳动已近带来丰硕成果。来自德梅拉拉省各地大约200名华人皈依了基督教。大约有120名华人定期在乔治敦参加主日礼拜，敬拜上帝，听从上帝之道。胡大金还从华人移民基督徒中找了两三位读过书的华人做他的帮手，协助他完成重大使命。其中一位身怀绝技，雕刻了汉字模板，用来印制赞美诗和小册子等材料。
>
> 听完胡大金先生的讲述后，几位参加会议的牧师做了简短发言。大

家认为，华人传教团完全应该得到这个国家基督教民众的大力支持和资助。人们衷心地认识到，这是教会圣主的恩宠，他召唤并引导一位完全有资格传播上帝福音的人来到我们殖民地，虽然这位胡大金先生并没有具体的教派身份，没有任何教会支持供给，但他来到这里就是为了完成主上的使命，他把自己完全交付给主上，因此他完全应该得到所有热爱耶稣基督的人们的帮助，得到机会去拯救那些因为不懂救恩而面临灭亡的灵魂。鉴于上述认识和抱有相同的情感，沃布里奇（E.A. Wallbridge）牧师提出动议，格里高利（T.S. Gregory）牧师进行附议，会议一致通过：要求牧师们向所有联盟旗下的信徒发出呼吁，为华人传教团提供资金支援，并要求德高望重的联盟会议主席担任所筹资金的财务主管……

（《皇家公报》，1864年10月28日）

提议建设华人定居点

1865年1月，胡大金拟定了一个申请公共土地以建立华人基督徒社区的计划。他写了一份口气"谦卑"的请愿书，以华人特有的做事方法，直接将请愿书递交到总督手里，而不是提交给政策院。

您的请愿者在到达殖民地后惊讶地发现，他的同胞并没有像在其他国家那样发家致富；很少的几个例外情况也是通过赌博和其他不光彩的手段发的财；他在传教过程中发现，这些移民大多数都因此对自己所处的环境和将来的前景感到不满，都在考虑契约期满后移民到别的地方去。他们听说在殖民地邻国特立尼达的同胞的境况要好得多，这些同胞通过做生意或耕种土地变得富裕起来；了解到这种情况后，他们更加心怀不满，也更坚定了另寻生路的决心。

您的请愿者认为，姑且不考虑华人大量离开会使殖民地丧失大量劳动力，这也将对殖民地的利益带来极大损害；有关这里的消息将不可避免地在中国广泛传播，家喻户晓，来这里的移民潮也将彻底停止。依您的请愿者之见，如果目前的不满情绪继续存在，即便没有人离开这里，移民他国，最终结果还是一样的……

您的请愿者将举出该计划的明显益处：可以开发利用殖民地的大片荒地，这将带来贸易活动的增加和财富的增长，更重要的是，这个计划可以提供一个在华人中传播基督教的天赐良机，因为，让他们得到实实在在的恩惠将自然而然地使他们更愿意接受上帝。

您的请愿者曾在新加坡的英国政府服务，担任国家税收土地测量员达12年之久；非常精通土地的选择和规划……

如果阁下开恩，拨给一块公共土地用于上述目的，首先需要筹措一笔资金购买斧头、锯子、小船和其他必要用品，以及5个月的粮食供应。您的请愿者希望也相信，到这一阶段结束时，定居点将开始自给自足，并很快实现完全自给自足……

（《皇家公报》，1865年2月2日）

在这之前，胡大金先生已经实地勘察了几块可供使用的地块，他看中了沿德梅拉拉河溯流而上约25英里处的支流卡蒙尼小溪（Camoonie Creek）附近的一块地，建议将其作为建立定居点的最佳选择。威廉·德沃（G. William Des Voeux）在他的回忆录《一位德梅拉拉省法官的经历》（*Experience of a Demerara Magistrate*）中，称自己是发现这块土地的人。这一说法与实际情况也许并不矛盾。毕竟，作为一任管理庄园和庄园雇工的治安法官，他也许非常了解殖民地各地的公共土地情况。不过，坚持将此片土地专门用作华人定居点的还是胡大金先生。他在请愿书中提出的观点和建议得到欣克斯总督的支持。欣克斯总督很钦佩胡大金的声誉和长远目光。于是他决定利用这个倡议，亲自在政策院推动这项议题。总督介绍说，胡大金先生是在殖民地政府旧房的一间屋子里开始他的牧师生涯的：

他在那里为多达120名信徒主持礼拜仪式。这些人定期来做礼拜，有些人要走上很远的路……有些人从钻石种植园来，各位代表也许知道，

> 那里距城里路途遥远。他们半夜2点钟就得起床，那样才能在上午9点钟赶到城里，参加礼拜活动……胡大金从一个庄园走到另一个庄园，并在城市与庄园之间奔波往来；他走访医院，深入民众，想方设法，竭尽全力为他们服务……
>
> 他说，目睹胡大金先生如此不辞劳苦，呕心沥血，你会感觉是上帝引导他来到我们英属圭亚那。
>
> （《皇家公报》，1865年2于2日）

总督第一次在政策院宣读这份请愿书时，那些代表种植园主利益的当选代表完全不以为然。他们的观点是，政府授予华人基督徒公共土地将开启一个很坏的先例，长此以往，任何人只要有正当的、高尚的理由，都可以要求政府给予一块土地。

> 克莱门森（Clementson）先生强烈反对这项计划。他代表的是种植园的利益，认为这个计划将吸引走庄园里的劳工，而这些劳工是殖民地政府花巨资招募来的。他还描绘出一幅劳工在"距乔治敦数百英里远"的遥远内陆安营扎寨的画面：契约劳工借机逃离种植园跑到那里，警察一来，他们便会一哄而散，躲进丛林。不法分子将在那里为非作歹，逍遥法外，除非派遣警力与定居者一同前往。疾病肆虐也将夺去他们的生命，除非在那里开设医院，治病救人。所有这些都需要花钱。然而，人人都有义务看紧自己的钱袋子。在这一点上，政策院的尊贵代表们一致认为，这是所有人的首要行为准则。
>
> （《皇家公报》，1865年1月31日）

政策院拖延就胡大金先生的请愿做出任何决定。反对之声不绝于耳，以至于《皇家公报》主编认为有必要加入辩论，以表达自己的观点：

> 总督关于在德梅拉拉河支流上建立华人定居点的计划未能得到政策院当选代表的支持，我们深感遗憾。这个计划其实在诸多方面都具有很

大价值。我们当然不同意克莱门森先生的担心，即定居点将成为庄园逃逸者的避难所和不法分子的避风港。与此相反，我们认为，在胡大金先生的监管下，那里很快可以建立起一支本地警察部队。所有家庭的户主都要担起责任，对周围情况严密关注，这样，任何未经允许进入村子的人，都会被立即送交最近的政府部门。我们看到的不会是一个懒汉无赖的安乐窝，而是一幅欣欣向荣的画面：一排排用竹子搭建的小屋整齐有序，四周是绵延几英里的茂盛稻田，勤劳能干的农民挥舞镰刀，收割成熟的水稻，到处是一片稻谷丰登的景象。我们可以从此摆脱进口大米的局面。

(《皇家公报》，1865年2月2日)

《皇家公报》并不是唯一力挺华人定居点的声音：

本殖民地所有报纸口径一致的情况非常罕见，但是在建立华人定居点这个建议上，所有报纸异口同声地表示，应该支持这个实验，如果成功，整个殖民地都将因此受益。

(《皇家公报》，1865年2月7日)

在接下来的一周里，政策院的辩论断断续续进行着。总督、大法官、总检察长、政务长官和审计长都支持胡大金的建议。四名种植园利益的代表意识到，他们只是少数派，抵挡不住立场坚定、态度执著的对手。1865年2月9日，政策院就以下决议进行投票表决：

"决议：

1.本院认为，在德梅拉拉河上游，即其中一条支流上寻找一处合适地点，建立华人基督徒村落，为有利之举。地点将经勘测决定。

2.为实现这一目标，该村有权申请农村贷款。

3.将要求总督阁下责成总检察长拟定必要法令，同时指派一个委员会监管村庄建设各项事务；代为接收农村贷款并拨付不超过1500元的预付款，条件是这笔预付款将作为定居点的第一笔支出；还将拟定必要条款，以确保能够偿还利息。"

鉴于计划得到广泛支持，巴斯康姆先生收回了自己的反对意见。

波特（Porter）先生称从未反对过建立华人村落这件事本身，他反对的是计划所涉及的地点……

麦基（Mackey）先生表示支持这个计划，并声称他一直是支持这个计划的……

大法官反对将定居点建成一个只接纳基督徒的村庄。他认为，所有人都有权享受此计划获得采纳而带来的好处……不管在什么情况下，他都不会反对决议，但是，如果计划尚不成熟就予以采纳，他预感可能出现不幸结果，当然他并不希望这些预感成为现实。

决议被通过。

（《皇家公报》，1865年2月9日）

希望之镇

1865年2月18日，正在殖民地访问的英国高级巴斯勋爵（KCB）、海军将领詹姆斯·何伯[①]（James Hope）接受邀请，参观了准备建设的定居点。安排这次访问，是考虑到早些时候他在中国参与过军事行动。陪同他参观的有欣克斯总督和其他殖民地达官贵人。一行人于早上8:30分乘坐殖民地汽轮"伯比斯号"从乔治敦出发，逆流而上，开始了轻松之旅。下船登岸后，他们听取了胡大金先生介绍这块土地的开发计划。1月底，已经有25名华人搬迁过来。总督讲话之后，地区治安法官建议将此定居点命名为"希望镇"（Hopetown），以向詹姆斯·何伯爵士[②]表示敬意。这个建议一经提出，就

[①] 何伯（James Hope，1808—1881），又译贺布，英国海军将领。1859年—1862年间任英国侵华舰队司令，参与了第二次鸦片战争，并指挥英法联军和洋枪队于上海附近对抗太平军。（译者注）
[②] 何伯的英文名字Hope与英语"希望"一词拼写相同，读音相同。（译者注）

再也没有更合适的提议了，于是大家一致同意以此命名定居点。下船一小时后，贵宾们再次登船，在小溪汇入河流的河口处享用了一顿精美的午餐。

希望镇建设初期遭遇持续降雨，岌岌可危，人们开始怀疑整个项目是否会功亏一篑。

> 据说，胡大金先生的华人定居点建设并非一帆风顺，而且看起来情况不妙。整条河流的河水只有在倒灌海水无法抵达的河段才是正常可用的，这一道理在处理任何类似问题时都应牢记在心。而此华人定居点的选址太靠近河流出口处，恐怕不如在高河段选址更有利。
>
> （《皇家公报》1865年9月26日）

不过，在接下来的一个月，人们又看到了乐观报道，称定居点似乎挺过了艰难时刻。

> 在一般年份里，这里有3个月的旱季，居民可以在这段时间里耕田种植，不受雨季水涝的侵害。不过，今年气候反常。到3月底，小溪水位上涨，甚至上涨到平时7月份都很难达到的高度。居民（约有70位）住的帐篷被水淹了，他们不得不撤离。
>
> 接下来，计划是否能成功，对每个相关的人都是巨大的考验。之前人们估计，在庄稼成熟之前，居民需要靠烧木炭来维持生计。华人对这门手艺原本非常精通，不过，他们烧炭的方法与德梅拉拉当地的常见方法大不相同。葡萄牙烧炭工和克里奥尔人烧炭工先是在沙地上挖一个坑，再把木头放进去烧，而华人的做法是先用泥土在地面上垒出炭窑，把木头放进炭窑进行烧制。但华人搬去的地方没有泥土可取，他们只能学习克里奥尔人的烧炭方法，但实践起来很不熟练。最初的尝试都以失败告终。有些木材被彻底烧尽，烧成的木炭也所剩无几，而且质量低劣。向殖民地政府借贷的所有钱款都用来购买粮食、工具和小船等，而能挣到的钱却非常有限。整个3月、4月、5月和6月，大雨滂沱，下个不停。在这段时间里，居民们苦苦挣扎，勉强维持生存。如果不是总督自

始至终关注这个计划，及时相助，他们是无法挣扎下去的。少数几个人灰心丧气，半途而废。悲观的报道引发各种议论，说定居点完蛋了。

  不过，到了7月中旬，情况出现了转机。小溪水位大幅回落，人们又开始返回希望镇，大张旗鼓地开建小镇。他们建起房屋，砍倒树木，垒起炭窑。在居民回到希望镇的三个月时间里，他们完成了大量建设。约20幢房屋建起来，房顶都铺上厚厚的棕榈叶，房屋四周也挖了深深的排水沟。约50英亩的密林被开垦出来，清理平整。有18座炭窑修建完成，每个炭窑能烧50—100桶木炭。另外12座炭窑也在修建过程中。炭窑的窑壁用黏土建造，足有3至4英尺厚。建成这些炭窑需要投入大量人力。不过建成之后，这种炭窑烧出的木炭质量高于克里奥尔人在炭坑里烧出的炭，而且所需时间缩短一倍。这样一来，建窑的费用很快就可以收回来。

  与其他工作同步进行的，且更为重要的，是砍伐树木，平整土地是异常繁重的工作，因为很少有人擅长使用斧头，而且要砍伐的树木都是质地最为坚硬的莫拉木和金花柚木。

  除了上述成就，居民们还烧制了3000多桶木炭，并运送到乔治敦。目前这里每月能生产2000桶木炭，不久，当其他该修的炭窑修建完成，每月木炭产量将增加到3000桶到4000桶。

  这里的居民健康状况良好，精神状态也从不久前的压抑中恢复过来。所有人或多或少都赚到了钱。每位身体健全的男人工作一天能挣到2—3先令，而每日的生活开销1先令足矣。他们很快会有一定的积蓄。有些人已经购买了自己的小船，买了猪和鸡鸭。他们相信，再过一两年就能把家人从中国接过来团聚。有了这个打算说明他们认为成功已不在话下。

  在整齐和舒适方面，定居者的"林中空地"和房屋已经明显超过环境相似的克里奥尔人。这里每个人都在自己住处的"水边"修了宽大结实的台阶，这样，不管潮水高低，客人任何时候来访都可以毫不费力地下船上岸，不必再在泥泞里跋涉，或在摇摇晃晃，又湿又滑的木板上踉跄而行。房子的四周也都挖出了深深的排水沟。睡觉时，下有舒适的印度草席，上有蚊帐遮挡，人们可以免受蝙蝠和蚊虫袭扰。如果考虑这里所处的位置，考虑定居点才刚刚建成不久，人们家底单薄，应该说他们的生活已算是相当舒适惬意了。

总有一些人对定居点的选址说三道四，吹毛求疵。有人说东海岸更好，有人说埃塞奎博河岸更理想。我们想说的正好相反，那就是，再也找不到比这里更合适的地方了。东海岸倒是有一个优势，那就是人们不用那么辛苦地开垦农田。但从另一方面讲，运送粮食作物到市场上贩卖的成本则会更高，其价值也就因此大打折扣。

埃塞奎博河沿岸不仅有相同的劣势，而且除了种庄稼，收庄稼，这里无法再给定居者提供其他生计。

木炭的体积与其价值相比过于庞大，烧炭人只有在较近距离的市场出售木炭才能"不亏本"。葡萄牙烧炭工非常明白这个道理，所以他们只在德梅拉拉河的小溪地带申请土地，从那些地方去城里交通方便，路途较近。而卡蒙尼小溪距城里也只有6小时的路程。德梅拉拉的河水很少汹涌湍急，小船可以安全平稳地运送货物。这一点非常重要。希望镇周围是未开垦的处女地，至少不逊色于殖民地的任何其他地方。这里有几片湿润的热带草原，其中一块面积达到300英亩，将用来种植水稻。现在，只等天气干燥一些，就可以放火烧荒了。

目前，卡蒙尼已经有150名华人定居，包括21名妇女。很多人急着搬去那里，但所有人在能够靠烧出木炭赚钱之前，都需要由政府提供生活保障。管理者手中可调配的物资十分有限，所以，每个月能接纳的人不超过7、8位。但即便以这个速度增长，用不了几年，这里的人口也将达到相当大的数量。到那时，我们将有望实现蔬菜价格下降，就像目前木炭价格已经开始下降一样。

到目前为止，建设定居点的事业所取得的成功完全要归功于管理者胡大金的非凡精力和"勇气"。他不会因任何挫折而心灰意懒，也不会被任何艰难险阻所吓退。如果没有他的坚持，定居点将经受不住考验，熬不过那个漫长无休止的雨季。他从一个地方跑到另一个地方，为居民们加油打气，给他们指导，为他们指明方向。他一人扮演着多重角色，既是牧师，又是土地测量员，要照看店铺，又要担任总管理者。

由于没有人能讲像样的英语，买东西和卖东西都会吃亏，他不得不亲自出马，不停地奔走于乔治敦和定居点之间。他常常夜间出发，冒着大雨，坐在没有顶棚的船上。总而言之，他所做的工作足以累垮一个正常体格的男人。到目前为止，他不计报酬，辛勤付出，忍受着缺衣少食的艰苦环境。人们希望，将来有一天，他能得到殖民地政府的丰厚奖赏。如果定居点能够成为一个永久性的成功范例，特别是如果能带来人们热切盼望的结果，即华人自由移民的到来，那么，他对英属圭亚那所做的贡献将是无法衡量的。

（《皇家公报》，1865年10月26日）

我们欣喜地获悉，在胡大金先生的经营下，华人定居点正变得日益兴旺。人们必须克服的最大困难主要是资金短缺。现在这里已经有200名华人，而且他们状况良好。第一季庄稼已经收获，再过3个月，又有一大批庄稼丰收在望。这里的人们没有疾病，但缺少生活必需品，这也阻碍了定居点的发展。

当然，我们殖民地完全可以负担1000元左右的预付款，用来推动这个如此有利可图的事业向前发展。在胡大金先生的经营管理下，这笔钱将带来丰厚回报，当然也一定能彻底偿还。

（《皇家公报》1866年3月1日）

希望镇的繁荣前景也激励了其他华人寻找其他地方建立定居点：

上周乘蒸汽船前来的客人中有一位中国佬，他专门来考察伯比斯河沿岸土地，希望为华人同胞建立一个定居点，类似去年在德梅拉拉河沙丘上游卡蒙尼小溪边建立的定居点。我们了解到这位王阿威（Wong-a-Wai）是胡大金庄园里的一名监工。他在报告中称，有不少华人渴望在伯比斯河沿岸试试运气，大干一番。这些华人有来自德梅拉拉河沿岸的，也有来自殖民地其他地区的。

（《伯比斯公报》，1866年4月21日）

我们得到消息，希望镇的华人居民确凿无误地向人们证明，这里已经开始繁荣起来。

（《皇家公报》，1866年9月22日）

爱德华·詹金斯在他1871年出版的《苦力的事实真相》一书中说，他个人认为，在1867年准备送往巴黎万国博览会的产品目录前言中，对移民劳工的描述几乎就是种植园主强加给公众的布道辞。关于这个仅仅存在了两年的希望镇，宣传目录上这样写道：

居民在河岸和小溪边开垦出5英里的土地，在平整过的土地上不断建起房屋。他们修建了40座炭窑，每座造价60元，并最终将木炭这个必需品商品的价格降低了三成。木炭生意以往是由马德拉岛葡萄牙人垄断的。相比他们在土坑里烧制木炭，炭窑绝对是一种改良的烧炭方式。居民们还种植了生姜、红薯、芭蕉以及其他蔬菜品种。他们喂养的猪价值达到1000元；他们种植了150英亩水稻，据测算，产量将达600袋，每袋价值9元；这个定居点的居民人数为170人，包括40名基督徒。他们衣食无忧，生活舒适；他们当然也不免有一死，正如他们此生也只有一条命。他们不负众望，建起了一座临时小教堂和学校，建筑非常漂亮。除小船以外，他们还拥有了3条方头平底大船，不断往来于定居点和首都之间，进行贸易活动……

牧羊人亡命天涯

正当希望镇一切进展顺利时，突然有人开始散播关于胡大金的奇怪传闻。

周六下午，有个传言不胫而走，说胡大金先生被淹死了。虽然搞得满城风雨，但到目前为止尚无法证其真实性。因此我们只能希望，这件事最终被证实是毫无根据的。

（《皇家公报》，1867年7月9日）

终于得到了关于胡大金先生的确切消息。我们听说，昨天有人在阿拉伯海岸（埃塞奎博）发现了两名曾与他一同乘船的男子。料定是他们淹死了他，然后抢夺了那条小船和他的财物。目前可以确切地说，他本人几天前曾到过阿拉伯海岸。有报道说，本月2日，他与三人一起顺河而下，然后继续前往西海岸，并在那里过夜，第二天一早启程前往卡坡侬（Capoey）。在那里，其中一人，也就是透露这一消息的人，拿到报酬便走掉了。另外两人去了汉普顿庄园种植园。随后那里发生了抢劫案。胡大金先生应该与此案没有牵连，但是我们了解到，在事发现场找到了一件属于那两人中间一人的物品，这说明那个人，或者那两人都与抢劫案有关。缉私船载着警察长约瑟夫先生和10—11名警察前去抓捕那伙人。此事非常蹊跷，不过，我们可能很快可以告知与此事相关的具体情况。

（《皇家公报》，1867年7月13日）

缉私船返回城里，并未带回胡大金先生或任何与他在一起的人。

（《皇家公报》，1867年7月18日）

（关于胡大金：）很可能他们已经穿过塔帕库玛湖（Tapacooma），从湖岸边经小溪进入波默伦河（Pomeroon），并行驶到西班牙美洲大陆领地。我们尚未听到对胡大金先生的具体指控。但据说近来他的生活非常不检点。据了解，他的牧师许可证也被主教大人收回。他的堕落令许多人感到惋惜，因为在他们眼里，他是一位善良的基督徒、一个可靠的人，而且据说深得人们爱戴与尊重，直到关于他私生活的指责流传到海外。他的有失检点也影响了殖民地政府支持的所有定居点项目。

（《皇家公报》，1867年7月23日）

胡大金先生似乎是与一名当地女子发生了私情，那个女子即将生下他的孩子，他却临阵脱逃。此后人们再未听到关于这位新加坡传教士的任何消息。

希望镇苟延残喘

1870年，一个特别委员会的3名成员访问了希望镇，调查这里移民的待遇。正式报告如下：

> 由于缺乏排水系统，除了小溪尽头，这块地基本上都没有什么用途。更远一些的林地看起来像是一片沼泽。华人沿小溪岸边搭建了若干房屋，房顶上覆盖着茅草，四周箍着棕榈带。棕榈带的缝隙都没有填满，但这里的华人似乎根本不在乎缝隙是否已经填满。从其他方面看，这些房屋还算舒适，比庄园里的茅屋宽敞多了。这里的老住户会收留一些不时从种植园逃出来的年轻人暂住。一间规模较大的茅草房用来做小教堂和学校。在小溪边缘，土地比较干燥，可以种植作物，此处一小块一小块的农田里种着土豆、水稻和生姜。我们参观时见到一位教书先生，但这里的儿童教育似乎并不正规。学校里有5、6个聪明可爱的孩子，能认一些字，写一些字。除了已经提到过的，位于小溪左岸的种粮用地，还有几英亩稻田，这里曾经林木茂盛，不久前被开垦成耕地。在乔治敦的河岸边，有几间仓库和货栈，专门为从定居点来售卖木炭和粮食的华人提供住宿。这里的人远离乔治敦，远离文明和各种制度的配备管理；但我们也不能因此对希望镇失去信心。但愿能想出一些办法，使他们充分施展种田人的本领。不管怎样，毕竟我们获得了宝贵的经验，可以为下次同样的尝试提供借鉴。

虽然爱德华·詹金斯抱有一些成见，但他在1870年访问希望镇时所见到一切还是令他颇为开心。他是这样描述他的华人主人的：

> 他所居住的房子比我在殖民地见到的所有移民住房都更像样子。房内宽敞，有硬土地面，高高的斜屋顶由坚固的木架支撑起来，上面钉着竹片，竹片与竹片之间间隔半英寸，覆盖着铺排整齐的埃塔棕榈叶……外面一阵咯咯尖叫声传来，我得知梁阿勇（Lung-A-Yung）正在宰杀两只鸡，为的是祭拜华人的好客神。他多点上一盏汽油灯，摆好饭桌，我的浴单也被铺在上面，充当台布。不到半小时，我们就开始大吃起来。用的是伍斯特餐具（Worcester），吃的是烤鸡、坎布里奇香肠、辛辛那提火腿，喝的是冰镇啤酒和圣卢西亚咖啡——冰取自温汉姆湖（Wenham Lake），啤酒来自伯顿（Burton），主人来自中国，客人是两个白人。正是不同的种族交集使我们体验了一次奇妙的聚会，还坐在原生态的吊床里荡来荡去。这难道不发人深省吗？

下面是希望镇一位居民向委员会成员亲口讲述的故事：

> 在家乡时，我是一名教书先生，我受过很好的教育。我听说，人们都要去德梅拉拉省，他们也让我去。招工代理告诉我，那是一个好地方——我的很多同乡都跃跃欲试——说到那里很多活干，赚很多钱，可以发财：一到那里就发给吃的，如果生病，还给找医生，薪水也很高。他们告诉我，我的工作就是在园子里干活儿，我以为就像我们在中国菜园子干活儿一样，没想到会是在甘蔗地里干重活儿。他们还说，我很快就能拿到和教书先生一样的薪水，而且还会聘我当教书先生。还有其他像我一样的人都坐上了船。我们中间还有一位医生、几位教书先生、几位裁缝，还有几位不在田里干农活的人。他们也都以为到这里之后，可以继续干他们的老本行。到达圭亚那之后，我们被领下船，送到种植园。一开始，他们分给我们粮食和住房，但这些房间又脏又破，然后就让我们到田里干活。我们不愿意干，但也没有办法。如果我们不干活，就会被交给治安法官，要被罚款，甚至送去坐牢。我们吃尽了苦头，有

人生了病。我们每周挣的钱都不够买吃的。我们曾经拿到过一部分奖金,但也都花光了,因为有些人在中国时出手大方,把不少钱送给了朋友。经理想把这笔钱捞回来,所以就从我们的薪水里扣除。我们忍无可忍,纷纷罢工,跑到乔治敦。我们去找律师评理,律师却告诉我们,我们这样做不对,必须回到种植园。警察抓住我们,把我们送上蒸汽船。有几个人跳水,又被捞上来的。他们去找某某先生,先生说话很和气,把我们送回家。从那以后,他们每周不再扣我们的钱了,毕竟我们的工作已经非常辛苦。我的几个朋友饿得实在受不,上吊自杀了。我契约期满获得自由,之后就来到这里。我想回家乡去。

希望镇继续吸引更多的华人来定居。1871年进行人口普查时,这里有311名男性、123名女性和133名儿童,合计567人。到1874年4月,村庄巡视员耶文斯(E.G. Yewens)估计,这里有800来名居民。当然这其中也包括周围地区的居民。耶文斯发现,华人大多以烧炭维生。他们已经放弃种植稻米,因为鸟类会吃掉至少一半的庄稼,而且,也无法一年四季晾晒稻米。即便如此,居民们似乎还是感到心满意足。他在报告中写道:

> 华人的生活过得很安逸,每周要开两次荤。每个华人家里都有猪圈,都养一头或几头猪。我没有见到有猪在外面乱跑。他们精心饲养,还煮猪菜,把猪养得膘肥体壮。

然而,这一年晚些时候,有人开始担心希望镇的生产活动会破坏环境。

所有珍贵的树木都被齐根砍断,用来烧炭,有绿心樟木、大鳕苏木(Mora)、苏里丹尼木(Suridanny)和银槭(Silverbally)——有些硬木是昂贵的造船材料。任何人来到镇子附近,也就是华人居住的卡蒙尼小溪边的希望镇,都可以亲眼目睹砍树开荒的破坏性后果。从河边到小溪入口处,再往上延伸到卡蒙尼支流瓦塔提拉河(Watatilla),至少6000英尺的整块土地已经光光秃秃一片,见不到任何树木了。这块土地位于葡萄牙人沿河烧炭点的纵深地带。

(《皇家公报》，1874年8月3日)

就连华人社区内部也出现了邪恶势力。

  德梅拉拉河上希望镇的华人定居点一直以来太平安宁，此时却被一些未受洗居民的不法行为所扰乱。这些人应该是受到一个大名鼎鼎的赌徒的挑唆，开始寻衅滋事。而他之所以挑事是因为华人基督徒拒绝光顾他的赌窝，影响了他的生意。这里有两位基督徒——一名传教士和一名教书先生——他们在希望镇教书传教，却没有得到政府和教会协会的任何支持，全靠华人自己资助。他们俩来到城里，讲述了基督徒受威胁的事，并请求政府保护。那些"异教"华人开始明目张胆地蓄意迫害自己的同胞，迫害那些放弃了儒家思想而转投上帝的华人。他们扬言，如果不停止宣传活动，将放火烧掉教堂和学校。中国佬是说一不二，说到做到的。如果他们扬言要干出违法之事，那么八成会说到做到。假如我们听到希望镇的小教堂或学校毁于大火，我们一点也不会惊讶。至于警方是否来得及介入其中，阻止恐吓变为现实，我们只能寄希望于那里的基督徒居民的努力了。他们适应了我们的土地，接受了我们的宗教，从双重意义上讲，他们有权要求我们给予保护，免受不法分子侵害，尤其是在这件事上，他们受到威胁完全是因为他们放弃了传统信仰和习俗；假如我们不满足于现状，希望看到更多的人皈依基督教，那我们就必须采取特别的预防措施，使那些皈依者不因改变其宗教信仰而受到迫害。希望镇的情况是一个特殊的案例，不管怎样，我们还从没听说过异教华人对基督教华人有什么敌意表现；但还是应该制定一套制度，能够迅速坚决地镇压小规模恐怖活动。派几名警察在定居点驻守数日，可以向他们表明，政府已经做好保护基督徒、惩戒肇事者的准备。有可能这种旗帜鲜明的表态会吓退那些企图犯罪的人。我们建议那位传教士和教书先生要么直接去找治安法官，要么通过那些已经听取过他们意见的牧师，去找地方治安法官，向他说明事情的原委。他最有可能为他们争取到急需的官方保护。

在希望镇定居点这件事上，我们想提一个政府也许尚未注意到的情况，那就是居民们迫切希望将定居点搬到环境更健康、更适合居住的地区。当初，弗朗西斯·欣克斯爵士在海军将领詹姆斯·何伯爵士（定居点就是以他的名字命名的）陪同下，为希望镇揭幕，场面十分热闹，赞美之词不绝于耳。从那时起，就有许多有见地的人发表各种看法，说建立这个定居点是个错误。其中一条是批评政府不承认排水系统存在巨大缺陷，致使居民易受洪涝侵害。的确，这里的居民经常受到暴雨天气的袭扰，缺乏排水设施成为影响定居点的最大祸根。假如不是凭借非凡的勇气和巨大付出，当初不会有任何居民留下来，让我们看到现在定居点新颖的模样。这些定居者一旦来到这里，就下定决心竭尽全力，建设一个属于自己的新家园。面对极端恶劣、令人气馁的环境，他们展现出勤劳勇敢的一面，值得嘉奖。但他们也消耗了那个地区的有限资源。这里的情况不断恶化，每况愈下，已经不再适合作为他们的家园。那些华人说，如果政府能将他们从希望镇搬到河东岸，他们将感激不尽，那里有适合他们生存的、取之不尽的土地。鉴于扶植鼓励勤劳能干的移民定居者的做法具有重要意义（华人的表现有目共睹），同时，鉴于政府能够轻松地满足希望镇居民另辟定居点的愿望，我们建议必须将此愿望提交给我们的执政部门。允许希望镇居民以恰当的方式向他们仁慈的政府提出请愿吧，我们相信，他们有希望得到应得的善待，得到政府的重视。

（《皇家公报》，1876年12月2日）

显然，小教堂最终躲过了敲诈勒索的威胁，但却没躲开恶劣天气的重创。教堂建筑摇摇欲坠，破烂不堪。大家决定再建一所新教堂，华人社区为教堂建设捐献了资金。一些基督教年长者注意到华人的奉献行动，也纷纷呼吁人们支持这项义举。

卡蒙尼河华人定居点

这条河上的华人居民身为圣公会教徒，凭借着自我牺牲精神和坚忍不拔的毅力，自筹资金近1000元。他们用这笔钱搭建起一座宽大教堂的框架，完成了屋顶建造，并封上了部分墙壁。在此，我们呼吁所有教会成员，以及愿意帮助那些积极自救者的人们，伸出双手，帮助他们完成这个开局良好的工程。

捐款请寄会吏长怀亚特（Wyatt）牧师。1881年4月26日

（《皇家公报》，1881年4月30日）

希望镇的衰落

1891年，希望镇的华人人口缩减至240人，不到20年前去那里的567人的一半。当木材供应和木炭需求双双下跌时，人们开始搬离这个地方。

弗雷德里克·刘是首位在本地出生的华人大律师，他总结了希望镇衰落的以下几个原因。不少人都去了人口众多的乔治敦，因为那里有更多发财致富的机会。一代代年轻人不再愿意耕种土地，或从事繁重的体力劳动。华人也不愿意种植可可和咖啡这样的永久性作物，这显然是因为他们不熟悉这些树种。除此以外，这里的土地是整片划给居民使用，而不是分配到个人名下，不属于个人拥有，所以人们缺乏积极性去种植需要5、6年才能结出果实的农作物，这也导致希望镇后来几代华人对有可能继承一块农田失去兴趣，于是纷纷离开。

1900年，一位经商成功的华人移民何阿受（Ho-A-Shoo）建议，可以通过挖掘运河来排干定居点的积水。这项工程将耗资10000元。何阿受认为他可以从华人社区筹集到一半的钱款。但这个项目无果而终。很可能是因为人们对希望镇已经兴趣索然。何阿受投入了250元开始建一条大坝，大坝将523英亩土地围起来，总造价为500元。1902年5月21日大坝竣工，实际花费642.98元。

1901年，希望镇在册的华人为198人，而到1911年，这里的人口下降到37名男性和36名女性。1914年10月11日，政务长官塞西尔·克莱门蒂（Cecil

Clementi）访问了希望镇，他写道：

> 人们似乎很高兴见到我们，他们热心地带我们到处参观。我们到房子的"后院"去看看耕种情况时，全村人都跟在我们身边。但是所见之处，庄家作物差强人意；我们看到的只有几棵瘦弱的芭蕉树，几处低矮的可可树丛，全都无人打理照料。村民领我们参观稻田，也只是一块从森林里开垦出来的空地而已，大树已被砍伐，树桩却留在地里，没有修建灌溉或排水等水利设施，没有施肥，根本就没有一点耕作的迹象。如果看惯了中国稻田景象——农民精耕细作，个个喜笑颜开，田埂水塘修建整齐，纵横阡陌，沟渠四达，吃苦耐劳的广东人不知疲倦地在田间劳作，每年收获两季水稻和一季"旱作庄稼"，那么再看看这里，简直就是满目凄凉。希望镇的居民告诉我们，他们每五年才能收获一季水稻；当然，如果多花些力气，稍加打理，产量会高一些。定居点里见不到牲畜，甚至在中国随处可见的猪在这里也全无踪影。事实上，这里的人已经失去动力去改善自己的生活状况了。大多数年轻人都向往更美好的生活。毫无疑问，他们发现，在乔治敦可以凭借华人特有的节俭、勤奋和天生的商业头脑，从事各种贸易活动和其他行业的营生，找到希望镇所没有的更有前途的谋生机会。这样一来，留在定居点的就只剩下年老体弱或懒惰成性的人。

第九章　远走他乡

重获自由身

华人契约劳工在承工期满后,"有权向招工总代理要求取得"产业工人居留证,证明不再承担契约劳工义务。曾经有一段时间,《皇家公报》会登出那些获得自由身份的劳工名单,其中既有华人,也有印度人。但过了几年,这种做法不再实行。下面是一个简化了的当年公示名单,上面注明移民姓名、乘客编号、船名以及该移民签订契约的庄园名。

翁长(Ong Chwan)	44	萨缪尔伯丁顿号	玛尔戈杜特种植园
杨毅(Yang-i)	57	旋风号	恩毛种植园

(《皇家公报》,1862年4月17日)

吴阿勇(Ng-a-Yong)	54	温德汉姆将军号	贝特霍普种植园
林江(Lim Kon)	86	额尔金爵士号1853	布兰肯堡种植园
张阿乐(Zoung-a-loke)	1103	克莱尔蒙特号1861	斯凯尔登种植园
刘阿云(Lui-a-wun)	975	诺伍德号1860	格林菲尔的种植园

(《皇家公报》1863年1月15日)

王阿奇(Wong-a-qui)	72	皇家乔治号	温莎森林种植园
杨穗安(Yeung-soi-on)	2835	兰卡斯特女巫号	凡尔赛种植园
周阿宝(Chow-a-poo)	405	波斯号1862	齐兰迪亚种植园
苏阿三(Sui-a-Sam)	850	密涅瓦号1860	坚韧精神种植园 (Peserverance)
石五(Shak-ng)	2233	神秘号1861	蜂巢种植园

(《皇家公报》,1864年2月6日)

契约工都可以续约,确实也有人与庄园签订新契约,一般都是5年期。即便有华工续约,最终他们也会和大多数人一样选择离开种植园。留在庄园的人为数不多,都成为工头或工长。他们之所以能被聘到这些岗位上,是因为他们具有出色的组织能力和领导能力。冯阿民（Pim-a-Min）就是一位这样的华工。他在离开中国之前已被聘为工头。他于1879年乘"达特茅斯号"到达这里，得到被许诺的差事，并被安排到安娜雷吉娜（Anna Regina）种植园，工资为每月15元，相当可观。但好景不长，三个月后，他被解除职务，派到地里干活。冯阿民于是到法庭上告状。

  治安法官说，如果该移民是在中国被雇佣，作为工头派到这里的，那么，来到这里后无法胜任工作并不是该移民的过错。法官认为他应该得到应有的工资。
  判决原告胜诉，获得17.84元补偿，不承担诉讼费用。
（《皇家公报》，1880年5月6日）

冯阿民非常走运，虽然不胜任工头职务，但还是得到了补偿。庄园代表则登出告示，扬言将就裁决进行上诉。
  除了称职能干，稳重、诚实、勤奋也是人们心目中的高尚品质。叶德和（Yip-tak-Wo）正是因此受益的人。

  他被控于去年8月20日，破门闯入自由身份的印度苦力贾加杜（Jagadoo）的住处，盗走一个盒子，或者是箱子，里面装有一条手链、三件丝绸衬衣、一件外衣、一条披肩，还有……钱。
  （辩护词称）嫌犯有一定资历，干过7年乡村治安员，而且在庄园里担任工头相当长一段时间……彼得霍尔庄园经理司各特先生也被传唤到法庭，称自从他于1865年开始经管这个庄园起，嫌犯就在庄园里工作，最近被聘为工头，曾多次被聘为平底船装货监工，可以说是一位出色的工人。他个人认为他是一个诚实的人。
  陪审团在经过几分钟商议后，做出无罪判决，嫌犯被释放。
（《皇家公报》，1872年2月6日）

  庄园工头这一职务责任重大。他们被归类于乡村治安员。从职务地位来看，他们与那些在村镇与乡下维持法律秩序的巡警同属一级。《皇家公报》会不时登出乡村治安员名单。

威尔士种植园——钟阿登（Chung-a-Dun）

哈勒姆种植园——邱阿六（You-a-luck）

加乐西种植园——吴阿文（Nag-a-Man）

布兰肯堡种植园——朱阿忠（Chu-a-Chung）

梅特恩米尔佐格种植园——凌中平（Ling-chung-Ping）、梁阿东（Leong-a-Tong）、林阿石（Lum-a-Sak）、杨阿生（Yung-a-Sang）

德金德林种植园——黄阿实（Ong-a-Sack）

成功种植园——谭阿辉（Tan-a-Fai）、梁阿福（Leung-a-Fuk）

彼得霍尔种植园——刘高展（Liu-Kou-Chin）、唐友（Tong-You）、梁敬忠（Leung-king-chung）、叶德和（Yip-tak-Woo）、梁阿志（Lang-a-Chee）

莫法姆种植园（Morfarm）——刘阿文（Low-a-man）

坚韧精神种植园——钟功唐（Chung-kung-tong）

（《皇家公报》，1872年2月8日）

虽然有一些华人担任乡村治安员，但他们实际上是庄园的雇工。只有很少几名华人真正从事执法工作。也偶尔才能见到涉及华人警察的案件。1882年，一名华人警探参与了抓捕几名华人的行动，因为他们试图非法离开殖民地。同年，警官何阿友（Ho-a-You）被牵扯进一桩乔治敦的袭击案，据说他是受害者。但当他对袭击者提出指控时，法庭不予审理。看来这位416号警官何阿友是那种容易遭到袭击的人，因为，第二年，他又指控何塞·戈梅斯（Jose Gomes）"在他执行公务时袭击并殴打他"。

其他目击者接受了盘问，他们的证词支持警官数次击打被告人的说法。结案时，法官阁下说证据存在疑点，并给予被告无罪推定的判决。此案不再审理。

（《皇家公报》，1883年8月14日）

制糖技师

庄园里还有其他的工作机会，特别是那些将甘蔗转化成畅销糖制品的技术工作。如果劳工有能力承担需要特殊技能和技巧的工作，他们就有机会得到培训，学习加工蔗糖和提炼朗姆酒。有一次，一位雇工经过培训，技术娴熟，于是成了竞争对手挖墙脚的主要目标。

抄件

1877年9月13日，威尔士种植园

亲爱的周，我知道你已经是自由人了。我将于本月23日招聘一名酿酒师。如果你愿意来我这里，我将每天付给你6个币，为期一个月。之后，在榨糖季将由你单独照看酒厂，我将每天付给你7个币。不榨糖时，你可以给货物打标签，每件4分钱。我还可以给你找许多其他的活儿。如果你接受我的提议，可以给我写信，尽快让我知道你何时能来工作。我希望你能在本月18日或19日接手。匆忙落笔。

（签字）法纳姆（F. Farnum）

西海岸布兰肯堡种植园

周炎英（Yim Ying Chew）（中文）收

1877年9月18日，布兰肯堡种植园

亲爱的梅耶斯（Mayers）先生，随信附上的是一份抄件，原件正好在我手里，我准备在我们殖民地两份报纸上刊登出来，让公众看看我们种植园主的道德素质。不过，由于您是直接利益相关者，我认为由您来澄清事实真相才是公平合理的做法。我个人将保留公布全部信件内容的权利。

我一直认为，法纳姆先生劝诱周炎英离开我这里之前并没有征求过您的意见。但是，显然您完全信赖他，由他代为维护您的利益，因此您对他的行为是负有责任的，而且他在这件事上的行为是不光彩的，显然，由于害怕丢脸，他不亲自写信封，而是使用了最可疑的"回避"伎俩——找一个文盲替他写地址；遗憾的是，他对这个"亲爱的周"调教不够，没能让他明白"回避"的含义。

我将把我所掌握的所有材料送到报社，发表时间为本月22日，下周六。匆忙落笔。

您的小卡梅伦（D.C. Cameron, Jr.）
威尔士种植园
梅耶斯先生收

1877年9月20日，威尔士种植园

亲爱的卡梅伦先生，我今天收到了您18日的来信。我的建筑监工法纳姆先生在与"周"进行信件往来之前并未征求过我的意见，假如他征求我的意见，我是绝对不会允许他那样做的。

我曾经指示法纳姆先生为我们庄园寻找一位酿酒师，但直到您的信今天送到我手中时，我才知道他看中了"亲爱的周"。我还没有见到"亲爱的周"。如果我见到他，我会亲自送他回您那里。

您诚挚的
（签字）J.B. 梅耶斯

小唐纳德·C·卡梅伦先生
21日，布兰肯堡种植园

（附言）在写完上面的信后，我见到了"亲爱的周"，但他说，他更愿意跟着"亲爱的法纳姆"，而不是"亲爱的卡梅伦"。

您可以刊登这一部分，因为它胜过千言万语，表达了来到这个"美丽外省"的华人移民的心声。

（《皇家公报》，1877年9月25日）

关于这件挖墙脚事情的书信来往引起了一位读者的注意。他评论道：

> 先生，据报道，卡梅伦先生发现他手下的华人酿酒师一直在与梅耶斯先生眉来眼去，暗中勾搭，于是表明了自己的态度，并发出恺撒临死前的叹息，"还有周吗，布鲁托"！①
>
> 这是拉丁语金句，也是最巧妙的双关语，等于宣判了"亲爱的卡梅伦"有罪。
>
> 您的周易人（Quid Pro Chew）②
> （《皇家公报》，1877年9月29日）

还有一次，一位已经被提升为首席酿酒师的华人犯了一个几乎是致命的错误。他举着油灯去查看生产的产品。

拉格兰奇种植园发生爆炸

> 已获得的证据显示，一名顾（Kow）姓中国佬事发时为庄园聘用的酿酒师，他在事故中受伤，目前在医院养伤……当被问及导致爆炸的直接原因时，他承认是由于他的失误，他不知不觉地拿着点燃的油灯，凑近生产朗姆酒的机器查看蒸馏情况，造成灯油被引燃，部分机器爆炸。（他说他并不知道会有这种危险。爆炸中有一人死亡。）
>
> （《皇家公报》，1880年5月6日）

成为熟练机械工的机会毕竟有限，但对农业工的需求却热度不减。1872年，大宝石种植园的经营者决定公开招聘愿意再次签订契约的自由华人，并开出了薪水和土地方面的诱人条件。

---

① "Et Chew, Brute!"来源于拉丁语"Et tu, Brute!"据说恺撒被一群反对君主的罗马元老院议员刺死前，看到自己的养子布鲁托也参与其中，于是绝望地叹息道："还有你吗，布鲁托？"此处"周"（Chew）与"你"（tu）谐音。（译者注）

② "Quid Pro Chew"，显然是个假名字，与"Quid pro quo"（拉丁语交换物的意思）发音相似。意在调侃仆人易主的事。（译者注）

重要通知
致自由华工及其他自由移民

本人特此通告，本月14日，周三，招工代理将前来大宝石种植园，为再次签约的移民发放奖金。他准备招收一百名以内愿意再签五年期契约的华人，或其他体面的移民。

除了其他常规福利待遇，本人将在劳工现有的大面积农田附近再拨给每位移民半英亩优质粮食用地。

经理埃德蒙德·菲尔德（Edmund Field）
大宝石种植园，1872年2月2日
（《皇家公报》，1872年2月8日）

前往特立尼达

这个又给钱又给地的开价确实非常诱人，想必很多人都签了约。不过，拿到这笔意外之财后，有人却动起了别的脑筋。

昨天，8名刚刚再次签约的华人移民在一艘准备驶往特立尼达的法国轮船上被捕。这伙人都拿到了船票。有些移民签约后会在庄园里混上一阵，等拿到签约发给的50元奖金支票后，便逃走藏匿起来。最后，警察或招工代理会在哪个犄角旮旯把他们揪出来。这种情况并不罕见。但是，用刚刚到手的支票买一身行头，改头换面，再买张船票去其他殖民地的招数还是头一回听说。应该说，种植园主们还是很幸运的，因为，这种刚一拿到签约支票就偷偷开溜的企图刚一冒头，就被彻底遏制。否则，一旦第一批人脱逃成功，就会有其他人纷纷效仿。奇怪的是，那位法国轮船的船长居然没有循例查问一下这些人的船票是否免费获取，就让他们上了船。假如他们用偷来的船票都可以瞒过他，那就是他的错误了。如果在这里做生意的轮船船长们，都马虎大意，忽略查看所有搭乘其船只的移民工的通行证，那么他们对同船水手也无所戒备。要不是警察特意在这些轮船起航前进行检查，恐怕会有不少庄园劳工逃逸，直到有一天在什么地方被人发现或举报。毫无疑问，这个刚被发现的案子将被彻查。如果发现那位船长真的负有责任，将根据法律对此类违法行为的规定，对他处以最高罚金。

（《皇家公报》，1872年6月4日）

相当数量的华人对去特立尼达抱有强烈的愿望，那里的环境与这里迥然不同。在英属圭亚那，葡萄牙人先于华人到达，此时已经契约期满，成为自由人，在经营商品和做贸易方面处于主导地位。而在特立尼达，还没有哪个族群在中游经济上占主导地位。如果说开店或做贸易都有机会赚到钱，那么，与基本同时到达英属圭亚那的华人相比，大多数从中国直接去特立尼达的华人却更快地赚了钱，发了财。

> 来自特立尼达的报道：从已经进入该岛的华人情况来看，他们[比印度移民]更有抱负。很多人在契约期未满时，宁肯花钱交纳违约金，也要赎出自由之身，然后开始从事更需要脑力的工作。在那些1853年引进的劳工中，如果还有的话，也只有很少人到现在还在务农。他们都成了店主，或自己经营耕种的土地。现在已经有大片土地被华人用来种植红薯和蔬菜，甚至比阿里马（Arima）还远的地方也是如此。
>
> 东印度人与华人的另一个显著差别是，前者极度节俭，满足于低档食物和廉价衣物，而后者有更大、更多样性的需求，他们更注重满足口腹之欲，花钱也不会缩手缩脚。华人的食物质量较高，逢年过节衣着讲究，材质多样。他们挣了钱不是为了藏起来，而是为了消费。从社区意义上讲，印度人与华人的最大区别是他们被带到殖民地的条件，印度苦力来到这里有一定年限，而且契约期满后，他们有权享受政府出钱购买的回国船票。而华人来这里是为了永远扎根于此。

（《皇家公报》，1860年8月25日）

据《西班牙港公报》（Port of Spain①Gazette）消息：根据1861年人口普查结果，华人人口为460人。对此，招工总代理称，他们现在已经同殖民地其他居民融合在一起；很多人都结了婚，全家人在此安居乐业；这些人几乎都是生意人；不少人已经相当富有，其中有一位在当劳工时体弱多病，一事无成，但通过做零售生意，现在已有4000元身家，而且不久要回中国去。

（《皇家公报》，1862年6月26日）

在经商机会方面，英属圭亚那政府当局清楚地意识到两个殖民地的区别：

> 毫无疑问，这里自由华人的境况与特立尼达自由华人的情况差异巨大……[总督]曾经去过西班牙港，他说那里到处都有华人的身影。他们是一群具有提升力和推动力的人。事实上，那里的自由华人就相当于我们这里的葡萄牙人，他们是一个勤劳奋发、兴旺繁荣的民族。
>
> （《皇家公报》，1865年2月2日）

> 在特立尼达，对华人开放的经商和贸易领域在我们这里是关闭的。这些行业已经被勤劳的葡萄牙人完全占据。
>
> （《皇家公报》，1865年2月3日）

《特立尼达记事报》（*Trinidad Chronicle*）一篇文章的标题是：富裕的劳工。文章写道：

> 中国佬阿德（Atteck）在传教团开了一间店铺，并拥有地产，据说他拥有12000元的财产。他现在已经是一名基督徒；第二位也是一个中国佬，名叫苏尼（Soni），亦称丹尼尔·奥康奈尔（Daniel O'Connel）。据说他的身家与阿德不相上下。他的财富也是来自店铺和房产。
>
> （《皇家公报》，1877年2月1日）

---

① 西班牙港是特立尼达首都。（译者注）

溜到苏里南

对于完成了承工契约的人，到别的国家找发展机会也是一个可考虑的选项。确实也有相当数量的人尝试出国，这也造成了劳动力流失，尤其是对那些在蔗糖贸易上相互竞争的地区。这一情况对种植园主和政府来说，都是一个不容小觑的问题。15名印度劳工在乘坐荷兰轮船前往苏里南途中被抓获。于是政府考虑找一个万全之策，留住那些既有自由身，又有权利离开这里的人。他们想到一个怪招，决定依据《乘客法》（Passengers' Act）向违法者罚款100英镑。

> 阁下大人发布公告，宣布任何搭载乘客从本殖民地出发，前往苏里南的船只，其行程都定为10天，这是依据《乘客法》——也就是按照食物装载量规定的……而一般来说，这个行程两天足矣。
>
> （《皇家公报》，1863年9月24日）

这个法令不太可能起到威慑作用。从英属圭亚那前往苏里南的劳工仍然络绎不绝，源源不断。不过，也有一些人在发现那里并不如想象的那般美好之后，又返回英属圭亚那。

> 上月25日，9名华人乘坐中型帆船"黑夜女士号"（Lady of the Night）到达苏里南，想在那里做农业工。如果这些移民已经完成在英属圭亚那的承工契约，我们没有理由阻止他们离开这里，前往另一个殖民地，因为他们有理由相信那里的劳动力市场更有前景。但过一段时间后，他们可能会因对此折腾感到懊悔而重归旧地，这也不是没有可能的事。
>
> （《皇家公报》，1867年12月10日）

我们最近得到确切消息，一大批[克里奥尔劳工]已经离开尼克里

（Nickerie）①，回到我们殖民地。他们说那里的粮食价格比我们殖民地高百分之二十五；且不说那里经常没什么活干，他们一开始就要花钱购买护照，而且还得经常出示护照，不胜其烦。就算是一次尝试吧。这些人原本到苏里南是想寻找更好的发展机会，但他们花钱买了一个教训，那就是，还是自己殖民地的生活更安逸。他们的经历会擦亮其他人的眼睛，这也算是一个好的结局吧。

（《皇家公报》，1867年12月21日）

苏里南对劳工的需求非常大，以至于那里的种植园主都愿意出高价从英属圭亚那吸引劳工。这种诱惑催生了一种招工制度，那就是从苏里南派出一批专门招募劳工的招工代理。他们招工使用各种手段，这势必导致劳工企图非法离开英属圭亚那。

今天早上，在警察局的地区治安法庭，一名中国佬因窝藏了另一名中国佬，并企图将其带到苏里南，而被判罚24元，或者监禁两个月并服苦役。一名印度苦力和一名中国佬被指控没有按照法令的规定，在未提前两周通知招工总代理的情况下，企图离开殖民地。他们将被关押至明天。这几名移民工是伯奇（Birch）警官于上周六晚上抓到的一伙人里的几个，这伙人包括24名华人和14名印度人。他们是在驶往苏里南的单桅小帆船"威尔士王子号"（Prince of Wales）上被逮捕的。非法将移民从我们殖民地走私到苏里南，然后获得诱人的报酬，这似乎是一桩有利可图的买卖。实际上，移民工被带过去之后不一定能拿到那些报酬，但从事这种非法贩运人口勾当的人目前似乎不在少数。就在一两周前，一条搭载着14名移民工的中型帆船停泊在港湾里，随时准备驶往苏里南。警方试图登上该船，但船长警惕性极高，闻风而动，立即起锚，很快就逃之夭夭。

（《皇家公报》，1873年6月17日）

---

① 华人称日计里，现苏里南的新尼克里。（译者注）

今天，在警察局的治安法庭，又宣判了四起针对华人窝藏移民工，企图帮助他们偷偷离开殖民地的案件。每个案件所判处的罚金都达到法律规定允许的上限，即24元。对这种违法行为，这点罚金根本就是毛毛雨。比起对其他违法行为的罚款，比如说对违反《敬畏法规》（Reverence Laws）的处罚，这点罚金简直就是隔靴搔痒，完全起不到威慑作用，因为那些人只要成功运送一名移民工，就能得到两倍于罚款的酬金。从一个刚刚审理的案件证据中，我们了解到，招工代理与苏里南人达成的协议是，每送一人过去，招工代理可以拿到40元的费用，以及类似数额的奖金。所以，对华人招工代理来说，这是一个肥差，他们自然会全力以赴促成交易。我们得到消息，几名华人将乘坐荷兰一号轮船到这里来，身上携带招揽移民工的大量钱币。这些人来到这里时，是不能逮捕他们的，这需要警方高度戒备，阻截那些挡不住金钱诱惑、在与这里的雇主未解除雇佣关系就准备前往苏里南的劳工。要想制止这种不公平、不光彩的行径，向苏里南种植园主求情是无济于事的；最好的办法是对诱拐移民工这种违法行为实施重罚，使这一行当成为高风险的买卖，使从事这种买卖的招工代理无利可图。从各方面讲，此事都与本殖民地的利益，也与政策院每位当选代表的利益息息相关。我们期待此事尽早得到关注。

（《皇家公报》，1873年6月21日）

本月14日周六晚上，伯奇警官在查尔斯顿的科德斯（Cordes）运河处登上了"威尔士王子号"双桅帆船，逮捕并羁押了24名华人和14名印度人，他们禁不住高工资的诱惑，准备乘这条帆船驶往苏里南。被告当时并不在船上，而且之后一直不见踪影；但显然可以确定，此人就是这条船的船长……在这批被抓的、目前被关押在砖坝街警察局的人中，有两名印度苦力说，他们原本准备在伯奇警官登船的那个夜晚启程前往苏里南。他们其中一人表示，他们都"上当了"，以为到那里以后能拿到"大笔钱"。（治安法官决定）判罚被告3800元，相当于每走私一位移民罚款100元。

（《皇家公报》，1873年6月24日）

> 邱阿福（Yo-a-Fot）、杨阿发（Yong-a-Fat）以及其他三名契约华工被指控，在无法出示护照情况下，企图乘法国轮船离开本殖民地……警方探员是一名中国佬，发现他们正企图逃离本殖民地。他们还塞给他一枚金戒指，作为"封口费"，希望他不要声张。这名探员接受了询问，并证实对那些人的违法指控属实……治安法官引用了相关法律条款，指出被告于1879年来到这里，他手中移民局颁发的许可证显示，他们在未完成剩余契约期的情况下准备离开殖民地，因此判每人交罚金12元。

（《皇家公报》，1882年8月26日）

所有这些行为都证明，那些从事与邻国合法贸易的人，以及那些将合法贸易转化为运送非法乘客的人，都可以从中得到丰厚回报。还有一些人则利用更为隐蔽的方式，通过有组织的网络，从事招募和贩运劳工的勾当。

> 显然，双桅帆船一类的船是专门用来从事这种特殊交易的工具。这些船一般先为东海岸各庄园运送货物，卸下货物后，就驶到双方事先选好的约定地点，在那里接上大批移民工，包括了印度人和华人，而这些移民工是根据早先安排，已在附近地区四周游荡或东藏西躲，等待多时，只等船只到达。

（《皇家公报》，1873年7月26日）

会吏长怀亚特于1876年4月—5月间访问过苏里南边境地区，探望那里讲英语的劳工。他简要讲述了在那里华人社区的见闻。

> 在信众中，我发现有一些华人。我听说过他们曾是斯凯尔登种植园的信徒，后来越过边境来到荷兰领地，寻找工作机会。
>
> ……几名华人与他们的传教士一起来参加礼拜。这位传教士也是从斯凯尔登来的，就是为了向这一地区的同胞进行宣教活动。他带来了三名成人接受洗礼；我发现他们能够阅读自己的文字，熟悉洗礼仪式，也明白自己所做承诺的意义，当然，我是费了很大力气才搞清这些情况

的，因为，不管是这些准备接受洗礼的人，还是传教士，都无法顺畅地用英语与我交流。值得嘉奖的是，这位传教士为了在自己的同胞中传教，不畏路途艰险，从一个庄园走到另一个庄园，而且也没有固定生活费，只有靠自己的同胞自愿捐助才能混上一口饭吃。同胞的捐助也只是从每周在甘蔗园劳动的薪水里抠出的一点点小钱。

在尼克里地区，几位庄园主，还有庄园的主要经营者，一直以来都是英国人；这些英国绅士跟他们说英语的朋友之间经常互相拜访。

（《皇家公报》，1877年2月8日）

驶往圣卢西亚

对那些一心想去荷兰领地的人来说，苏里南恰好是最近的地方，进入那里容易。不过，其他附近国家也向渴望美好生活的人们频频招手。就连移民局都坐不住了，为大量劳工涌出殖民地推波助澜。

今天，乔治敦警察局的治安法庭举行了一个听证会。此案是一个涉及殖民地农业利益的重大案件。一名叫梁阿勇的中国佬被指控……招揽聘用了17名华人劳工前往另一个殖民地，也就是圣卢西亚。此人扮演招工代理的角色，但却未获得总督专门授权……

情况似乎是这样的，圣卢西亚行政官德沃（Des Voeux）先生派遣被告进入本殖民地，招募华人劳工前往圣卢西亚……用于支付这些劳工船票的费用由德沃先生汇给这里的招工总代理。在德沃先生与招工总代理之间这样一来一往，本殖民地将丧失一定数量的劳动力……（梁阿勇）早些时候去了圣卢西亚，并于7月22日回到本殖民地。本月，他去见过一次招工总代理……称他要带一些华人去圣卢西亚，因此需要一笔钱为他们购买船票。（克劳斯比先生）……于是从殖民地银行开出一张173.25元的支票。（梁阿勇）称，德沃先生希望他们教会这些人烧木炭，并说他们将可以在那边"修铁路"。除了船票，还发给他们每人2元，可在"科西嘉号"（Corsica）轮船上使用。

布鲁麦尔（Brumell）先生认为，此案犯罪事实清楚，判处被告96元罚款，并将扣押财物以支付罚款，如扣押财物不足以支付罚款，被告将被处以6个月监禁并服苦役。

（《皇家公报》，1874年9月29日）

这个案件中最令人愤怒的是，自1862年起就担任招工总代理的詹姆斯·克劳斯比先生与此案脱不了干系。《皇家公报》编者按也表达了愤怒，并建议"发给克劳斯比600元退休费"。

克劳斯比先生并不否认自己是这个案件的主要中间人，但他打着"不熟悉法律"的幌子推卸自己的责任。克劳斯比先生有责任去熟悉法律，他本人就是一名律师，而且在相当长得一段时间里，不止一次地担任过我们法庭里的助理法官。由此看来，这个不熟悉法律的托词最起码也是一个非同寻常的、不太可信的借口。英属圭亚那的招工总代理居然可以扮演为圣卢西亚政府效劳的移民出国代理，居然会利用他的影响力，诱使殖民地政府花大价钱招募来的劳工离开殖民地，居然设法减少殖民地人口，去补充圣卢西亚人口，这简直是骇人听闻，荒谬之极。

（《皇家公报》，1874年10月6日）

詹姆斯·克劳斯比设法平息了这场风波，继续担任招工总代理，苟延残喘，直到1880年，因长期患病去世。继任招工总代理的特罗特先生（Mr. Trotter）在1879年的回顾报告中说，移民局一共向104名东印度人和299名华人（251名男性、23名女性和25名儿童）签发了护照，允许他们离开英属圭亚那。年度报告显示，护照持有人：

"应该已经离开殖民地，有些人是去参观特立尼达和卡宴，还有些是去苏里南。"我们相信，人们都清楚大多数人（肯定有华人）的目的地是苏里南的金矿，而且尽人皆知的是，大量没有资格持有护照的华人移民很多是去年才乘"达特茅斯号"到达本殖民地的。他们都是经由科兰太因海岸（Correntyne Coast）和尼克里地区，从陆路出境去了那边。他们并非像特罗特先生所说的那样，只是去参观游览，而是去看看能否淘金发财，然后就永久留在那里了。

（《皇家公报》，1880年12月2日）

人们并不太关注华人合法地从英属圭亚那移民至其他国家。船运公司的报告有时会显示一些"华人"或"甲板客"离开殖民地。他们一般坐经济舱，也称筒仓。而二等舱的客人待遇高一些，在船运通知上会写上他们的名字：

乘皇家邮轮"科西嘉号"于本月6日出发、目的地为巴拿马科隆（Colon）的乘客有：冯阿华（Fung-a-wa）先生，刘奇（Leu-quay）先生。

（《皇家公报》，1876年5月23日）

乘法国游轮"委内瑞拉号"（Venezuela）前往苏里南和卡宴的有：王世奇（Wong-shee-que）、鲍氏（Pow-shee）、唐阿宝（Tong-a-pu）、罗阿豪（Lo-a-how）。

（《皇家公报》，1878年2月28日）

前往特立尼达的有：李阿荣（Li-a-wing）、李阿刚（Li-a-Kong）、夏阿贵（Ha-a-Kwai）。

（《皇家公报》，1878年4月23日）

前往哈瓦那的有：钟国安医生（Dr. Chung Kwook On）、张汉庭先生（Mr. Cheung-hon-ting）

（《皇家公报》，1878年7月25日）

前往巴尔的摩（Baltimore）的有：华人乘客——15名成人和4名婴儿

（《皇家公报》，1881年8月23日）

前往牙买加：朱兰英（Choo-lan-Ying）、钟阿洋（Choong-a-Yang）、吴氏（Ng-She）

（《皇家公报》，1882年3月9日）

那些选择前往巴拿马港口城市科隆和巴尔的摩的人是打算经北美返回中国，只是有些人后来定居巴拿马，尤其是1881年巴拿马运河开挖之后。华人纷纷离开英属圭亚那的势头持续了很多年，成为人口减少的重大原因。举例来说，1883年从这一地区其他国家来到本殖民地的华人为25人，但同年离开本殖民地的华人达到251人。

一部分离开殖民地的华人最终回到中国，这也让一些商人看到商机，打算组织包船回中国。

启　示

计划于今年6月底前后组织包船去中国

有需要船票者，可与乔治敦的马诺埃尔·刚萨尔维斯公司（Manoel Gonsalves & Co.）或德忠（I.H. De Jong）联系，也可与新阿姆斯特丹的店主何阿显（Ho-Ha-Hin）联系。

根据提议，该船将在中国停留一个月，然后搭载乘客和移民返回德梅拉拉。

德梅拉拉，1881年3月11日

（《皇家公报》，1881年3月15日）

至于后来是否有足够乘客搭船返回中国，我们不得而知。因为在随后几个月中，并未见到有船只去中国的确切信息。

定居者

那些决定留在英属圭亚那的人尝试过五花八门的生意，但涉足最多的还是零售业。正如前面篇章提到过的，华人有实力在中游经济生活中扮演重要角色。早在华人踏上英属圭亚那之前就有人预见到这一点。1861年，也就是最早一批华人到达殖民地8年后，一位英国旅行者写下了自己的见闻：

> 我听说了一位葡萄牙绅士的惊人故事。目前他在乔治敦拥有两三座庄园，还有大量房产。而最早他只是一名契约农业工。我们沿着水街和女王路行走，看到无数葡萄牙人开的店铺。拜金的中国佬将很快赶上来，分得一杯羹，这会是过高的期待吗？不过，中国佬可不能认为前途光明（coleur de rose），一切皆唾手可得。他们必须付出艰辛的努力才能实现我所描绘的前景。
>
> （《皇家公报》，1861年10月24日）

第二年，到英属圭亚那的契约华工潮也成为香港《孖剌西报》（Daily Press）的评论话题。评论预测，即便要与葡萄牙人竞争，华人依然能够表现出色。《皇家公报》引用了这篇文章，并继续展开讨论。

> "如今在德梅拉拉省，出资招募华人去工作是很划算的。如果他们需要的是一个劳动力市场，那么他们就获得取之不尽的来源。我们不只一次地预言过华人移民英属圭亚那的美好结局。我们摘录一段刚刚过去的9月17日的《乔治敦公报》（Georgetown Gazette）（德梅拉拉）的文章。文章概述了葡萄牙人在英属圭亚那的发家历程。细细读来，真的让我万分惊讶——假如用"华人"二字替换"葡萄牙人"，那么这个故事简直就是千篇一律的华人历史，不管华人在哪里落脚都会有这样的经历。这两个种族将要进行角逐。如果中国佬在这场竞争中不能占上风，那他们的对手一定不是我们见过的葡萄牙人或其他任何欧洲人。那篇关

于葡萄牙人的文章也说明，在那个国家里，存在着华人施展拳脚，大显身手的机会，我们认为，这种机遇在西印度群岛普遍存在……"

我们可以从这段文字里看到，《孖剌西报》的主编由于生活在中国，应该对那里的人了解更透彻，他预测我们这里的华人将很快与这个殖民地的葡萄牙人店主展开竞争，而且很可能超越对手而占上风。华人不仅有聪明头脑，而且有吃苦耐劳的品质。不过，我们也看到葡萄牙经销商同样可以自觉忍受清苦生活，节衣缩食，勤奋努力，精心做自己的生意。很难相信他们会被其他人挤出这一领域，不管那些人多么聪明，多么勤奋。我们经常会见到印度苦力开店，但也只听说过有两三个苦力投机商能够勉强维持生计，不亏本。也许华人真的与众不同。的确有一位具有进取心的华人在这个国家什么地方开了一家商店——应该是在普莱桑克（Plaisance），但毕竟还没有得到验证。我们听说这个人不久前说过，如果他能找到帮手，可以从中国进口这里市场上适销对路的物品。他还确信可以把生意做得有声有色。这些话貌似有理，但是，华人是否能在葡萄牙人占据的领域里干出一番成绩，我们抱有很大怀疑。另外，招聘到这里来的华人是否是做买卖、当店主的料，也很值得怀疑。如果他们是这样的人——根据某些说法，他们应该是善于做生意的人，那么他们肯定就不是得力能干的劳工。而如果他们不是这类人，那根本不会有机会可以证实《孖剌西报》主编的预言。

（《皇家公报》，1862年3月29日）

开始经商

《皇家公报》的观点是基于实际情况得出的，那就是葡萄牙人已经在商业和贸易上立稳脚跟，占有了自己的地盘，而且他们是难以打败的顽强对手。不过，华人也愿意勤奋工作，在商界为自己开辟立足之地，而且华人有能力适应当地各种各样的情况。

异教中国佬

"中国佬"是有名的大骗子，不过，我倒是觉得，就像我们称其他种族为骗子一样，是我们让他们变成骗子的。举例来说，某天早上，一个中国佬挑着菜篮子来到郊区住宅的院子，吆喝着："白菜！"，其实就是蔬菜的意思，也特指圆白菜。那家女主人出来看篮子里的菜："今天早上有什么菜啊？""什么都有，夫人，"中国佬笑着说道，露出一口黄牙板。女士挑了一把白萝卜，问："多少钱，中国佬？""4分钱。"中国佬回答。女士万分惊讶，扔下萝卜。"太贵了，中国佬。你是说2分钱吧。我只能给你2分钱；不能再多了——卖吗？""不行，不行！2分钱我不卖——3分钱吧。"说着他伸出三根瘦骨嶙峋，留着长指甲的手指。他们就这样讨价还价几个回合，最后，那位女士拿起萝卜，得意洋洋地送到厨房。她花了2分半买了这把萝卜，而中国佬也心满意足地离去。他心里明白，如果他开价2分半钱，那么，最后只能拿到1分半。

（《皇家公报》，1885年9月2日）

华人与葡萄牙人在木炭市场直接展开较量，并取得成功，这是华人在英属圭亚那面对挑战的例子之一。华人定居点希望镇开始生产木炭时，使用了效率更高的方式，也更经济划算。在周边地区砍伐木材必须申领执照：

李伟志（Li-wi-chi）和钟铃（Chung Lin）——（获得伐木执照），可以在卡蒙尼小溪（Camoenie Creek）右岸 157英亩半林地砍伐。

（《皇家公报》，1877年3月8日）

钟威廉（William Choung）——（获得伐木执照），可以在维瑞维瑞小溪（Werywery Creek）左岸200英亩林地砍伐。

（《皇家公报》，1883年2月6日）

一位访问过达农村（Dunoon）的人描述了木炭生产过程。这个村子坐落在德梅拉拉河边，离希望镇不远。

> 那里建了几排房子给劳工们居住，有生意头脑的葡萄牙人和天朝人便在他们对面开起了零售店铺。
>
> 沿着小溪往上走不远，我们看到一些华人在用炭窑烧木炭。这种设计非常新奇，我还是头一次见到。这座炭窑呈圆形，用泥土垒成，顶部为穹顶状。窑的一边有一个很大的开口，原木被放进去，竖立着，紧紧码放在一起。另外一个开口应该是点火的炉子。窑顶有四个小孔，可以作为烟囱。炭窑装满原木后，大开口被堵上。那个类似锅炉的装置开始点火，于是浓烟和热气从窑的上方冒出来。里面的原木实际上是被烤成了木炭，浪费的材料微不足道。
>
> （《皇家公报》，1884年2月28日）

木炭生产不仅为生产者带来工作机会和财富，也带动了这一地区的其他人，包括伐木工、将木炭运往乔治敦的船运工，以及木炭分销商和经销商。华人甚至在乔治敦周边的河岸地区购置土地，用来堆放木炭。由于烧炭方法更经济，更高效，即使投资修建卸货码头，也没影响市场上的木炭价格。华人就是以这种方式战胜了早已占据这个地盘的葡萄牙人，他们生产的木炭在产量和价格上极具优势，甚至销往加勒比岛国，成为出口商品。

1877年，竞争更趋白热化。市议会颁布了一道法令，设立路障，不让人们进入勒珀恩蒂尔运河（Le Repentir Canal）。这段运河是乔治敦南部一条公共水道，早些时候市议会做出决定，填塞这段运河，以改善乔治敦市查尔斯顿区的排水状况。在这之前，葡萄牙烧炭人一直是用船从河上游运送木炭到城里，但他们必须依靠运河把木炭送到靠近乔治敦的卸货地点。而现在，他们即将失去通往传统卸货点的途径。于是，一些葡萄牙商人给市议会写了一封请愿书，要求建设码头设施：

> "我们愿意并准备以每月50元的租金向有关当局租用码头，按季度支

付，连续支付数年。或者，根据所卸木炭数量，每桶或每包木炭支付1分钱。我们的第一个提议将视码头条件而定，即码头必须能同时容纳50条小船。"

（《皇家公报》，1877年9月15日）

市议员进行了如下讨论，随后拒绝了这个请愿：

亚伯拉罕先生：华人是怎么干的？

福肖先生（Forshaw）：他们购置了私人用地。

亚伯拉罕先生：华人比葡萄牙人来得晚多了，而葡萄牙人干这行已经很久，他们早该像华人那样做才对。

（《皇家公报》，1877年9月15日）

此次市议会开会期间，还收到另一封请愿书，是几个华人写的，要求允许他们扩大经营范围，在乔治敦的斯塔布鲁克市场（Stabroek）、博达市场（Bourda），及卡明斯堡市场（Cummingsburg）之外的地方营业。

1877年8月29日，巴戈特镇村（Bagot Town Village）

先生，我们恳请您将我们的执照申请提交议会讨论。由于我们需要为乔治敦市一些华人同胞供应猪肉，我们申请"除了在乔治敦市场上出售猪肉，还在其他地方出售猪肉"。这些猪肉都是在我们的巴戈特村屠宰，再运到城里出售的。

我们提出此申请是因为据报道您于27日在一次议会会议上提到过这个问题。

非常荣幸成为您忠实的仆人
华阿刚（Wow-A-Kong）
周阿豪（Chow-a-How）

镇办事员得到指示，告知请愿者需按照规定经营业务。

（《皇家公报》，1877年9月15日）

几年后，市议会在了解肉类市场现状时，发现了一些新情况：

> 镇办事员读了一封市场主管费尔贝恩（Fairbain）先生写的信。他在信中说，在鲜肉出售管理上，市议会第117号法令行不通（应为法令对违规行为未制定处罚规定），导致屠户在没有营业执照的情况下，到处贩卖猪肉。这种没有执照、不受监管的行为，损害了市场屠户的生意，很可能会对消费者造成危害。
>
> （《皇家公报》，1882年1月19日）

在没有确切信息的情况下，只能唐突地推测，由于对肉类需求增长，以及对违反肉类销售的行为缺乏处罚规定，华人屠户从事了这种市场外销售活动。不过，华人商家到底是如何做的，还请读者自行判断。

在乔治敦起家

请愿者提到乔治敦华人对市场需求加大，说明居住在这个城市的华人人口增加。从前面章节中的媒体报道可以看出，越来越多的华人开始种植蔬菜、粮食和稻米，饲养牛和其他牲畜。同时，华人也开始从事零售业，最终做起贸易和批发。他们开了商店，尤其是在查尔斯顿区。他们开了珠宝首饰店，将金子和银子融化，倒进模子，或拉成金丝银线，然后制成精美的首饰。裁缝们用纸样剪裁衣料，为整个社区手工缝制新潮的套装和裙子。其他各种手艺人也留下了杰作，比如打造橱柜的能手。餐馆、面包店以及小吃店可以做出五花八门的美味食品。烧肉和面条在这里比比皆是。华人食物得到民众广泛喜爱。各种店铺遍布大街小巷，给消费者提供各类主食——芭蕉、大米、芋头、青芋和木薯。华人还开了坚果店、油料店、咖啡店以及专卖蔬菜、肉类和家禽的商店。人们还可以买到中药和尚属合法的鸦片。在乔治敦社区，还有一位叫陈才清（Chun-choi-ching）的中医为大众服务。他是一位"在中国天朝皇帝的领地上合法行医的医生"。华人日渐富有,已成有目共睹的现实。

> 华人定居者财力雄厚,可以从昨天在勒珀恩蒂尔区举行的华人葬礼略见一斑。葬礼队伍浩浩荡荡,由25辆马车组成,里面挤满了华人。
>
> (《皇家公报》,1877年2月15日)

车马辚辚是华人财富的增长的显著标志。一位生意兴隆的华商举办了一场隆重的婚礼,之后又举行了盛大的宴会,为此,他租用了几十辆马车:

> 约翰·梁俊(John Lum-chun)先生与玛丽·曾阿奎(Mary Tsen-ah-Kue)的婚礼昨天在威克恩拉斯特区的圣菲利普教堂举行,大批华人居民到场庆贺。加能·卡斯特尔牧师(Rev. Canon Castell)主持了婚礼,助手是查尔斯顿区圣救世主教堂的传教士洪奇苏(Fong-qui-sue)。男宾被安排在圣菲利普教堂中庭的南侧,女宾则被安排在北侧。仪式自始至终有唱诗班伴唱。宾客们跟着华人传教士用中文重复朗诵祈祷和劝诫文。仪式结束后,由约40辆马车组成的队伍,在新婚夫妇乘坐的有顶马车带领下,穿过主要街道,直奔查尔斯顿区的罗斯霍尔种植园,去享用午餐。据说午餐的菜肴精心烹制,规模空前,光是厨师就雇了十多位,前前后后已忙碌多日。当晚,新郎梁俊的父亲梁禾(Leung-Wo)先生为手下员工举行了一场盛大舞会。
>
> (《皇家公报》,1884年12月12日)

华人经济地位提升的另一个显著标志是购置房产,既作为住房,又用作商铺。并非所有房产交易都在《皇家公报》登出来,不过,以下是几个房地产交易的实例:

> 由詹姆斯·亨利·奥斯特贝德(James Henry Osterbede)向华人郭廷(Koh-ting)转让位于德梅拉拉省、乔治敦市、威克恩拉斯特区72号西侧地块,或87号和88号西侧土地,连同地面建筑物……
>
> (《皇家公报》,1867年2月12日)

1870年6月，郭廷将这块房地产卖给了"尊敬的詹姆斯·克劳斯比先生"。

> 由约翰·戈梅斯（John Gomes）将乔治敦市威克恩拉斯特区59号地转让给自由华人西蒙·梁（Simon Leung），1860年"托马斯米歇尔号"（Thomas Mitchell）第630号乘客。
>
> （《皇家公报》，1877年6月9日）

西蒙·梁是移民局的翻译，他通过优先抵押权购置了房地产，受益者是英属圭亚那葡萄牙慈善协会有限公司（Portuguese Benevolent Society of British Guiana, Limited）。

乔治敦三家赫赫有名的商家是何阿受有限公司（Ho A-Shoo Ltd.）、和-李公司（Wo-Lee & Co.），以及何阿显公司（Hoahing & Co.）。其中第三个公司的总公司在伯比斯省的新阿姆斯特丹市，在乔治敦的只是其中一个分公司。何阿受有限公司以其创始人何受（Ho Shau）——也称约翰·何阿受——命名。他从德梅拉拉河沿岸的一间小店起家，之后在达农买下一间店铺，接着又买下一座甘蔗种植园。这时，他遇到了巨大商机。巴里马（Barima）金矿的经营者问他是否愿意在遥远的委内瑞拉边境矿区开一家商店，为那里的居民提供服务，约翰·何阿受当机立断，欣然接受。后来，他又在其他矿区开了更多店铺，生意兴隆，财源滚滚。1897年，他在乔治敦开了公司，成为大名鼎鼎的富翁。

和-李公司于1879年开门营业，经营中国和日本的商品，公司在《皇家公报》登了一则广告，宣布这家公司成立。李伦（Lee Lun）是和-李公司的主要负责人之一。两年后，公司扩大了营业地点。

> 由李伦将位于威克恩拉斯特区2号东南部三分之一的土地……转让给该李伦、李蓝（Lee Lam）、李更（Lee Kang）、李福殷（Lee Fook Yen）和阿钟（Ah-Chung）……作为合伙人用地，在本殖民地共同经营贸易，

以和-李公司的名义、方式和形式进行商业活动。

（《皇家公报》1881年3月5日）

没过多久，两位合伙人在对陈阿满（Chan-a-Moon）的审判中胜诉。陈阿满的房产被宪兵司令拍卖，以偿还债务。

兹代表原告李伦和钟顺忠（Chong-Soon-Chung）（和-李公司名下的合伙人，在本殖民地从事商业活动）及被告陈阿满（华人，目前居住于乔治敦市）拍卖下列物品：12包卫生间装饰品、11只檀香木箱子、1只玳瑁盒子、46个盒子、43把折扇、16支牙刷、5只毛巾环、2只雪茄盒、7盒玳瑁饰品、2把裁纸刀、1盒情人卡、6瓶檀香木、1个八音盒、5顶瓜皮帽、2个中国式茶壶、3面大化妆镜、2面小化妆镜、4把大葵扇、2个水桶、1对耳环、1只银戒指、1个橱柜、7个托盘，大批玩具，以及被告陈阿满的房产。

（《皇家公报》，1882年5月27日）

从所拍卖的物品可以看出华人商店可销售的货物品种繁多。陈阿满原本也是一位贸易商，因宣布破产，导致其财产剩余部分被变卖，其中包括很多华人缝纫用品。

和-李公司通过在乔治敦的查尔斯顿区不断收购房产而发展壮大。

我们得知，号称华人区的查尔斯顿区25号地块不久前在强制拍卖会上被麦肯齐（R.J. McKenzie）先生和和-李公司的李伦所购得。现在，已完全由李伦拥有，因为麦肯齐先生出于某种考虑，已卖掉了自己那一半。

（《皇家公报》，1884年4月24日）

到1890年，乔治敦其他颇有名气的公司还有关新龙公司（Kwan-Sun-Lung & Co.）、万阿奇-田新唐公司（Man-A-Qui, Tian-Sun-Tong & Co.）、兴

中公司（Hing-Cheong Co.）和刘阿欣公司（Low-A-Yan & Co.）。

年轻移民约书亚·胡亚庆（Joshua U A-hing）在珠宝首饰生意上崭露头角。1861年，13岁的他被父母带到英属圭亚那，后来成为凡尔赛种植园的一名工头。然后他去了古德维瓦廷种植园（Goedverwagting）并在那里成为一名制糖工，负责甘蔗结晶前的糖汁煮沸工序。后来，他又成为硕恩奥尔德种植园的首席煮糖工。1887年，约书亚购买了乔治敦一家珠宝首饰店，并送儿子马诺埃尔·胡兴（Manoel U-hing）到一家打金店做学徒。两年后，马诺埃尔接手了店铺生意，并将公司命名为马诺埃尔·胡兴珠宝制作公司（M.U. Hing, Manufacturing Jeweller）。这家公司成为圭亚那最有名气的珠宝首饰店。他登广告宣传自己的主打产品——天然金块首饰。此外，他还经营胸针、头巾别针、手镯、吊坠、饰纽、耳环、帽子别针、实心螺纹手镯。

除了马诺埃尔·胡兴的珠宝店，还有经营零售和批发的陈阿勇（Chin-A-Yong）杂货店。他的店铺曾用来储藏和销售烟花。1913年12月22日，陈阿勇的店里传出一声爆炸声，接着是更巨大的爆炸。随着一个大火球冲天而起，屋顶被炸飞，房屋向内坍塌。大火随即蔓延，并吞噬了周围的木质房屋。等到火势被控制住之后，周围方圆两个街区的24间房屋已经化为灰烬。在废墟中发现了23具尸体，其中就有陈阿勇。马诺埃尔·胡兴侥幸逃生，但也已是鼻青脸肿，四肢受伤。

李阿鹏（Lee A-pen），亦称托马斯·李阿鹏是一名金匠，也是一名屠户，由于做得一手好烧肉而名声在外。

王耀明公司（Wong, Yeo-Ming & Co.）以及林阿苏（Lam-A-Sue）在伦巴第街（Lombard Street）开了制作橱柜的作坊。

当稳扎稳打的老牌葡萄牙人店铺与蒸蒸日上的华人店铺激烈竞争时，其他人则不太走运，经营失败，关门倒闭。还有些人谎称没钱，隐瞒财产。

（一名破产者受到指控），以欺诈手段隐瞒自己名下财产，价值大约50元。该破产者自称："名叫来发（Lay Fart），商人，住在水街14号；经营贸易，无合伙人，经营地点为乔治敦伦巴第街225号，房产登记为华商，唐发公司（Tong-fat and Co.）。"（其财产包括）农帕里种植园店铺的存货。这批货物属于被告,但他隐瞒不报,未交给官方指定受让人……他将大量货物转移并藏匿于同一条街上一名叫做林利(Lim-Li)的店里。(而且他)还在伦巴第街华商经营的姜新爽公司(Kioung-Sun-Song & Co.)里有一些投资。

(《皇家公报》,1878年8月24日)

经营货物与食品的店铺集中在乔治敦市查尔斯顿区日益兴旺的唐人街。这里已经成为华人在这个殖民地艰苦打拼、发家致富的显著标志。与此同时,一些经营服务业的更小规模的店铺也是生意火爆,成为华人社会与大众日常交往的渠道。这其中就有洗衣店。他们手洗各种衣物,一丝不苟地上浆,熨烫,然后折叠齐整,再用大张牛皮纸包好,送到客人门上。裁缝们在家门外开始干活,或者在临街的铺面里忙活,有时就是一个挂着招牌的门面,门内一两台脚踏缝纫机咔哒咔哒转个不停。他们用巧手做出一套又一套新颖时尚的衣裳。不过,最显而易见、无处不在的华人生活标志,恐怕非小食店莫属。在这些小餐馆,你花上不多的钱就能美美地饱餐一顿。米饭、面条类餐食可以说是当时的快餐。现成的熟食有烧肉、云吞、炒面、捞面、粥和蒸包等。这些美食不仅华人乐此不疲,非华人顾客也是百吃不厌。

在伯比斯兴旺

新阿姆斯特丹市是英属圭亚那第二大城市,也是伯比斯省的首府,这里的华人同样把生意做得红红火火。其中一位成为富商的就是何显(Ho Hin)。他于1862年4月到达殖民地,最早在伯比斯东岸的巴斯(Bath)种植园干活。那里的经理安德鲁·亨特(Andrew Hunter)发现了他的才干,提拔他当了工头。何显后来取名安德鲁·亨特·何阿显(Andrew Hunter Ho-A-Hing),并在种植园里开了一家店铺。攒够一笔钱后,他又开了第二家店,并于1882年搬到新阿姆斯特丹,扩展自己的生意。他很快成为那里的首富之一。1883年，由于他达到了一定的收入水平，他成为唯一有资格的两名华人选民之一，可以登记选举联合院的地区财政代表。（另一名有资格的华人选民是何阿明（Ho-A-Ming），他通过出租位于埃塞奎博省莱关岛（Leguan Island）上亨丽埃塔镇（Henrietta）的一幢房子而年收入超过96元。）何阿显成了富翁，在殖民地很有名气。多年来，他收购并出售了几处位于新阿姆斯特丹的房产，还经营着乔治敦的一间分店。1881年，作为一名协调员，他参与了包船送准备返乡华人回国的事。1889年，中国遭受严重饥荒，他发起为中国募捐善款的活动。

谢阿伟（Chee-A-Wai）是1866年来的移民工。他在高街上开了一间面包店。高街是新阿姆斯特丹市的另外一条大街。在这条街上开面包店的还有其他华人，即谢阿富（Chee-A-Foo）、约翰·张（John Cheong）和郭阿一（Kok-A-Yat）。

林阿思（Lam-A-See）是1861年乘"密涅瓦号"（Minerva）来到这里的林姓三兄弟之一。他成了一名锡匠，并在高街上开了自己的店铺。

爱德华·傅（Edward Foo）成了制橱柜的能手，也在高街上挂起了自己的招牌。

除了这些人外，还有其他一些华人在新阿姆斯特丹市安家落户，建功立业：

> 由博拉（Bholah）（自由印度苦力，1866年"克拉伦斯号"（Clarence）第53号乘客）向林阿唐（Lamatung）（自由华人，1861年"密涅瓦号"第702号乘客）转让位于新阿姆斯特丹市、斯坦利镇（Stanley Town）、49号地南侧后半部。
>
> （《皇家公报》，1872年12月21日）

> 由贾辛塔·唐德拉德（Jacinthe D'Andrade）向何阿牛（Ho-a-niu）（自由华人，1862年"小红帽号"第2698号乘客）转让位于新阿姆斯特丹市、史密斯敦（Smythstown）、8号地南侧后半部。
>
> （《皇家公报》，1877年12月8日）

> 由莫尔基（Molky）……（自由印度移民，男性）向谭阿伟（Tam-a-Wai）（自由华人移民，男性，1860年"托马斯米歇尔号"第538号乘客）和林氏（Lan-she）（自由华人移民，女性，1863年"恒河号"第3522号乘客）……转让位于新阿姆斯特丹市、斯坦利镇、38号地南侧后半部地产。
>
> （《皇家公报》，1880年5月15日）

虽然华人店主会不计时间、不惜精力地打理自己的店铺生意，努力多赚钱，但他们也会在适当的时候停业，放松一下。

> 在刚刚过去的周四，本镇教区教堂举办了一场隆重的华人婚礼。婚礼仪式结束后，新郎陈阿福（Chan-a-Fook）先生在大路边的卡马乔（Comacho）餐厅大宴宾客。为了庆祝这个大喜的日子，几乎所有华人店铺都关门停业。

（《伯比斯公报》，由《皇家公报》重新登载，1883年11月20日）

乡村店铺

乔治敦和新阿姆斯特丹是这个殖民地的两大城市，众多华人纷纷聚拢到那里。但还是有一些华人在完成承工契约之后的几年里，选择留在乡下，并尝试经营店铺。他们或是收购别人的小店，或是自己从头干起，为种植园的劳工提供所需物品。这些店铺一般是杂货店，供应当地顾客需要的各种商品——盐、糖、面粉、大米、咸鱼、腌肉、胡椒、香料、坚果、豌豆、糖果、蜜饯、罐装食物、瓶装食物、药片、药膏、蜡烛、灯油、香烟、火柴、针头线脑、肥皂、刷子、石板和粉笔。

店主必须申领营业执照。有些申请情况被记录在《皇家公报》上：

店铺：	邱才荣（You-tsoi-Win）	斯凯尔登种植园
	陈根茂（Chin-kan-moi）	78号村（78 Village）
	陈阿喜（Chan-a-hee）	坎伯兰种植园（Cumberland）
鸦片：	祝阿河（Chuck-a-hoo）	希望实验种植园（Hope and Experiment）

（《皇家公报》，1870年3月17日）

店铺：	范刚俊（Fen-Kong-Chund）	亨丽埃塔种植园（Henrietta）
	高阿奇（Kou-a-qui）	富饶之地种植园（Land of Plenty）

（《皇家公报》，1871年4月8日）

至少有一人开了连锁店：

店铺：	李阿金（Li-a-Kim）	滑铁卢种植园（Waterloo）
	李阿金	玛丽维尔种植园（Maryville）
	李阿金	凤凰村（Phoenix village）

（《皇家公报》，1871年4月11日）

这些申请执照记录只是全国许多记录中的一个样本。当然，开店并不是一桩轻松事：

李万（Lee Man）和新奇（Sinqui）诉德克罗斯（DeCross）案。这个案件是两名华人提起的单方面诉讼案，要求被告，一名葡萄牙人，赔偿2500元。这是因为在过去的2月7日，被告强行扣押并出售了他们在恩毛种植园店铺的货物，造成损失。

原告从被告那里以414.67元的价格，盘下了恩毛种植园的一家食品店；其中219.67元货款当时已经交付，余款195元将于1874年12月29日结清。11月20日，商店的营业执照已转给原告。2月7日周日，被告来到原告的店铺，要求原告妻子支付向其借走的50元。李万告诉他需要等一等，因为当天是周日，他无法从银行取钱。但是被告称不能等，并强行将原告推出店铺，并当着他们的面关门落锁；第二天早上，被告开始贱卖店内货物。

（《皇家公报》，1875年12月2日）

除了拿到店铺经营执照外，拥有骡、马、驴、车、狗、枪支许可证同样标志着华人社区的日益兴旺。因为，拥有枪支和看家狗，说明主人有财产需要保护。不过，使用这些防卫方式也必须遵守法律法规。

李阿运（Lee-a-wan）是古德维瓦庭庄园的店主，有代表指控他在未按照法律申领许可证的情况下蓄养了两条狗。被告被要求缴纳5元罚金，以及涉及每条狗的案件诉讼费，并被责令申领许可证。

（《皇家公报》，1882年3月18日）

购房置地

随着华裔商人越来越富有，他们开始在殖民地各处购置房产地产。

由萨缪尔·佩恩（Samuel Payne）向一位华人移民陈阿功（Chan-a-Kung）出售埃塞奎博省罗马种植园（Rome）部分地产，即阿格里库拉村（Agricola）168号地。

（《皇家公报》，1876年1月15日）

两年后，陈阿功将这块地分成两块，分别卖给"恒河号"乘客梁阿溪（Leung-a-Kai）和"阿格拉号"乘客梁阿安（Lung-a-On）。

由威廉·亨利·伯吉斯（William Henry Burgess）……向华人张福

（Chang-fook）（1867年"多拉号"第575号乘客）转让位于（埃塞奎博省）大棕榈岛（Great Troolie Island），现称老庄园（Old Vilvogorden）的第81号、82号、83号、84号地块和85号地块A区。

（《皇家公报》，1880年3月20日）

由图拉（Toolah）向华人谢阿斗（Chee-A-Tow）［1865年"巴克斯顿城堡号"（Buxton Castle）第6579号乘客］转让乌特鲁格特村（Uitvlugt）格鲁特克莱因（Groote-en-Klyne）种植园南半部土地以及所有房屋和建筑物，属于华人王阿荣（Wong-a-Wing）和弗朗西斯·德索萨（Francis de Sousa）的两处房地产除外。

（《皇家公报》，1889年5月28日）

搭载谢阿斗的船实际上是"巴克顿城堡号"（Bucton Castle），而不是"巴克斯顿城堡号"。显然当年的记录者更熟悉巴克斯顿这个名字，这是德梅拉拉西海岸一处欣欣向荣的村镇。另一位在乌特鲁格特村拥有房地产的王阿荣是移民局的一名翻译。

在伯比斯省，还完成了几起房地产转让交易：

由托马斯·朱利安（Thomas Julian）向李阿广（Li-a-Kwong）（华人自由移民，1861年"小红帽号"第1559号乘客）转让种植园第11号地块和第74号地块。

（《皇家公报》，1878年8月10日）

李阿广在伯比斯乡下拥有一间店铺。1879年，他通过向另一位华人出售种植园第74号地块，巩固了自己手中的土地拥有权。他的生意似乎很顺利，但遗憾的是，第二年他就去世了。他的资产被变卖，部分收益用来偿还欠债，主要付给梁阿兴；何阿显；陈阿玉（Chan-a-Yok）；王阿脱（Wong-a-tooi）；和-李公司和冯阿爱（Foon-a-Aie）。他的其余地产和房产后来由一位同船来此的华人购得：

（已故李阿广的）地产，由英属圭亚那代理行政总长代管，现向曾阿明（Tsang-a-Ming）（1861年"小红帽号"第1458号乘客，华人自由移民）转让伯比斯省科兰太因海岸11号建筑北侧、A区北侧、11号农用地西侧、B区北侧、种植园第74号地块部分土地。

（《皇家公报》，1882年5月20日）

在伯比斯省还完成了一桩大宗置地交易，涉及大块土地：

由英属圭亚那殖民地转让科兰太因第72号种植园土地……给陈明唐（Chun-Ming-Tong，"多拉号"第29号乘客）；范阿彦（Fan-a-Ngan，1865年"东方女王"号第5312号乘客）；何俊福（Ho-Chun-Fook，1860"多拉号"第466号乘客）；严桃茂（Yan-Thow-Moi，1860"多拉号"第346号乘客），均为华人。

（《皇家公报》，1883年8月4日）

购买这个被称为华人镇的种植园显然是为了控制产权易手，因为，一个月后，这片土地被分割为48个地块，卖给了不同的印度人和华人买主。这些买主包括：曾阿五（Tsing-a-ng）；威廉·李贤才（William Lee-Yin-Choi）；西蒙·王莫英（Simon Wong-Mok-Ying）（未成年人）；冯氏（Fung-She，华人女性，"东方女王号"第5293号乘客）；三才（Sam-choy），亦称托马斯；陈阿德（Chan-a-tak，1861年"小红帽号"第1504号乘客）；李阿尼（Lee-a-Nee）；田阿六（Tyan-a-lok，1872年散客）；钟炎苏（Chong-Yim-Sow，1853年散客）；陈阿魁（Chun-a-Kwei，"多拉号"第303号乘客）；李阿灿（Lai-a-Tsan，"恒和骄傲"号第7405号乘客）；张阿福（Cheung-a-fook，"克莱蒙特号"第1137号乘客）；洪伟胜（Hung-wei-Sheng，1880年散客）；梁氏（Leung-she，华人女性，1861年"小红帽号"第1416号乘客）。

大多数华人都是从日杂小店起家，然后逐渐兴旺发达。当他们积累了殷实的家底后，都开始尝试打进葡萄牙人已经盘踞多年的商业领域，比如干货贸易、酒类、木材、五金，还有航运、机械、制造和金融服务业。由于华人人口较少，他们没能像一些权威人士多年前预测的那样完全主导中游经济，虽然如此，他们还是控制了其中大部分，并被公认为最精明的商人，可以在任何领域开拓一片天地。

第二代华人

第一代华人移民认为，开店做买卖可以改善他们的社会地位，比在种植园干体力活体面多了。他们心里都有一个志向，那就是要让他们的孩子接受教育，将来比他们更有出息。当时在英属圭亚那有一条法令，移民子女必须接受小学阶段的义务教育。不过，并不是所有人都遵守这项法令。

> （印度移民）都不让孩子去上学，孩子们要么在附近种植园打工，跟一帮"克里奥尔人"混在一起，要么就在自家庄稼地里干活，因为父母懒惰，家里的地都没人种。我们知道，有一个庄园有劳工近1300人，而印度人和华人孩子的平均上学率超过百分之百。那里的经理要求孩子们都去上学。他对我们说，他跟那里的父母沟通没什么问题，都愿意送孩子上学，因为他的强制措施非常管用。"如果你不送孩子上学，我就不让你养牛。"
>
> （《皇家公报》，1882年6月10日）

在中国，有学问的人一向都受到人们的尊敬和崇拜。这个殖民地的华人移民并不需要别人额外鼓励，他们深知送孩子上学的好处。第一批华人家庭到达英属圭亚那仅两年，孩子们就开始显现出上学的积极性。下面这篇1862年的文章，描述了德梅拉拉东海岸恩毛种植园的克里奥尔人和移民学校的情况：

> 学校有一个长长的名单，上面有95个孩子，其中40个是印度裔，9

个是华裔，12个是葡萄牙裔，还有34个克里奥尔儿童。上个季度的平均出勤率为49%——日常出勤率大多是70%……华人孩子学算术……脑子很快，7个孩子在抄写课本，（每个周日）早上和下午，学生们被招到一起上宗教课，最能按时出勤的是华人和一些印度人。

有的时候，华人社区通过出钱出力直接让学校开在自己聚居的地方。

  周一，在梅特恩米尔佐格种植园举行了一个非常有趣的仪式……那就是为西海岸华人基督徒建立的教会学校奠基。

（《皇家公报》，1876年2月24日）

  周四，在西海岸一个遥远的地方，举办了一个有趣的聚会活动，参加活动的是一小群华人基督徒，他们人虽少，但非常热诚。原来是梅特恩米尔佐格种植园的经营者建起了一座小小的房屋，作为附近华人的教会学校。建校费用几乎全部由庄园支付。周四，学校正式投入使用。人们祈祷上帝保佑所有为此义举出过力的人。

（《皇家公报》，1878年2月9日）

接受高等教育

接受初级教育是华人期待子女长大成才的最起码的基础。学好英语可以保证孩子将来与殖民地大多数人交往，而学好数学可以为完成资金交易打好基础。能继续读中学固然很好，但并不是所有父母都有这个经济实力。成年人必须盘算一下，到底是让孩子跟着家里做生意划算，还是让他们接受更高一级教育好处更多。不管怎样，家里至少得有一个孩子接受更高一级教育，因为这在人们眼里是一件令人自豪、令人羡慕的事情。毕竟移民看到下一代人出类拔萃，获得比自己更让人尊敬的社会地位是多么光宗耀祖啊。在许多情况下，家里会让老大，或者最有潜力的孩子继续上学，一直读到大学，其他孩子则必须开始做工，帮助被选中的孩子完成学业，实现家庭梦想。当然，那些家境殷实的移民会送几个子女出国深造。

以下是一些前往发达国家上大学的第二代移民名单，他们的父母都是来自中国的移民，自己则出生在殖民地。

西蒙·梁是1860年搭乘"托马斯米歇尔号"来到殖民地的移民。他有10个子女，其中两人成为律师。弗朗西斯（Francis, 1878—1916）去非洲做了执业律师。他的弟弟斯坦利（Stanley, 1892—1926）在欧洲定居。

何阿显的三个子女去英国接受高等教育。长子约瑟夫（Joseph）生于1879年，于1910年被中殿律师学院（Middle Temple）录取，但没等最后考试，就于1912年去世。他的弟弟艾萨克（Isaac, 1893-1945）去了加拿大。1918年6月18日，在新布伦瑞克大学圣约翰校区（Saint John, New Brunswick）学习时，他参加了加拿大海外远征军奔赴一战前线。但是大战在1918年11月结束，所以，他很可能没有参加过任何战斗。后来，他步哥哥的后尘，去英格兰学习法律。1919年毕业后，他在新加坡成为大律师。他们的姐妹玛莎（Martha, 1889）进入格罗维斯娜学院（Grovesnor College），然后去爱丁堡学医，学成后在特立尼达行医。

刘肇堂（Lau Shiu-t'ong）1860年移民英属圭亚那之前是一位中国的教书先生。他在种植园做契约劳工时，经理大卫·杜格尔（David Dougall）先生认为他不适合干农活，于是安排他在庄园里开一间店铺。店铺生意非常红火。后来刘肇堂搬到希望镇，但生意却不不太顺利，他又在其他几个庄园尝试开店，也都是惨淡经营，没什么起色。他有8个子女，其中一个叫弗雷德里克·奥兰多·刘（Frederick Orlando Low）。他上过一次律师辅导课，对法律兴趣大增，于是希望将来从事律师职业。刘的长子詹姆斯在何阿受的公司里担任一份要职，同意弟弟的想法，并每月给他提供生活费。当何阿受等华人富商听到这个年轻人的远大志向后，为弗雷德里克筹集了几百元。这样，弗雷德里克于1905年开始在中殿律师学院学习。1908年他通过资格考，获认许为大律师，当年他才27岁。后来他回到英属圭亚那，成为第一位华裔执业律师，而且在这一领域名声显赫，受人尊敬。

何阿受的大女儿苏珊·阿仙（Susan A-sin）1886年出生于达农，在乔治敦的乌尔苏拉修道院（Ursuline Convent）通过了剑桥高级考试。1905年，她前往剑桥纽纳姆学院（Nuneham College）学习。之后，她又到爱丁堡学医，并于1911年毕业。她的一个妹妹阿贺（A-ho, 1891-1939）也去了爱丁堡大学，并于1916年获得医学学位，随后在香港、牙买加和新加坡行医。她们的弟弟奉仁（凯斯克）（Fung-yan, Kesker）生于1895年，后到爱丁堡学习农学，然后回到英属圭亚那。

威廉·阿尔弗莱德·庞（William Alfred Phang, 1888）是移民庞义（Pang Yee）的儿子。他是一名电气工程师，同时也是一名商人兼《阿格西日报》（*Daily Argosy*）特约记者。1947年，他当选代表西北区的立法院成员，一直到1953年。

约翰·萨缪尔·何友（John Samuel Ho-Yow, 1893）是移民桑普森·何友（Sampson Ho-Yow）的儿子。1914年成为有资质的护理师/配药师。1919年又成为药剂师和药师，从而成为当地华人中第一位获得这些资质的人。他在拉比特药房（T.L. Rebitt's Drug Store）做雇员，积累了足够的经验，最终于1934年开设了属于自己的药店。

本杰明·菲尔伯特·丁阿基（Benjamin Philbert Alexander Ting-A-Kee, 1891—1969），是同时期另一位获得药剂师和药师资质的护理师/配药师。后来他被选入凯蒂村地方议会（Kitty Village Council）。他的一位兄弟卡斯伯特·邓唐纳德·亚历山大·丁阿基（Cuthbert Dundonald Alexander Ting-A-Kee）成为国际科学院（伦敦）（International Faculty of Sciences, London）研究员，并担任首席卫生监察官，直到1961年退休。

吴友（Ng Yow）的两个大儿子继续开店，从事贸易，而他的三儿子查尔斯·吴友（Charles W. Yow, 1892）前往伦敦学医，并留在那里从事医疗事业。

何阿林（Ho A-Lim）是搭乘"托马斯米歇尔号"来的移民，后改称托马斯·何阿林。他的女儿罗萨琳（Rosaline）到剑桥学习法律，在那里结识并嫁给林成恩（Lim Cheng Ean）。他们去了槟城定居。罗萨琳的弟弟菲利普（Philip, 1895—1980）起步时曾为乔治敦不同律师做簿记员，后来他去英国学习法律，并将全家迁往伦敦。他原打算去一趟上海，途中先在新加坡停留一下，探望姐姐。但此时日本人正在攻打上海，因此他无法完成自己的行程。当日本人将战火扩大到马来半岛时，他和家人只能滞留在新加坡。在新加坡，菲利普成为一名出色的律师，并与李进坤（Lee Chin Koon）成为好友。战争结束后，菲利普积极投身马来民主同盟（Malayan Democratic Union, MDU）的活动，争取摆脱英国统治，取得国家独立。他担任马来民主同盟主席，而这个组织也是众多全国性运动的先驱。这些运动最终在李进坤的儿子李光耀（Lee Kwan Yew）领导下取得了新加坡独立。

托马斯·何阿林的另一个儿子何阿乐（Ho Ah Loke）毕业于香港机电工程专业，后来在槟城定居，成为一名颇有名气的电影制作人。

罗伯特·维克多·伊万·黄（Robert Victor Evan Wong, 1895—1952）是移民黄彦修（Wong Yan-sau）的儿子，曾在布里斯托尔大学学习工程和经济，1917年获得理学学士学位。由于视力不好，他没有参加一战。回到英属圭亚那之后，他成为一名公务员，设计防波堤、桥梁、道路、水闸，以及其他基础设施项目。1926年，他被选入政策院，代表埃塞奎博群岛。两年后，通过修改宪法，政策院成为立法院，因此他也成为东亚后裔被选入美洲国家立法机构第一人。1934年，他再次入选立法院。他的选举口号——"正确永远战胜错误（Right Vanquishes Every Wrong）"，使用了他姓名的首写字母R. V. E. W.。

约瑟夫·克莱门特·罗（Joseph Clement Luck, 1896—1981）在女王学院（Queen's College）学习，当时是学院的初创期。他也尝试过耕种、开店、淘金、碾米等行业，但没有做出什么成绩。后来他创立了乔治敦中心学校（Central High School），并担任校长，每月收取学费3.16元。学校从1929年只有35名学生的初创期发展到全国最大的私立学校，在校生人数达到数百人。学校可以提供初等和中等教育。1947年，罗作为校外生，获得了伦敦一所大学颁发的学士学位。

爱丽丝·冯阿灵（Alice Fung-A-Ling, 1897）是乔布·冯阿灵（Job Fung-A-Ling）和罗莎（Rosa）所生的大女儿，曾在雪莉学院（Sherry's College）和爱丁堡女子医学院（School of Medicine for Women in Edinburgh）学习。由于经济原因，1916年，她在通过第二年考试后回到英属圭亚那，并做了一名护士。1922年，她成为乔治敦公立医院助理护士长。她获得过护理金奖。后来又前往伦敦参加普通护理考试，并于1927年通过考试。随后，她担任了结核病疗养院——贝斯特医院（Best Hospital）的主管。

1864年，5岁男童李阿云（Li Ya Un）被母亲和她的配偶带上"法国轻步兵号"来到英属圭亚那。他后来取名詹姆斯·李欧文（James Lee-Own），成为一个成功的店主。他的一个儿子艾伯特·李欧文（Albert Lee-Own, 1903—1968）获得了土地测量师资格，官至土地与矿业部副部长。

当然，许多移民子女并没有机会接受高等教育，他们跟随父辈的足迹，也成为了成功的商人。对他们来说，培养才子光宗耀祖的梦想要推迟到下一代才实现了。在以后的移民后代中，大部分人都接受了更高等的教育。留在本地的人会成为公务员，从事会计和教师职业。还有一些人去了发达国家，进入各种大学，尤其是英国的大学。随着他们与不同国家、不同文化的人交流往来，加之通讯技术使整个世界变得越来越小，他们越来越不受圭亚那身份的束缚。当年，许多华人移民被带到异国他乡收割甘蔗，如今，他们的后代遍布世界各个角落，活跃于各行各业。

第十章　尊姓大名

中国文字

在阅读本书时，读者肯定会遇到华人姓氏中总有一个或两个连接符"-"的情况。[①]母语是中文的读者会觉得这种姓氏复杂，费解，甚至不像中文。而讲英语的读者会觉得这些名字复杂，奇特，甚至有些怪异。这些姓氏确实与传统意义上的中国姓氏不同。要想知道为什么会出现这种情况，为什么这种情况会成为英属圭亚那华人的一大特点，最好还是先来了解一下中国人姓名的特性。

中国人的姓氏或家族姓名是全名的第一部分。众所周知，在中国人的观念中，家族的重要性大于个人，因此有人认为姓氏置前是反映这一观念。与之类似的情况是，中国人写信封地址的方式，也先写国名，然后依次是城市、区、街道、门牌号码，最后才是收信人姓名。这反映了中国人在找人时的思维逻辑和顺序。中国人书写日期也是从大到小，书写顺序——年、月、日。而按照西方人熟悉的重要性顺序书写，情况则正好相反。某人的名要放在第一位，姓氏放在最后。由于中国人和西方人摆放姓氏的习惯不同，有可能导致翻译错误。

古时候汉语姓氏有数千之多，但很多渐渐废弃不用了，如今只剩下700个左右。其中500个最常见的姓氏使用人口占到总人口90%。姓氏一般为单音节，但也有不到总数10%的少量姓氏为双音节，如Ouyang（欧阳），Sima（司马），Situ（司徒）和Zhuge（诸葛）。刚刚提到这些中国姓氏使用的都是汉语拼音，是在比较近的年代才开始使用的标准拼写法。拼音是在中国发展起来的一种用字母标记普通话发音的拼写系统，十大最常见的姓氏的拼音为：Wang（王）（粤语拼写为Wong），Chen（Chan）（陈），Li（Lee）（李），Zhang（Chiang）（张），Liu（Lao）（刘），Yang（Yeung）（杨），Huang（Wong）（黄），Wu（Ng）（吴），Lin（Lam）（林）

[①] 本书英文原文中的华人姓名大量使用连接符，但考虑到中文姓名使用习惯，以及本书整体的可阅读性，中文译文中的姓名基本没有使用连接符。但为保证本书的学术性和准确性，译文姓名首次出现时都以括号形式附上带连接符的原文拼写。（译者注）

和Zhou（Chao）（周）。中国约有40%的人使用这10大姓氏。但由于各地方言不同，以上10个姓氏又可能被拼写成：Whang, Chin, Lei, Chang, Low, Young, Whong, Ing, Lim和Chow。

这些不同拼法使人对汉语语言本身产生好奇。但要深入讨论这个话题，非长篇大论无法说清。简单来说，中国有大量地域性方言，有些天差地别，相去甚远，有些则是一种方言的几个变体。这与英语、法语、意大利语和西班牙语都来自于拉丁语的情况颇为相似。有趣的是，文字是对所有人都相通的，也就是说，讲着各种千奇百怪方言的人能够读懂同一份报纸，尽管他们朗读文字时的读音完全不同。英语也有类似的例子，那就是"lieutenant"（中尉）这个官衔。英国人这个词的发音是"left-tenant"，而美国人的发音是"loo-tenant"。当然，这是一个简单的例子，而在中国不同的方言中，许多发音风马牛不相及，就好像美国人看到一幢房子会说这是一个"apartment"（公寓），而伦敦人会说那是一个"flat"。

由于大多数出洋的华人都来自中国南方，所以，海外华人使用的主要是粤语。还有其他一些南方方言，如台山话、客家话、闽南话、潮州话和福建（福州）话。第二次世界大战后，主要在北方使用的官话（Mandarin）或称普通话成为中国的官方语言，并采用北京音作为标准发音。

请注意，有些姓名既有普通话发音，也有粤语发音。这种情况有时会造成误会，除非你要问清楚是哪个字。举例来说，普通话中姓名Huang（黄色的意思，也是中国古代一位先皇的姓）和Wang（王）在粤语中都发Wong的音。要想写对这个姓名，你必须问清楚："是黄帝的Wong，还是国王的Wong？"在中国人的对话中，经常听到这种问题。

在大多数情况下，普通话和粤语对同一个字有着截然不同的发音，所以，如果你不懂这个方言，就会鸡同鸭讲，不知所云。举例来说，普通话的Wu（吴）在粤语中就成了Ng，而Hu（胡）就成了Woo（吴），普通话的"Wu"和粤语的"Woo"发音相似。所以，必须会讲方言才能知道正确姓氏，除非写出来。但更麻烦的是，Hu（Woo）可以写成"O"或"U"，其发音类似英语中表示"噢"（Ooh）或"啊"（Ah）的感叹词。正因如此，希望镇创始人胡大金的名字会被写成O. Tye Kim和Wu Tai-kam，而这两种拼法是普通话Hu Da-jin的不同方言发音。

人的名字要放在姓氏后面，因此Lin Hong-ying（亦可写成Lin Hongying）（林红英）表示这个人的名叫Hong-ying（红英），家里姓Lin（林）。大多数中国人的名字都由两部分组成，当然也有使用单名的情况。西方人姓名中可拥有无数名，而中国人给孩子起名不会超过两个字。典型的名字一般都选择一些寓意美好的词——智慧、力量、美德、祥和，或是大自然里的事物——天鹅、清风、夏日、莲花，或者美好期盼——幸福、健康、财富、胜利，或者是任何能给婴儿带来益处的东西。从传统起名来看，名字中的两个字第一个代表辈分，家里所有兄弟姐妹都有这个名，而最后一个字是专门给这个人起的名。所以，Wen An-fu（温安富），Wen An-li（温安丽）和Wen An-ping（温安平）也许是温家的三个兄弟姐妹。不过，也有兄弟姐妹名字中最后一个字相同的情况，比如最有影响力的宋氏三姐妹：Soong Ai-ling（宋霭龄），Soong Ching-ling（宋庆龄）和Soong Mei-ling（宋美龄）。

翻译的两难

19世纪，中国出现了几种以字母形式表达中文的方法，但都没有统一的基础，导致同一个中文字由于使用了不同的字母拼音系统而产生不同拼写。除此以外，根据某一种拼音系统所标记的读音，在另一种拉丁字母拼写系统里会产生不同的读音。举例来说，英语中的名字McKay有两种读音。最后一个音节"Kay"可以与"bay"押韵，也可以与"sky"押韵。不仅如此，与之发音相似的另一个名字"MacKay"，拼写却不同。所以，光凭姓名发音无法让听者确切知道这个名字应该如何拼写。反之亦然，光凭姓名的拼写，无法让读者知道这个姓名应该如何发音。与此类似的情况是，用英语字母拼写出来的中文名字有时可以复原出原来的发音，有时则会因发音方式不同而出现偏差。

威妥玛（Thomas Wade）是唯一为中国官话制定了一套拉丁拼写规则的

英国学者。这套拼音规则在整个近现代史上被一代又一代的人广泛使用。简要梳理一下他的拼写规则可以让我们了解到一些有趣的结果。有些威妥玛标记的中文字后来演变成误译和新译法。举例来说，对发"tee"音的中文字，他使用了字母T加撇号的方法，产生出T'ing、T'in、T'ien等字。对发"dee"音的字，威妥玛也用T来代表，但后面不加撇号，于是有了Tang和Ting一类的字。这些字与英语中的"dang"和"ding"颇为相近。所以中国的宗教/哲学信仰道教在英语中被写成Taoism，而正确的读音应该是"Dow-ism"。与之相似的另一个例子是越来越受欢迎的食品tofu（豆腐），实际上它的发音更应该是"dough-foo"。对不熟悉威妥玛拼音规则的英文读者来说，他们会一头雾水，全然不知到T'ang和Tang的区别。这还不算，威妥玛使用"Tang"拼写姓氏时，实际上是表达某种方言里"Teng"这个姓氏的发音。这个姓氏与邓小平的姓氏相同，在汉语拼音使用之前，他的姓名拼写为Teng Hs'iao-ping。所以说Tang是Teng和Dang的拼写变体。

在威妥玛拼音规则中，"bee"音与"gee"音以字母"p"和"k"表示。且先不计各种方言之间的细微差别，这种拼法将"bay"音拼写成"pe"，将"jing"（比如"jingle"中的音）拼写成"king"，这样口语中的"Bay-jing"（北京）就变成了英语字Peking，而按照目前使用的拼音规则，北京是"Beijing"。

连字符惹的祸

在尝试使用拉丁字母拼写时，有人在英语里使用连字符"-"，目的是将相连的，或密切相关的成分连接在一起，这使得问题更加复杂。如果说在名字中使用一个连字符，将某人名中的两个字连起来还算情有可原的话，那么到处都用连字符就让人颇有微词了。在上海发行的《教务杂志》（The Chinese Recorder）1884年9月/10月期就有文章谈到这个话题：

论中国人名的拉丁拼写问题

亲爱的先生：

具有良好判断力的外国作者一写中国名字时就开始犯糊涂，这难道不是一件可悲的事吗？当他们用拉丁字母拼写中国名字时，就会把那个可恶的连接符塞到所有空格里，就像在撒胡椒面，就像在做三明治，到处乱用那个无用的小符号。一个从来不会用英语写出John-henry-smith（约翰-亨利-史密斯）的人，一遇到中国的Mr. Wang（王先生），也就是相当于史密斯这种张三李四的中国人名，就会马上写成Wang-ping-chi（王-炳-智）。有谁会把英语的曼彻斯特（Manchester）写成Man-ches-ter呢？但就是认为这样胡写可耻的先生，在拼写外国城市名时，却毫不犹豫地写出Chen-tu-fu（成-都-府）。他们用拉丁字母拼写中国人名地名时，没完没了地使用连接符和小写字母，已经很令人反感，如果在拼写书名时也如法炮制，那就更让人忍无可忍。看看这样的英语，你会感觉如何？A treatise-on-trees-and-plants-of-the-united-states-of-america（一篇-关-于-美-国-树-木-和-植-物-的-论文）？那么，Nan-fang-tsao-mu-chwang（南方草木状）难道会让你感觉好点吗？

难道还用说这种做法滑稽可笑、野蛮粗鄙吗？一目了然，不言而喻。司马迁（Sz Macheng）如果听到西方法学博士、神学博士把他的名字写成Sï-ma-cheng（司-马-迁），把他的国家写成Ta-tsing-kwoh（大-清-国），把他的著作写成Shi-ki（史-记），从头到尾如此糟蹋，他会气得从坟墓里跳出来。难道还用提醒他们一下，请遵守一般的常识吗？用拉丁字母拼写中文名字时，一般不应随意使用连字符，除非是按英文习惯需要使用连字符。还有，城市、省份、河流、山川等等都是多音节词，应连续书写，不能从中间断开；比如，Nanking（南京）市位于Yangtsz（扬子）江流域的Kiangsu（江苏）省；而人名则应该用大写字母开头，比如说应该是Chang Pei Lin（张北林），而不是Chang-pei-lin。我说得没错吧？如果有错，请更正我的错误。如果我说的没错，注意，请更正您的错误。

读者

滥用连字符、拼写一连到底的该死做法，对这位英国人来说其实不用那么大惊小怪，毕竟他的语言里也充满了这种使用多重连字符的词汇。举几个例子，commander-in-chief（总司令），mother-in-law（岳母），will-o'-the-wisp（小精灵），fly-by-night（夜间飞行），across-the-board（全面的），under-the-counter（秘密交易），black-and-blue（鼻青脸肿），tongue-in-cheek（开个玩笑），spick-and-span（干干净净），hand-to-mouth（勉强糊口），man-of-war（战舰）等等，诸如此类一大堆。还有一些类似构词风格的地理名词，如Newcastle-under-Lyme（纽卡斯尔安德莱姆），Southend-on-Sea（滨海绍森德），Henley-in-Arden（亨利因阿登），Stratford-upon-Avon（埃文河畔斯特拉特福）。在圭亚那，乔治敦周边地区有Werk-en-Rust（威克恩拉斯特）和Vreed-en-Hoop（弗里德恩胡普）。这些名字来自荷兰语，意思是"工作与休息"和"和平与希望"。在乡下也有类似构词的地名，包括Met-en-Meerzorg（梅特恩米尔佐格），Tuschen-de-Vrienden（图申德弗利安顿），Zorg-en-Vlyt（佐格恩弗吕特），Hoff-van-Aurich（霍夫范奥力希）。这些词在荷兰语里并没有像在英语里那样使用连接符。

在契约华工姓名里添加连字符的做法，最早始于驻中国负责出洋事宜的英国官员。他们抄写姓名时，使用了生活在中国的汉学学者提供的格式。这个惯例延续到英属圭亚那，而且更加变本加厉。他们常常把一个人的全名用连字符全部串联起来，作为这个人的姓氏传给后代。

麻烦并未就此结束。称呼某人时，你还可以用亲昵的叫法，或者说较口语化的方式称呼别人，特别是在中国南方，那就是在这个人的名字前面加前缀"A-"（发"啊"音）。所以说，太平天国的天王洪秀全（Hung Hsiu-ch'uan）在家人和朋友口中就是阿全（A-ch'uan）。在英语中也有一种加后缀的做法，即加"-ie"或"-y"以表示亲切和随意。这样，Frederick（弗雷德里克）就变成了Freddie（弗雷迪），而dad（爸爸）就变成了daddy（爹地）。英语世界昵称比比皆是——mommy（妈咪），auntie（阿姨），granny（奶奶），Archie（阿奇），Maggie（麦吉），Tommy（汤米），Annie（安妮），Jenny（詹妮），Johnny（约翰尼）等等。有趣的是，英语里也加前缀"A-"来修饰后面的词，以至于出现了以下这些词across，akin，alive， amend，anew，asleep，await，away等等。

然而，还有一种复杂情况，那就是粤语方言"Ah"（阿音）还指另一个字——"亚"，表示第二位的，排在第二的，次一级的。英属圭亚那华人移民的记录显示，大量人名中有这个代表第二位的"A"（亚）。Soo A-cheong（苏亚长）这个名字的意思就是"第二"和"长"，指长寿，或本领大。在粤语中，A-cheong（亚长），也就是第二长的意思，与昵称之间的区别在于"A"发音时的声调变化，或者说发"A"音时声调的位置。①但在使用拉丁字母拼写时，这种区别则完全无法体现。

苏亚长的儿子Soo Sam-kuan（苏三群）原本应该是口语化的叫法，即苏家A-kuan（阿群），或者就是Soo A-kuan（苏阿群）。变化之后的名字Sue-A-Quan（苏阿冠）变成了一个姓氏，由他的后代一直使用。在这个例子里，Sam（三，或者第三的意思）被口语化的"A-"所替代。这种名字上的变化在华人中非常普遍，就像美国总统詹姆斯·卡特（James Carter）要求把他的名字改成吉米·卡特（Jimmy Carter）一样。

1874年，中国派出了一个委员会，赴古巴了解华人移民在古巴的境况，并记录了大量不满意见。在这个记录中，很多人的名字中间都有"A"——Wu A-kuang（吴阿光），Liu A-shou（刘阿寿），Lo A-chi（罗阿巳），Su A-hai（苏阿海），Chang A-lin（张阿林），Ho A-ying（何阿英），Li A-wu（李阿五），Feng A-kai（冯阿开），Lin A-pang（林阿榜）等。在所有这些姓名中，中间名都被转为口译化的"阿"。不过，他们的姓氏与名字并没有被连接符连起来，不像在英属圭亚那，所有姓名都是用连字符连接的。

Soo A-cheong（苏亚长）家族的姓氏汉语拼音为"Su"。这个姓氏据说可以追溯到3000多年前颛顼帝②的一个儿子。显然这个中国皇帝以其皇恩浩荡将此姓氏赐给他的子民。最早的苏姓氏族生活在今天的河南省，13世纪蒙

---

① 普通话有四个音调变化，而粤语有九音六调，不同声调的起伏代表不同的字。英语中没有这种相应的情况。但"why"这个词在下列句子中语调上的变化也具有相同的意义。"Have you wondered why?"（你没想过为什么吗？），"Why not?"（为什么不呢？），"Don't ask me why."（别问我为什么），"Why! Never!"（什么！休想！）

② 颛顼是中国汉族传说中上古时期河南地区的部落首领，被认为是华族祖先——"五帝"之一。（译者注）

古人入侵时逃到中国南方。这个姓氏在中国南方非常普遍，排在50大常见姓氏的末端。就像苏姓可以追溯到某个皇亲国戚，苏三群也成为苏阿冠这个姓氏的源头，只是他对文化和语言上的变化完全无法掌控。西化的拼写"Sue"准确地标记了英语发音。不过，苏氏家族还有其他变形的拼写形式，包括So，Soo，Siu和Seow。Sue-A-Quan（苏阿冠）这个姓氏非常奇特，会令读者产生误解，以为应该是Sue A. Quan（甚至有人以为这是一个姓Quan名Sue的女士），或者是书写潦草问题，即在字与字之间点了标点，又被后人误认为是连字符。

千奇百怪的名字

在圭亚那，有大量使用双连字符，且名字中间用"A"的姓氏，这种情况非常普遍，其中包括Chan-A-Shing（谢阿斗），Chee-A-Tow（迟阿涛），Cheong-A-Shack（张阿石），Chin-A-Loy（陈阿雷），Choo-A-Fat（朱阿发），Chow-A-Shing（周阿盛），Chu-A-Kong（朱阿江），Chuck-A-Sang（祝阿生），Chung-A-Hing（钟阿兴），Fung-A-Ling（冯阿灵），Ho-A-Hing（何阿显），Hu-A-Kam（胡阿金），Lam-A-Tung（林阿东），Lee-A-Sam（李阿三），Leung-A-Low（梁阿流），Low-A-Sue（刘阿苏），Ng-A-Fook（吴阿福），Sue-A-Chung（苏阿忠），Ting-A-Kee（丁阿基），Wong-A-Wing（王阿荣）和Woon-A-Tai（温阿泰）。这些例子只是一小部分从华人原有姓氏转化而成的复合姓氏。其中有些姓氏与苏阿冠的来历相同，都是由中间名"A"的变化而产生的。这种因变化而产生的新姓氏还有两个例子，一是从Fung Kung-fatt（洪功发）演化而来的Fung-A-Fat（洪阿发）；另一个是从原来的Lau Yun-chay（刘远才）变化而来的Low-A-Chee（刘阿才）。

另外一种姓氏变化的形式是，在名字中插入原本没有的昵称"A-"（阿）。有记录显示，1860年乘"密涅瓦号"到达殖民地的移民中有一位叫Seow Sam（苏三）的人。但他离开时，名字却变了。他在乔治敦墓地碑上的名字是"Seow-a-Sam"（苏阿三）。

还有一些带双连字符的名字，比如Fung-Kee-Fung（冯奇峰），Ho-Sing-Loy（何盛雷），Man-Son-Hing（文宋兴）。他们原来的全名被加上连字符，成为他们后代的姓。还有一些姓氏只有一个连字符，如Lee-Own（李阿安），Lou-Hing（卢兴），Mook-Sang（莫生），Too-Chung（杜中），Woo-Ming（胡明），Woon-Sam（温三）等。这些名字的确是他们的全名，因为他们只有单名，比如Woo-Ming（胡明）的"Woo"是姓，"Ming"是名。在另外一些情况下，先辈的名和姓被拆开，这是由于英语中把姓氏放在后面的习惯导致的，因为人们会误以为华人姓名中的最后一部分是姓。Chung Tiam-fook（钟添福）就是这种情况。如今他的后代使用"Tiam-Fook"（添福）做姓，而其实他原本姓Chung（钟）。与之相似的例子是Ho Ten-pow（何天宝），他的子孙使用Ten-Pow（天宝）作为姓；而Tsoi Mook-sang（蔡莫生）的后代都在使用Mook-Sang（莫生）这个姓。

最后一点，的确有一些华人姓氏准确无误地传给后代，没有出现前面所描述的各种复杂变化。这里举几个例子，Chan（陈），Chin（陈），Chung（张），Lam（林），Lee（李），Li（李），Low（刘），Wong（王），Yhap（叶），Yow（邱）和Young（杨）。不过，这些姓氏也还是会出现一些不同的拼写，如Cheong（张）和Chung（张），Low（刘）和Lowe（刘），Yhap（叶）和Yip（叶），Yong（杨）和Young（杨）。

按照旧中国的传统，女性是从属于男人的。女人一生中要经历三从阶段：首先她要服从自己的父亲，然后要服从自己的丈夫，最后要服从自己的儿子。女人结婚后就成为男人家的一部分。从此，她只能按照自家姓氏被人称呼，再在后面加一个"氏"字头衔，意为"属于这个家族"，意思等同于英文的"née"（娘家姓）。因此，一个生下来被叫做Chin Mei-lan（陈美兰）的女孩，嫁人之后就被称为Chin Shee（陈氏）。这也就解释了为什么之前章节中有许多带Shee（氏）字的姓名（有时也写作"she"）。在现代中国，女性结婚后都保留自己出生时的姓名。已婚夫妻姓名连在一起的情况只出现在人们的记忆里或证件里。孩子一般随父姓，当然也有随母姓的情况。

英语化姓氏

前往英属圭亚那的华人移民不可避免地受到当地习俗的影响。在一个讲英语的环境里，他们也会接受种植园经营者、教会负责人以及其他有权势的人给他们起的名字。一些新到的移民不仅得到诸如约翰和玛丽这样的英语名字，还会得到新的姓。在这种更名换姓的过程中，一些华人的姓变成了Alexander（亚历山大）、Bridges（布里奇斯）、Gillette（吉莱特）、Hebert（赫伯特）、Isaacs（艾萨克斯）、Milner（米尔纳）、Porter（波特）、Russell（拉塞尔）、Stokes（斯托克斯）和Tanner（坦纳）。

还有些人的姓是由别人赠给的名转变而来的。例如，一个林姓移民被赠给了Mark（马克）这个名作为姓，于是被称为Mark Lam（马克林）。当时经常有人称他为"Mr. Mark"（马克先生）以表示尊重。人们一般会对地位比周围人高的人使用尊敬的称呼，比如种植园的工头或店主。这样，马克先生的后代就使用Marks（马克斯）这个姓了。通过这种演化，一些英文名变成了姓，如Aaron（亚伦）、Benjamin（本杰明）、Cyril（西里尔）、James（詹姆斯）、John（约翰）、Joseph（约瑟夫）、Marks（马克斯）、Paul（保罗）、Phillips（菲利普斯）、Samuels（萨缪尔斯）和Thomas（托马斯）。

还有一些姓氏由华人名字变形而来。传说在一个婚礼上，主持仪式的牧师询问华人新郎的名，但没太听清他的回答。于是牧师就写了"Layne"（莱恩）。至于新郎原本姓什么，没人知道，反正他的档案上写的是Len，这与普通话中的Lin（林）非常相似。另外一个传说讲的是一个姓Guan（关）的人的故事。他是一个老人，所以，中国人都习惯地称他为"Old Quan"（老关，Lo Quan）。所以Loquan就逐渐成为他的姓。这与西方传统中姓名里加"son"（森）的情况有异曲同工之妙。这样的名字有Carlson（卡尔森）、Davidson（戴维森）、Johnson（约翰森）、Stevenson（斯蒂文森）等。

一脉相承

　　由于华人移民中女性只有15%，而大多数男人又不愿意与当地人通婚，所以，多年后，随着这些男人慢慢离世，没有留下子嗣，英属圭亚那华人人口逐渐减少。1853—1879年之间有13541人到达英属圭亚那，而到20世纪初时，那里只留下了3000名华人移民。此时，男女比例趋于平衡，这个数字也就得以保持下去。在这之后，留下的华人家族出现了大量联姻的现象。由于华人社会成员之间关系密切，经常会出现一个家庭的兄弟姐妹与另一个家庭的兄弟姐妹联姻的情况。即便过了几代人之后，这种情况依然如此。有的时候，表兄弟姐妹之间也会结成夫妻，不过，通常都不会是在近表亲之间。几代人之后，在当地出生的华人完全接受了当地的文化和风俗习惯，不再受老观念束缚而只在华人社区中寻找婚配对象。

　　我在研究华人联姻的这类人脉关系时，不难发现，有些孩子出生记录上的父母并不是他们的生身父母，这其中包括孩子被领养的情况。除此以外，有些孩子的父母被列在家谱序列中，他们虽然被养大，但却不是父母其中一方家庭的正式成员。对这些孩子有个委婉的称呼，也就是人们常说的"外面的孩子"。任何大家族中都有这种情况存在，不论国籍，社会地位，经济状况，也不论是哪个时代。

　　收集信息的过程是一个异常艰苦、充满挑战的过程，因为人们对人物、地点、事件的回忆总会有出入。而更大的困难是，发现档案文本显示的信息严重不符，自相矛盾。我父亲和他弟弟的出生证明上，母亲的名字不一致。虽然从生物学角度讲，这种同父异母的情况是可能的，但这与家族史或事实证明不吻合。再仔细研究后发现，我叔叔出生证明上他母亲的娘家姓实际上写的是她公公的姓。这种错误不在少数。造成错误的原因一是人们英语不够好，二是文件记录人所提问题被误解。还有一种做法使得原本令人困惑的情况更加纷乱复杂，这就是孩子出生后，由家人或朋友（通常是接生婆或护士）去找户籍管理员登记信息，而他们往往糊里糊涂地提供了错误信息，这些信息又被一一记录在案，流传后世。

记录员本身也可能造成错误。他们以为听清楚了回答，并用当时认为是合适的拼写方式记录信息。有一个人的名字居然在文档几处不同地方出现不同的拼写，写成Man-Yok-Shin，Man-Yuk-Shang和Min-Fok-Shin。信息错误有时甚至包括日期记录混乱。文件上显示一个小孩子受洗日期甚至比他的出生日期还早。文件陈旧也是造成信息矛盾、前后不一的根源，因为当时记录信息都是由人工手写，但并不是所有人的笔迹都是书法工整的范本。这对正确辨认原文姓名造成极大困难。Chin有时看起来像是Chan或者Chiu；Liu看起来会像是Lin或者Lui；而Leung的样子完全就是Loung。

追根溯源

以下是一些常见的华人姓氏，这些姓氏都可以从1853年到1879年之间到达的契约华工中找到渊源。名单包括最初一些移民的姓氏以及到本书出版时已知的后代姓名。姓氏的拼写是较为普遍的用法，当然也存在各种拼写变体。虽然这些姓氏由不同的方言拼写，但主要是来自粤语发音，并尽量给出普通话拼音。要知道，在有些情况下无法确切知道这些姓名的具体文字，所以难免出现一些不准确的地方。

Aaron（亚伦）：Li（李）姓移民（发音为"lie"），得名亚伦，成为姓氏，传给后代。不过有些后人仍保留了Li姓。

Ahing（阿兴）：陈兴（Chan Hing）于1874年与妻子王氏（Wong Shee）（也称蕾切尔（Rachel））乘"科罗娜号"到达殖民地，被分配到德梅拉拉东海岸的贝尔埃尔种植园。他们育有三子，其中一人取名约翰·阿兴（John Ahing），后移民特立尼达。蕾切尔后来嫁给邓阿才（Tang A-tsoi），生了6个儿子，均在特立尼达长大。

Alexander（亚历山大）：见Ting-A-Kee（丁阿基）。

Appin（阿平）：威廉·阿平（William Appin）为移民转运站翻译。原有中文姓氏未确定。

Au-Young（欧阳）：亦作Au-Yeung。此姓氏为中国人中较为稀少的复姓。普通话发音为Ouyang。

Benjamin（本杰明）：此姓氏被赠给Wong-A-Wa（王阿华），他也叫William Benjamin Wong-A-Wa（威廉·本杰明·王阿华），后又改名为William Benjamin（威廉·本杰明），为伯比斯省的传教士。

Bridges（布里奇斯）：一位尚未查明原来姓名的华人，以Bridges作为自己的姓氏。据说此姓氏最早来源于庄园主W.F.布里奇斯（W.F. Bridges）。他在1880年代担任联合院委员。该姓布里奇斯的华人移民有一个儿子，名叫纳撒尼尔·布里奇斯（Nathaniel Bridges），移民委内瑞拉，后移民特立尼达。

Chai（蔡、柴）：这个姓氏有两个中文字。汉语拼音为Cai（蔡）和Chai（柴）。

Cham-A-Koon（陈阿坤）：见Sue-A-Quan（苏阿冠）。

Chan（陈）：为第二大常见姓氏的粤语，汉语拼音为Chen。陈氏家族的其他拼音还有Chang, Cheung和Chin。在提到过的人物中，最早陈姓华人都是1862年"阿格拉号"乘客Chan Qui（陈奇）和Chan Moon（陈满）的后代。参见Ahing（阿兴）、Chan-Choong（陈章）和Daniels（丹尼尔斯）。

Chan-A-Shing（陈阿胜）：此姓氏来自移民Chan A-shing（陈阿胜），其名为Joseph（约瑟夫）。

Chan-A-Sue（陈阿苏）：相信此姓氏来自移民Chan A-sue（陈阿苏），他在埃塞奎博省成为店主，并拥有一家朗姆酒商店，娶了同是在中国出生的Maria Wong（玛利亚·王）。他们的后代一直使用陈阿苏（Chan-A-Sue）作为姓氏。另一位同姓不同家族的华人移民保罗·陈阿苏（Paul Chan-A-Sue），成为乔治敦市救世主教堂传教士。

Chan-Choong（陈章）：Chin Chan-Choong（陈陈章）在中国时是一位医生，据说受雇为英属圭亚那华人社区提供服务。他有四位子女，有的继承了华人的陈姓（Chin），有的使用Chan-Choong（陈章）做姓氏。后代中有人改姓Chan（陈）。

Chang（张）：为中国第四大姓氏张（Zhang）的最常见拼法。不过陈姓（Chen）和郑姓（Zheng）有时也使用这种拼法。其另一种拼法为Choong。

Chao（周）：见 Chow（周）。

Chee（谢）：为普通话Chie（谢）姓粤语形式，（发音与church的尾音ch相近），也作She，是一个不太常见的姓氏。参见Chee-Yan-Long（谢仁龙）。

Chee-A-Fat（谢阿发）：此姓氏很可能来源于移民谢阿发（Chee A-fat）。

Chee-A-Kwai（谢阿贵）：此姓氏应该来源于移民谢阿贵（Chee A-kwai）。

Chee-A-Nam（谢阿南）：此姓氏有可能来源于移民谢阿南（Chee A-nam）。

Chee-A-Tow（谢阿斗）：即She A In（谢阿银）是广东番禺人，1865年移民，是"巴克顿城堡号"第6579号乘客。此姓氏的普通话与感谢的谢相同。他被分配到彼得霍尔种植园。1889年5月15日正式改名为Chee A-tow（谢阿斗）。1880年代，他成为店主，在德梅拉拉西海岸的乌特鲁格特（Uitvlugt）购置了房产和土地，并在那里生养了16个孩子。

Chee-A-Wai（谢阿伟）：Chee A-wai（谢阿伟）于1866年7月与妻子何氏（Ho Shee）乘"恒和骄傲号"到达。他在新阿姆斯特丹开了一家面包店。后人移民特立尼达。

Chee-Yan-Long（谢仁龙）：此姓氏来源于谢阿茂（Chee A-mow）之子雅各布·谢仁龙（Jacob Chee-Yan-Long）。谢阿茂为传教士，得名亚伯拉罕（Abraham）。雅各布与埃塞尔·李阿安（Ethel Lee-Own）结婚，其后代使用的Chee-Yan-Long或Chee为姓。

Chen（陈）：普通话陈姓（Chen）在海外与粤语Chan（陈）和Chin（陈）同样广泛使用。

Cheong（张）：此姓氏亦拼写为Cheung和Chung，与普通话Zhang相同，是最常见的华人姓氏。一个张氏家族来源于Cheong A-hoi（张阿海），别名Matthew Murray Cheong（马修·穆瑞·张）。他的后代使用Cheong或Murray-Cheong作为姓。参见Chang（张）和Gillette（吉莱特）。

Cheong-A-Hoi（张阿海）：此姓氏很可能来源于移民Cheong A-hoi。他

的别名为Matthew Murray Cheong-A-Hoi（马修·穆瑞·张阿海）。

Cheong-A-Shack（张阿石）：此姓氏很可能来源于移民Cheong A-shack。

Cheung（张）：一般情况下是Cheong的拼写变体。不过有些使用此姓氏家族可以追溯到最早的Chen（陈）氏家族。

Chin（陈）：此姓氏为中国第二大姓氏，普通话为Chen（陈）。一些圭亚那华人家族使用此姓氏。Chin有时也会表示Qian（钱）姓，该姓氏在50大华人姓氏中排名靠后。Chin-A-fat（陈阿发），Chin-A-Kow（陈阿高），Chin-A-Yong（陈阿勇）和Chin-Chung（陈章）家族的后代已经恢复使用Chin姓。参见Ching（程，郑），Choy（蔡）和Stokes（斯托克斯）。

Chin-A-Fat（陈阿发）：此姓氏很可能来源于移民Chin A-fat（陈阿发）。其后代有些继续使用这个复合姓氏，有些恢复使用Chin姓。

Chin-A-Pow（陈阿宝）：Chin-A-Pow在苏里南更为常见，在那里拼写为Chin-A-Paw。一些陈阿宝的后代亦使用Humphreys（汉弗莱斯）。

Chin-A-Yong（陈阿勇）：陈阿勇是一名商人，店铺开在伦巴第街（Lombard Street），1913年12月大火即始于此店。他的后人使用Chin（陈）姓。

Ching（陈，程，郑，秦）：此拼写可能来源于若干姓氏，有时作为Chin的变体，有时亦可用作普通话Cheng（程）和Zheng（郑）（发音与"jungle"中的"jung"相同），或者Qin（钱）（发音为"chin"）。

Cho（曹）：普通话Cao（曹）的粤语变体。（在威妥玛拼音系统里为Ts'ao）。

Choo（朱，楚）：见 Chu（朱，楚）。

Choong（张）：见 Chang（张）。

Chow（赵）：亦可写作Chao和Chau，与普通话Zhao相同（发音同"jowl"中的"jow"），是中国第十大姓氏。也可作Zhou（周）（发"Joe"音）。

Choy（蔡）：粤语名，与普通话Cai（蔡）相同（发音为"ts-eye"），是50大华人姓氏之一。不过，有一个家庭的姓氏来源于移民Chin Choy（陈财）的名。

293

Chu（朱，楚）：亦可写作Choo，与普通话Zhu（朱）相同，（发"Jew"音），属于前15大常见姓氏。也与普通话Chu（楚）相同。

Chu-A-Kong（朱阿江）：此姓氏很可能来源于移民Chu A-kong（朱阿江）。后人中许多改姓Kong（江）。

Chu Cheong（朱章）：Chu A-cheung（朱阿章）也称John Chu Cheong（约翰·朱章），1865年由母亲携带，乘坐"东方女王号"到达，时年9岁。他的后代使用Chu Cheong（朱章）以及John（约翰）作为姓氏。

Chuck（祝）：亦写作Chuk，相当于普通话Zhuo（祝）（发"Jew-oh"音）。

Chuck-A-Sang（祝阿生）：此姓氏相信来自移民Chuck A-sang（祝阿生）。

Chuck-A-Tai（祝阿泰）：Chuk Fook（祝福）生于1845年，亦称Thomas Chuk-Fook（托马斯·祝福）。但他的儿子名叫Chuk A-tai（祝阿泰），后来的姓氏Chuck-A-Tai（或Chuk-A-Tai）皆来源于这个名字。

Chung（钟）：虽然该姓氏拼写主要是Cheong（张）的拼写变体，但Chung（钟）姓也与普通话Zhong（钟）相同，属于不太常见的姓氏。To Cheung（杜钟）的儿子John Too-Chung（约翰·杜钟）经常使用J.T. Chung这个名字。一些钟姓家族的先辈有Chung-Lee-Pow（钟利宝）和Chung-Kim-Sue（钟金苏）。参见 Ho Ten-pow（何天宝）。

Chung-A-Fook（钟阿福）：此姓氏来源于Chung Kam-sow（钟金锁）的儿子William Chung-A-Fook（威廉·钟阿福）。来自广东东莞的钟金锁于1866年携妻子Wong Shee（王氏）乘坐"恒河骄傲号"到达殖民地。

Chung-A-Hing（钟阿兴）：此姓氏极有可能来自移民Chung A-hing（钟阿兴）。

Chung-A-Kung（钟阿功）：此姓氏来源于Peter Chung-A-Kung（彼得·钟阿功），他是乘坐"恒河骄傲号"来殖民地的Chung Kam-sow（钟金锁）和Wong Shee（王氏）的另一个儿子。

Chung-A-Ming（钟阿明）：家族史显示，移民钟阿明（Chung-A-Ming）于1870年到达，得名James（詹姆斯）。他娶了印第安姑娘Lakia（拉琪雅），生了两个儿子，分别名叫理查德·钟阿明（Richard Chung-A-Ming）和托马斯·詹姆斯·钟阿明（Thomas James Chung-A-Ming）。詹姆斯在科兰太因区开了一家卖酒商店、一家旅馆和一家杂货店。他的一些后人使用James作为姓氏。

Chung-Tiam-Fook（钟添福）：Cheung Tiam-fook（钟添福）来自广东东莞，三岁时同一个哥哥Cheung A-ki（钟阿奇）一起被父亲Cheung Cheung-man（钟中文）带到英属圭亚那。1866年7月，他们乘坐"恒河骄傲号"到达英属圭亚那。小儿子得名Peter George Chung-Tiam-Fook（彼得·乔治·钟添福），成为经营食品和酒类的富有商人。他1948年去世时，孩子们已经在阿姆斯特丹和乔治敦经营各种生意。他的后代中有人使用Chung-Tiam-Fook这个姓氏，但更常见是Tiam-Fook（添福）。

Cyril（西里尔）：见Ng-A-fook（吴阿福）。

Daniels（丹尼尔斯）：一名Chan（陈）姓移民后来以Daniels（丹尼尔斯）作为姓。

Evan Wong（伊万·黄）：见 Wong Mook（黄莫）：

Ewing-Chow（尤因-周）：根据西塞尔·克莱门蒂（Cecil Clementi）书中的记载，出生于广东省顺德的Chau Luk-wu（周六武）1860年4月与妻子麦氏（Mack Shee）一同乘"多拉号"抵达乔治敦，并被分配到距乔治敦7英里远的彼得霍尔种植园。但事实上，搭载"多拉号"的所有移民都被分配到伯比斯省。档案记载周六武实际上搭乘的是1860年的"小红帽号"，晚于"多拉号"5天到达。他的妻子麦氏曾是Chan A-sy（陈阿士）的前妻，1863年与陈阿士作为夫妻乘坐"恒河号"到达。在麦氏嫁给周六武之前，与陈阿士育有一女。周六武在农田干活，他的妻子则开始利用草药和针灸为华工提供一些医疗服务，挣一些外快补贴家用，当然这些收入通常是以蔬菜、鸡蛋和家禽的形式获得。1876年前后，周卧病在床，一年后去世，留下麦氏和一个12岁的女儿和一个9岁的儿子Chow Loi（周来）。麦氏觉得儿子可以自食其力了，所以让他出去干活赚钱。少年周来头脑聪明，擅长运动，给小学校长修林斯小姐（Miss Hewlings）和长老会尤因牧师（Rev. D. Ewing）留下良好印象。他们鼓励他在附近华人小店干完活后继续学习，这样，他的英语能力和中文能力都派上了用场。周来后来皈依了基督教，并在受洗时改名为David Johnstone Ewing-Chow（大卫·约翰斯通·尤因-周）。由于改教的事，他与母亲多年不和。在这期间，他成为了裁缝店老板，还开了一家店。他娶了艾米丽·梁（Emily Leung），并育有11名子女，他们都使用Ewing-Chow（尤因-周）这个姓。不过，后来他的后代又改回原来的华人Chow（周）姓。大卫的长女嫁给Wong T'in（王庭），他也以Kam（金）为姓。他们生育了三个子女，使用Kam（金）姓。王庭死后，她嫁给Samuel Low（萨缪尔·刘），并生了三个女儿。

Foo（傅、付、富）：此姓氏可对应不同中文字，与普通话Fu相同。一些使用Foo姓的人是Tong Foo（唐富）的后代。

Fung（冯）：有几个家族姓Fung，与普通话Feng（冯）相同，是中国50大姓氏之一。在使用此姓氏的人中，有些人是1860年"旋风号"乘客Fung A-pan（冯阿班）的后代，有些是1865年乘"阿里马号"（Arima）到达的Fung A-man（冯阿文）的后代。还有其他一些使用Fung姓的家族，实际上是普通话中的Hung（洪）姓，客家话此姓氏发音为Fung。（见Fung-A-Fat（洪阿发）和Hung Khui-syu（洪葵元）。

Fung-A-Fat（洪阿发）：这个姓氏可以追溯到Hung（洪）姓家族，而这个家族由于太平天国天王洪秀全（Hung Hsiu-ch'uan）的功绩而闻名于世。客家话"洪"的发音是Fung，因此Fung也被用来代表洪氏家族。Hung Kung-fat（洪功发）是1879年乘"达特茅斯"号到达英属圭亚那的移民之一，他的姓氏被转变为Fung-A-Fatt（洪阿发），从此他的家人也以此为姓氏。现在，他的后人多数以较为简化的Fung-A-Fat为姓氏，也有一些后人恢复了客家话的Fung（洪）姓。

Fung-A-Ling（冯阿灵）：冯阿灵生于1839年，后取名Job Fung-A-Ling（乔布·冯阿灵）。他娶Rosa Chin-A-Kou（罗莎·陈阿高）为妻，并生养了四个子女。

Fung-Fook（冯福）：相信此姓氏来源于移民Fung Fook。

Fung-Kee-Fung（冯奇峰）：Fung Kee-fung（冯奇峰）经过另一个国家到达英属圭亚那，因此在移民记录上注明为"散客"（Casual）。他的儿子生于1858年，名为Joseph Fung-Kee-Fung（约瑟夫·冯奇峰），后来在德梅拉拉西海岸的温莎森林种植园发展起自己事业。他娶了Kwok Fok-un（郭福恩）的女儿Martha Kwok（玛莎·郭）为妻。他于1914年去世后，其妻继续打理冯家在庄园的产业和店铺。他们的11个子女都使用Fung-Kee-Fung（冯奇峰）这个姓氏。

Fung-Teen-Yong（冯天勇）：来自广东番禺的移民Fung-A-Pan（冯班）于1860年搭乘"旋风号"来到殖民地。他娶Yung Shee（杨氏）为妻，并育有9个子女，其中一位是Isaac Fung-Teen-Yong（艾萨克·冯天勇），更多使用"G.P." Fung这个名字。

Gillette（吉莱特）：一位Cheong（张）姓移民取名John Alexander Smith Gillette（约翰·亚历山大·史密斯·吉莱特）。他的一些后人使用Smith-Gillette（史密斯-吉莱特）做姓氏，另一些后人以Gillette（吉莱特）做姓氏。

Hebert（赫伯特）：一位Leung（梁姓）移民从一位叫Hebert（赫伯特）的牧师那里得到这个名字，并成为其后人的姓。

Hew（休）：见 Hugh（休）。

Hing（兴）：Hing姓来自几位移民，包括Phang Hing（庞兴），U-Hing（胡兴）（1861年"查普曼号"乘客，以及Wong A-hing（王阿兴）（1861年"海上花园号"乘客）。

Ho（何）：普通话he（何）姓（发"huh"音）是中国50大姓氏之一。Ho A-Kai（何阿佳）和Ho A-yee（何阿义）的后人使用Ho作为姓氏。

Ho-A-Hing（何阿显）：Ho Hin（何显）生于广东省三水，1862年19岁时乘"小红帽号"离开中国。最初他被分配到伯比斯省的伊莱扎-玛丽种植园（Eliza and Mary），后被转派到巴斯种植园（Bath）。巴斯种植园经理Andrew Hunter（安德鲁·亨特）提拔他为工头。何显取名Andrew Hunter Ho-A-Hing（安德鲁·亨特·何阿显），并在庄园里开了一家店铺。发家后，何阿显将生意迁到新阿姆斯特丹，并成为著名富商，他还在乔治敦开设分店。1880年，他娶Ruth Tang（鲁斯·唐）为妻，生养了12个子女，均使用Ho-A-Hing作为姓氏。一个在新加坡的家族分支将姓氏拼写改为Hoahing。

Ho-A-Kai（何阿佳）：此姓氏相信来源于移民Ho A-kai。其后代中有人以Ho为姓。

Ho-A-Lim（何阿林）：按照家族的说法，1859年，Ho A-lim（何阿林）与弟弟在广东博罗县的老家村子里玩耍时被绑走，送上驶往英属圭亚那的"温德汉姆将军号"（General Wyndham），何阿林熬过了整个行程，而他的弟弟却在船只停靠马六甲海峡一个港口加油时被抬下去了。他取名Thomas Ho-A-Lim（托马斯·何阿林），共有13名子女，其中一位叫Philip（菲利普），学法律，并在二战后成为马来亚民主同盟（Malayan Democratic Union）主席。

Ho-A-Shoo（何阿受）：亦写作Ho-A-Shu。有两个何阿受家族，但彼此没有亲缘关系。其中一个家族相信源于Ho A-shoo，其后人在德梅拉拉西海岸的巴戈特维尔种植园建立了事业。另一个家族起源于1865年"巴克顿城堡号"第6567号乘客Ho A Shau（何阿受）。西塞尔·克莱门蒂误将其所乘船只记为"科罗娜号"。他取名约翰·何阿受（John Ho-A-Shoo），在地处偏远的金矿和钻石矿开店而发家致富。他与生意上的合伙人Wong A-yong（王阿勇）的女儿Wong Fung-kiu（玛丽·王凤娇）结婚，生养了8个子女，均使用Ho-A-Shoo这个姓氏。

Ho-A-Yun（何阿元）：1844出生的Ho A-yun（何阿元）于1861年乘"塞瓦斯托波尔号"（Sebastopol）移民而来，取名James Ho-A-Yun（詹姆斯·何阿元）。他结过两次婚，第一任妻子为他生了6个孩子。第二位妻子是Yang A-Pat（杨阿伯）的女儿Eliza Young（伊莱扎·杨），为他生了一个儿子。他的子女使用Ho-A-Yun（何阿元）这个姓，有些则使用Ho-Yun（何元）为姓。

Ho-Chan（何灿）：此姓氏有可能源于移民Ho Chan（何灿）。

Ho-Chung（何中）：此姓氏相信源于移民Ho Chung（何中）。参见Ho Ten-pow（何天宝）。

Ho-Chung-Qui（何中奇）：见 Ho Ten-pow（何天宝）。

Ho-Sing-loy（何胜雷）：Ho Sing-loy（何胜雷）取名Samuel Henry Ho-Sing-Loy（萨缪尔·亨利·何胜雷），是移民转运站的一名翻译。他的后人继续使用Ho-Sing-Loy这个姓，还有一些后人使用Loy（雷）作为姓。

Ho-Ten-pow（何天宝）：Ho Ten-pow（何天宝）更为人熟知的名字是John Ho-Ten-Pow（约翰·何天宝）。他与第一任妻子生养了两个孩子，其中儿子叫Benjamin Ho-Chung-Qui（本杰明·何中奇）。从这个名字衍生出Ho-Chung（何中）、Chung（中）以及Ho-Chung-Qui（何中奇）等姓氏。约翰·何天宝后来与Charlotte Tanner Lam（夏洛特·坦纳·林）生养了13个子女。其后人使用Ho-Ten-Pow、Ten-Pow和Tenpow作为姓氏。

Ho-You（何游）：此姓氏可能来源于Ho You（何游）。

Ho-Yow（何友）：此姓氏相信源于Ho Yow（何友）。何友1865年来到这里时，只是个15岁的少年。1890年，他与Ananias Lam-A-Poo（亚拿尼亚·林阿宝）的女儿Henrietta Lam（亨丽埃塔·林）结婚，共生养了6个子女。

Ho-Yun（何元）：见Ho-A-Yun（何阿元）。

Hugh（休）：亦写作Hew。采用Hugh这一拼写也许是因为它与英语相同拼写的名字Hugh相似。此姓氏要么源于Hu（粤语，或者是普通话），要么源于Qiu（邱）（发"chew"音）。此姓氏也被Yu Kong-ku（余江古）后代使用，他们将Yu转换为Hugh。

Hugh-Yow（徐）：最早使用此姓氏的移民应该来自Hui（徐）氏家族。

Hui（徐）：此姓氏为中国20大姓氏之一，普通话里为Xu（徐）。（发音类似"shoe"）。

Humphreys（汉弗雷斯）：一位Wong（王姓）华人移民改名为汉弗雷斯。他的一个女儿嫁个Chin-A-Pow（陈阿宝），但他们的一些后代以Humphreys为姓。

Hung（洪）：这是洪氏家族的姓氏。自立为太平天国天王的洪秀全（Hung Hsiu-ch'uan）就是来自这个家族。普通话Hong（洪）在客家方言里为Fung，而使用后一种情况的后人更常见。见Fung-A-Fat（洪阿发）和Hung Khui-syu（洪葵元）。

Hung Khui-syu（洪葵元）：Hung Khui-syu（洪葵元）为太平天国干王洪仁玕（Hung Jen-kan）的儿子，太平天国覆灭后，逃到广州，并在那里的乡下继续传授基督教思想。由于清军的报复迫害越来越迫近，他跑到香港，得到欧洲传教士保护。由于洪姓在客家方言里发Fung音，所以他也称Fung（或Foong）Qui-sue（冯葵元）。他与Tsen A-lin（曾阿玲）结婚，这个姑娘是上海人，险些被父母卖掉，后被传教士收留。他先是在巴塞尔教会传教士的赞助下教了一段书，然后于1879年与妻子和三个孩子乘"达特茅斯号"前往英属圭亚那。他担任传教士，并成为德梅拉拉东海岸大宝石种植园的监工。他还是乔治敦市救世主教堂牧师。后来他又生了三个孩子，并带着一大家人移民特立尼达。

Isaacs（艾萨克斯）：Lee A-Shoo（李阿受）（见下文）在受洗时被主持仪式的Rev. Isaacs（艾萨克斯牧师）起名为Isaacs（艾萨克斯）。他的后代也一直使用艾萨克斯作为姓。

James（詹姆斯）：见 Chung-A-Ming（钟阿明）和 Ng-Yow（吴友）。

John（约翰）：1860年"密涅瓦号"乘客Lam A-tung（林阿东）得名John（约翰），因此他的后人也都姓John。但在1927年，他的儿子Augustus John（奥古斯都·约翰）通过法律程序，将名字改为Augustus John Lam（奥古斯都·约翰·林），由此恢复了最初的林（Lam）姓。John Chu Cheong（约翰·朱章）的后人也进行了类似的姓氏更改，将姓改为John。

Joseph（约瑟夫）：见Ng-A-pu（吴阿宝）。

Kam（甘，金）：Kam是普通话Gan（甘）和Jin（金）的粤语拼写。1862年成吉思汗号移民Chan A-kwong（陈阿光）也使用Kam（金）和McLean（麦克莱恩）作为姓。参见 Wong T'in（王庭）。

Kong（江）：此姓氏的粤语意思为江，普通话为Jiang（江）。江氏家族的几位成员于1860年乘"多拉号"到达。他们来自香港北面的Sin Own（新安县）。参见 Chu-A-Kong（朱阿江）。

Koo（顾）：此姓氏为比较少见的中国人姓氏，普通话为Gu（顾，发"goo"音）或Qiu（邱，发"chew"音）。Koo姓的另外一个变体来自Kow A-ping（顾阿萍，顺德桂洲人，1859年搭乘"温德汉姆将军号"而来的移民）和Kow Cook-hong（顾谷洪）。

Kow（顾）：见Koo（顾）。

Kum（金）：此姓氏普通话为Jin（金）（发"gin"音）。1860年代，一对金姓孪生兄弟乘坐"小红帽号"到达。其中之一Kum Tai-yi（金大义）得名Timothy（提摩西），他的孪生兄弟叫做McLean Kum（麦克莱恩·金），其后人使用McLean这个姓氏。

Kwang（邝）：此姓氏普通话为Kuang（邝），在粤语中也读Kong，来源于移民Ng A-kwang（吴阿广）。

Kwok（郭）：此姓氏为普通话Guo（郭）的粤语。郭为中国二十大姓氏之一。移民Kwok Fok-ng（郭福五）是1863年"恒河骄傲号"乘客，其后代和其妻子Victoria Phang Shee（维多利亚·彭氏）都使用Kwok作为姓氏，发音为"coke"。

（李）：见 Li（李）。

Lam（林）：林为中国第九大姓氏。普通话为Lin（林），还有拼写为：Len，Lim，Lin和Lum。各林氏家族的祖辈有Lam-A-Poo（林阿宝）（1866年"恒河骄傲号"乘客），Lam A-tung（林阿东，1860年"密涅瓦号"乘客），Lam A-yow（林阿友，1860年"密涅瓦号"乘客）以及Lum Cha（林茶，1861年"神秘号"乘客），参见John（约翰）和Marks（马克斯）。

Layne（莱恩）：移民Len A-yook（林阿玉）应该来自林氏家族。他儿子在与Chin Chan-Choong（陈成章）的女儿Mary Chin（玛丽·陈）登记结婚时，名字被改成更英国化的Layne（莱恩）。他们的后人一直使用Layne作为姓氏。

Lee（李）：此姓氏普通话为Li（李），是中国第三大姓氏。Lee-A-Choi（李阿才）（1861年"萨尔达尼亚号"乘客），Lee Lam-cha（李林茶）（1861年"蒙特默伦西号"乘客）和Li-A-Tak（亦写为Lee-A-Tak）（李阿德）（1862年"阿格拉号"乘客）的后人都用Lee作为姓氏。

Lee-A-Shoo（李阿受）：相信此姓氏来源于移民Lee A-shoo（李阿受）。他于1865年到达殖民地，当时15岁。他与妻子Mary（玛丽）养育了4个孩子，他们使用Lee-A-shoo（李阿受）和Isaacs（艾萨克斯）作为姓（见上文）。

Lee-Own（李阿安）：此姓氏中文文字为李阿安（Lee A-On）。普通话为Li Ya-an（李阿安）。他5岁时与母亲乘"法国轻步兵号"到达，并被分配到伯比斯省的甘蔗种植园。长大后，他成了一名成功的店主，并娶了Agatha

Ng-A-Fook（阿加莎·吴阿福）。他们养育了14个孩子，均以Lee-Own作为姓氏。

Leow（刘）：Leow是普通话Liu的方言变体，但不同于粤语中从Liu变成Low的其他情况。

Leu（廖）：见 Lieu（廖，刘）。

Leung（梁）：是30大中国姓氏之一。Leung为粤语，同普通话Liang（梁）。一位梁姓移民于1860年乘"托马斯米歇尔号"到达殖民地。他改名为Simon Leung（西蒙·梁），担任移民局翻译，直到1906年去世。他娶了Mary Gemon（玛丽·杰曼），并养育了16个子女。大部分子女在巴拿马开挖运河时移民巴拿马。参见Hebert（赫伯特）。

Leung-A-King（梁阿京）：Leung A-king（梁阿京）于1861年乘"海上花园号"到达殖民地。他是德梅拉拉西海岸的一名传教士，也是一名店主。他也叫James Leung-A-King（詹姆斯·梁阿京）。他与Sarah Green（莎拉·格林）结婚，六个孩子都使用Leung-A-King这个姓。

Lewis（路易斯）：Lu A-tak（卢阿德）1865年乘坐"东方女王号"出洋，也叫做Arthur Lewis（亚瑟·路易斯）。他的后代一直使用Lewis这个姓。

Li（黎）：发"lie"音，此粤语名也写作Lai，而且，与Lee（李）一样，此姓氏的普通话亦为Li，但文字不同。参见Aaron（亚伦）。

Li-A-Ping（黎阿平）：Li A-ping（黎阿平）为顺德人，1861年乘"小红帽号"到达，被分配到德梅拉拉西海岸的哈勒姆种植园。其后代使用Li-A-Ping或Liaping作为姓氏。

Lieu（廖，刘）：同普通话Liao（廖）或Liu（刘）。做刘姓时，也可以是Low（刘）。

Liu（刘）：中国第五大姓氏。在粤语中为Lao或Low。

Loh（刘）：Low（刘）的拼写变体。

Loo（卢，鲁，路，陆）：普通话Lu有四个不同姓氏（卢，鲁，路，陆），与粤语Loo或Lou相同。四个Lu姓中有两个为中国五十大姓氏。最早的移民Loo Tong-chu（卢堂主）的后代使用Loo作为姓氏。见Lewis（路易斯）。

Loquan（老关）：前面已经说过，移民Quan（关）由于比同乡人年纪大，因此被尊称为老关（Lo Quan）。这种称呼最后演变成Loquan这个姓氏。

Lou-Hing（卢兴）：据说Lou Hing（卢兴）住在埃斯奎博省，去世后留下一儿一女两个孤儿。他们姓Lou-Hing（卢兴）。

Loung（龙）：同普通话Long（龙）（发"lung"音）。据说龙姓（Loung）实际上是梁姓（Leung），由于英语书写造成误读使得这个姓氏发生了变化。

Low（刘）：亦写作Lau，Lowe和Loh。此粤语姓氏与Liu相关，是中国十大姓氏之一。Lau Shiu-t'ong（刘秀同）的后代使用Low作为姓。参见Lieu（刘）。

Low-A-Chee（刘阿才）：Lau Un-che（刘云才），亦写作Lau Yun-chay，东莞人，1860年"多拉号"乘客。他娶了Mary Kok（玛丽·郭），并生养了7个孩子，他们使用Low-A-Chee（刘阿才）为姓。

Low-A-Sue（刘阿苏）：Low A-sue（刘阿苏）为香港人，也叫William Low-A-Sue（威廉·刘阿苏）。他与Lydia Aaron（莉迪亚·亚伦）结婚，他们的孩子使用Low-A-Sue（刘阿苏）作为姓。

Lowe（刘）：为Low的另一种拼写。移民Low A-yong（刘阿勇）为1859年"温德汉姆将军号"乘客，其后代以Lowe作为姓。

Loy（雷）：亦写作Loi或Louie。普通话为Lei，（发"lay-ee"音）。参见Ho-Sing-Loy（何胜雷）。

Luck（罗）：普通话为Luo（罗），（发"loo-oh"音）。据说Luck Kim-hee（罗金喜）被一个从英属圭亚那回中国的华人所雇佣。他出生于1855前后，1879年乘"达特茅斯号"出洋。他成为一名店主，并养育了13个孩子，均使用Luck姓。

Lui（雷）：Loy（雷）的一种变体。有些Lui姓是误读Liu（刘）姓所造成的错误拼写。

Lyen（雷恩）：此姓氏源于移民Lui A-kwong（雷阿光），1860年"诺伍德号"第1010号乘客。

Mack（麦）：亦写作Mak，粤语名，同普通话Mai（麦）（发"my"音）。

Man（万，门）：亦写作Mann，同普通话Wan（万）。也可能是粤语Mun的一种方言变体，同普通话Man（门）。

Man-Son-Hing（万宋兴）：Mun Son-hing（万宋兴）1861年在妻子Fung Shee（冯氏）和儿子Man Yuk-shang（万玉尚）陪同下，乘"神秘号"出洋。他成为Man-Son-Hing（万宋兴）（或 Manson-Hing）这一家族的第一人。

Marks（马克斯）：一个姓Marks的家族最早来源于Lam A-yow（林阿友）。他是1860年乘坐"密涅瓦号"到达，并被分配到伯比斯省的三个林姓兄弟之一。Lam A-yow 得到Mark这个名，于是他的后代以Marks作为家族姓氏。另一个姓Marks的家族成员在德梅拉拉省站稳脚跟，发展壮大，他们应该是从一位得名William Mark（威廉·马克）的移民那里得到自己的姓氏。

McLean（麦克莱恩）：1862年乘"成吉思汗号"（Genghis Khan）到达的Chan A-kwong（陈阿光）是使用McLean作为姓氏的少数几个移民之一，显然是从牧师或种植园经理那里得到的名字。见Kum（金）。

Milner（米尔纳）：被分配到伯比斯省某种植园的Wong Che-nyow（王志牛）接受了基督复临安息日会（Seventh Day Adventist） Peter Milner（彼得·米尔纳）牧师主持的洗礼，并被赠与Peter Milner这个名字。

Ming（明）：见 U A-ho（胡阿河）。

Mook-Sang（莫生）：见Tsoi-Mook-sang（蔡莫生）。

Murray-Cheong（穆雷-张）：见 Cheong-A-Hoi（张阿海）。

Ng（吴）：有时也写作Ing，为粤语姓氏，普通话为Wu（吴）。

Ng-A-fook（吴阿福）：档案记录显示，Ng Fook（吴福）是"温德汉姆将军号"第339号乘客 Moo Kow Ten（莫顾丁）为儿子选定的名字。很有可能此家族为Ng（吴）姓，但记录员误记为Moo（莫）。这个儿子1869年生于卢西南，名叫John Cyril Ng-A-Fook（约翰·西里尔·吴阿福），后来发迹，成为富商。John Cyril（约翰·西里尔）与妻子Tamar Lee（塔玛·李）生养的孩子里，一些姓Cyril（西里尔），而另外一些保留了完整的Ng-A-Fook为姓。

Ng-A-Kien（吴阿庆）：此姓氏很可能来源于Ng A-kien（吴阿庆）。

Ng-A-Kwang（吴阿广）：Ng-A-Kwang（吴阿广）的后代使用了他的全名作为姓，也有一些姓Kwang（邝）。

Ng-A-pu（吴阿宝）：Ng A-pu（吴阿宝）得到名字John Joseph（约翰·约瑟夫），他与Aaron Li（亚伦·李）的女儿Mary Li（玛丽·李）所生子女有姓Ng（吴），姓Ng-A-Pu（吴阿宝），也有姓Joseph（约瑟夫）的。

Ng-A-Qui（吴阿奇）：此姓氏相信来源于移民Ng A-qui（吴阿奇）。

Ng-See-Quan（吴四关）：此姓氏据说最早来自Ng（吴）氏家族移民Ng Sue-quan（吴四关）。后代中也有使用Quan（关）作为姓的。

Ng-Yong（吴勇）：Ng-A-Fook（吴阿福）的一个儿子Wilfred Samuel Ng-A-Yong（威尔弗雷德·萨缪尔·吴阿勇），是Ng-Yong（吴勇）这个姓氏的来源。

Ng-Yow（吴友）：移民Ng A-yow（吴阿友）得名James Solomon（詹姆斯·所罗门）。虽然他的子女使用Ng-Yow（吴友）做姓氏，但他第二个儿子更以Henry James（亨利·詹姆斯）这个名字为人所知。他的第三个儿子成为医生，在英国行医，使用Charles Yow（查尔斯·友）作为姓氏。Henry James的儿子继续使用James（詹姆斯）作为姓氏，但他的女儿却使用了Ng-Yow（吴友）做姓氏。

Paul（保罗）：一个姓Paul（保罗）的家庭从Paul Fung-A-Yu（保罗·冯阿宇）那里得到这个姓。而另一家的保罗姓氏来源于移民Su A-sam（苏阿三）。参见Tong Shun（唐顺）。

Phang（庞，彭）：同普通话的Pang（庞）或Peng（彭）。彭为中国50大姓氏之一。Phang Hing（庞兴）和Phang Yee（庞义）（"兰开夏女巫号"第2764号乘客）的后人使用Phang姓。

Phang-Hing（庞兴）：Phang Hing（庞兴）的后代可能使用Phang（庞），Hing（兴）和Phang-Hing（庞兴）做姓氏。

Phillips（菲利普斯）：一位叫做Lo A-mun（罗阿门）（也叫How Sam（侯三）的移民得名John Tait Phillips（约翰·泰特·菲利普斯），他的后代使用Phillips（菲利普斯）这个姓。

Poon（潘）：此粤语姓氏的普通话为Pan（潘）。Poon A-chin（潘阿前）1865年乘"东方女王号"到达，与1862年乘坐"艾尔玛·布鲁斯女士号"（Lady Elma Bruce）的Ham Siow（韩秀）结婚。他们生养的7个子女，使用潘姓。

Quan（关）：亦写作Kuan或Kwan，普通话均为Guan（关）。由于Quan出现在姓氏Ng-See-Quan（吴四关）和Sue-A-Quan（苏阿冠）的最后一部分，这些家族的后代都有人将Quan（关）作为姓氏。也参见Loquan（老关）。

Richards（理查德斯）：一名Choong（张）姓移民得到Richard（理查德）这个名。他在特立尼达的后人使用Richards（理查德斯）姓氏。

Sam（岑）：粤语或客家话发音，同普通话Cen（岑）（发"tsen"音）。

Scott（司各特）：Shim Gott（岑谷）1840年代出生于广东省新会县。他先是到达英属圭亚那，后移民特立尼达。岑谷初期生意非常顺利，但当他准备做酒类生意时发现，殖民地当局对不常见姓氏的人并不轻易发放营业执照，于是他改名为Thomas Scott（托马斯·司各特）。他的儿子William Henry Scott（威廉·亨利·司各特）继承了兴旺的家族生意，并建立了一个多种经营的庞大企业，商业活动涉及贸易、零售、制造和房地产。

Seow（苏）：Seow姓为Soo（苏）姓的变体。苏三1839年生于广东，1860年乘"密涅瓦号"出洋，被分配到伯比斯省的坚韧精神种植园，取名Phillip Seow-a-Sam（菲利普·苏阿三）。他后来成为店主，娶Mary Wong Shee（玛丽·王氏）为妻，有10个孩子。有些孩子姓Seow-Sam（苏三），有些姓Seow（苏）。

Seow-Sam（苏三）：见Seow（苏）。

Shim（沈）：此姓氏在普通话中为Shen（沈）。参见Scott（司各特）和Thomas（托马斯）。

Siung（雄）：在Hung Khui-syu（洪葵元）（见上）带领家人到达特立尼达后，他的大儿子Hung Ken-siung（洪劲雄）取名Henry Siung（亨利·雄）。亨利的弟弟萨缪尔和他的后人也使用Siung作为姓氏。

Stokes（斯托克斯）：Chin Sin-qui（陈新奇）生于1843年，是1861年"克莱尔蒙特号"（Claramont）乘客，后被分配到德梅拉拉东海岸的恩毛种植园。种植园经理为斯托克斯先生。陈新奇取名Chin-Qui-Stokes（陈奇·斯托克斯），并被提升为庄园的主要酿酒师。他的后代继续使用斯托克斯这个姓,不过,有些后人恢复了原有的Chin(陈)姓。

Sue(苏):亦写为Seow、Siu、Soo和Sui,普通话为Su(苏),是中国50大常用姓氏之一。一些Ching-A-Sue(陈阿苏)的后人也使用Sue作为姓氏。

Sue-A-Chung(苏阿忠):此姓氏相信来源于Sue A-chung(苏阿忠)(或Sue Cheong苏忠)。这个家族在德梅拉拉西海岸的姐妹村(Sisters Village)开了一家店铺。

Sue-A-Quan(苏阿冠):1873年12月,Soo A-cheong(苏亚长)登上"科罗娜号"时已年过60。与他一同出洋的是他37岁的妻子Yau Shee(邱氏)和9岁的儿子Soo Sam-kuan(苏三群)。全家被分配到德梅拉拉西海岸的拉格兰奇种植园。但苏亚长一年后就不再做契约劳工。苏三群接受了教堂牧师Henry John May(亨利·约翰·梅)施行的洗礼。苏三群可能因此改姓May(梅),因为人们亲切地称呼他为"Old May"("老梅")。不过他的后人还是使用他全名的变化形式,即Sue-A-Quan(苏阿冠)。Henry Sue-A-Quan(亨利·苏阿冠)成了埃塞奎博省的店主,并娶了Ho-A-Yee(何阿义)的女儿(玛丽·何)为妻。20世纪初时,他搬到梅特恩米尔佐格种植园,并养育了7个子女。有记录显示,1915年,他在与梅特恩米尔佐格相隔几个庄园的Vergenoegen(维尔格诺根)做过一些房地产交易。一些后代改用Quan和Qan(发匡音,如Qantas)做姓氏。

除了照料自己家人,苏阿冠还收养了一名由姨妈从苏里南带来的男孩John Chum-A-Kun(约翰·陈阿坤)。同这个姨妈一起来的还有她的两个女儿。这位姨妈希望把一个女儿嫁给亨利的一个儿子,但最后未能如愿。这样,年轻的陈阿坤就留下来与老梅同住。老梅教他打理店铺,并视他为苏阿冠家的一员。陈阿坤成年后改名为John Cham-A-Koon(约翰·陈阿坤)。

Tan(谭):此姓氏的粤语发音和拼写均与普通话相同,为Tan(谭)。

Tan Tat(谭德):此姓氏来源于移民Tan Tat。他于1841年出生,后取名John Tan Tat(约翰·谭德)。

Tanner(坦纳):此姓氏据说是由一名叫做坦纳的牧师送给一位林姓(Lam)移民的。另外一位姓坦纳的移民于1861年到达,他的名字是Thomas Tanner(托马斯·坦纳),不过他是来自梁姓(Leung)家族。他于1911年4

月去世，留下遗孀，没有子女。

Tang（邓）：Tang姓的粤语发音与"dang"接近，如"dangle"。在早期使用字母书写汉语时，英语以"T"表示"dee"音。普通话拼音为Deng（邓），此姓氏为中国30大姓氏之一。这里大部分姓邓者都是鹤山县（Hok San）人Tang A-chi（邓阿志）的后裔。他是1861年与妻子乘"小红帽号"到达殖民地的。另外一个邓姓家族来源于1865年乘"布里金城堡"号（Brechin Castle）到达的Tang A-tsoi（邓阿才）。邓阿才与Rachel Wong Shee（蕾切尔·王氏）（陈兴的前妻）结婚。后全家移民特立尼达。邓阿才的一个孙子，Norman（诺曼），被选举为西班牙港市长（1948—1950）。

Thomas（托马斯）：1874年"科罗娜号"乘客Shim Chin（岑前）得到托马斯这个名。他与Mary Chee-A-Wai（玛丽·谢阿伟）结婚，因此Thomas成为他家后代多数人的姓，不过，有些后代将姓氏改回原来的沈姓。

Tiam-Fook（添福）：见Chung-Tiam-Fook（钟添福）。

Ting-A-Kee（丁阿基）：Ting（丁）姓的正确发音为"Ding"，这也是普通话的拼写形式。相信Ting A-kee（丁阿基）来到英属圭亚那时还是一个少年。他被William Alexander（威廉·亚历山大）收养，并使用了Alexander作为姓氏。他的后人开始使用Alexander作为姓氏，但后来改回到Ting-A-Kee（丁阿基）这个姓。丁阿基从木炭经营起家，还开了蔬菜店和朗姆酒商店。

Tjin（陈）："Tj."代表了荷兰人标记中文发音的拼写方式，在英语中拼写为"Ch."。因此，Tjin就是英语的Chin（陈）。Tjin-A-Fat（陈阿发）和Tjin-A-Lin（陈阿林）皆为Tjin（陈）氏家族成员。

Tjon（张，钟）：Tjon姓为几个家族使用的姓氏，如Tjon-A-Kien（张阿庆），Tjon-A-Mann（张阿文），Tjon-A-On（张阿安），Tjon-A-Yong（张阿勇），Tjon Hing（张阿兴）。Tjon姓为荷兰语拼写，与英语的Cheong（张）或Chung（钟）相同，说明这些最早的移民与圭亚那东面的荷兰殖民地苏里南有联系。

Tong Shun（唐顺）：粤语的Tong姓与普通话Tang（唐）相同，是中国50十大姓氏之一。唐顺的儿子名叫Paul Tong-A-Shun（保罗·唐阿顺）亦写作Paul Tung-Shun（保罗·唐顺）。他的后人使用Tung-Shun作为姓氏。也有一些后代使用Paul作为姓氏。还有一些后人使用了Foo（傅）这个姓氏（见Foo傅）。

Too（杜）：Too姓的正确发音与英语词"do"接近，普通话拼写为Du。杜姓是中国50大姓氏之一。

Too-Chung（杜中）：1863年，10岁的To Cheung（杜中）与母亲Chea Shee（谢氏）乘"恒河号"来到殖民地。其后人使用Too-Chung（杜中）这一复合姓氏。

Too-Kong（杜刚）：To Kong-sing（杜刚盛），也叫John Too-Kong（约翰·杜刚）是1862年乘"小红帽号"到达的To A-fun（杜阿芬）的儿子。约翰·杜刚的后人使用Too-Kong作为姓氏。

Tsoi（蔡）：此姓氏普通话为Cai（发"ts-sigh"音），是中国50大姓氏之一。

Tsoi-Mook-Sang（蔡莫生）：1866年，Tsoi Kan-ui（蔡勤惠）与妻子和两个儿子（Tsoi Shui-fung（蔡水凤）与Tsoi Muk-shang（蔡木生））乘"恒河骄傲号"到达。来自东莞县的蔡家被分配到伯比斯省的朋友种植园。小儿子取名James Tsoi-Mook-Sang（詹姆斯·蔡莫生），一直活到80岁，去世时已经成为新阿姆斯特丹的一名富商。他的后人使用Mook-Sang（莫生）做姓氏。不过还是有几个后人将原本的中国姓氏蔡作为自己的姓。

Tung-Shun（唐顺）：见Tong-Shun（唐顺）。

U A-ho（胡阿和）：1861年6月，U A-ho（吴阿和）一家乘坐"查普曼号"到达殖民地，其中包括他，他的妻子Loo Shee（卢氏）和四个子女，即U A-kat（吴阿吉），U A-hing（吴阿兴），U A-ming（吴阿明）和一个女儿Grace Woo（格蕾丝·胡）。吴阿兴1826年出生在广东省新会县，家产遭到太平军抢劫后，他们举家移民国外。他们全家被分配到奥格尔种植园（Ogle）。胡姓拼写为U时，与Woo或Wu相同。因此他一个儿子的名字为U-Hing（胡庆）或Woo-A-Hing（胡亚庆），而另一个儿子的名字为Woo-Ming（胡明）或U-Ming。后代使用Ming（明）和Hing（庆）作为姓氏。卢氏的第二任丈夫叫Li A-tak（李阿德），是1862年乘"阿格拉号"到达的移民。卢氏与李阿德生有一个女儿，叫Edith（伊迪斯），与移民Ting-A-Kee（丁阿基)结婚,儿子取名George Lee(乔治·李)。

U-Hing(胡庆):见U A-ho(吴阿和)。

U-Ming(胡明):见U A-ho(吴阿和)。

Wan(温):见Woon(温)。

Wong(王):这个大众化中国人姓名的粤语形式对应两个不同的普通话姓氏。一个是最常见的王姓,一个是排名第七的黄姓。王姓家族后裔来自以下移民:Wong-A-Choi(王阿才)(他与Lydia Aaron(莉迪亚·亚伦)结婚);Wong-A-Fook(王阿福)(1874年"科罗娜号"乘客);Wong A-lam(王阿林)(1861年"小红帽号"乘客);Wong A-lam(王阿琳)(1865年"塞维利亚号"(Sevilla)乘客);Wong A-qui(王阿奇)(1879"达特茅斯号"乘客)以及Wong-A-Yong(王阿勇)。参见Humphries(汉弗雷斯)。

Wong Mook(黄莫):1879年,Wong Mook(黄莫)与两个儿子和一个女儿乘"达特茅斯号"到达。一家人被分配到德梅拉拉东海岸的大宝石种植园。大儿子Wong Yan-cheung(黄恩章)取名Joseph Wong-En-Chung(约瑟夫·黄恩章)(也称约翰·黄恩章),娶Phillip Seow-Sam(菲利普·苏三)的女儿Ida Seow(艾达·苏)为妻,并生养了10个子女,均使用黄姓(Wong)。小儿子Wong Yan-sau(黄恩秀)得名Evan Wong(伊万·黄),成为了一个有学问的人。Rev. Robert Wylie(罗伯特·怀利牧师)非常喜欢他,将他从种植园带到乔治敦的牧师住宅,后来又带到德梅拉拉东海岸的恩毛。伊万·黄在移民转运站担任短期翻译后,在德梅拉拉东海岸的金色果园(Golden Grove)种植园开了一间店铺,不久,他打点行装,前往埃塞奎博省奥麦金矿(Omai),加入了淘金热潮。但他不幸患病,回到乔治敦。在哥哥的帮助下,他在大宝石种植园重新开始经营店铺,并且交上好运。他购置了三座庄园,专门种植橡胶、可可、咖啡和椰子。这时他已经实力非凡,买下了奥麦金矿,并拓展业务,进军木材和锯木厂行业。他与Sara Leung(萨拉·梁)结婚,并生养了12个孩子,均使用Evan Wong(伊万·黄)作为姓氏。

Wong T'in(王庭):王庭出生于1838年,是广东省番禺人,1861年乘"小红帽号"到达。他在德梅拉拉西海岸的安娜卡特琳娜种植园开了一间店铺。他使用Kam（金）作为姓，并与（Mack Shee）麦氏的女儿结婚。见Ewing-Chow（尤因-周）。

Woo（胡）：此姓氏为中国20大姓氏之一。粤语Woo也可写作O，U和Wu，普通话为Hu（胡）（发"who"音）。

Woo-A-Hing（胡亚庆）：见U A-ho（胡阿和）

Woo-Ming（胡明）：见U A-ho（胡阿和或吴阿和）

Woo-Sam（胡三）：此姓氏相信来源于移民Woo Sam（胡三），后来他成为伯比斯省有实力的商人。

Woon：亦写作Wan和Wen。此粤语名与普通话Wen（温）相同（发"when"音）。

Woon-A-Fook（温阿福）：Woon Fook（温福）也称Simon Woon-A-Fook（西蒙·温阿福），是一名店主，与Len A-yook（林阿玉）的女儿Maria（玛利亚）结婚。

Woon-Sam（温三）：据档案记载，1860年"旋风号"第269号乘客Le A-pan（李阿班）于1889年经法律程序更名为Wong A-sam（王阿三）。这个名字后变形为Woon-Sam（温三）。他成为埃塞奎博省一名店主，取名George Woon-Sam（乔治·温三）。他与Kong Foong-chin（江丰前）的女儿Jane Kong（简·江）结婚。1860年3月，在"多拉号"到岸前三天，简·江在船上降生。

Yan（严）：严姓家族来源于James Ku A-nyan（詹姆斯·顾阿年）。他出生于1866年，是1865年"布里金城堡号"移民Ku Mak-sun（顾麦新）之子。

Yang-A-pat（杨阿伯）："萨尔多尼亚号"第1529号乘客Yang A-pat（杨阿伯）取名James Yang-A-Pat（詹姆斯·杨阿伯）。他是德梅拉拉东海岸一名传教士和店主，与Rhoda Chung（罗达·钟）结婚，育有七个子女，使用Young-A-Pat（杨阿伯）和Young（杨）作为姓氏。

Yau（尤）：见 Yow（尤）。

Yee（易）：移民Ow Yee（欧易）的后代，取名Gideon Ow-Yee（吉迪恩·欧易），使用Yee为姓。

Yhap（叶）：亦写为Yap，是Yip（叶）的粤语变体，移民Yhap Chow

（叶周），Yhap Young-sau（叶阳修）和Yip A-tow（叶阿涛）的后人使用Yhap为姓氏。

Yhip（叶）：Yip的变体。

Ying（应）：同普通话拼写。

Ying A-tseng（应阿增）：Ying A-tseng生于广东省新会县，1863年与妻子Kong Shee（江氏）和女儿乘坐"恒河号"出洋。他们被分配到埃塞奎博省的美女联盟种植园（La Belle Alliance）。他们的后代使用Ying姓。

Yip（叶）：虽然在圭亚那华人中此姓氏更多见为Yhap，但其粤语发音更接近Yip（亦拼为Yhip），普通话为Ye（叶）（发"yeah"音），是中国30大姓氏之一。一些Yip姓华人为1860年乘"小红帽号"来的移民Yip Li-king（叶利劲）的后代。

Yong（杨）：见Young（杨）。

Young（杨）：亦拼写为Yeung，Yong和Yung。Young为主要拼法，因为更接近于英语词"youth"（青年）。同普通话Yang（杨），是中国第六大姓氏。

Yow（尤，邱）：粤语Yow（或Yau），同普通话You（尤）（发"yo"音，比如"yoke"）或Qiu（邱）（发"chee-yew"音）。Henry Sue-A-Quan（亨利·苏阿冠）的母亲Yau Shee（邱氏）就是来自Qiu（邱）姓家族。参见Ng-Yow（吴友）。

走向全世界

契约华工的最近几代后裔与许多不同族群和国籍的人结婚。这种异族通婚的情况不仅发生在圭亚那，更发生在华裔圭亚那人的后代所移民的国家。这导致各种五花八门的姓氏纷纷出现。这些姓氏包括Arrizza（阿雷扎），Bacchus（巴克斯），Cezair（切扎尔），DaCosta（达考斯塔），Erickson（埃里克森），Fernandez（费尔南德斯），Gradsky（格莱德斯基），Hoffberg

（豪夫伯格），Iwakoshi（岩越），Jungst（钟思特），Kachorowshi（柯卓罗西），LaCroix（拉克鲁瓦），McKenzie（麦肯齐），Neilsen（尼尔森），O'Toole（奥图尔），Pillac（皮拉克），Queva（奎瓦），Rajack（拉杰克），St John（圣约翰），Taljit（塔尔基特），Van Alts（范奥茨），Wishropp（韦氏罗普），Yedid（叶迪德）和Zollna（佐尔纳）。

这些使用华人姓氏和非华人姓氏的后代们在全世界繁衍生息，根深叶茂，也许他们对祖先作为甘蔗收割者的经历知之甚少。这个故事就是为他们而讲述的。

译名对照表

A

Accawai	阿卡维部落
Adelphi	阿德尔菲种植园
A Guianese Log Book	《圭亚那人航海日志》
Agra	阿格拉号
Ailsa	艾尔莎号
Alcock, Rutherford	阿礼国
Allsopp, Richard	理查德·奥尔索普
Alms House	公立救济院
Andromache	安德洛玛刻号（英国皇家海军护卫舰）
Anna Catherina	安娜卡特琳娜种植园
Anna Regina	安娜雷吉娜种植园
Anti-Slavery Reporter	《反奴记者报》
Apear & Co.	阿皮尔船运公司
Apprenticeship	见习工制度
Arawak	阿拉瓦克部落
Arima	阿里玛号
Arima	阿里马（圭亚那北部地区）
Association of God Worshipers	拜上帝会
Athion	阿西庸种植园
Atteck	阿德
Austin, J. G.	柯士甸
A Voyage to the Demerary	《德梅拉拉之旅》

B

Barbados	巴巴多斯群岛
Barbarian Houses	"夷馆"
Barracoons	"巴拉坑"
Bagotville	巴戈特维尔种植园

317

Barima	巴里马（金矿）
Barkly, Sir Henry	亨利·巴克利爵士
Bascom, Henry S.	亨利·巴斯康姆
Bascom, Griffin H.	格里芬·H·巴斯康姆
Bath	巴斯种植园
Battle of Trafalgar	特拉法加海战
Beehive	蜂巢种植园
Bel Air	贝尔埃尔种植园
Belfield	贝尔菲尔德（区、种植园）
Bellonet, Henri de	伯洛内
Belmont	贝尔蒙特种植园
Berbice	伯比斯
Berbice Gazette	《伯比斯公报》
Best Hospital	贝斯特医院
Beterverwagting	贝特维瓦廷种植园
Bethune, Alex M.	阿历克斯·M·贝休恩
Better Hope	贝特霍普种植园
Blankenburg	布兰肯堡种植园
Bolingbroke, Henry	亨利·博林布鲁克
Bonham, Samuel George	文咸爵士
Booker, George	乔治·布克
Bourboulon, M. de	布尔布隆先生
Bourda Market	布尔达市场
Bowring, Sir John	包令爵士
Boxer Rebellion	义和团运动
Brechin Castle	布里金城堡号
British Passenger Act	《英国客运条例》
Brickdam Street	砖坝街
Bruce, Frederick	弗雷德里克·卜鲁斯

Bucton Castle	巴克顿城堡号
Buxton	巴克斯顿村
Bullock, Henry Edward	亨利·爱德华·布洛克
Butts, Stephen R.	史蒂芬·R·巴茨

C

Calcutta	加尔各答
Callao	卡亚俄港（秘鲁）
Cambridge	剑桥号
Camoonie Creek	卡蒙尼小溪
Cameron, Donald C. Jnr	小唐纳德·C·卡梅伦先生
Cane reapers	甘蔗收割者
Capoey	卡坡依
Cayenne	卡宴
Captain H. Smith	船长H.史密斯
Carnarvon, Lord	卡尔纳文勋爵
Cat-of-nine-tails	九尾鞭
Central High School	乔治敦中心学校
Chaldecott, T. A.	查尔德考特
Chan-a-Moon	陈阿满
Chan-kum-Po	陈恭伯
Chapman	查普曼号
Charlestown	查尔斯顿区
Chee-A-Foo	谢阿富
Chee-A-Tow	谢阿斗
Chee-A-Wai	谢阿伟
Chesapeake	切萨皮克号
Chester, John	约翰·切斯特
Chew, Yim Ying	周炎英

Ch'iying (Keying)	耆英
Chief Superintendent of Trade (Britain)	英国驻华商务总监
Chin-A-Yong	陈阿勇
Chinaman, John	"中国佬"
The Chinese in British Guiana	《中国人在英属圭亚那》
Chinese Consolidated Benevolent Association	美国的中华会馆，也曾叫做"六大公司"（即六区会馆）（Chinese Six Companies）
Chinese Passenger Act	《华民客运法》
Chinese Protectors	华民护卫官
Chinese Recorder, The	《教务杂志》
Ching A Fung	程阿峰
Cho-a-King	曹阿金
Chong-Soon-Chung	钟顺冲，也称阿冲（Ah-Chung）
Chronicle	《记事报》
Ch'uan-pi Convention, The	《穿鼻草约》
Chun-choi-ching	陈才清
Claramont	克莱尔蒙特号
Clarendon, Lord	克拉伦登勋爵
Clementi, Cecil	西塞尔·克莱门蒂
Colonid Hospital	殖民地医院
Colonist	《拓殖者报》
Commercial Advertiser	《商业广告人报》
Convention of Peking	《北京条约》
Convention to Regulate the Engagement of Chinese Emigrants by British and French Subjects	《英法属民招募华工章程条约》（即《续订招工章程》）
Cornwallis	康沃利斯号
Corona	科罗娜号

Corsica	科西嘉号
Chung, Arthur	钟亚瑟
Cochineal	胭脂虫
Commercio	《商业报》（利马）
Combined Court	联合院
The Coolie. His Rights and Wrongs	《苦力的事实真相》
Correntyne Coast	科兰太因海岸
Court of Policy	政策院
Credit-ticket	"赊单船票"
Creole	《克里奥尔人报》
Creole	克里奥尔人
Crimpers	客头
Crawford, Marlene Kwok	马琳·郭·克劳福德
Crosby, James	詹姆斯·克劳斯比
Cuba	古巴
Cummingsburg Market	卡明斯堡市场

D

Dartmouth	达特茅斯号
Davis, John	约翰·戴维斯
Dean Heyworth	海沃斯·迪恩
De Kinderen	德金德林种植园
De Willem	德威廉种植园
Delores Ugarte	德罗莉丝·乌加特号
Demerara	德梅拉拉（地麦拉拉）
Dent, Lancelot	颠地
De Souza	德苏沙（香港总督）
Des Voeux, G. William	威廉·德沃
Den Amstel	登阿姆斯特戴尔村

Distiller	朗姆酒酿酒师
Dreamland of Guiana or *Notes from the Yarns of a Romancer*	《梦幻之地圭亚那》或《传奇小说家的旅行轶事》
Don Juan	唐璜号
Donald, James S.	詹姆斯·唐纳德
Dora	多拉号
Douglas, James	詹姆斯·道格拉斯
Duke Argyle	阿吉尔公爵号
Dunoon	达农村

E

Earl of Windsor	温莎伯爵号
Elgin, Lord	额尔金爵士
Elliot, Charles	查理·义律
Elliot, George（Rear Admiral）	海军少将乔治·懿律
Emigration house	招工公所
Emigration Office in Hong Kong	香港移民局
Enmore	恩毛尔庄园
Enterprise	企业种植园
Essequebo	埃塞奎博省
Experience of a Demerara Magistrate	《一位德梅拉拉地区法官的经历》
Ewing, Rev. D.	尤因牧师
Evan Wong, Robert Victor	罗伯特·维克多·伊万·黄
Ever-Victorious Army	"常胜军"

F

"factories"	"商馆"
Fantan	"番摊"纸牌游戏
Farm River	农场大河种植园

Fast crabs	"快蟹船"
Fatchoy	发财号
Feng Yun-shan	冯云山
Firth, Mr.	弗斯先生
Fong-qui-sue	洪奇苏（传教士）
free labours	自由劳工
Friendship	友谊种植园
From the Middle Kingdom to the New World	《从中央王国到新世界》
Fung-A-Ling, Alice	爱丽丝·冯阿灵
Fung, Judy	朱迪·洪

G

Ganges	恒河号
Georgetown	乔治敦
Georgetown Gazette	《乔治敦公报》
General Wyndham	温德姆将军号
Genghis Khan	成吉思汗号
Gerard, Thomas	托马斯·杰拉德
Glentanner	格林坦纳号
Goed Fortuin	好运村种植园
Goedverwagting	古德维瓦庭种植园
Gordon, Alexander	亚历山大·戈登
Gordon, Charles G.	查尔斯·戈登
Grant, Sir Hope	贺布·格兰特爵士
Great Diamond	大宝石种植园
Great Troolie Island	大棕榈岛
Greenfield	格林菲尔的种植园
Gros, Baron	葛罗斯男爵
Grovesnor College	格罗维斯娜学院

Groote-en-Klyne	格鲁特克莱因种植园
Guano beds	鸟粪场
Guyana	圭亚那

H

Haarlem	哈勒姆种植园
Hague	海牙种植园
Hakka people	客家人
Haley, Alex	阿历克斯·哈利
Hall, Laura	劳拉·霍尔
Hampton Court	汉普顿庄园种植园
Hang-tsai	九龙恒仔
Harpers' Ferry Difficulties	"哈珀斯渡口造反事件"（"约翰·布朗起义"）
Hacienda de Talambo	塔兰博庄园
Heavenly Kingdom of Great Peace	太平天国
Henrietta	亨丽埃塔
Heung-shau	香洲
Hincks, Governor Francis	欣克斯总督
Hing-Cheong Co.	兴中公司
HMS Inflexible	英国皇家海军战舰"无畏号"
HMS Salamander	英国皇家海军战舰"沙拉门多号"
HMS Volage	英国皇家海军战舰"窝拉疑号"
Ho-a-Hop	何阿合
Ho-a-shing	何阿盛
Ho-A-Shoo	何阿受，也称何受（Ho Shau）和约翰·何阿受（John Ho-A-Shoo）
Ho A-Shoo Ltd.	何阿受有限公司
Ho-A-Hing, Andrew Hunter	何显（何阿显，安德鲁·亨特·何阿显）

Ho-A-Ming	何阿明
Ho-Yow, John Samuel	约翰·萨缪尔·何友
Hoahing & Co.	何阿显公司
Hoff-van-Aurich	霍夫范奥力希种植园
Daily Press, Hong Kong	香港《孖剌报》
Hong Kong Register	《香港记录报》
Hong Kong Times	《香港时报》
Hope, James	詹姆斯·贺布
Hope and Experiment	希望实验种植园
Hopetown	希望镇
Hoppo	户部
Houston	休斯敦种植园
How-you-Fook	郝有福
Hung Hsiu-ch'uan 或 Hong Xiuquan	洪秀全
Hsu Huang-chin	徐广缙
Hun Yin Fook	洪贤福
Hung Jen-kan	洪仁玕
Hua-sha-na	花沙纳
Hunter, Andrew	安德鲁·亨特
Hyacinth	英国皇家海军战舰"海阿新号"

I

Ignatiev, Nikolai	尼克拉·伊格纳提耶夫
Imogene	英国皇家海军护卫舰"伊莫金号"
Indentured Labor	契约劳工
Indentured Labor, Caribbean Sugar	《契约劳工与加勒比蔗糖》
In-kit	英杰

J

Jacobs, Jos.	赫斯·雅各布
Januario	欧美德（澳门总督）
Jardine, William	威廉·渣甸
Jardine, Matheson and Company	怡和洋行（英国公司）
Jeddo	杰多号
Jenkins, Edward	爱德华·詹金斯
John Calvin	约翰·加尔文号
Jones Town	琼斯镇
Josa, F.P.L.	何萨牧师
Jui-lin	瑞麟

K

Keate	基特（特立尼达总督）
Kelung torture	"企笼"（"站笼"）刑罚
Ketley, Joseph	约瑟夫·凯特利
Kioung-Sun-Song & Co.	姜新爽公司
Kirkpatrick, Margery	玛格丽·科尔帕特里克
Kitty	凯蒂植园
Klein Pouderoyen	克莱恩·波德罗延种植园
Kong-a-Thoi	江阿才
Ko-wan-Ki	顾云奇
Koo-a-Kop	顾阿国
Koxinga	国姓爷（郑成功）
Kuei-liang	桂良
Kung, Prince	恭亲王
Kwan-a-yu	关阿宇
Kwan-Sun-Lung & Co.	关新龙公司

L

La Belle Alliance	美女联盟种植园
La Grange	拉格兰奇种植园
La Jalousie	加乐西种植园
La Penitance	拉潘尼坦斯种植园
Le Repentir Canal	勒珀恩蒂尔运河
Lady Elma Bruce	艾尔玛·布鲁斯女士号
Lady Montague	蒙太古夫人号
Lady of the Night	黑夜女士号
Lam-A-See	林阿思
Lancashire Witch	兰开夏女巫号
Land of Milk and Honey	奶与蜜种植园
Land of Plenty	富饶之地种植园
Lao Ch'ung-kuang	劳崇光
Lau Shiu-t'ong	刘肇堂
Laurence, K. O.	K. O. 劳伦斯
Lay, Horatio Nelson	李泰国
Lee, Andrea	安德里亚·李
Lee A-pen	李阿鹏，亦称托马斯·李阿鹏（Thomas Lee-A-Pen）
Lee Chin Koon	李进坤
Lee Kwan Yew	李光耀
Lee Lun	李伦
Lee-Own, Albert	艾伯特·李欧文
Leguan	莱关岛
Leonora	利奥诺拉区
Le Repentir Canal	勒珀恩蒂尔运河
Leung, Simon	西蒙·梁
Li-a-Kim	李阿金

Li Ching-fang	李清芳
Lintin Island	伶仃岛
Lobschied, William	罗存德
Lombard Street	伦巴第街
Longden, J.R	朗顿先生
Look Lai, Walton	沃尔顿·卢克·赖
Lord Elgin	额尔金勋爵号
Low, Frederick O.	弗雷德里克·卢
Lootie	"鲁蒂"
Low, Frederick Orlando	弗雷德里克·奥兰多·刘
Low-a-tung-tu	刘阿东土
Low-A-Yan & Co.	刘阿欣公司
Low, Fredrik O.	弗雷德里克·刘
Luck, Joseph Clement	约瑟夫·克莱门特·罗
Lu K'un	广东巡抚卢坤
Lum-a-sing	林阿胜
Lung-A-Yung Lusignan	梁阿勇
Lusignan	卢西南园种植

M

MacGregor, A.	麦克格雷格
Madeira	葡萄牙马德拉群岛
Madras	马达拉斯（印度）
Mahaica	马海卡区
Magistrate	治安法官
Malayan Democratic Union, MDU	马来民主同盟
Malgre Tout	玛尔戈杜特种植园
Man-A-Qui, Tian-Sun-Tong & Co.	万阿奇-田新唐公司
Manoel Gonsalves & Co.	马诺埃尔·刚萨尔维斯公司

Maryville	玛丽维尔种植园
Matheson, James	詹姆斯·马地臣
Messrs. Sandbatch, Parker & Co.	三德巴奇—帕克公司
Messrs. Hyde, Hodge and Company	海德·和济洋行
Messrs.Jones & Garnett	琼斯-加内特洋行
Messrs. Turner & Company	丹拿洋行
Met-en-Meerzorg	梅特恩米尔佐格
Mayers, J.B.	梅耶斯
Middle Temple	中殿律师学院
Milkenwater	米尔肯沃特
Minerva	密涅瓦号
Montauban, General de	孟托班将军
Montmorency	蒙特莫伦西号
Moore, Brian	布莱恩·摩尔
M.U. Hing, Manufacturing Jeweller	马诺埃尔·胡兴珠宝制造公司
Mystery	神秘号

N

Napier, Lord	律劳卑
New Amsterdam	新阿姆斯特丹
Newcastle, Duke of	纽卡斯尔公爵
Ng Yow	吴友
Nickerie	日计里 尼克里（日计里，现苏里南的新尼克里）
Nonparell	农帕里尔种植园
Norwood	诺伍德号
Nuneham College	剑桥纽纳姆学院

O

O. Tye Kim	胡大金
Ogle	奥尔格种植园
Omai	奥麦金矿

P

Parkes, Harry	巴夏礼
Palmerston, Lord	帕默斯顿（巴麦尊）
Peiho	白河
Peitang	北塘港
Pekingese	"北京狗"
Pequeno	比凯诺先生
Perserverance	坚韧精神种植园
Persia	波斯号
Peter's Hall	彼得霍尔种植园
Phoenix Village	凤凰村
pig trade	"卖猪仔"
pig pen	"猪仔馆"
Pim-a-Min	冯阿民
Plaisance	普莱桑克种植园
plantain	芭蕉
Plymouth Brethren	普利茅斯教友会
Po-kuei	柏贵
Pomeroon	波默伦河
Port of Spain Gazette	《西班牙港公报》
Pottinger, Sir Henry	亨利·璞鼎查爵士
Pride of the Ganges	恒河骄傲号
Prince of Wales	威尔士王子号
Providence	普罗维登斯庄园

Q

Queen of the East	东方女王号

R

Red Riding Hood	小红帽号
Reliance	信赖种植园
Robinson, Hercules	夏乔士·罗便臣
Rohilla	罗西拉号
Rose Hall	罗斯霍尔种植园
Rome	罗马种植园
Romanization	拉丁字母化
Royal George	皇家乔治号
Royal Saxon	皇家撒克逊号
Royal Gazette	《皇家公报》
Ruimveldt	卢米维尔特种植园
Rural Constables	乡村治安员
Russell, William	威廉·拉塞尔

S

Saldanha	萨尔达尼亚号
Sampson, Theophilus	奥菲利斯·桑普森（谭顺）
Samuel Boddington	塞缪尔·博丁顿号
Sandwich Islands	散得维齿群岛（现称夏威夷群岛）
Scenes from the History of the Chinese in Guyana	《圭亚那华人历史场景》
School of Medicine for Women in Edinburgh	爱丁堡女子医学院
Schoon Oord	硕恩奥尔德种植园
Scrambling dragons	"扒笼船"

Sea Park	海上花园号
Sebastopol	塞瓦斯托波尔号
Sergeant Birch	伯奇警官
Sevilla	塞维利亚号
Schooner	中型帆船
Sherry's College	雪莉学院
Sir George Seymour	乔治·西摩爵士号
Sister's Estate	姐妹庄园
Skeldon	斯凯尔登种植园
sloop	单桅小帆船
Smythfield	史密斯菲尔德种植园
Soo A-cheong	苏亚长
Soo Sam-kuan	苏三群（后转化为亨利·苏阿冠（Henry Sue-A-Quan））
Sue-A-Quan, Trev	特里夫·苏阿冠
St. Augustine's Church	圣奥古斯丁教堂
St. Philip's Church	圣菲利普教堂
St. Saviour's Church	圣救世主教堂
St. Croix, Philip de	菲利普·德·圣科洛瓦
Saint John, New Brunswick	新布伦瑞克大学圣约翰校区
St. Lucia	圣卢西亚
St. Thomas	圣托马斯教堂
Stabroek Market	斯塔布鲁克市场
Stanley, Lord	斯坦利勋爵（负责殖民地事务的国务大臣）
Stewartville	斯图亚特维尔种植园
Success	成功种植园
Soni	苏尼，亦称丹尼尔·奥康奈尔（Daniel O'Connel）

Surinam	苏里南
Syme, Muir and Company	和记洋行
Syme, Mr.	新梅先生

T

Taiping Rebellion	太平天国运动
Tadja Festival	塔吉节
Taku Repulse	大沽口之战
Tang-a-Tuck	唐阿德
Tait and Company	德记洋行
Tait	德滴先生
Tapacooma	塔帕库玛湖
Tat-hao-pu	达濠埠
Ting-A-Kee	丁阿基
Tong-fat and Co.	唐发公司
Transatlantic Sketches	《跨大西洋素描》
Treaty of Nanking	《南京条约》
Treaty of Tiantsin	《天津条约》
Thomas Mitchell	托马斯米歇尔号
Thomas Coutts	英商船担麻士葛号
Ting-A-Kee, Benjamin Philbert Alexander	本杰明·菲尔伯特·丁阿基
Ting-A-Kee, Cuthbert Dundonald Alexander	卡斯伯特·邓唐纳德·亚历山大·丁阿基
Trollope, Anthony	安东尼·特罗洛普
Trinidad	特立尼达
Trinidad Chronicle	《特立尼达记事报》
Trotman, J.B.	特罗特曼

Trotter	特罗特
Tsoi-a-fai	蔡阿辉
Tsungli Yamen	总理衙门
Tuschen-de-Vrienden	图申德弗利安顿种植园

U

U A-hing, Joshua	约书亚·胡亚庆
U-hing, Manoel	马诺埃尔·胡庆
Uitvlugt	乌特鲁格特村
University of the West Indies	西印度群岛大学
Ursuline Convent	乌尔苏拉修道院

V

Vaughn, M.	沃恩
Versailles	凡尔赛种植园
Vergenoegen	维尔格诺根
Vixen	雌狐号
Vreed-en-hoop	弗里德恩胡普镇
Vryheid's Lust	弗里海德拉斯特种植园

W

Wade, Thomas	威妥玛
Wakenaam	威克纳姆岛
Walcott, Stephen	史蒂芬·沃尔科特
Walker, William	威廉·沃克
Wales	威尔士种植园
Ward, John. E.	华若翰
Ward, Frederick	弗雷德里克·华尔
Waterloo	滑铁卢种植园
Werywery Creek	维瑞维瑞小溪

Wellesley	威尔斯利号
West Indian	《西印度人报》（巴巴多斯）
West Indies and the Spanish Main, The	《西印度群岛及西班牙的美洲大陆》
Whampoa	黄埔港
Whirlwind	旋风号
White, James T.	詹姆斯·T·怀特
Windsor Forest	温莎森林种植园
Wodehouse, P. E.	沃德豪斯
Wo-Lee & Co.	和-李公司
Wong-a-Wai	王阿威
Wong, Yeo-Ming & Co.	王耀明公司
Wongah-Chun, John	约翰·王阿春
Wood, Donald	唐纳德·伍德
Wu Tai-Kam	胡大金（同 O. Tye Kim）
Wyatt	怀亚特

Y

Yang-a-Pat	杨阿伯
Yeh Ming-ch'en	叶名琛
Yewens, E.G.	耶文斯
Yip-tak-Wo	叶德和
Yong-a-yee	杨阿义
Yung-a-Fat	杨阿发

Z

Zeelandia	齐兰迪亚种植园
Zeelugt	齐鲁格特种植园
Zorg-en-Vlyt	佐格恩弗吕特
Zouave	法国轻步兵号

附录一　　　　　插　图

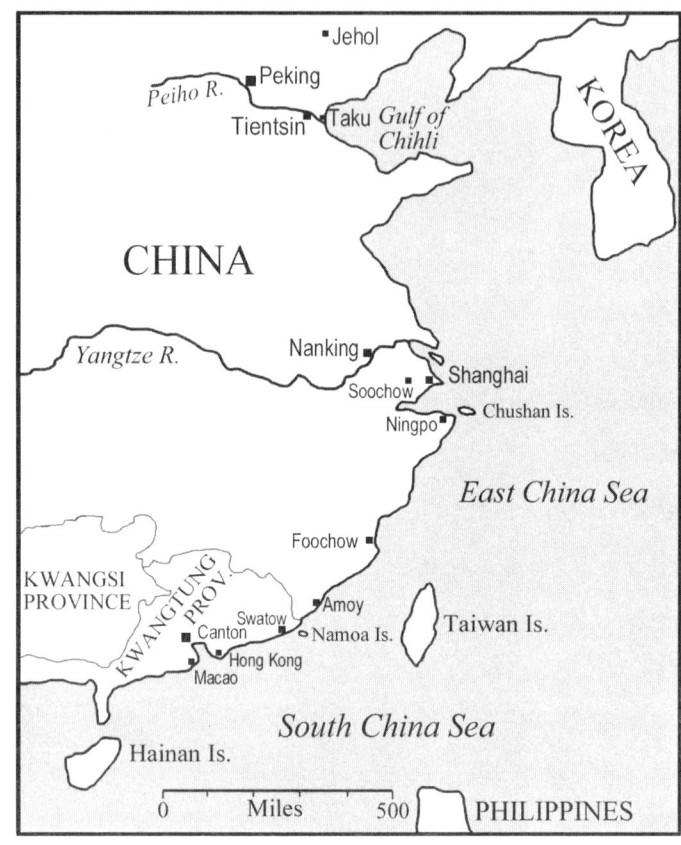

1. 中国沿海

威妥玛拼音与汉语拼音：

广西Kwangsi（Guangxi）；广东Kwangtung（Guangdong）；北京Peking（Beijing）；承德Jehol（Chengde）；天津Tientsin（Tianjin）；大沽Taku（Dagu）；南京Nanking（Nanjing）；苏州Soochow（Suzhou）；福州Foochow（Fuzhou）；厦门Amoy（Xiamen）；汕头Swatow（Shantou）；广州Canton（Guangzhou）；香港Hong Kong（Xiang Gang）；澳门Macau（Aomen）；渤海湾Gulf of Chihli（Bohai Wan）；台湾Taiwan（Taiwan）；宁波Ningpo（Ningbo）；舟山Chusan（Zhoushan）；南澳Namoa（Nan'ao）

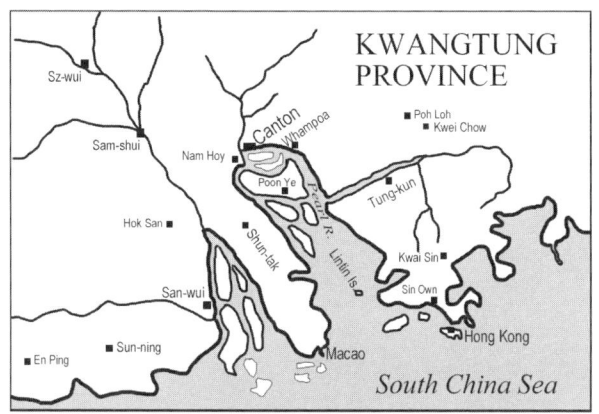

2. 珠江三角洲地区地图

威妥玛拼音与目前使用的拼音

鹤山Hok San（Heshan）；惠阳Kwai Sin（Huiyang）；惠州Kwei Chow（Huizhou）；伶仃Lintin（Lingding）；南海Nam Hoy（Nanhai）；博罗Poh Loh（Boluo）；番禺Poon Ye（Panyu）；顺德Shun-tak（Shunde）；新安Sin Own（Xin An）；台山Sun-ning（Taishan）；四会Sz-wui（Sihui）；东莞Tung-kun（Dongguan）；黄埔Whampoa（Huangpu）；三水Sam-shui（Sanshui）；新会San-wui（Xinhui）；恩平En Ping（Enping）

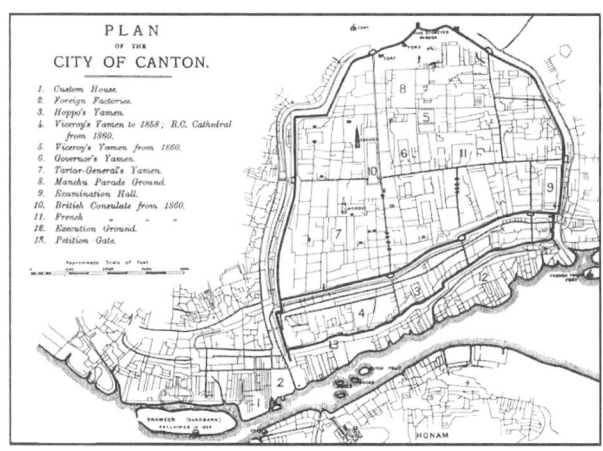

3. 广州市区图［来源于马士（H. B. Morse）著的《中华帝国对外关系史》］

4. 为提高船速建造的快剪船。与中国做生意的洋人喜欢使用这种船运送货物和鸦片。

5. 停泊在伶仃岛的鸦片船，1824年由希金斯（W. J. Huggins）绘制。图右侧为专门定制的、由风帆和几十名划桨手提供动力的快船，专门从伶仃岛运输鸦片至广州。这种船俗称"快蟹船"或"扒笼船"。这些鸦片船都配有火力强劲的武器，以备不时之需。（香港汇丰控股有限公司提供）

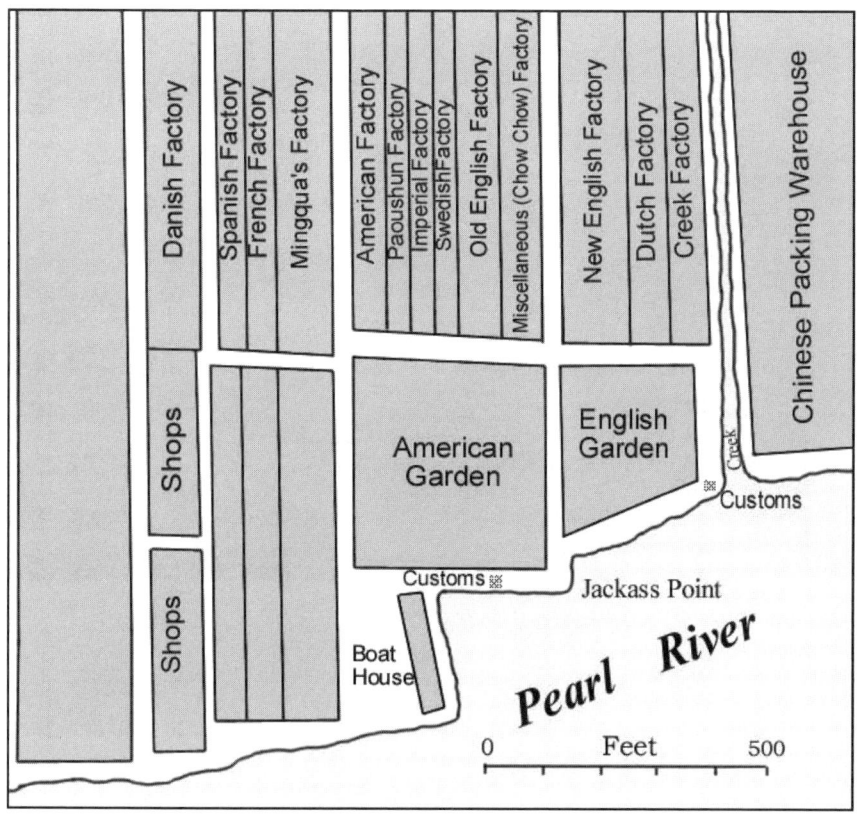

6. 19世纪初夷馆布局。其中许多房屋在1822年大火中烧毁，以后重建。

7. 中国战船。［来源于《时代画报》（*Illustrated Times*），1857年5月2日］

8. 19世纪40年代初西方画家眼中的香港。（香港市政局，艺术馆提供）

9. 香港割让给英国15年后。（来源于《时代画报》，1858年2月20日）

附录一 插图

10. 清军攻打洋人的场景。为迫使广州向洋人开放,英国于1856年10月炮轰广州城。作为报复,中国于12月14日攻打夷馆。(来源于《时代画报》,1857年3月21日)

11. 夷馆被摧毁后,英国随即派出远征军。同时,法国因一名法国传教士被杀怀恨在心,派出海军支援英国。1858年4月,英法联军在渤海湾汇合,并于1858年5月20日攻陷大沽口炮台。(来源于《时代画报》,1858年9月4日)

12. 林则徐（左图），1785—1850，1839年被派往广州，铲除中国的鸦片祸患。他迫使洋人交出囤积的鸦片，并予以销毁。此举引发了中英鸦片战争，也导致了林则徐本人遭革职流放。

洪秀全（右图），1814—1864，客家人，坚信自己是耶稣基督的弟弟。他自立为太平天国的天王，定都南京，却未能推翻清朝政权，而且导致两千万人生灵涂炭。洪秀全家族一些成员最后逃至英属圭亚那。

13. 葛罗男爵（Baron Jean Baptiste Louis Gros）（左图），1793—1870，为1860年英法联军司令。因中国未批准《天津条约》，联军决定予以惩罚，并要求中国赔偿1859年联军在大沽口战败的损失。（来源于《时代画报》，1858年10月16日）

14. 额尔金对中国皇帝说："投降吧！不要再玩儿花样！"［来源于《笨拙》（Punch），1860年11月4日。］

詹姆斯·布鲁斯（图14），第8代额尔金伯爵，1811—1863，为英国部队总司令。联军攻打北京城，最后烧毁圆明园。随后签订的《北京条约》允许中国人自愿出洋，不管是作为契约华工，还是非契约华工。

15. 圆明园（旧夏宫），位于北京西北郊，建于18世纪。此建筑群规模庞大（80平方英里），拥有小型的文艺复兴风格建筑，由意大利传教士兼画师郎世宁（Castiglione）设计。1860年10月，圆明园遭到英法联军洗劫，之后被付之一炬。大火燃烧了三天。（来源于法国国家图书馆，巴黎）

16. 圆明园，意为"完美、明达之园"，在中国被誉为万园之园，也被称为中国的凡尔赛宫。今天，西洋风格建筑的废墟是这里主要景点。当年，联军由于时间紧迫，无法用足够的炸药将这处大理石和岩石建筑夷为平地。作者的妻子曹小莉和儿子大卫·苏阿冠站在废墟之前（1996年）。（特里夫·苏阿冠提供）

17. 广州的集市（来源于《时代画报》，1858年2月20日）

18. 广州街头食档（来源于《时代画报》，1858年4月17日）

19. 招工告示

告 示

规范及鼓励中国人赴英属西印度群岛告示。发布人：英国政府特别代理柯士甸

由于有人对本人发布的告示条款存在理解偏差，造成一些困难，因此，本人认为有必要再次发布告示全文如下，以便让所有百姓知晓移民出洋至英属西印度群岛的条件，以及英国政府授权予我协助出洋人士前往该地服务的条款：

有英国国旗飘扬的地方不存在奴隶制。

不论贫富，法律面前人人平等。所有宗教信仰得到认可，受到保护。英国女王指派特别行政官驻西印度群岛，照顾和保护来此发家致富的外来人。

因此，所有中国人都可以前往英属西印度群岛，不必畏惧。

那里的气候与中国南方气候相似。

种植的作物主要是甘蔗。

根据合同，5年服务期内的薪水按照西印度群岛现行劳务价格而定，为每天2先令到4先令不等，视行业及移民工能力不同而定。房子、园子及医疗护理均免费提供。

任何签订了5年合约的劳工，如果在第一年末希望结束合约，并且到心仪的地方工作，可以在赔付五分之四中国到西印度群岛船费之后离开，约合75美元。如果第二年末结束合约，须赔付五分之三船票。以此类推，每一年劳务扣除五分之一船票。

将无偿提供特殊汇款方式及与亲友通信机会。

提供免费登船费用，以及航行期间的衣物。

此告示由柯士甸在担任驻广州招工代理期间（1859—1862）发布。此告示被翻译成中文，并分发到整个城市和周边村镇。

（《公共档案殖民地卷》CO111）

20. 西方对中国普通民众的印象并不美妙。左图是香港的中国苦力，从事货物搬运和抬轿。右图显示出未婚妇女和已婚妇女的显著区别。未婚妇女"留长辫，与男子长辫相似"。已婚妇女头发"梳起，状似船舵"。（来源于《时代画报》，1858年1月2日）

21. 准备前往古巴的华工被关在澳门的猪仔馆（巴拉坑）里。这间转运站曾经是一家商馆，"窗户用坚固的铁条钉死，门也包着铁皮"。250名中国人"合力冲破监狱门"，四散奔逃。（来源于《时代画报》，1857年6月27日）

22. "小红帽号",排水量720吨,作为一艘茶叶快船在伦敦建造,1857年8月正式投入使用。1860年、1861年和1862年共运送954名契约华工从广州至乔治敦市。(油画,作者兰伯特(F.J. Lambert),1860年代创作于中国)

23. "科罗娜号",排水量1200吨,1866年建造于苏格兰邓迪(Dundee),同年运送320名犯人前往西澳大利亚。1873年,该船运送388名华工前往英属圭亚那。[伦敦格林尼治国家海事博物馆(National Maritime Museum)]

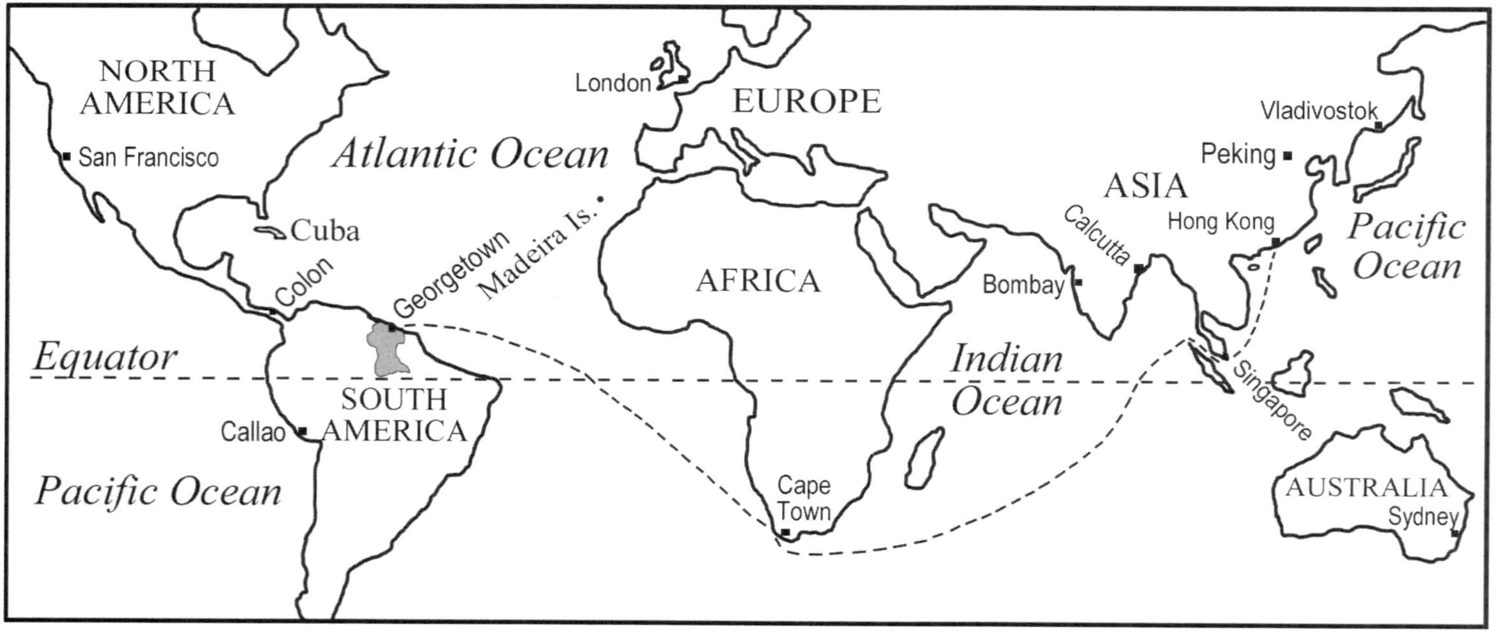

24. 移民船从香港至乔治敦的航行路线图。船只中途停靠新加坡和开普敦补充给养。1853年至1879年间,共有39船13541名华工被运往英属圭亚那,行程2—6个月不等。

附录一 插图

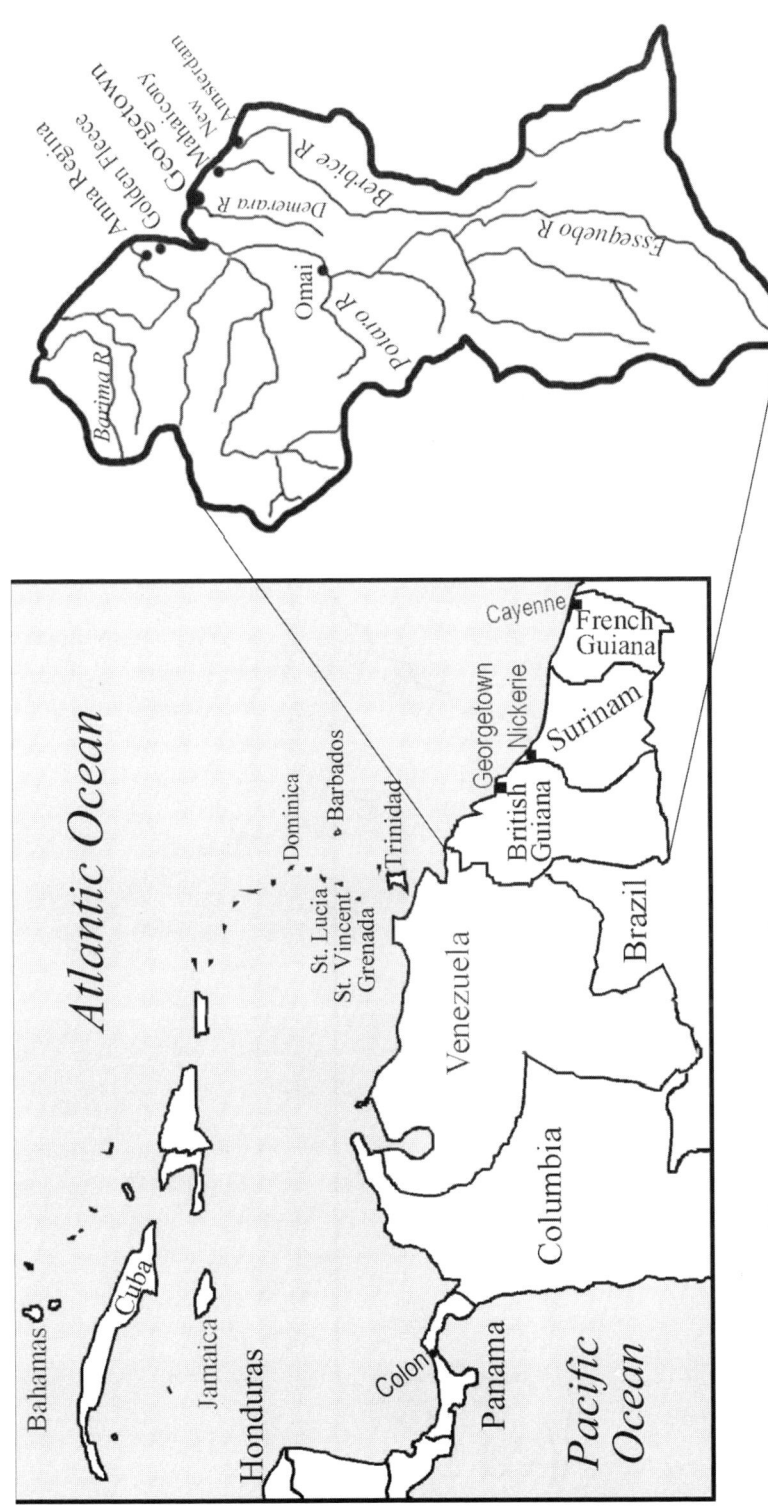

25. 加勒比地区及圭亚那,圭亚那意为"多水之乡"（Land of Many Waters）。加勒比地区及圭亚那

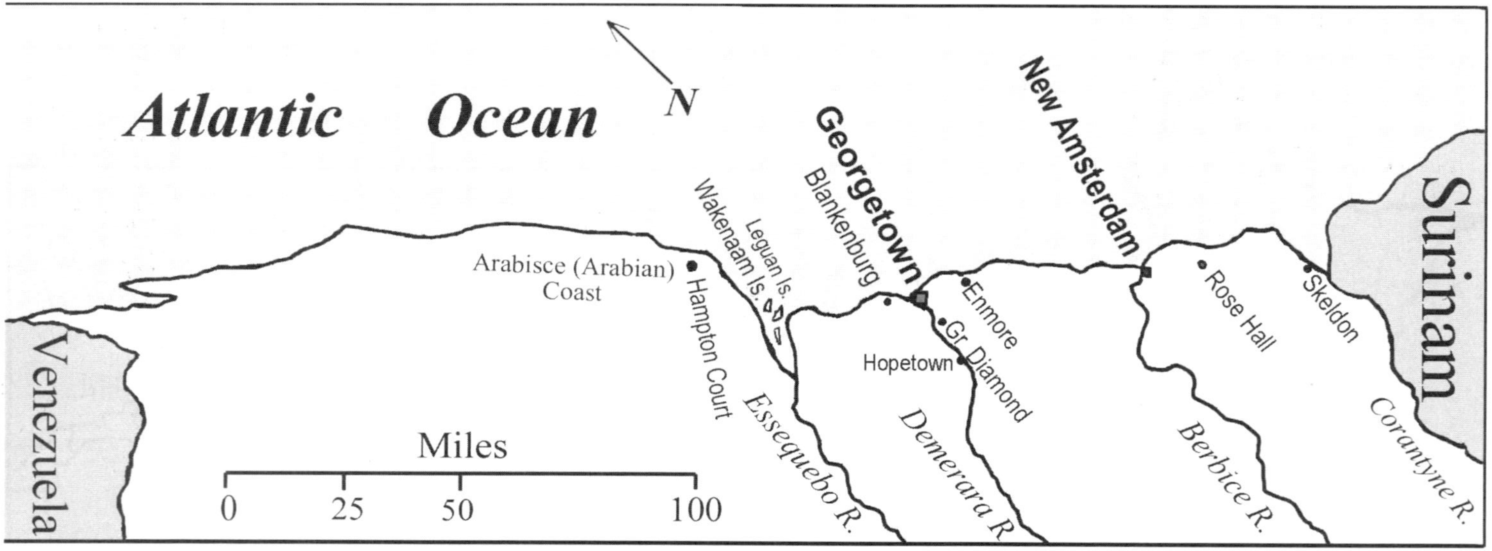

甘蔗收割者——圭亚那契约华工史

26. 英属圭亚那北部沿海图。甘蔗种植园都位于沿海地区土地肥沃的狭长地带和主要河流两岸。种植园名称见附录。

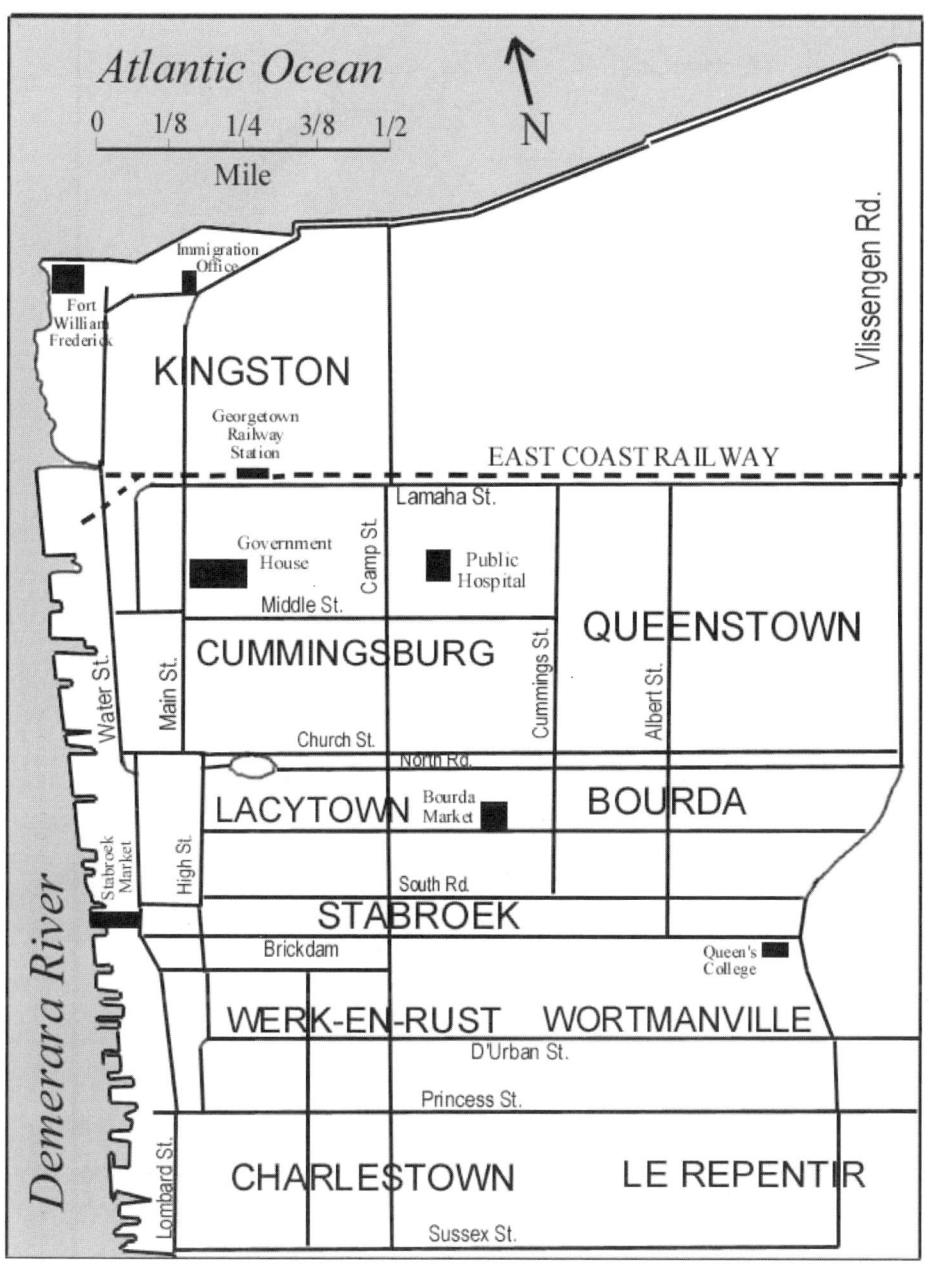

27. 乔治敦市各区和主要街道。

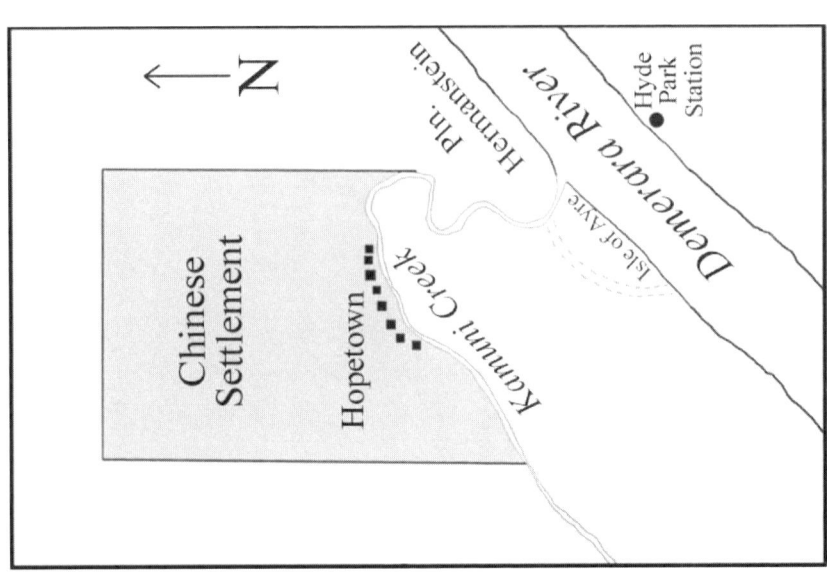

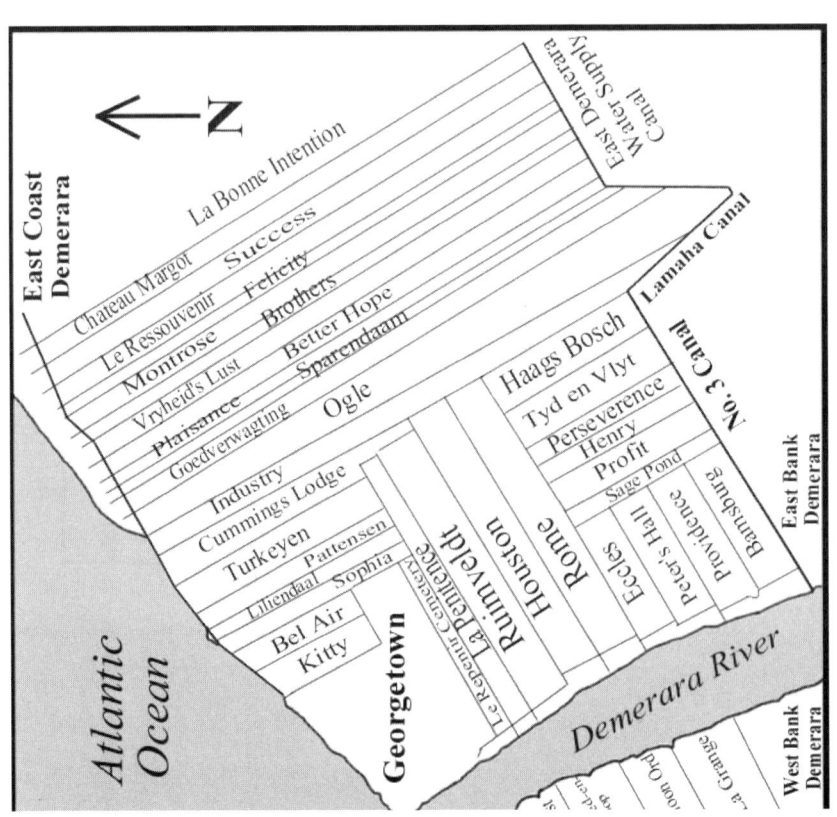

28. 乔治敦市周边甘蔗种植园；希望镇，距乔治敦25英里处

29. 庄园经理住宅的活动。[来源于爱德华·詹金斯（Edward Jenkins）1871年著作《苦力的事实真相》（*The Coolie. His Rights and Wrongs*）]

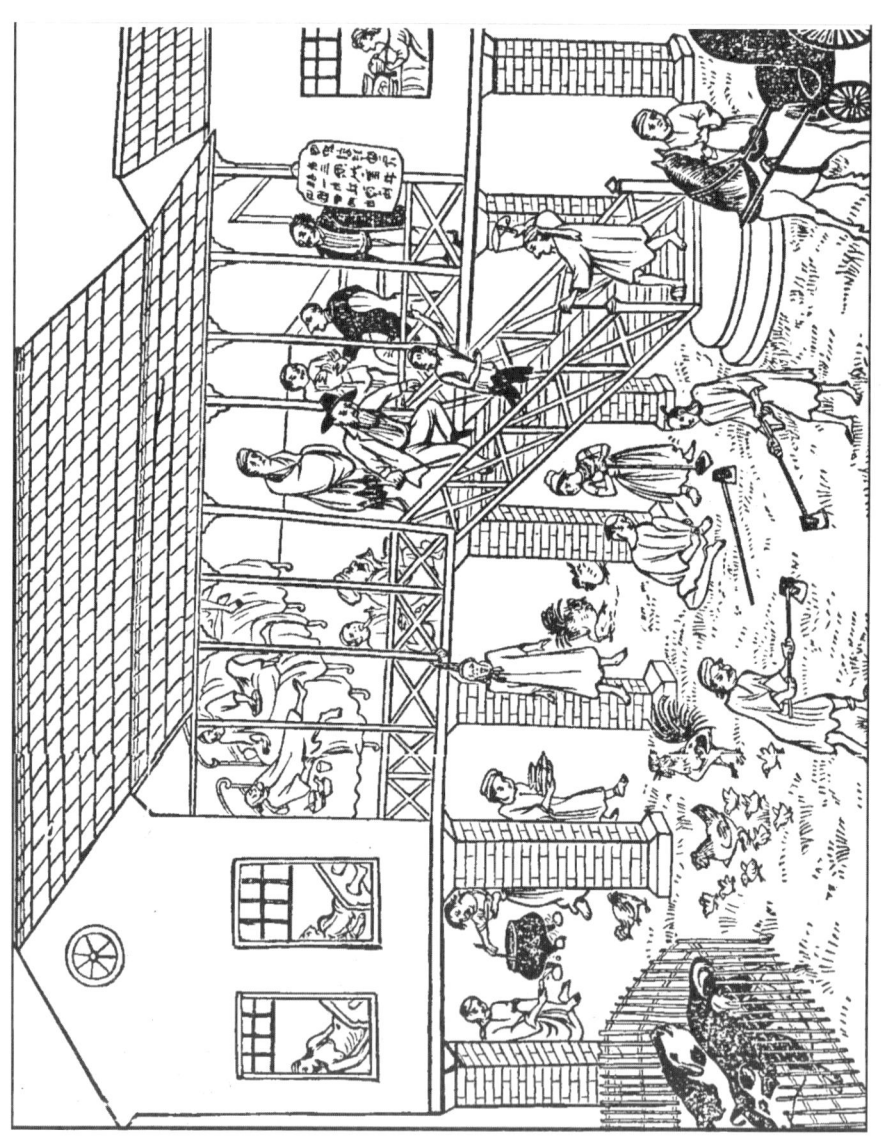

30. 医院设施一景。[来源于爱德华·詹金斯(Edward Jenkins)1871年著作《苦力的事实真相》]

31. 《产业服务临时证书》，是发给完成了承工契约的劳工的临时证明。此证书发给江氏（Kong She），她与丈夫应阿增（Ying A-tseng）乘"恒河号"到达。

32. 这份《自由身份证书》是发给阿周（A-chow）的。她是1862年乘坐"温莎公爵号"的移民潘龙（Poong-loong）和苏氏（Soo-she）的女儿。阿周（凯瑟琳（Catherine））后来嫁给应阿增的儿子纳撒尼尔·应（Nathaniel Ying）。

33. 艾萨克·苏（Isaac Seow）的1883年出生证（左图），显示其姓名为阿三（Isaac-Sam），父亲姓名为苏阿三（Sui-a-Sam）。1899年他离开英属圭亚那前往特立尼达时，出国移民许可证（右图）上的名字是艾萨克·苏（Isaac Sue），父亲名为苏三（Sue-Sam），1860年"密里瓦号"第850号移民。目前家族成员使用"苏"和"苏三"作为姓氏。

BAPTISMS solemnized in the Parish of Saint George S. Saviour's Church in the County of Demerara in the Year 1882.						
When Baptized.	Child's Christian Name.	Parents' Name.		Abode.	Quality, Trade, or Profession.	By whom the Ceremony was Performed.
		Christian.	Surname.			
1882 April 19th No.105	得其亞 Zacchens	陳秀 Chun Son Chinese adult		Charlestown	Barber	Henry Thomas Hampcastell Incumbent S. Philip's Church
1882 April 19 No.106	大辟 David	陳必 Chun Put Chinese adult.		Charlestown	Carpenter	Henry Thomas Hampcastell Incumbent S. Philip's Church
1882 April 19th No.107	扦馬士 Thomas	廖同 Leu Toung Chinese adult		Georgetown	Barber	Henry Thomas Hampcastell Incumbent S. Philip's Church
1882 April 19th No.108	咸簾 William	謝榮 Philip & Martha	Tsa Comm	Mahaica	Shop Keeper	Henry Thomas Hampcastell Incumbent S. Philip's Church
1882 April 19th No.109	約瑟 Joseph	謝順 Philip & Martha	Tsa Comm	Mahaica	Shop Keeper	Henry Thomas Hampcastell Incumbent S. Philip's Church
April 19th No.110	革順 Gershom	謝奇勝 Philip Martha	Tsa Comm	Mahaica	Shop Keeper	Henry Thomas Hampcastell Incumbent S. Philip's Church
May 31st No.111	奄馬 Emma	Toong Gui Sue In Bin	Catechist wife	Charlestown	Catechist	Henry Thomas Hampcastell Incumbent S. Philip's Church
June 27 No.112	馬利亞 Maria (adult.)	Father's name Both parents Coolies.		Charlestown	—	Henry Thomas Hampcastell Incumbent S. Philip's Church

34. 1882年圣救世主教堂受洗记录的第14页名单

儿童教名旁边的汉字是其英语名的音译，比如说，打马士就是Thomas，马利亚实际上就是Maria。在相对较近时期的皈依者中，绝大部分人的名字都是圣经中的名字，应该是由资深教会负责人建议的适合其人的名字。

105号旁边空白处的信息应该是后来加上的，显示扎基厄斯·陈秀（Zaccheus Chun Sou）1887年去了特立尼达。年代使用古汉字书写。

该页前三个条目是成人受洗，说明契约华工在新家园落户后，逐渐接受基督教。

从前三个人的英语姓氏可以看到，从中文发音转化为英语拼写非常困难。105号和106号的姓氏被拼写成Chun（陈），而实际上应该是Chan或Chin，以及Chen更为常见。107号的姓常见拼写应该是Liu，有时也写成Lui，但这里却写成了Leu。这样写会产生误会。空白处填写的信息是Thomas Leu Tong（打马士·廖同），于1885年患病。

菲利普·谢康（Philip Tsa Comm）与妻子玛莎（Martha Tsa Comm）的三个孩——威廉（Will）、约瑟（Joseph）和革顺（Gershom）从德梅拉拉东海岸的马海卡（Mahaica）岛被带到圣救世主教堂受洗。这家人1886年回中国。

太平天国干王的儿子洪葵元（Foong Qui Sue）与妻子恩遍（En Bin）有一个女儿艾玛（Emma）。艾玛1882年受洗，却于1884年8月21日去世。洪葵元就是圣救世主教堂的一名传教士。

112号马利亚（Maria）是印度裔成年人，很可能是通过其丈夫林兴祥（Lam Hing-cheong）皈依基督教。他的名字及与马利亚关系为中文书写。马利亚父亲的名字迪兰卡斯（Dilankas），用印地语书写。

35. 作者的叔叔（詹姆斯·苏阿冠）的出生证明，是1899年原件的手抄件，抄写于1939年。其母亲的娘家姓应该是何（Ho），却被写成了她公公苏亚长（Sue-A-Chunk）的名字。这类错误不知不觉地进入正式文件中，是由于报告信息的人没有听懂记录员的英语问题。

36. 这份1865年亨利·苏亚长（Henry May Sue Cheong）的受洗证书，传给了作者家族。虽然作者的祖父苏亚长得名亨利，并被人亲切地叫为"老梅"，但证书上日期、地点、妻子的姓名都不准确，显示这份文件并不是写给作者祖辈的。这说明在记录华人移民信息时，只能用他们名字的英语形式，结果只能顾此失彼。

37. 全家福。照片中是1862年乘"阿格拉号"移民的李亚德（Li-A-Tak）（右坐者），与1861年乘查普曼号到达的妻子卢氏（Loo Shee）（左坐者）一起合影。他们身后是儿子乔治·李（George Lee）和媳妇玛利亚（Maria）。照片中还有乔治和玛利亚的头四个孩子——丽贝卡（Rebecca）、凯蒂（Katie）、维克多琳（Victorine）和阿尔德温（Aldewyn）。卢氏之前曾嫁给胡阿河（U A-ho），与两个丈夫先后育有七个子女。她的后人现在已达1600人，分散居住在世界各地。摄于1901年。［安迪·李（Andy Lee）提供］

38. 马修·王(Matthew Wong)与玛丽(Mary Wong)一家。玛丽·王是胡阿和与卢氏的孙女。后排(从左至右):乔安娜(Johanna)、彼得(Peter)、克里斯汀(Christine)。前排(从左至右):艾芙琳(Evaline)、马修(Matthew)、艾薇(Ivy)、玛丽(Mary)、沃尔特(Walter)。摄于1908年。[玛戈特·达卡马拉(Margot DaCamara)提供]

39. 大卫与艾米丽·尤因-周(David与Emily Ewing-Chow)一家。站立者:玛丽(莫伊)(Mary,Moy)、詹姆斯(James)、伊丽莎白(丁氏)(Elizabeth,Tingsie)、约瑟夫(Joseph)、蕾切尔(冠妮)(Rachel,Quannie)、杰里米亚(杰瑞)(Jerimiah,Jerry)。坐者:所罗门(Solomon)、艾米丽(Emily)、大卫·约翰斯通(David Johnstone)、丽贝卡(阿兰)(Rebecca,A-lan)。前排:罗伯特(Robert)、查尔斯(Charles)、纳撒尼尔(Nathaniel)。[约翰·尤因-周(John Ewing-Chow)提供]

40. 洪阿发（Fung-A-Fat）家族与太平天国天王洪秀全同姓。Fung是Hung（洪）的客家话发音。后排站立者为洪功发（Hung Kung-fatt），更常使用查尔斯·洪阿发（Charles Fung-A-Fatt）。〔朱迪·洪（Judy Fung）提供〕

41. 詹姆斯·尤因-周与祖母麦氏（1860年4月到达的中医）合影。摄于1914年。（约翰·尤因-周提供）

42. 移民何天宝有过三个配偶，共育有15个子女。在此照片中，8个子女与母亲夏洛特·坦纳·林（Charlotte Tanner Lam）聚集一堂。从左上顺时针排列为：伊万（Ivan）、埃德加（Edgar）、乔治（George）、埃德温（Edwin）、维克多（Victor）、利奥纳多（Leonard）、罗丝（Rose）和亨利（Henry）。大多数后裔使用天宝（Ten-Pow）为姓氏。惠特尼·天宝（Whitney Ten-Pow）提供。

43. 罗伯特·V·伊万·黄（Robert V. Evan Wong）（左者），为移民黄莫（Wong Mook）的孙子。黄莫乘"达特茅斯号"出洋，娶何受（Ho Shau）女儿超林·何阿受（Cheuleen Ho-A-Shoo）（右）为妻。罗伯特的弟弟维维安（Vivian）娶超林的妹妹伊丽莎白（Elizabeth）为妻。［莎莉·鲍斯（Sally Bors）提供］

44. 沃特尔·谢阿斗（Walter Chee-A-Tow）与珍珠·苏阿冠（Pearl Sue-A-Quan）结婚照。背后为双方父母：T.M.谢阿斗（T.M. Chee-A-Tow）与艾薇·谢阿斗（Ivy Chee-A-Tow）（左）以及威廉·苏阿冠（William Sue-A-Quan）与乔安娜·苏阿冠（Johanna Sue-A-Quan）（右）。沃特尔的弟弟斯坦利（Stanley）娶了珍珠的妹妹艾尔西（Elsie）。这种一家兄弟娶另一家姐妹的情况并不罕见，即使过了四代人，仍然有这种情况。［玛戈特·达卡马拉（Margot DaCamara）提供］

 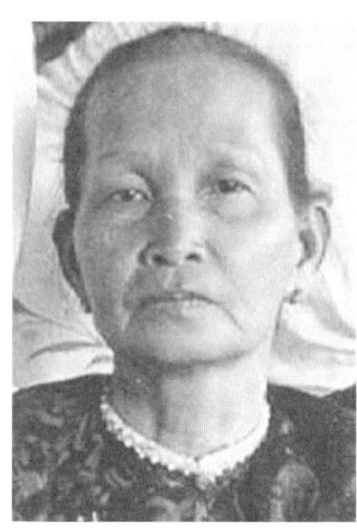

45. 左：约翰·亚历山大·史密斯·吉莱特（John Alexander Smith-Gillette）为张姓移民的孙子。其后人多使用吉莱特（Gillette）作为姓氏。［多娜·陈（Donna Chan）提供］

右：王凤娇（Wong Fung-kiow），即玛利亚（Maria）是成功商人约翰·何阿受（John Ho-A-Shoo）的妻子，最早来自苏里南。摄于1918年。［凯特·王（Katy Wong）提供］

46. 左：王凤（安妮）（Wong Foong, Annie），与乘坐"达特茅斯号"出洋的移民罗金喜（Luck Kim-hee）结婚。克里斯·林（Chris Lam）提供。

右：约瑟夫·克莱门特·罗阿发（Joseph Clement Luck-A-Fat），也就是家喻户晓的J.C.罗，是罗金喜（Luck Kim-hee）与妻子安妮所生的12个子女中的第7位。（安迪·李提供）

47. 爱德华·卢兴（Edward Lou-Hing）（左）与妻子伊丽莎白·温三（Elizabeth Woon-Sam）（右），是作者的外祖父母。伊丽莎白的母亲简·江（Jane Kong）在"多拉号"到达乔治敦前三天，在船上出生。［罗德里克·苏阿冠（Roderick Sue-A-Quan）提供］

48. 乔治·杨（George Young）（左）是传教士杨阿伯（Yang-A-Pat）的儿子，1861年乘"萨多尼亚号"出洋。他与卢克丽霞·马克斯（Lucretia Marks）（右）结婚。卢克丽霞的祖父林阿友（Lam A-yow）1860年乘"密涅瓦号"到达，并得名马克（Mark）。他的后代使用马克斯（Marks）作为姓氏。［瑞塔·卢兴（Rita Lou-Hing）提供］

49. 西里尔·布里奇斯（Cyril Bridges）与他的儿子纳撒尼尔。他们的姓氏相信是来自于一位种植园主。布里奇斯家族后来移民委内瑞拉。[凯·罗宾（Kay Rubin）提供]

50. 萨拉·陈阿勇（Sarah Chin-A-Yong），娘家姓为洪阿发（Fung-A-Fat），与小儿子亚伯拉罕（Abraham）合影。丈夫死于1913年乔治敦大火后，萨拉与两个儿子迁往牙买加。（未迪·洪提供）

51. Lily Woon-Sam（莉莉·温三）（左）是众多移民特立尼达的华人之一。她的侄女Marie Lou-Hing（玛利亚·卢兴）是作者母亲的一个姐妹（右），与詹姆斯·苏阿冠（James Sue-A-Quan）结婚。（罗德里克·苏阿冠提供）

53. 菲比·冯阿盛（Phoebe Fung-A-Shing）穿着传统中式服装。她的父亲王阿林（Wong-A-Lam）是1861年乘"小红帽号"来的移民。[佩茜·莱恩（Patsy Layne）提供]

52. 玛利亚·陈阿苏（Maria Chan-A-Sue），娘家姓王，来到英属圭亚那时还是一个孩子。她是所有使用陈阿苏作为姓氏的人的祖先。[乔伊·皮埃尔（Joe Pierre）提供]

Sandi Wong-Moon

Elaine Fung-A-Ling

54. 在当地出生的华人很快就接受了英国标准的习俗和服饰。左：罗莎·冯阿灵（Rosa Fung-A-Ling）和艾琳·李阿忠（Ellen Lee-A-Chung）姐妹俩，娘家姓陈。与艾琳的女儿合影。他们都穿着维多利亚风格的漂亮的服装。[伊莱恩·冯阿灵（Elaine Fung-A-Ling）提供]

右：与萨缪尔·胡明（Samuel U-Ming）结婚的约瑟芬·王阿荣（Josephine Wong-A-Wing）穿着高领束腰长裙，这是1900年代的时尚服装。[桑迪·王满（Sandi Wong-Moon）提供]

55. 钟阿明（Chung-A-Ming）得名詹姆斯（James），他的家族此后以詹姆斯为姓氏。他的儿子托马斯（上图）是在伯比斯省科兰斯太因拥有数个运输企业的老板。[莱斯·博佛尔（Les Bovell）提供]

56. 艾萨克·"G.P."·冯天勇（Isaac "G.P." Fung-Teen-Yong）从埃塞奎博省的可可种植园起家，名利双收。（劳拉·霍贝斯特医院（Best Hospital）的主管尔提供）

57. 护士长爱丽丝·冯阿灵（Alice Fung-A-Ling）为结核病疗养院——贝斯特医院（Best Hospital）的主管（伊莱恩·冯阿灵提供）

附录一 插图

369

58. 托马斯·詹姆斯·钟阿明（Thomas James Chung-A-Ming）身穿白色套装站在马前。他拥有一家公交公司，在科兰太因地区运营。照片摄于他的住宅前。［莱斯·博佛尔（Les Bovell）提供］。

59. 这是位于威克恩拉斯特区史密斯街（Smyth Street）的中心学校，创始人为约瑟夫·克莱门特·罗（J.C.Luck）。1929年建校之初只有35名学生。（安迪·李提供）

NOTICE.

THE UNDERSIGNED

HAVING resumed Business as GOLD and SILVERSMITH, at Lot No. 4, Lombard Street, cautions the public against purchasing goods said to be of his manufacture, unless the disposer of the Jewellery is provided with a printed copy of this intimation or a written authorization from me.

PHILIP-HOW-KAM-CHAY,
Gold & Silversmith.

May 3rd, 1879.

Wo-Lee and Co.

RESPECTFULLY intimate to the Public that their new premises at Lot 4 Lombard Street, third door south of Harrison's Agency and Inquiry Office, being now completed they are enabled to offer as they now do a choice assortment of miscellaneous Chinese and Japanese GOODS, as well as their unequalled TEAS, at prices to suit the times.

June 7th, 1879.

SILVER SMITH.

WOUNG-A-CHOW,

GOLDSMITH

AND

SILVER SMITH,

LOMBARD STREET, (WATER SIDE, OPPOSITE NO. 12 LAMP,

BEGS to inform the Ladies and Gentlemen of Georgetown and Country, that he keeps a Stock of GOLD & SILVER BRACELETS, RINGS, LOCKETS CHAINS, &c., &c., and he will make anything to order. Goods are guaranteed in quality, and if found not of pure Silver or Gold, they will be taken back, and double the money given for them.

Come and see his Stock.

June 12th, 1879.

Sam-Yung-Tai,

FURNISHES of his own manufacture, Silver and Gold Bracelets, Broaches, Rings, etc., of exquisite manufacture both as to quality and design, and equal to European manufacture, at the most reasonable rates, consistent with quality and workmanship. His shop is immediately opposite to Harrison's Agency and Inquiry Office. SAM-YUNG-TAI invites inspection of his stock of Jewelry.

June 21st, 1879.

> Advertisements for products and services offered by Chinese businessmen began to appear in the *Royal Gazette* in the late 1870s.

C. S. CHUNG & Co., LTD.,

4 or 6, Water Street, Werk-en-Rust,

PROVISION, LUMBER, OPIUM AND GANGE

MERCHANTS;

DEALERS IN

WALLABA POSTS, PALING and VAT STAVES, SHINGLES,

AND ALL

Building Materials.

---

60. 二十世纪初，出售麻醉性产品，如鸦片和大麻（印度大麻和恒河大麻）属合法经营。但每日销售量有法律限制。［来源于《英属圭亚那年鉴及字典》，1906年（*British Guiana Almanac and Directory*, 1906）］

附录二 表格

表格 1 华工船统计数据

到达年份	船名	吨位	出发地	起航日期	到达乔治敦城日期	航行天数	实际登船人数						在乔治敦城实际登船人数					
							男性	女性	男童	女童	婴儿	总数	男性	女性	男童	女童	婴儿	总数
1853	Glentanner	615	厦门	1/9/52	12/1/53	134	305	—	—	—	—	305	262	—	—	—	—	262
"	Lord Elgin	354	厦门	23/7/52	17/1/53	177	115	—	39	—	—	154	57	—	28	—	—	85
"	Samuel Boddington	669	厦门	25/11/52	4/3/53	98	308	—	44	—	—	352	260	—	40	—	—	300
1859	Royal George	608	香港	8/12/58	29/3/59	110	300	—	—	—	—	300	254	—	—	—	—	254
"	General Wyndham	865	香港	15/2/59	13/5/59	84	461	—	—	—	—	461	450	—	—	—	—	450
1860	Whirlwind	978	香港	24/12/59	11/3/60	78	304	56	7	4	1	372	304	56	7	4	1	372
"	Dora	854	香港	9/1/60	3/4/60	84	207	120	31	16	11	385	207	117	31	16	12	383
"	Red Riding Hood	720	广州	22/1/60	8/4/60	75	298	12	4	—	—	314	297	10	4	—	—	311
"	Minerva	829	香港	9/2/60	23/5/60	96	233	65	8	2	2	310	230	65	8	2	2	307
"	Thomas Mitchell	578	广州	23/2/60	9/6/60	107	252	—	—	—	—	252	252	—	—	—	—	252
"	Norwood	819	香港	10/3/60	23/7/60	135	269	52	3	4	3	331	259	48	3	4	3	317
"	Sebastopol	938	广州	23/12/60	28/3/61	95	283	45	4	1	—	333	282	42	4	—	—	329
1861	Red Riding Hood	720	广州	19/1/61	13/4/61	84	259	48	3	—	4	314	256	47	3	—	4	310
"	Claramont	634	香港	1/1/61	13/4/61	103	188	87	6	1	—	282	188	86	6	1	1	282
"	Saldanha	1557	香港	4/2/61	4/5/61	86	428	69	3	—	—	500	421	67	3	—	1	492
"	Chapman	750	广州	27/2/61	9/6/61	102	238	57	6	—	2	303	230	53	6	—	1	290
"	Mystery	1074	香港	3/3/61	9/6/61	97	316	41	1	1	1	360	295	39	1	—	1	337
"	Montmorency	660	香港	14/3/61	27/6/61	105	271	18	—	—	1	290	265	17	—	—	1	283
"	Sea Park	835	广州	18/3/61	7/7/61	112	236	52	4	1	—	293	221	40	2	—	—	263
"	Whirlwind	977	香港	9/4/61	31/7/61	114	307	51	1	4	2	365	298	47	—	4	2	352
"	Lancashire Witch	1386	香港	23/3/61	5/8/61	131	425	28	6	—	2	461	398	26	6	—	3	433

续表

到达年份	船名	吨位	出发地	起航日期	到达乔治敦城日期	航行天数	实际登船人数 男性	女性	男童	女童	婴儿	总数	在乔治敦城实际登船人数 男性	女性	男童	女童	婴儿	总数
1862	Agra	714	广州	26/11/61	15/2/62	80	249	36	2	—	—	287	249	35	2	—	1	287
"	Earl of Windsor	738	香港	4/12/61	17/3/62	104	178	141	2	3	1	325	172	124	2	2	3	303
"	Red Riding Hood	720	广州	19/1/62	17/3/62	80	271	47	7	1	—	326	270	45	7	1	1	324
"	Persia	1683	香港	19/3/62	10/7/62	112	405	112	9	5	—	531	404	107	9	5	—	525
"	Lady Elma Bruce	920	厦门和汕头	29/4/62	15/8/62	102	349	33	3	—	—	385	349	32	3	—	—	384
"	Sir George Seymour	730	香港、广州和汕头	1/4/62	20/8/62	142	281	38	5	2	—	324	256	29	4	—	—	289
"	Genghis Khan	1208	香港、广州和汕头	2/5/62	20/8/62	110	406	97	4	2	3	512	385	86	4	2	3	480
1863	Ganges	839	广州	4/4/63	29/6/63	85	293	100	12	4	4	413	286	92	12	4	2	396
1864	Zouave	1323	广州	19/12/63	29/6/63	70	337	157	15	3	5	517	336	151	14	1	7	509
1865	Brechin Castle	537	广州	18/10/64	26/1/65	100	187	78	5	—	—	270	186	76	5	—	2	269
"	Queen of the East	1226	黄埔港	5/1/65	18/4/65	103	362	112	14	2	—	490	358	107	13	2	1	481
"	Sevilla	598	黄埔港	8/3/65	22/6/65	106	204	93	14	—	1	312	199	91	13	—	2	305
"	Arima	691	黄埔港	31/3/65	18/7/65	109	271	59	13	—	—	343	249	50	12	—	—	311
"	Bucton Castle	886	黄埔港	30/4/65	28/8/65	120	266	74	10	—	3	353	252	60	9	—	4	325
1866	Light Brigade	1214	厦门	18/1/66	14/4/66	86	488	4	—	1	—	493	482	4	—	—	1	487
"	Pride of the Ganges	641	黄埔港	31/3/66	31/7/66	122	259	29	16	1	1	305	256	29	16	1	—	302
1874	Corona	1200	黄埔港	23/12/73	23/2/74	78	314	40	26	5	3	388	313	40	26	5	4	388
1879	Dartmouth	915	香港	24/12/78	17/3/79	81	437	47	18	5	9	516	436	47	18	5	9	515

资料来源：Cecil Clementi, *The Chinese in British Guiana*, The Argosy Co, Georgetown, 1915

表格2 种植园和村庄

以下是英属圭亚那种植园和村镇的名单，也显示了各个治安管辖区。《皇家公报》1884年12月9日登载。

乔治敦及郊区

Brick Dam District	砖坝区
Georgetown	乔治敦
Lodge Village	草屋村
Wortmanville	沃特曼威尔种植园
Thomas	托马斯种植园

德梅拉拉西海岸

Kitty District	凯蒂区
Kitty Village	凯蒂村
Bel Air	贝尔埃尔种植园
Sparendaam District	斯巴伦达姆区
Liliandaal	莉莲达尔种植园
Sophia	索菲亚种植园
Turkeyen	特奇安种植园
Cumming's Lodge	卡明小屋种植园
Industry	工业种植园
Ogle	奥格尔种植园
Goedverwagting	古德维瓦廷种植园
Sparendaam	斯巴伦达姆种植园
Plaisance	普莱桑克种植园
Better Hope	贝特霍普种植园
Vryheid's Lust	弗里海德拉斯特种植园
Brothers	兄弟种植园
Montrose	蒙特罗斯种植园

Felicity	费莉希蒂种植园
Le Resouvenir	勒雷苏韦尼尔种植园
Beterverwagting District	贝特维瓦庭区
Success	成功种植园
Chateau Margot	马戈特城堡种植园
La Bonne Intention	好意种植园
Beterverwagting	贝特维瓦廷种植园
Triumph	胜利种植园
Mon Repos	蒙利普斯种植园
Vigilance District	维吉兰斯区
Good Hope	美好希望种植园
Lusignan	卢西南种植园
Annandale	安南代尔种植园
Buxton	巴克斯顿种植园
Friendship	友谊种植园
Vigilance	维吉兰斯种植园
Bladen Hall	布雷顿霍尔种植园
Strathspay	斯特拉斯贝种植园
Nonpareil	农帕里种植园
Enterprise	企业种植园
Belfield District	贝尔菲尔德区
Bachelor's Adventure	巴彻勒斯阿德文彻种植园
Paradise	天堂种植园
Enmore	恩毛种植园
Haslington	哈斯林顿种植园
Golden Grove	金色果园种植园
Naboclis	纳波克利斯种植园
Cove and John	科夫-约翰种植园
Victoria	维多利亚种植园

Belfield	贝尔菲尔德种植园
Hope	希望种植园
Duchfour	杜弗种植园
Two Friends	双友种植园
Ann's Grove	安斯果树种植园
Clonbrook	克朗布鲁克种植园
Mahaica District	马海卡区
Beehive	蜂巢种植园
Greenfield	绿地种植园
Grove	果树种植园
Unity	团结种植园
Spring Hall	斯普林霍尔种植园
Mahaica	马海卡种植园
Helena	海伦娜种植园
La Bonne Mere	慈母种植园
Melville	马尔维尔种植园
Cane Grove	甘蔗园种植园

德梅拉拉东海岸和西海岸

Providence District	普罗维登斯区
La Penitance	拉潘尼坦斯种植园
Ruimveldt	卢米维尔特种植园
Meadow Bank	米豆班克种植园
Houston	豪斯顿种植园
Rome	罗马种植园
Agricola	阿格里库科拉种植园
Eccles	伊克莱斯种植园
Bagot's Town	巴戈特镇
Peter's Hall	彼得霍尔种植园

Providence	普罗维登斯种植园
Haags Bosch	哈格斯波什种植园
Canal No.3	三号运河种植园
Herstelling	赫斯泰灵种植园
Farm	农场种植园
Covent Garden	考文特花园种植园
Great Diamond	大宝石种植园
Golden Grove	金色果园种植园
Craig	克雷格种植园
New Hope	新希望种植园
Friendship	友谊种植园
Toevlugt District	**图弗鲁格特区**
Vive-la-Force	维弗拉弗斯种植园
Vriesland	维里斯兰德种植园
Patentia	培坦提亚种植园
Hababoe Creek	哈巴伯伊小溪种植园
Wales	威尔士种植园
Good Intent	真心实意种植园
Belle View	美景种植园
Sisters	姐妹种植园
Canal No. 2	二号运河种植园
La Retraite	世外桃源种植园
Toevlugt	图弗鲁格特种植园
Vauxhall District	**沃克斯霍尔区**
Nismes	尼姆种植园
Bagotville	巴戈特维尔种植园
Canal No. 1	一号运河种植园
La Grange	拉格兰奇种植园
Schoon Oord	硕恩奥尔德种植园

Vreed-en-Hoop District	弗里德恩胡普区
Goed Fortuin	好运村种植园
Versailles	凡尔赛种植园
Malgre Tout	玛尔戈杜特种植园
Klein Pouderoyen	克莱恩波德罗延种植园
Vreed-en-Hoop	弗里德恩胡普种植园
Best	最佳种植园
Nouvelle Flanders	新佛兰德斯种植园
Unica	优尼卡种植园

德梅拉拉西海岸

Fellowship District	友情区
Haarlem	哈勒姆种植园
Windsor Forest	温莎森林种植园
La Jalousie	加乐西种植园
Blankenburg	布兰肯堡种植园
Den Amstel	登阿姆斯戴尔种植园
Fellowship	友情种植园
Hague	海牙种植园
Cornelia Ida	柯奈莉亚艾达种植园
Stewartville District	斯图亚特维尔区
Anna Catherina	安娜卡特琳娜种植园
Leonora	利奥诺拉种植园
Stewartville	斯图亚特维尔种植园
Uitvlugt	乌特鲁格特
Zeeburg	齐伯格种植园
De Willem	德威廉种植园
Met-en-Meerzorg	梅特恩米佐格种植园

Vergenoegen District	维尔格诺伊根区
De Kinderen	德金德林种植园
Zeelugt	齐鲁格特种植园
Tuschen-de-Vrienden	图申德弗里安顿种植园
Vergenoegen	维尔格诺伊根种植园
Philadelphia	费拉德尔菲亚种植园

埃斯奎博沿海、威克纳姆（Wakenaam）和波默伦地区（Pomeroon）

Aurora District	奥罗拉区
Good Hope	好望种植园
Spring Garden	斯普林嘉顿种植园
Aurora	奥罗拉种植园
Hibernia	希伯尼亚种植园
Vilvoorden	维尔福顿种植园
Suddie District	苏迪区
Pomona	波莫纳种植园
Huis t'Dieren	惠斯特迪伦种植园
Riverstown	河镇种植园
Airy Hall	艾瑞霍尔种植园
Tiger Island	虎岛种植园
Adventure	奇遇种植园
Onderneeming	翁德尼明种植园
Belfield	贝尔菲尔德种植园
Maria's Lodge	玛利亚小屋种植园
Johanna Cecilia	乔安娜塞西莉亚种植园
Zorg	佐尔格种植园
Golden Fleece	金羊毛种植园
Perseverance	坚韧精神种植园

Capoey District	卡波伊区
Cullen	库兰种植园
Abram Zuil	亚伯拉姆祖伊尔种植园
Annandale	安南代尔种植园
Zorg-en-Vlyt	佐格恩弗吕特种植园
Hoff-van-Aurich	霍夫范奥力希种植园
Union	联盟种植园
Queenstown	昆士敦种植园
Taymouth Manor	泰茅斯庄园种植园
Affiance	阿范恩斯种植园
Columbia	哥伦比亚种植园
Aberdeen	阿伯丁种植园
Three Friends	三友种植园
Anna Regina District	安娜雷吉娜区
Land of Plenty	富饶之地种植园
Mainstay	中流砥柱种植园
Reliance	信赖种植园
Bush Lot	森林地带种植园
Anna Regina	**安娜雷吉娜种植园**
Henrietta	亨丽埃塔种植园
Richmond Hill	里士满希尔种植园
La Belle Alliance	美女联盟种植园
Lima	利马种植园
Coffee Grove	咖啡园种植园
Danielstown	丹尼尔斯镇种植园
Sparta	斯巴达种植园
Windsor Castle	温莎城堡种植园
Hampton Court	汉普顿庄园种植园
Devonshire Castle	德文郡城堡种植园

新阿姆斯特丹

Strand District	斯特兰德区
New Amsterdam	新阿姆斯特丹
Sheet Anchor	终极希望种植园

伯比斯河东岸和西岸

Sisters District	姐妹区
Providence	普罗维登斯种植园
Glasgow	格拉斯哥种植园
Edinburgh	爱丁堡种植园
Everton	埃弗顿种植园
Belle Vue	贝尔维种植园
Rotterdam	鹿特丹种植园
Lonsdale	朗斯代尔种植园
Sisters	姐妹种植园
Friends	朋友种植园
Kootberaad	库特波拉德种植园
Dieutichum	迪欧蒂楚姆种植园
De Kinderen	德金德林种植园
Busee's Lust	巴西斯拉斯特种植园
Highbury	海博瑞种植园
Light Town	光明镇
Schepoet District	施博伊特区
Ma Retraite	世外桃源种植园
Mara	马拉种植园

科兰太因海岸（Corentyne Coast）

Albion District	阿尔比恩区
Pln. Albion	阿尔比恩种植园

Villages, Farms and Settlements from Maryberg to and inclusive of Rose Hall	从梅堡到罗斯霍尔之间（包括罗斯霍尔）的村庄、农场和定居点
Whim District	威姆区
Pln. Port Mourant	木兰特港种植园
Villages, Farms and Settlements from Pln. Port Mourant to and inclusive of Maida	从木兰特港到梅达之间（包括梅达）的村庄、农场和定居点
Tarlogie District	泰洛西区
Villages, Farms and Settlements from Maida to Heversham	从梅达到赫弗舍姆之间的村庄、农场和定居点
No. 51 District	第51区
Villages, Farms and Settlements from Heversham to No. 58.	从赫弗舍姆到第58区之间的村庄、农场和定居点
No. 63 District	第63区
Villages, Farms and Settlements from No. 58 to Stockholm or No. 74	从第58区到斯德哥尔摩种植园或第74区之间的村庄、农场和定居点
No. 79 District	第79区
Pln. Eliza and Mary	伊莱扎-玛丽种植园
Pln. Skeldon	斯凯尔登种植园
Villages, Farms and Settlements from Stockholm or No. 74 to Corentyne River	从斯德哥尔摩种植园或第74区到科兰太因河之间的村庄、农场和定居点

除了上面列出的种植园和村镇外，以下补充的是1915年克莱门蒂著作《中国人在英属圭亚那》中的种植园名称，按字母顺序排列。

Essequebo Mainland	埃塞奎博内陆
Better Hope	贝特霍普种植园
Hoff van Holland	霍夫范荷兰种植园

Essequebo Islands	埃塞奎博岛屿
Bankhall	班克霍尔种植园
Caledonia	喀里多尼亚种植园
Endeavour	奋进种植园
Friendship & Sarah	友谊-萨拉种植园
Hamburg	汉堡种植园
Maryville	玛丽维尔种植园
Moorfarm	莫法姆种植园
Palmyra	帕尔米拉种植园
Retrieve	雷特瑞福种植园
Sophienburg	索菲安伯格种植园
Success	成功种植园
Waterloo	滑铁卢种植园
Zeelandia	齐兰迪亚种植园
West Coast Demerara	德梅拉拉西海岸
Groenveldt	格罗恩维尔特种植园
West Coast Berbice	伯比斯西海岸
Bath	巴斯种植园
Cotton Tree	棉花树种植园
Hope & Experiment	希望实验种植园
Berbice River	伯比斯河
Blairmont	布莱尔芒特种植园
East Coast Berbice	伯比斯东海岸
Adelphi	阿德尔菲种植园
Canefield	甘蔗地种植园
Goldstone Hall	哥德斯通霍尔种植园
Smythfield	史密斯菲尔德种植园
Smithson's Place	史密斯森之地种植园

表格3　华工分配情况

摘自西塞尔·克莱门蒂的著作

地区 移民被分配至：	男性	女性
埃塞奎博区	1,334	256
埃塞奎博岛屿区	945	211
德梅拉拉西海岸	2,295	375
德梅拉拉河	1,985	345
德梅拉拉东海岸	3,118	446
伯比斯西海岸	225	17
伯比斯河	374	78
伯比斯东海岸	565	123
科兰太因河	424	147
共分配：	11265[①]	1,998
未分配	74	39
死亡等	97	38
合计：	11436[②]	2,075

①②原文统计有误，本表已改正。（编者注）来源于Cecil Clementi, *The Chinese in British Guiana*, The Argosy Co., Georgetown, 1915

附录三　招工契约合同（中英文对照）

1155				5713
1156	船科罗娜号	乘客编号	402	5714
1157				5715

立合同双方为中国人苏亚长（Soo a cheong）以及西印度群岛英属圭亚那殖民地政府招工代理西奥菲利斯·桑普森（谭顺）先生（THEOPHILUS SAMPSON, Esq.）。该桑普森先生在广州开设为英属圭亚那殖民地招募劳工的招工公所，本人苏亚长同意按照以下条款登船，并前往英属圭亚那做工。

Acting as Agent for the Government of the Colony of British Guiana in the West Indies. Whereas the said T. Sampson has opened an Emigration Office at Canton for obtaining coolies for the Colony of British Guiana, I the said Soo a cheong agree to go on board ship and to go the British Guiana and there to work on the terms set forth below.

1. 本人同意在政府招工代理安排下，或在此合同被转交方安排下，在英属圭亚那做工。

I agree to work in British Guiana as I may be directed by the Government Immigration Agent or for any person to whom he may transfer this Contract.

2. 承工期为五年，从本人开始做工之日起计算，若本人到达后因病无法做工，将在康复8日后开始计算。

The period of service is five years commencing from the day I begin to work, or if on my arrival I be too ill to work then it shall commence eight days after my recovery.

3. 本人同意从事各种依法分派的工作，不论是在城市还是农村，不论是在农田还是在工厂，或是私人宅邸。

I agree to do any kind of work that I may be lawfully directed to do, whether in town or country, in fields, in factories, in private houses &c.

4. 不得要求本人在星期日做工，除非本人受雇从事家庭佣工或饲养牲口；若在这种情况下，并按当地习俗规例，本人也须在周日做工。在所有其他情况下，本人星期日的时间完全由本人自行支配。

I shall not be required to work on Sundays unless I be employed as a domestic servant or to take care of cattle; in such case, and in all cases in which it is the local custom to do so, I must work on Sunday. In all other cases my time during Sunday shall be entirely at my own disposal.

5. 每天时间为24小时，不得要求本人一天做工超过9个半小时。如果本人一天工作9个半小时以上，则另外一天必须减少超出的时间，如不能减少，雇主则需给本人补偿。

A day consists of 24 hours and I may not be required to work more than nine and a half hours in one day. If I work more than nine and a half hours one day, I may work an equal length of time less on another, or if not, then my employer shall compensate me.

6. 五年承工期满后，主人将给本人50元，作为返回中国的船费。如果本人在合同期满后不希望返回中国，如果当地政府允许本人居住在圭亚那，我的主人将把本合同规定的50元发给本人自行使用；但如果本人希望再签五年契约，上述款项一半，即25元，将由本人的主人发给本人作为奖金。第二个五年期满后，原来的50元将发还本人，作为返回中国的船费。

At the end of the five years service my master will give me $50 in lieu of a return passage to China. If at the expiration of the term of the contract I do not wish to return to China, and if the Authorities of the place still permit me to reside in Guiana, in that case my master shall give me the $50 stipulated in the Contract for my own use; but if I wish to enter into another agreement for five years, half of the above sum namely $25 will be given to me by my master as a bonus, and at the end of the second five years the original sum of $50 will be paid to me in lieu of a return passage to China.

7. 如到达后，本人生病，无法治愈，不能做工，本人的主人将立即向本人支付50元，协助本人返回中国，如果不照此办理，本人将向当局请愿，由当局向本人支付钱款。

If after arrival I become incurably ill so as to be unable to work, my master shall at once pay me the fifty dollars to assist me to return to China, if my master does not do so I may petition the Authorities who shall on their part recover the money for me.

8. 不管在何处做工，或受雇于哪种家庭，本人一定遵守相应的法律规定；与此同时，若遇主人待本人不善，受委屈，本人应得到各种合理渠道，向殖民地相关负责人申诉。

Wherever I may work or in whatever family I may be employed, I must obey the lawful regulations there in force; on the other hand should I at any time feel aggrieved at the conduct of my master towards me, all reasonable facility shall be afforded me, for laying my complaint before the proper officers of the Colony.

9. 在订立合同并已登船之后，本人不能复行上岸；但若发生紧急情况，本人必须下船，则本人必须首先征得该桑普森先生的同意，方可下船。

When the contract shall have been signed and I have embarked, I cannot again return to the shore; if urgent business requires me to do so, I must first obtain the consent of the said Theophilus Sampson and then I may do so.

10. 本合同要求劳工只能前往英属圭亚那承工，不得去往他处，对此没有异议。

It is distinctly agreed that this contract binds the Coolie to go as a labourer to no other place than to British Guiana.

11. 从合同规定的起始日起，五年期间每月工资为4元，或相当数额的黄金，由本人的主人负责支付。工资按月发放，不得拖欠。

During the five years beginning on the day agreed in the Contract the wages shall be four dollars a month or the equivalent in Gold, for which my master shall be responsible. The wages shall be paid every month and shall not be allowed to fall into arrear.

12. 每日食物将按以下数量发放：8盎司咸肉和 $2^{1/2}$ 磅其他食物，所有食物应保证质量，保证卫生。

Every day, food will be issued as follows; 8 oz. salt meat and $2^{1/2}$ lbs. of other articles, all of which shall be good and wholesome.

13. 若本人生病，主人将给本人免费看病，吃药，并提供适当食物，直到康复为止；不论所需药物价钱多少，主人不得从本人工资里扣除。

In case of illness, medical attendance and medicines and proper food will be provided free of expenses till recovery; no matter what such medical expenses may amount to, the master may make no deduction on account of them from the coolie's wages.

14. 每年将发给本人一套衣服和一条毯子。

Each year there will be given me one suit of clothes and one blanket.

15. 本人前往英属圭亚那的船票将由该西奥菲利斯·桑普森提供。

Passage to British Guiana will be provided by the said Theophilus Sampson.

16. 该西奥菲利斯·桑普森将先付出国移民工空白元或相应的黄金供其家人使用。该数额将由移民英属圭亚那的合同订立者从工资中扣还，每月扣还1元，直到全部还清，但不得再扣除更多数额。不得因劳工在航行途中，或在英属圭亚那期间所欠债务而扣押劳工劳务费，或令劳工延长承工期。

The said Theophilus Sampson will provide to the Emigrant the sum of nil dollars or the equivalent in gold for the use of his family. This sum shall be repaid by the Emigrant in British Guiana to the holder of the Contract by deductions from his wages at the rate of one dollar a month till it all be repaid, but no further deductions from wages may be made. No debt that may be incurred by the coolie during the voyage, or in British Guiana, may be construed into a lien on his services, or availed of to prolong the period of service specified in this contract.

17. 登船后，将免费发给该移民工三套衣服和航行途中所需物品。所发放衣物和物品将视为赠送物品。劳工可随意使用这些物品，不得令其返还。

On embarkation three suits of clothes and every thing necessary for the voyage will be provided for the emigrant free of expense to him. The clothes and articles thus provided to be considered a free gift. The coolie is to enjoy their use and is not to be called upon to return them.

18. 劳工在英属圭亚那做工期间享受当地法律的保护；但回到中国后，此保护不再有效。

While he is working in British Guiana he shall enjoy the protection of the law of the place; on his return however to China, this protection will be abrogated.

19. 本劳工同意，既然言定工资将为每月4元，并在启程前往英属圭亚那之前已声明，本人愿意接受这一条件，即使今后如果听说，或确认，英属圭亚那的劳工收入高于本人，本人也将依照合同所定工资以及合同所保障的其他补偿待遇，安分守己，不会效尤多索。

I the said coolie now agree that my wages shall be four dollars a month and I declare my willingness, before my departure, to go to British Guiana, it is therefore understood that hereafter if I hear or ascertain that the labourers in British Guiana receive more wages than myself, I must still be satisfied with the wages and other compensating advantages secured to me by this Contract.

以上所有条款，双方在签订合同之前，均已明悉、阅读和注明；双方均出于自愿，并充分理解各项条款，今后将不得提出对此一无所知而推诿。空口无凭，立此英文合同为证，中文译本作为附件，其抄件由各方互执一份。

All the foregoing clauses were clearly understood and were read and explained before the Contract was signed; both parties being willing and fully understanding the terms, cannot hereafter complain that they were in ignorance thereof. This Contract is signed in English and a Chinese translation is annexed, as a proof, each party holding a copy.

同治十二年10月22日 1873年12月11日

Tung Cho 12 year 10 moon 22 day 11th December 1873

{妻邱氏38岁}ᵃ {苏亚长}

{子苏三群9岁}

{Wife Yau She 38 sui}[①] {Soo a cheong}

{Son Soo Sam kuan 9 sui}

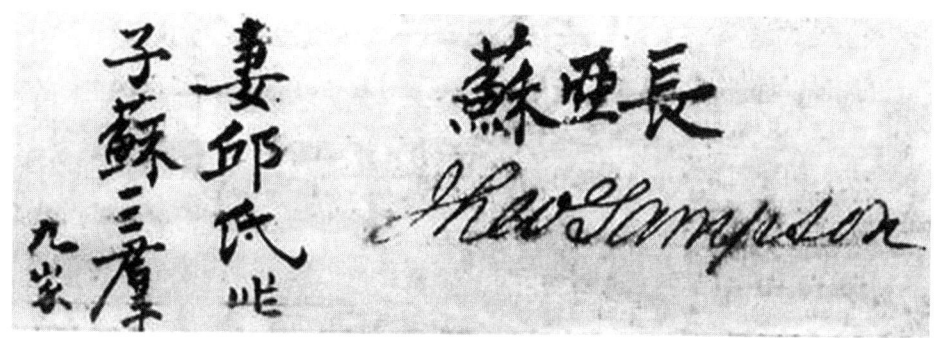

西奥·桑普森（Theo Sampson）

　　所签合同一式两份，双方各持一份，签订时间为公元1873年12月11日，地点为广州。签字人为本合同提到的移民工，该劳工本人到场，声明出于自愿，在完全理解合同内容的情况下签订合同。

　　This done in duplicate, each of the parties aforesaid retaining one copy, at Canton, on the 11th day of December in the year of our Lord 1873, in the presence of the undersigned, who declares that this Contract has been signed willingly, and with full knowledge of the contents, by the emigrant labourer named herein.

[招工官员签字]招工官员

[Signature of Emigration Officer] Emigration Officer

　　该合同是对1866年总理衙门议定招工章程第22条第8、9、10、14和22款的补充。该章程共有22条款。相关内容如下：

　　To this contract is appended the 8th 9th 10th 14th and 22nd clauses of the convention of 22 articles agreed to in 1866 by the Tsung Li Yamun in reference to coolie Emigration, they run as follows –

---

① { }号里为中文字。中国人说年岁时都比实际年龄大一岁，因此，按照西方人计算生日的方法，38岁实际是37岁。The words enclosed in curly brackets { } indicate written Chinese characters. In Chinese, a person is reckoned to be one year old at the time of birth, so that 38 sui would correspond to 37 years by the Western practice for counting birthdays.

第八款

华民承工出洋，或系独身一人，或系携同家眷，所立合同字样，必须逐款开载：一、指定何国何处，承工年限多寡。二、限满回国，计具人口，约补水脚路费若干。三、在彼做工预定日期时刻。四、在彼承工应受衣物工食并各等利益。五、遇有疾病医治，医药不用该工人工值。六、只身出洋，或有眷口留在中华，意欲按年计月拨给养家之费，应扣若干。七、所有今定章程八、九、十、以及十四、二十二等款，尽须开列。以上七节之外，不准更加形似工人容免全行之条。倘有擅加，理应置毋庸议。

Article VIII.– The contracts shall specify: 1st The place of destination and the length of the engagement. 2nd The right of the Emigrant to be conveyed back to his own country and the sum which shall be paid at the expiration of the contract to cover the expense of his voyage home and that of his family should they accompany him. 3rd The number of working days in the year and the length of each day's work. 4th The wages, rations, clothing and other advantages promised to the Emigrant. 5th Gratuitous medical attendance. 6th The sums which the Emigrant agrees to set aside out of his monthly wages for the benefit of persons to be named by him should he desire to appropriate any sum to such a purpose. 7th Copy of the 8th, 9th, 10th, 14th and 22nd. Articles of these regulations. Any clause which shall purport to render invalid any of the provisions of this regulation is null and void.

第九款

合同所定承工上年限，不准逾于五年。期满如欲回国，彼处必将合同所注水脚路费若干，按数备全，交付便船，送回中华。如或限满不欲回国，其法有二：一则听凭该处官宪应准留住，准时即将合同原定路费一次全数付给使用。一则听其复行承工，另立合同，即将原约所定银数付给一半，听其自用。而此次合同，仍不过五年为期，期满仍照前次合同原数付船送回。设若华工到彼处后患病不能做工，该处不俟限满，先行按数给钱送回。否则准其赴官禀请申诉。

Art. IX.– The term of each emigrant's engagement shall not exceed five years, and at the expiration of which, the sum stipulated in the contract shall be paid to him to cover the expense of his return to his country. In the event of his obtaining permission to remain without an engagement in the colony, this sum will be paid into his own hands. It shall always be at the option of the emigrant to enter into a second engagement for five years, for which he shall be paid a premium equivalent to one half the cost of his return to China. In such a case the sum destined to cover the expense of his return home shall not be paid until the expiration his second engagement. Every emigrant who shall become invalided and incapable of working, shall be allowed, without waiting for the expiration of his contract, to claim before the legal Courts of the Colony, or territory where he may be, payment on his behalf of the sum destined to cover the expense of his return to China.

第十款

承工工作日期时刻，定准七日之内，必得休息一日，一日之内做工不过四时六刻，即外国九点钟零二刻也。如足所定日时之数，不准强其工作过时，至于休息时日之间，如果正工之外，该人工力能别有操作，抑或另承工课，准向本主酌定酬值。惟牧畜以及日用常事，仍属正工，不必因系休息时日格外议酬。

Art. X.– The Emigrant shall in no case be forced to work more than six days out of seven, nor more than nine hours and a half in the day. The Emigrant shall be free to arrange with his Employer the conditions of work by the piece or job, and all extra labour undertaken during days and hours set apart for rest. The obligation on holidays to attend to cattle or to do such service as the necessities of daily life may demand shall not be considered as labour.

第十四款

华工未定之先，该商如有预支银钱，皆应以为承招赏需之用，不准追还，唯因支用安家之费，准商预支每月扣还一元，以清欠款，其数亦不准过六月工值，此项银两，该领事官必须设法实令安家，不得别用。其余支借各项，一概不准，又以华工或在船上之时，或至彼处之后，曾借银钱等物，约明期满后做工抵还，一并严禁。如至期满将欲回国之时，或有债主申诉，借此情节请为扣留华工，亦必不准因此阻拦。

Art. XIV.– Any sum handed over to the emigrant before his departure shall only be regarded in the light of a Premium upon his engagement. All advances upon his future wages are formally forbidden except in the case of their being appropriated to the use of his family, and the Consul will take special pains and provide against their being employed in any other way. Such advances shall not exceed six months wages and shall be covered by a stoppage of one dollar per month until the entire debt shall have been paid. It is absolutely forbidden whether on the voyage or during the emigrant's stay in the Colony or Territory in which he may be employed to make any advances to him in money or kind payable after the expiration of his engagement. Any agreement of this nature shall be null and void and shall give the creditor no power to oppose the return of the Emigrant to his country at the time fixed by the contract.

第二十二款

华工出洋到彼，夫妇不能分派两处做工，幼儿不及十五岁者，不准令离父母。至于华民在彼承人招工，不分铺户庄田。其后铺田转付他人，该工亦当奉为招主，如或原主仍在铺田，或因别故，欲使令投他主，该工自愿方可，否则不准强行更换。

Art. XXII.– In the distribution of emigrants as labourers, the husband shall not be separated from his wife, nor shall parents be separated from their children under fifteen years of age. No labourer shall be bound to change his employer without his consent, except in the event of the factory or plantation upon which he is employed changing hands.

以上1866年招工章程各款将成为合同内容，对双方均有约束，不得有违。

The above are such of the clauses of the Convention of 1866 that should enter into the Contract and should be considered as binding upon both parties.

* * * * * *

收到用于安家的工资预支款（空白）元，给本人的奖金10元，给本人妻子邱氏和一个孩子的酬金25元。

{苏亚长}

本人同意按上述条款雇佣苏亚长。

[雇主代表]

兹证明以上姓名劳工已经由英属圭亚那总督阁下分派到拉格兰奇种植园，本人在场，确认签名。

詹姆斯·克劳斯比

英属圭亚那招工总代理

附录四　苏亚长的契约合同复印本

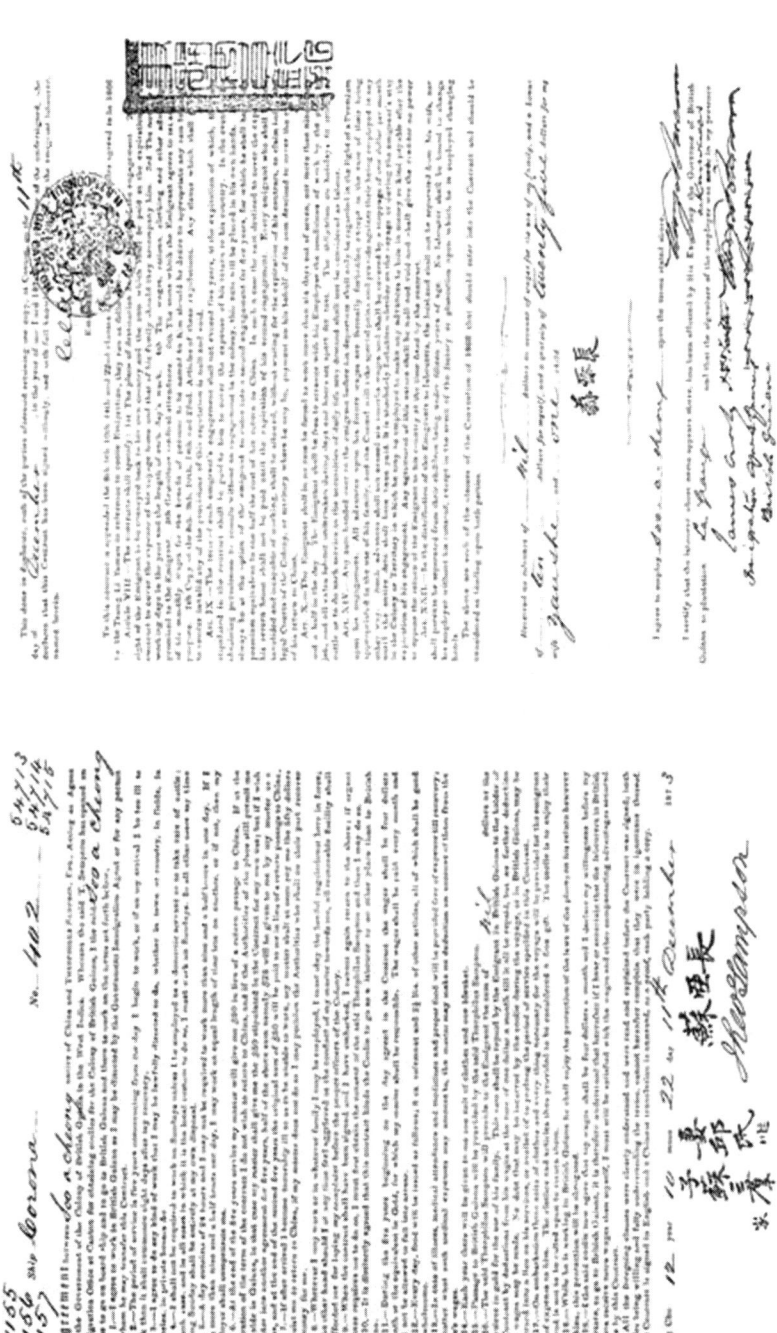

上面有其妻子邱氏和儿子苏三群的名字，日期为1873年12月11日。

参考书目

Several books and papers were examined in preparing this account and the following were particularly useful:

Beeching, Jack, "The Chinese Opium Wars," Hutchinson of London, 1975.

British Parliamentary Papers, miscellaneous records.

British Guiana Royal Gazette, miscellaneous issues.

"Chinese Emigration. The Cuba Commission. Report of the Commission sent by China to Ascertain the Condition of Chinese Coolies in Cuba," Shanghai, 1876.

Crawford Campbell, Persia, "Chinese Coolie Emigration," Frank Cass & Co. Ltd., London, 1923.

Chang Hsin-pao, "Commissioner Lin and the Opium War," Harvard University Press, Massachusetts, 1964.

Clarke, Prescott and J.S. Gregory, "Western Reports on the Taiping," Croom Helm, London 1982.

Clementi, Cecil, "The Chinese in British Guiana," The Argosy Co., Georgetown, 1915.

Cooke, George W., "China: being 'The Times' special correspondence from China in the years 1857-1858," G. Routledge & Co., 1858.

Des Voeux, G. William, "Experiences of a Demerara Magistrate," Vincent Roth (Ed.), The Daily Chronicle Ltd., Georgetown, British Guiana, 1948.

Forbes, Archibald, "Chinese Gordon. A succinct record of his life," George Routledge and Sons, London, 1884.

Graham, Gerald S., "The China Station, War and Diplomacy 1830-1860," Clarendon Press, Oxford, 1978.

Hahn, Emily, "China only yesterday: 1850-1950," Doubleday &Co., Inc., Garden City, New York, 1963.

Hall, Laura Jane, "The Chinese in Guyana: The Making of a Creole Community," Ph.D. thesis, University of California, Berkeley, 1995.

Hsu, Immanuel C.Y., "The Rise of Modern China," Third Edition, Oxford University Press, New York, 1983.

Irick, Robert L., "Ch'ing Policy Toward the Coolie Trade 1847-1878," Chinese Materials Center, Taiwan, 1982.

Jen Yu-wen, "The Taiping Revolutionary Movement," Yale University Press, 1973.

Jenkins, Edward, "The Coolie. His Rights and Wrongs," George Routledge and Sons, New York, 1871.

Kirkpatrick, Margery, "From the Middle Kingdom to the New World," Margery Kirkpatrick, Georgetown, 1993.

Kwok Crawford, Marlene, "Scenes from the history of the Chinese in Guyana," Demerara Publishers, Georgetown, 1989.

Lin Shan, "Name your baby in Chinese," Heian International, Inc., Union City, California, 1988.

Look Lai, Walton, "Indentured Labor, Caribbean Sugar," Johns Hopkins University Press, Baltimore, 1993.

Look Lai, Walton, "The Chinese in the West Indies 1806-1995: A Documentary History," The Press, University of the West Indies, Kingston, 1998.

Low, Frederick O., "Hopetown Chinese Settlement," Timehri, September 1919.

McGregor, David R., "The Tea Clippers. Their History and Development 1833-1875," Conway Maritime Press, 1983.

Millett, Trevor M., "The Chinese in Trinidad," Inprint Caribbean Ltd., Port of Spain, 1993.

Morse, Hosea B., "In the Days of the Taipings," The Essex Institute, Salem, Massachusetts, 1927.

Morse, Hosea B., "The International Relations of the Chinese Empire," 1917.

Spence, Jonathan D., "God's Chinese Son: The Taiping Heavenly Kingdom of Hong Xiuquan," W.W. Norton & Co., New York, 1996.

Stewart, Watt, "Chinese Bondage in Peru," Duke University Press, Durham, N.C., 1951.

Sue-A-Quan, Trev, "Cane Ripples: The Chinese in Guyana," Cane Press, Vancouver, BC, Canada, 2003.

Sue-A-Quan, Trev, "Cane Rovers: Stories of the Chinese-Guyanese Diaspora," Cane Press, Vancouver, BC, Canada, 2012.

Takaki, Ronald, "Strangers from a Different Shore. A History of Asian Americans," Penguin Books, New York, 1989.

Tan, Thomas Tsu-wee, "Your Chinese roots," Heian International, Inc., Union City, California, 1987.

Trollope, Anthony, "The West Indies and the Spanish Main," 1859. Republished by Alan Sutton Publishing Ltd., Gloucester, 1985.

Wang, Sing-wu, "The Organization of Chinese Emigration 1846-1888," Chinese Materials Center, Inc., San Francisco, 1978.

作者简介

特里夫·苏阿冠（Trev Sue-A-Quan）1943年11月生于圭亚那乔治敦市，广东客家人。他的曾祖父是一名契约华工，携妻带子在广州登上"科罗娜号"劳工船。在经历了78天海上航行之后，他们于1874年2月到达乔治敦，全家人被分配到德梅拉拉河畔的拉格兰奇甘蔗种植园。

这些华人农业工的第二代子女纷纷开起店铺，当上老板，其中就包括作者的祖父苏三群（Soo Sam-kuan）。在文化融合过程中，他的名字转化成亨利·苏阿冠（Henry Sue-A-Quan），从此产生了这个独特的姓氏。

特里夫·苏阿冠（Trev Sue-A-Quan）这一代人的特点则是通过接受高等教育，从店铺老板转变为专业人士。他的哥哥和姐姐都毕业于苏格兰的爱丁堡，分别成为主治外科医生和数学家/计算机专家。特里夫·苏阿冠进入乔治敦的女王学院学习，后来到英国伯明翰大学学习，获化学工程学的理学学士学位和博士学位。1969年，他移民加拿大，接着到芝加哥一家大型石油公司供职，在那里从事石油开发和化石燃料利用方面的研究。八年后，特里夫·苏阿冠重返东方——到中国的北京，在煤炭科学研究中心（Coal Science Research Center）做一名高级研究工程师。他在那里生活了五年，并于1984年与妻子和儿子一同回到加拿大，在温哥华定居。

特里夫·苏阿冠对自己家族历史的兴趣源于他对曾祖父当年为什么会远走他乡感到好奇。他得到一份家族先辈的契约合同抄本，于是在随后的二十年里，他充分发挥自己擅长的分析研究技能，全面梳理和叙述了华人最初在圭亚那的生活经历。

译后记

特里夫·苏阿冠博士的著作《甘蔗收割者：英属圭亚那的契约华工史》主要讲述了19世纪后半叶华工出洋前往遥远他乡——英属圭亚那开荒种地、艰苦奋斗的血泪史。20世纪80—90年代，中国史学界曾出现过研究近代华工出国史的热潮，但更多是整理汇编中外文史料，或利用中国方面的文本和口述史料来研究和撰写这一历史。苏阿冠博士的这部著作是从圭亚那华人或者说英属圭亚那华工后代的角度来叙述，展现了一个不同于国内学术界或西方人的新观察视角。同时，他还运用了大量珍贵的一手史料——家族档案文件、当地当年的报刊和华人口述史料，使得历史叙述更加翔实、生动，十分有助于加深我们对近代英属圭亚那华工社会史的了解。同样重要的是，英属圭亚那华人中，大部分原籍广东，因此这本书也丰富了我们对拉美地区粤籍华侨史的认识，对于深入研究近代广东华侨史具有重要意义。

本书翻译中，最为繁琐、复杂的问题是，处理众多的华人名字、英属圭亚那地名和种植园名。书中出现的华人名字至少有上百个，除了少数找到原名外，大部分华人名字只能根据粤语发音来音译，大多数情况下王姓或黄姓较难区分。而对于英属圭亚那地名和种植园名，本书翻译则主要意译的策略，有时也采用音译。举例来说，Success种植园，这个英语词具有明确的指向意义，表达了种植园主在新世界实现成功的理想，因此译成"成功种植园"是一个既简单又恰当的做法。但有学者将其音译为"苏克塞斯种植园"，这种译法完全失去了专有名词原有的美好寓意。选择意译的另一个原因是，英属圭亚那的地名与这片土地历经多国殖民者统治和开拓者开发的历史息息相关。早期的殖民者、拓荒者、出洋打工者为这些种植园所起的名称，首先反映他们来自不同国度，如典型的英语地名Georgetown（乔治敦）、Victoria（维多利亚），Windsor Castle（温莎城堡）；法语地名Chateau Margot（马戈特城堡），荷兰的New Amsterdam（新阿姆斯特丹）等。再者，这些地名和种植园名也反映他们经历的各种奋斗历程和发家历史，如Brothers（兄弟种植园）、Sisters（姐妹种植园）、Two friends（双友种植园）、Three Friends（三友种植园）。有些种植园的名字还反映他们所秉持的价值观和处世哲学，如Friendship（友谊种植园）、Fellowship（友情种植园）、Reliance（信赖种植园）、Perseverance（坚韧精神种植园）。不过，使用最多的种植园名称，不管是英语，还是法语或荷兰语，就是体现人们对新生活的感恩和对事业人生的美好期盼的词语，如：Hope（希望种植园）、New Hope（新希望种植园）、Good Hope（好希望种植园）、Better Hope（贝特霍普种植园）——意为"更美好希望"、Goed Fortuin（好运种植园）、Land of Plenty（富饶之地种植园）、Triumph（胜利种植园）、Paradise（天堂种植园）、La Retraite（世外桃源种植园）等。城市村镇也有类似表达愿望和向往的名称，如Light Town（光明镇）和华人居留地希望镇（Hope Town）。但为了体现历史上荷兰与圭亚那和苏里南的关系，我们也保留了一些具有荷兰异国情调的地名音译，如Uitvlugt（乌特鲁格特村）；Zeelugt（齐鲁格特种植园）；Hoff-van-Aurich（霍夫范奥力希种植园）等。

在本书翻译过程中，令我感触最深的是，在那张引发苏阿冠博士好奇心，开始探究家族历史和华人历史的劳工契约上，我居然看到了另一部传记的一个重要人物——西奥菲利斯·桑普森（Theophilus Sampson）。几年前，我与潘一宁合作翻译了英国作家玛丽·蒂芬（Mary Tiffen）的传记《中国岁月——赫德爵士和他的红颜知己》，传记讲述一个英国家族来到近代中国，与中国海关和赫德建立起不解之缘的故事。这个家族的中国故事正是从玛丽·蒂芬的祖母和她的第三任丈夫谭顺讲起。而谭顺又正是苏阿冠曾祖父那张契约的另一方签约人，英国招工代理西奥菲利斯·桑普森，他在中国期间取了中文名，叫谭顺。一个家族的故事从来到广州开始，而另一个家族的故事从离开广州开始。苏亚长与谭顺也许有一面之交，也许擦肩而过，但无论如何，千回百转间竟成为两部长剧的序幕人物。发生在遥远国度的久远历史，似乎离我们并不遥远，就在我们能够看到，听到的地方；还有那些成千上万漂洋过海的广东华工，竟让我感到如此鲜活，如此亲切。所以，我特别感谢苏阿冠博士，一个非历史科班出身的"理工男"（高级化工工程师），能够那么用心地收集整理资料，写出洋洋洒洒的历史长篇，让已过百多年的历史变得生动，如画卷一般展现在我眼前。

我之所以能够顺利完成此书的翻译，无疑首先要感谢苏阿冠博士和他的太太曹小莉女士。他们对我的肯定和支持，增强了我译好此书的信心。同时在翻译过程中，他们都热情耐心地回答我提出的任何问题。此外，苏阿冠博士为了中文版翻译，专门对英文原著进行了较大幅度的修改和补充，以向中国读者呈现一部史料更丰富、故事更真实的华工奋斗史。另外，我还要感谢《广东华侨史》主编、广州暨南大学张应龙教授，虽然未曾谋面，但由于他对此书的推荐，并且多费周折与苏阿冠博士联系，才使得翻译和出版中文版成为可能，同时也感谢协助联系作者的原中国驻温哥华领事胡梦玲女士和温哥华洪门致公堂郑炯光先生。最后也是最重要的，就是感谢广州中山大学历史系的潘一宁教授。我和潘一宁是多年的好友，更是翻译此类作品的绝佳搭档，这是我们第三次合作。这本书涉及大量关于广东华侨华人名字和历史，这既是这本书独具特色的地方，也是翻译的难点。粤语对我这个北京人来说几乎就是一门外语。所幸潘一宁既是研究华侨华人史方面的专家，又是生长生活在广州的粤语使用者，我们的合作互为补充，相得益彰。

戴宁

2016年11月7日于北外